KB200097

헨리 블랙커비의
영적 리더십

한국의 영적 리더들에게

다시금 강력한 부흥이 일어나 한국의 남과 북을 휩쓸고 전 세계 끝까지 내달리기를 얼마나 열망하는지 모릅니다. 이를 위해서는 하나님이 말씀으로 계시하신 대로 '영적 리더들'이 필요합니다.

하나님은 이스라엘 백성들에게 선포하셨습니다. "내가 나를 위하여 충실한 제사장을 일으키리니 그 사람은 내 마음, 내 뜻대로 행할 것이라"(삼상 2:35). 그때 바로 사무엘이 일어나 하나님의 백성들을 위해 중보하고 가르치며 위대한 일을 행했습니다.

하나님이 일하시는 방식은, 그분 자신을 위해 누군가를 세우시고 그분의 마음과 뜻을 온전히 행하도록, 그들과 그들이 이끄는 백성들에게 강력히 역사하시는 것입니다. 한 명의 영적 리더가 하나님의 백성들을 그분 뜻으로 인도하기 위해 간구할 때, 그 백성들이 회개하고 거룩함으로 나아올 것입니다. 그때 하나님은 이 순결한 백성들을 사용하셔서 수많은 잃어버린 백성들을 일깨우실 것입니다.

셀 수 없이 많은 사람들이 이 시대 한국의 리더들이 영적으로 크게 쓰임받기를 기도합니다. 하나님은 그분 자신의 영광을 위해 여러분을 일으키실 것입니다. 나와 내 아들 리처드는 이번에 한국에서 출간되는 우리 책이 하나님의 백성들을 돕는 데 귀하게 쓰이기를 기도합니다.

여러분의 친구요 그분의 종
헨리 블랙커비

Spiritual Leadership

Originally published in the U.S.A. under the title: *Spiritual Leadership*, Revised and Expanded Edition
Copyright © 2001, 2011 by Henry T. Blackaby and Richard Blackaby
by B&H Publishing Group, One LifeWay Plaza, Nashville, TN 37234, Nashville, TN 37234-0188,
U.S.A.

This Korean Edition © 2014 by Duranno Press, a division of Duranno Ministry
38, Seobinggo-ro 65-gil, Yongsan-gu, Seoul, Republic of Korea

This Korean edition is translated and used by permission of B&H Publishing Group through
arrangement of rMaeng2, Seoul, Republic of Korea.

헨리 블랙커비의
영적 리더십

지은이 | 헨리 블랙커비 · 리처드 블랙커비
옮긴이 | 윤종석
초판 1쇄 발행 | 2002. 7. 8
개정 1판 1쇄 발행 | 2014. 10. 13
개정 1판 24쇄 발행 | 2024. 9. 23
등록번호 | 제1988-000080호
등록된 곳 | 서울시 용산구 서빙고로65길 38
발행처 | 사단법인 두란노서원
영업부 | 02)2078-3333 FAX | 080-749-3705
출판부 | 02)2078-3330

책값은 뒤표지에 있습니다.
ISBN 978-89-531-2080-8 03230

독자의 의견을 기다립니다.
tpress@duranno.com   http://www.duranno.com

두란노서원은 바울 사도가 3차 전도 여행 때 에베소에서 성령 받은 제자들을 따로 세워 하나님의 말씀으로 양육
하던 장소입니다. 사도행전 19장 8~20절의 정신에 따라 첫째 목회자를 돕는 사역과 평신도를 훈련시키는 사역,
둘째 세계선교(TIM)와 문서선교(단행본·잡지) 사역, 셋째 예수문화 및 경배와 찬양 사역, 그리고 가정·상담 사역 등을
감당하고 있습니다. 1980년 12월 22일에 창립된 두란노서원은 주님 오실 때까지 이 사역들을 계속할 것입니다.

헨리 블랙커비의
영적 리더십

헨리 블랙커비 · 리처드 블랙커비 지음
윤종석 옮김

두란노

Contents

감사의 말 · **10**

개정증보판 서문 · **14**

1. 리더의 도전 · 20
■■■■■ 도전에 부응할 '진짜 리더'가 절실하다

2. 리더의 역할 · 56
■■■■■ 사람들을 움직여 하나님의 일을 하게 한다

3. 리더의 준비 · 80
■■■■■ 하나님이 매일의 사건을 통해
리더의 자질을 빚으신다

4. 리더의 비전 · 122

자신이 만든 꿈을 팔지 않는다,
하나님의 계시를 증언한다

5. 리더의 목표 · 168

사람들을 '현재 자리'에서
'하나님이 원하시는 자리'로 데려간다

6. 리더의 성품 · 202

그럴 듯하게 포장한 이미지가 아니라
사람들이 따르고 싶은 성품을 갖춘다

7. 리더의 영향 · 246

영적 리더십을 맡은 것은
영향력에 대한 청지기 직분도 함께 맡은 것이다

8. 리더의 결정 · 292

▬▬▬ 언젠가 하나님 앞에서 책임진다는
인식 속에서 모든 결정을 내린다

9. 리더의 시간 · 322

▬▬▬ 먼저 해야 할 일을 먼저 한다

10. 리더와 변화 · 362

▬▬▬ 안주하지 말라,
변화하지 않으면 망한다

11. 리더와 팀 · 384

■■■■■ '사명 중심'으로 팀을 유지한다

12. 리더의 함정 · 410

■■■■■ 유혹을 대비해 예방책을 마련해 둔다

13. 리더의 보상 · 452

■■■■■ 리더의 상급은 하나님이 책임지신다

마지막 도전의 말 · 480

주 · 484

감사의 말

돌아보면 리더십에 관한 책을 2001년에 펴냈다는 것은 우연처럼 보인다. 9.11 사태 이후 지난 10년 동안 정부, 기업, 군대, 가정, 교회에 견고한 리더십이 절실히 필요하다는 담론이 사회에 계속되었다. 사람마다 나름대로 의견이 있었고, 서점에는 수많은 책과 이론이 홍수처럼 넘쳐났다. 2001년에 《영적 리더십》 초판을 쓸 때만 해도 이 책이 이렇게 뜨거운 호응을 얻을 줄은 몰랐다.

하나님이 이 책을 통해 전 세계 지도자들을 격려하시는 것을 보며 우리 부자(父子)는 감격에 휩싸이곤 했다. 우리가 직접 세계 리더들에게 책을 건네기도 했다. 일부 주(州) 상원의원들은 주 청사에서 이 책을 매주 한 장씩 읽고 토의했으며, 미국, 남아프리카공화국, 필리핀 등지의 신학교에서 이 책을 교재로 채택했다. 많은 목사들이 집회에서 우리에게 다가와 책장 여기저기가 접힌 책을 보여 주었다. 〈포춘〉(Fortune) 500대 기업에 선정된 크리스천 CEO들은 회사를 잘 이끌어 하나님을 영화롭게 하고자 이 책을 지침서로 활용했다. 자녀양육 기관들과 기독교학교 교직원들도 이 책을 공부했다.

그동안 우리는 여섯 개 대륙 모두에서 이 책의 진리들을 가르치는 특권을 누렸다. 책을 처음 발간한 뒤로 리더십에 대한 새로운 이론과 서적이 많이 나왔다. 그래서 초판을 증보하고 갱신해 달라는 제의를 받았다. 리더십 개념을 지배하는 많은 이슈와 이론을 다룰 필요가 생겨난 것이다.

이 책이 우리 둘만의 산물이 아님을 잘 안다. 그동안 하나님은 우리에게 놀라운 사람들을 많이 보내 주셨다. 그들은 우리를 풍요롭게 해 주었고, 우리 삶에 깊이를 더해 주었고, 우리의 여정에 기쁨을 불어넣어 주었다.

맨 먼저 감사할 사람은 역시 우리의 아내들이다. 헨리와 매럴린은 올해 결혼 50주년의 고지에 도달했고, 리처드와 리사도 결혼한 지 27년째다. 우리 부자와 결혼생활을 하기란 쉽지 않은 일이다. 왜냐하면 우리는 너무 오래, 너무 열심히 일하는 경향이 있기 때문이다. 출장도 잦아서 장기간 집을 비우는 일도 많다. 하지만 하나님은 우리에게 필요한 평생의 반려자가 누구인지 아셨고, 그들을 통해 우리 삶과 사역에 정취와 웃음을 더해 주셨다. 삶이 고달파질 때도 그들은 신실하게 우리 곁을 지켜 주었다. 리사는 우리 책 편집 작업을 매번 훌륭하게 해내기까지 했다. 우리 영혼의 동반자인 두 사람에게 어떤 말로도 사랑을 다 표현할 수 없다.

지난 세월 하나님이 우리 주변에 두신 많은 지도자들을 인해서도 감사를 드린다. 우리는 둘 다 자신이 아는 가장 훌륭한 하나님의 사람이 각자의 아버지라고 진심으로 고백할 수 있다. 둘 다 그런 가정에서 자라는 복을 누렸다. 감사하게도 이 고백은 세월이 흘러도 변하지 않고 있다.

십대 시절부터 하나님은 우리에게 리더들을 복으로 주셨다. 그들은 우리를 사랑해 주었고 우리에게 하나님과 가까이 동행하는 법을 가르쳐 주었다. 대학과 신학교에서도 하나님은 우리 여정에 놀라운 친구들을 보내 주셨다. 사역의 길에 들어설 때도 교단 지도자들, 동료 목사들, 경건한 평신도들이 우리를 격려하여 계속 성장하게 해 주었다. 삶의 단계마다 늘 우리에게 도전해 주던 친구들과 동료들과 리더들이 있었다. 그들 덕분에 우리는 개인적 성장과 리더십에서 더 높은 차원에 이르고자 분발할 수 있었다.

사역하는 내내 우리는 정부, 기업, 가정, 교회 등 각 분야에서 세상 최고의 리더들을 만나는 특권을 누렸다. 그들은 리더십에 대한 우리의 관점과 이해에 새로운 차원을 풍성히 더해 주었다. 또한 지난 10년 동안 맥 맥퀴스턴과 함께 CEO 포럼에서 일하는 복도 누렸다. 그는 우리를 초대하여 미국 기업들의 더없이 훌륭한 크리스천 CEO들의 삶에 투자할 수 있게 해 주었다.

톰 블랙커비, 릭 피셔, 허먼 브랜트, 브레트 파일, 빌 블리스 등 이번 개정판 원고를 차근차근 읽고 소중한 조언을 준 사람들에게도 감사한다. 이들은 블랙커비 미니스트리즈 인터내셔널(www.blackaby.org)에서 운영하는 영적 리더십 네트워크에도 그동안 크게 기여했다. 이 단체는 교회와 기업과 가정의 리더들을 상대로 사람들을 이끌어 하나님의 일을 이루게 하는 일을 돕고 있다.

이 책을 쓰는 데는 몇 달이 아니라 평생이 걸렸다. 따라서 우리가 빚진 사람들의 이름을 일일이 대자면 이 책의 갑절이나 되는 지면이 필요하다. 이런 훌륭한 사람들과 인생 여정을 함께해 온 것은 우리에게 더할 나위 없는 복이다. 우리는 무수히 많은 '평범한' 사람들에게 큰 빚을 졌다. 그들은 전 세계 수많은 집회 장소, 교회, 호텔 로비, 비행기, 거실 등에서 나눈 대화를 통해 우리에게 각자의 비범한 경험과 통찰을 들려주었다.

이 책에 담긴 진리들이 당신 삶에 영향을 미치고 당신을 감화하여 리더십의 새로운 차원으로 비상하게 해 주기를 바란다. 우리에게 그랬던 것처럼 말이다.

헨리 블랙커비 · 리처드 블랙커비

나(리처드 블랙커비)의 열아홉 살 난 딸아이 캐리는 자신을 리더로 생각해 본 적이 없다. 캐리는 집안의 막내이자 외동딸로, 자신을 괴롭히는 두 오빠를 용감히 견뎌 왔다. 캐리의 야망(?)이라고는 유명한 디자이너가 만든 옷들을 사 입어 사람들에게 아름다워 보이는 것뿐이다. 캐리에게 자신을 '리더'로 생각하는지 묻는다면 아마 이해가 안 된다는 표정으로 그 예쁜 눈동자를 굴릴 것이다.

캐리가 열여섯 살 때 일이다. 그녀는 문득 엉뚱하고 이상하고 즉흥적인 영감을 받았다. 그래서 금요일에 친구 셋을 집에 불러다 놓고는 자기 머리카락 일부를 분홍색으로 염색할 거라고 발표했다.

그랬더니 다른 세 친구도 똑같이 염색을 하고 싶다고 하면서 곧 전화로 부모에게 허락을 구했다. 우리 집은 곧 미용실로 변했다. 그뿐만 아니라 교회 고등부에 말이 퍼져 토요일에는 친구들이 더 찾아왔다. 모두 손에 염색약을 들고 말이다. 주일 아침, 캐리는 교회에서 일곱 명의 여학생과 나란히 앉았는데, 그들은 일제히 최신 유행 패션을 뽐내고 있었다. 캐리는 엄연히 리더다. 자신이 그것을 모를 뿐이다.

당신은 자신을 리더로 생각하는가? 이 책은 전통적 기준의 리더들뿐만 아니라 아주 '평범한' 사람들을 위한 책이기도 하다. 그들은 자신의 세계에 변화가 필요하다고 믿는다. 하지만 그 변화에서 자신이 어떤 일을 해야 하는지, 있다면 무엇인지 잘 모르고 있다.

어쩌면 당신 자녀의 행동이 마음에 걸리거나 당신 가정이 어딘지 '궤도를 벗어났다'고 느낄 수도 있다. 어쩌면 당신이 사는 동네나 도시, 더 나아가서는 나라의 현재 모습이 자꾸만 마음에 걸릴 수도 있다. 어쩌면 당신의 교회나 교단이 본연의 사명에서 벗어나 있어 근본적으로 조정이 필요하다고 절감할 수도 있다. 당신이 다니는 회사의 실적이 기대에 턱없이 못 미칠 수도 있다.

리더십의 관건은 변화를 이루기로 선택하는 사람들이다. 리더십은 현란하지 않다. 달변도, 극적인 행동도 필요하지 않다. 당신이 살고 일하고 공부하고 예배하는 곳을 더 좋게 만드는 사람, 그가 바로 리더다. 지금이야말로 어느 때보다도 더 세상에 리더가 필요한 때다.

금방이라도 와해될 듯 나약해져만 가는 조직이 있다. 그런데 새 리더가 오면서 모든 것이 달라진다. 리더가 모든 일을 도맡아 하는 것은 아닌데 사람들의 실적이 좋아지고 사기가 올라간다. 이제 안도감과 희망이 전체 분위기를 지배한다. 이전 리더들은 몇 년이 지나도 발전을 이루지 못했는데 새로운 리더가 실권을 잡자 그 일이 몇 주 만에 이루어진다.

똑같은 사람들인데 어떻게 한 리더 밑에서는 맥을 못 추다가 다른 리더 밑에서는 힘차게 도약하는 것일까? 이전에는 바닥을 헤매던 사람들이 지금은 최고의 성과를 내고 있다. 이 차이는 문제나 제약이나 인사(人事)와는 아무런 관계가 없다. 이 차이는 전적으로 훌륭한 리더십과 관계가 있다.

어떤 도전이 닥쳐와도 성공하는 남녀들이 있다. 교회에서 회장을 맡든, 기업을 이끌든, 자녀를 양육하든 마찬가지다. 반면에 만성적 실패와 어중간한 수준을 헤어나지 못하는 사람들도 있다. 오랜 세월 이런 현상을 거듭 지켜보면서 우리는 나약한 리더와 강인한 리더의 차이에 호기심을 느꼈다. 확신하는데, 웬만한 단체나 팀은 모두 성장과 성공의 잠재력을 지니고 있다. 관건은 리더십이다.

그래서 우리는 오랜 세월 리더를 양성하고 세우는 일에 힘쓰고 있다. 리더로 첫발을 내딛는 이들과도 많은 시간을 함께 보낸다. 초보 리더들은 자신에게 리더의 '자질'이 있는지 궁금해 한다. 또 우리는 꿈과 희망을 실현하지 못해 패배감과 후회로 힘들어하는 각계각층의 리더들을 상담하기도 한다. 그런가 하면 우리가 대화를 나눈 리더들 중에는 겉으로는 성공했으나 그러한 자신의 삶이 자신의 가정에나 하나님 나라에는 별로 변화를 낳지 못한다며 고민하고 염려하는 사람들도 있다.

이 주제에 대해 참 말들이 많다. 하지만 세상은 성공적 리더십 요건에 대해 올바른 방향을 제시하지 못한다. 오직 성경만이 이 주제에 대해 할 말이 많다. 그래서 우리는 성경을 연구하는 한편 과거와 현재의 훌륭한 리더들의 삶을 공부했다. 이를 통해 훌륭한 리더십을 낳는 몇 가지 분명한 성경적 원리를 찾아낼 수 있었다. 또한 전 세계를 다니며 이런 진리들을 나눌 때 많은 남녀들이 새로운 힘과 비전을 얻어 다시 리더십의 역할로 복귀하는 모습을 보았다. 그 이유가 무엇일까? 삶의 모든 분야에서 그렇듯이 사람들은 하나님의 방법을 구하여 따를 때 심오한 결과를 경험하기 때문이다.

서점마다 리더십에 대한 책들이 넘쳐난다. 우리도 많이 읽어 보았다. 이 책에서 우리는 일반 서적과 기독 서적을 넘나들며 리더십에 대한 유익한 통찰들을 검토할 것이다. 또한 기업, 군대, 정부, 교회 등 각계각층에서 건강한 리더십을 보여 주는 성공한 리더들도 살펴볼 것이다. 그럼에도 우리는 그 책들이 리더십에 대한 중대한 진리들을 간과하고 있다고 생각한다. 그뿐 아니라 많은 크리스천 리더들이 일반 서적을 읽으며 그 가르침을 비판 없이 수용하는 모습이 무척 걱정스럽다.

세상의 많은 리더십 이론의 기본 전제는 겉으로는 건전해 보일 수 있지만, 성경에 어긋나는 개념들을 부추긴다. 세상 리더들과 영적 리더들이 비슷한 방법을 사용할 수는 있으나 영적 리더십에는 세상의 리더십에 없는 차원들이 존재한다. 영적 리더들이 그냥 세상의 방법을 따르면 세상적으로는 어느 정도 성공을 거둘지는 몰라도 영적 리더로서의 소명을 성취할 수는 없다.

이 책의 대상은 영적 리더들이다. 그들은 기독교 모임이나 단체를 이끌 수도 있고 세상 기관을 이끌 수도 있다. 2001년에 이 책을 처음 소개한 뒤 수많은 남녀들이 우리에게 각자의 사연을 들려주었다. 그들은 낙심하여 당장이라도 리더 역할을 그만두고 싶어 했다. 하지만 하나님께 쓰임 받아 자신의 삶을 통해 속한 공동체에 긍정적 변화를 이루고픈 뜨거운 열망만은 변함이 없었다. 그래서 우리는 그들이 성경을 검토하도록 도와주었다. 그러자 전 세계 리더들이 새 힘을 얻고 자기 인생과 공동체가 나아가야 할 방향을 발견했다. 그 이유는 무엇인가? 하나님의 계획을 깨달았기 때문이다.

앞으로 제시할 지침들은 하나님이 영적 리더로 부르신 모든 크리스천들을 위한 것이다. 기독교 단체에서 리더의 자리에 있다고 해서 저절로 영적 리더가 되는 것은 아니다. 반대로 일반 직종에 종사한다고 해서 영적 리더가 될 수 없는 것도 아니다. 영적 리더십이란 직업이 아니라 소명이다. 크리스천은 사업가, 의사, 교육자, 정치가, 부모 할 것 없이 모두 영적 리더가 되어야 한다. 직업과 관계없이 영적 리더로서 자신의 소명에 진지하게 임하는 이들이 점점 많아지고 있다. 그들은 세상에 큰 영향을 미치며 하나님 나라를 확장하고 있다. 그들의 사연도 책을 통해 함께 나눌 것이다.

성경에 따르면 하나님은 꼭 리더들을 찾고 계신 것은 아니다. 적어도 흔히 생각하는 의미의 리더는 아니다. 하나님은 종들을 찾고 계신다(사 59:16; 겔 22:30 참조). 하나님은 그분이 이끄시는 대로 기꺼이 섬길 사람들을 찾으신다. 그분이 그런 사람들을 얻으실 때 펼쳐질 가능성은 무한하다. 어디서나 사람들은 자신을 하나님의 목적과 뜻 안으로 이끌어 줄 리더를 찾고 있다. 영적 리더는 사람들을 하나님의 계획에 맞게 이끌 줄 알아야 한다. 사람들은 그런 리더를 따른다.

2001년에 초판이 나온 뒤로 책을 개정하고 갱신하자는 제의가 여러 번 있었다. 지난 10년 동안 우리는 리더들 사이에서 극적으로 역사하시는 하나님을 보았다. 특히 목사들, 기업의 최고 경영자들, 군목들, 학교 행정가들, 기도 모임 리더들에게서 더욱 두드러졌다. 남성 사역과 가정 사역에서도 마찬가지였다. 그동안 우리는 수많은 나라를 다니며 여러 분야의 세계 지도자들을 만났다. 거기서 배운 많은 교훈을 이 책에 나눌 것이다. 각 장마다 여러 부분을 고쳐 썼다. 새로운 예화를 많이 삽입했고 현대의 리더십 이슈도 상당수 다루었다. 중요한 두 장은 새로 첨가했다. 초판에서 유익을 얻었다면 이번 개정증보판에서도 새 힘과 통찰을 더 얻기를 기도한다.

하나님이 찾고 계신 사람이 되는 것은 도전이다. 당신도 이 책을 읽으면서 그 도전을 받아들이기를 기도한다. 그러면 하나님이 당신의 삶을 도구로 쓰셔서 그분의 나라를 세우시고 당신의 주변 세상을 변화시키실 것이다. 그렇게 쓰임 받는 놀라운 기쁨을 당신도 경험하기 바란다.

1.
리더의
도전

도전에 부응할
'진짜 리더'가 절실하다

THE LEADER'S
CHALLENGE

마이크는 충격으로 말을 잊은 채 회의실에 홀로 앉아 있었다. 약속들이 줄지어 있었지만 상관없어 보였다. 그는 미동도 하지 않은 채 의자에 앉아 한 시간 전에 있었던 일을 받아들이려 애썼다. 소프트웨어 회사의 최고 경영자인 마이크는 30대 초반의 젊고 패기 있고 창의적이며 유능한 남자다. 게다가 직업 윤리도 분명하며, 주님께 헌신한 크리스천이다. 그는 언제나 신앙이 업무에 유익한 자산이라고 생각했다. 그러나 조금 전 간부회의는 그런 생각을 깨끗이 무산시켰다.

평소의 주례회의는 곧 신랄한 언쟁으로 불거졌고, 그 과정에서 마이크를 향한, 좀 더 구체적으로는 그의 기독교 신앙을 향한 팽팽한 적의의 기류가 드러났다. 미리 양보할 수 없는 선을 그어 놓기라도 한 듯 간부진은 그에게 신앙과 사업 중 양자택일을 요구했다. 우선 인사부 부서장은 의료보험 혜택에 낙태를 포함시킨다는 내용의 사원 복지 개정안을 발표했다. 그는 마이크에게 회사 홍보의 일환으로 새 정책을 대외에 공표할 것을 요구했다. 이어 마케팅 부서장은 고의로 사실을 호도하는 내용의 새 광고 시안을 내놓았다.

마이크는 두 제안 모두 거부할 수밖에 없었다. 그러자 마치 수문이 열린 듯 동료들의 적의가 쏟아진 것이다. 마이크의 경영 방침이 자신들과 맞지 않는다는 점에서 간부들은 일치단결한 듯 보였다. 마이크는 당황했다. 간부들은 자기 분야에 정통한 유능한 사람들이지만 대다수가 비신자였고 아예 기독교를 경멸하는 이들도 있었다.

이제 어찌할 것인가? 마이크는 자기 신앙을 고수할 경우 사회적 이슈이기도 한 안건들이 법적 문제로 비화될까 염려스러웠다. 직장에서 신앙을 지킨다는 것은 언제나 쉽지 않은 일이었지만 그는 일터에서 그리스도께 순종하려 애썼다. 그러나 지금은 불가능해 보였다. 어쩌면 직장과 신앙이 공존할 수 없다는 현실을 인정하고 사임해야 할지도 모른다.

에드워즈 목사는 눈물을 참을 수 없었다. 사무실을 떠나 복도를 지나는 집사들의 목소리가 아직도 귀에 쟁쟁했다. 집사들은 느닷없이 찾아와 교회의 모든 문제를 목사 탓으로 돌리며 비난을 퍼부었다. 정말 문제는 있었다. 그것도 많았다. 2년 전 에드워즈가 교회의 담임 목사 청빙을 기쁘게 수락할 때, 그는 교회의 일부 문제를 충분히 숙지한 상태였다. 문제 없는 교회가 있던가. 그는 젊고 신앙이 깊었기에 기도와 성경적 설교와 사랑의 지도가 있으면 상처받은 교회도 충분히 회복할 수 있으리라 진심으로 믿었다.

그러나 사실상 지금, 사태는 더 악화됐다. 어디를 밟아도 지뢰가 터지는 것이었다. 몇몇 가정이 예배에 좀 더 현대적인 음악을 쓸 것을 요구하자 그는 기꺼이 따라 주었다. 그 바람에 본의 아니게 다른 몇 가정이 서운해했는데, 그들은 십일조 헌금을 중단했을 뿐 아니라 예배에도 나오지 않았다. 자기들이 좋아하는 음악 스타일로 예배 찬양 시간이 다시 바뀔 때까지 그렇게 하겠다는 것이었다.

한편 집사 하나가 불륜 관계에 빠졌다는 소문이 돌았다. 목사가 그를 만나 진상을 확인하려 하자 다른 집사들이 집단으로 들고일어나 마녀사냥을 한다며 비난했다. 그들은 해당 집사가 지역사회에 큰 영향을 미치는 인물임을 내세우며, 교회가 지역 주민들에게 자칫 스캔들의 빌미를 제공할 수 있다는 슬픈 사실을 지적했다.

중고등부를 담당할 파트타임 교역자를 임용하자고 제안했을 때도 싸움이 터졌다. 노인부, 성가대, 대학부, 이혼자 모임, 초등부 등 교회 내 각 부서들이 저마다 자기 부서의 사역을 키워 달라고 아우성친 것이다. 급기야 목사의 설교도 성토 대상이 됐다. 너무 길고 유머가 부족하다는 것이었다.

에드워즈는 이런 스트레스에 점점 지쳐 갔지만 자신만 잘 견디면 결국 문제가 가라앉을 줄 믿고 마음을 다잡았다. 그런 상황에서 집사들이 들이닥친 것이다. 그들의 말은 칼처럼 예리했다. "교회 대표들로서 우리는 더는 목사님 리더십에 따를 수 없음을 알려야겠다고 생각했습니다. 다른 교회에 일자리를 알아보시는 것이 좋겠습니다. 목사님의 리더십 방식을 좋아하는 교회도 있겠지요."

에드워즈 목사는 두 손에 얼굴을 파묻었다. 어떻게 해야 했단 말인가? 그는 탈진 상태에 이를 만큼 교회를 위해 일했다. 가족들과 함께 보내는 시간도 희생한 채 거의 매일 교회에서 살았고 어려운 성도들을 상담했고 새 신자들을 심방했다. 그는 교회가 나아가야 할 방향을 알았지만 교인들은 함께 따르지도 전혀 힘을 보태지도 않았다. 에드워즈는 형편없는 패배자가 된 심정이었다.

기로에 선 리더십

누구나 날마다 리더십 또는 리더십의 결핍을 경험한다. 대중매체에서는 테러리스트들의 새로운 위협, 경제적 위기, 정치적 타협, 도덕적 실패에 대한 뉴스가 쏟아져 나온다. 교회 출석자 수는 점점 줄어들고, 기독교의 가치관은 공공연히 조롱당한다. 예비 리더들은 현직 공직자들을 맹렬히 비난하면서 자신에게 기회가 주어지면 대중을 위협하는 불길한 이슈들을 능히 해결할 수 있다고 공언한다.

이런 환경 속에서 리더가 된다는 것은 만만치 않은 일이다. 서점마다 리더십에 관한 책들이 넘쳐나지만 아직도 리더십이 정확히 무엇인가에 대해 의견 일치를 보지는 못했다. 소위 따르는 사람들은 문제를 해결하지 못하는 리더들에게 조바심을 내고, 계속해서 허둥대는 조직을 보며 점차 좌절에 빠진다.

고전하는 리더들은 괴롭다. 사람들이 자기를 못마땅해 하고 조직이 무력해지고 쇠퇴하는 것을 자기 탓으로 돌리고 있음을 알기 때문이다. 낙심에 빠진 수많은 리더들은 당장이라도 일을 그만두고 싶지만 목구멍이 포도청이다. 또한 새로운 일자리로 간다 해도 똑같은 문제에 빠질 것이 두렵기도 하다. 〈유에스에이 투데이〉(*USA Today*)에서 실시한 온라인 여론 조사에 "복권에 당첨된다면 당장 일을 그만두겠는가?"라는 문항이 있었다. 사람들의 응답을 보면 "물론이다"가 45.4퍼센트, "아마 그럴 것이다"가 18.9퍼센트였고, "전혀 그렇지 않다"는 10.9퍼센트에 그쳤다.[1]

분명히 대다수의 사람들은 소명감에서 일하는 게 아니라 순전히 소득 때문에 일하고 있다. 오늘날 많은 사람들이 동의하겠지만, 리더의 일은 재미가 없다. 크리스천 리더들의 경우, 자신이 사람들만 실망시키는 게 아니라 하나님까지 실망시키고 있다는 부담까지 더해진다. 그들은 조직을 발전시킬 수 있다는 믿음이 없어 죄책감을 느낀다.

만족을 경험하지 못하거나 하나님이 의도하신 잠재력에 도달하지 못하는 리더들에게 과연 희망은 있는가? 하나님이 사람들을 리더로 부르실 때는 그만한 계획이 있으시다. 그분의 계획을 알아야 오늘날의 크리스천 리더들에게 혁신이 가능하다.

미국 독립전쟁 당시에 존 애덤스는 "시대에 부응할 만한 사람들이 없다"고 한탄했다.[2] 인습을 타파한 작가 토머스 페인은 1776년 12월 23일에 이렇게 썼다. "이 시대는 사람들의 영혼을 시험한다. 평탄할 때만 잘하는 군인과 애국자는 이런 위기 때에 조국을 섬길 자격이 없다. … 어쨌든 피할 수 없는 결론이 있다. 싸움이 힘들수록 승리는 그만큼 더 영광스러워진다."[3]

물론 21세기의 리더들 앞에는 세상을 극적으로 변화시킬 수 있는 유례없는 기회들이 놓여 있다. 그러나 리더에게 닥친 도전들이 이보다 더 복잡하거나 위험한 적도 일찍이 없었다. 제임스 캔턴은 《극단적 미래예측》(The Extreme Future, 김영사 역간)에 '극단적' 미래를 규정하는 다섯 가지 요인을 속도, 복잡성, 위험도, 변화, 놀라움으로 꼽았다.[4] 이처럼 미래에는 기회도 있지만 동시에 장애물도 수없이 많다. 우리가 보기에 사회는 세 가지 이슈에 당면해 있다. 조직의 미래를 열려는 리더들에게는 이 세 가지가 시사하는 바가 크다.

첨단 기술

서구 세계는 삶의 질을 향상시키려 부단히 노력해 왔다. 전에는 눈부신 과학적 발전이 이따금씩 일어났지만 이제는 다반사가 되었다. 첨단 기술이 급속도로 발전하면서 삶의 다른 모든 분야에서도 변화 속도가 빨라졌다. 최신 기술을 생활 방식과 사업에 접목시키기가 갈수록 더 힘들어지고 있다. 혁신된 최신 기술을 다 소화하기도 전에 벌써 더 복잡한 다기능 신제품이 나온다. 당신이 지난 10년 동안 휴대전화를 사용했다면 첫 전화기를 떠올려 보라. 불과 10년 전의 것인데도 한참 구식이 되어 버렸다.

머리가 펑펑 돌 만큼 급속도로 발전하는 첨단 기술은 오늘의 리더들에게 어떤 의미가 있는가? 첫째로, 리더는 변화에 편안해져야 한다. 내(리처드)가 신학교 총장으로 재직할 때 배운 사실이 있다. 신학교마저 변화의 속도가 빨라져 5년마다 새로운 조직으로 변신했다. 끊임없이 자기를 혁신하지 않는 리더는 금방 도태된다. 신학교들은 전통적으로 변화의 속도가 느리기로 유명했는데도 이 정도였다.

기업 리더들은 신속한 적응이 필수임을 안다. 그만큼 경쟁이 치열하고, 주주들이 세계 시장에서 즉각적으로 수익을 보려고 굶주려 있기 때문이다. 필 로젠츠바이크는 《헤일로 이펙트》(The Halo Effect, 스마트비즈니스 역간)에서 말하기를, 첨단 기술에 주로 이끌리는 기업들은 복제품, 치열한 경쟁, 변화하는 기술 때문에 시장에서 최고의 자리를 지키기가 거의 불가능하다고 했다.[5] 기업 리더들은 운전대를 붙잡고 잠들 여유가 없다. 자칫하다 폐차장에서 깨어날 수 있다.

디지털 세상은 사람들의 기대를 한층 높여 놓았고, 끊임없는 기술 발전은 의사소통을 복이자 곧 화가 되게 했다. 예컨대 이메일과 휴대 전화로 누구나 리더에게 즉각 연락을 취할 수 있다. 예전 사람들은 리더에게 편지를 쓰거나 쪽지를 보내고 며칠씩, 몇 주씩 회답을 기다려야 했다. 게다가 그렇게 느린 답신을 당연한 일로 받아들였다. 덕분에 예전 리더들은 회답을 보내기 전 충분히 자신의 결정을 숙고하며 주변 의견을 들을 수 있었다. 그러나 현대 기술은 의사소통의 근본을 역동적으로 바꾸었다. 사람들은 이메일을 보내는 순간 몇 분 내로 회답을 받을 수 있음을 안다. 그래서 꼭 답을 받아야 한다고 생각한다. 점심 식사를 마치고 오면 수십 개의 이메일과 전화 메시지가 리더들을 기다리고 있다. 발신자는 저마다 급한 용무라 외친다.

일에 쫓기는 간부들이 비행기에서 내리자마자 휴대 전화부터 꺼내는 모습은 어느 공항에서나 볼 수 있다. 첫 출장지로 날아오는 사이 벌써 음성 사서함에는 긴급한 메시지가 쌓이고, 그중 대부분은 다음 비행기에 탑승하기 전에 회답해 달라고 요구한다. 휴대 전화는 부하 직원들과 긴밀한 접촉을 유지하려는 리더들에게 분명 도움이 되지만, 어디든 따라다니는 족쇄인 것도 사실이다.

과거 리더들의 하루 중에는 사람들이 연락할 수 없는 시간대가 있었다. 그때 그들은 상황을 숙고하며 다음 행동 노선을 결정할 수 있었다. 지금은 기술이 발전해 언제라도 금방 리더에게 연락을 취할 수 있고 자연 사람들은 리더의 즉각적 반응을 기대한다. 늘 연락을 유지하며 신속히 결정해야 한다는 중압감은 아무리 일을 열심히 하는 리더라도 주눅 들게 할 수 있다.

정보화 시대 리더들에게는 최대한 신속하게 접수해야 할 새로운 정보가 홍수처럼 쏟아진다. 요즘 리더들은 리더십과 관리 이론에 관해 책과 기사, 세미나는 물론 해당 분야 관련 데이터로 정신이 어지러울 정도다. 저자가 일러 주는 공식만 따르면 성공을 보장한다고 장담하는 책들이 줄줄이 늘어서 있다. 자신의 기술을 향상시키고 지식 기반을 확충하려는 리더들에게는 리더십 역량을 높일 수 있는 기회가 사실상 무궁무진하게 주어진 셈이다.

하지만 어디서부터 시작할 것인가? 다음에는 어떤 책을 읽을 것인가? 반드시 들어야 하는 세미나는 어떤 것인가? 지금 요란하게 떠드는 경영 추세 중 어느 것이 내년이면 벌써 구시대의 유물이 될 것인가? 다분히 상충적인 내용의 정보 더미 속에서 리더들은 자칫 냉소적이 될 수 있다. 정보화 시대가 리더들에게 새로운 자원을 많이 제공한 것은 사실이지만 동시에 과거 세대 리더들은 한 번도 겪어 보지 않은 무거운 짐을 지운 것도 사실이다. 수많은 리더들이 자신이 항상 턱없이 뒤떨어져 있다는 생각에 좌절하는 것도 무리가 아니다.

아마도 현대에 가장 만연한 신화는 기술 발전이 리더의 시간을 더 여유롭게 하리라는 것이다. 많은 첨단 기술 제품이 시간을 절약해 준다고들 하지만 사실은 그런 장비들 때문에 오히려 정보 유통량이 급증해 리더들은 끝없이 쏟아지는 데이터에 최대한 신속히 반응해야 하는 중압감에 시달린다. 그러면서도 단 한 번의 잘못된 결정이 조직에 치명타를 날릴 수 있음을 늘 의식해야 한다.

고든 설리반과 마이클 하퍼는 정보화 시대의 결정적 특징은 속도가 아니라 "시간 압축"이라고 했다.[6] 즉 반드시 일이 더 빨리 진행된다기보다 리더들이 일에 반응할 시간이 전보다 짧아졌다는 의미다. 이것이 오늘날 리더에게 엄청난 부담이 되고 있다.

첨단 기술은 점점 커져만 가는 또 하나의 도전을 몰고 왔다. 오늘날의 경영진은 대부분 베이비부머 출신이다. 그런데 미국 역사상 최대 규모의 세대는 밀레니엄 세대(1980-2000년 출생)로, 인구가 자그마치 7천 7백 9십만 명이나 된다.[7] 이들은 첨단 기술에 밝고 관계 지향적인 신흥 세대다. 브래드 스졸로제는 현재의 경영자들이 이 세대를 이끌려면 리더십 스타일을 바꾸어야 한다며, 이를 '리퀴드 리더십'이라는 신조어로 표현했다.[8]

첨단 기술 때문에 생겨나는 압박감은 교회라고 해서 예외가 아니다. 전통적으로 목사는 그 지역에서 가장 교육을 많이 받은 사람 중 하나였고 개인 장서도 가장 많은 축에 속했다. 청중은 설교 내용에는 매번 동의하지 않았을지 몰라도 목사가 제시하는 사실들을 논박하기는 힘들었다. 그러나 오늘날의 회중은 설교 중에 제시하는 예화와 정보를 인터넷에서 검색하여 사실 여부를 확인할 수 있다. 그것도 목사가 강단에서 내려오기도 전에 즉석에서 가능해졌다. 과거에 가장 학구적인 목사들이 서재에 소장했던 정보보다 지금 교인들의 스마트폰에 들어 있는 정보가 더 많다.

현대 교회는 첨단 기술을 적극적으로 활용한다. 파워포인트와 동영상은 이미 흔한 것이 되었다. 사람들은 예배 중에 목사에게 문자로 질문을 보낼 수도 있고, 일부 교회 현관에서는 직불 카드로 헌금을 낼 수도 있다. 대형 교회가 부상하면서 교회 간의 경쟁도 심해졌다. 이제 교인들은 텔레비전이나 인터넷에서 유명 설교자들을 어렵지 않게 접할 수 있다. 그러다 보니 자기 교회 설교자는 너무나 평범해 보인다. 클릭만 하면 명 설교들이 쏟아져 나오기 때문에 굳이 번거롭게 교회까지 차를 몰고 가서 주차할 곳을 찾는 일이 점점 더 불필요하게 느껴진다.

세계화

크레이그 존슨은 21세기의 가장 중요한 트렌드를 세계화로 꼽는다.[9] 비단 그만이 그런 생각을 하는 것은 아니다. 토머스 L. 프리드먼은 2005년에 세계가 '평평하다'고 역설했다.[10] 그는 공산주의 장벽이 서구에 의해 무너진 일, 인터넷의 도래, 개인용 컴퓨터의 대중화, 광케이블 개발, 소프트웨어를 통한 업무 혁신 등을 계기로 세계는 2000년을 전후하여 제3의 주요 시대에 들어섰다고 이야기한다.[11] 세계화의 의미에 대해서는 지금도 논쟁이 뜨겁지만 이전에 사람들을 갈라놓았던 지리, 정치, 사회, 기술 등 많은 장벽이 붕괴된 것만은 분명하다.

이제 가족끼리 운영하는 한국의 작은 매장도 사업을 국제적으로 확장할 수 있다. 나아가 이 매장이 미국의 훨씬 큰 회사들과 경쟁할 수도 있다. 역으로 아프가니스탄의 동굴에 숨어 있는 테러리스트 하나가 공격을 지휘하여 지구 반대편의 고층 건물을 무너뜨릴 수도 있다. 이란에서 생성된 컴퓨터 바이러스는 몇 시간 만에 전 세계 컴퓨터들에 장애를 일으킬 수 있다. 동남아시아의 경기가 침체되면 얼마 안 있어 미국의 중서부 도시들에 해고 바람이 불 수 있다. 디트로이트에서 고객 상담 전화를 걸면 인도에서 전화를 받기도 한다. 전에는 가정교사가 당신 집 부엌 식탁에 앉아 자녀에게 수학을 가르쳤지만, 컴퓨터와 인터넷이 보편화된 지금은 인도 벵갈루루에서 노트북컴퓨터 앞에 앉아 가르칠 수도 있다. 세상은 정말 평평해졌다.

모든 변화가 그렇듯이 한 사람의 재앙이 다른 사람에게는 기회가 된다. 세상이 이전보다 더 상호 연결되어 있다 보니 전 세계에 영향을 미치려는 사람들에게는 유례없는 호기가 아닐 수 없다. 전에는 중소기업들이 겨우 자기 지역에서 3대 기업 안에 들려고 애썼지만 이제는 지구촌의 새로운 시장들로 눈길을 돌리고 있다. 교회들도 전에는 관할 구역이 곧 선교지라 생각했지만 이제 첨단 기술을 이용하여 지구상의 가장 먼 오지에까지 영향을 미치고 있다.

다양성

여러 세기 동안 미국은 이민자들이 선호하는 나라였다. 여러 인종과 문화가 뒤섞인 미국은 결코 동질성 있는 국가가 아니다. 한때 미국 대통령들이 성경 구절을 인용할 수 있던 시대가 있었다. 그때는 대다수 국민들도 그게 무슨 말인지 알아들었다. 그러나 이제 그 시대는 갔다. 가정과 교회 등 전통적 조직에 대한 도덕적 기준과 관점이 세간에 널리 통용되던 시대도 있었다. 그러나 이제 미국 사회는 극도의 다양성과 분열을 보이고 있다.

비슷하게 유럽에도 최빈국들에서 이민자들이 쏟아져 들어오면서 근본적인 변화가 일어나고 있다. 전통적으로 유럽과 동질성을 지닌 국가들에도 마찬가지다. 최근 네덜란드 암스테르담에 갔을 때 일이다. 오후 자유 시간에 유럽식 빵집을 찾으러 근처로 나갔는데, 몇 블록을 걷는 동안 아랍식 빵집이 세 군데나 눈에 띄었다. 스위스는 최근에 모스크 첨탑의 고도를 제한하는 법령을 통과시켰다. 이슬람 사원의 첨탑들이 점점 스카이라인을 잠식하고 있기 때문이다.

이것이 리더들에게 주는 의미는 무엇인가? 테일러 콕스는 현대 조직에서 리더십의 핵심은 다양성을 관리하는 일이라고 결론지었다.[12] 지금의 CEO들이 지휘해야 할 노동 인력은 전임자의 시대보다 훨씬 더 다양해졌다. 경영자는 종업원들의 가치관, 세계관, 직업윤리, 성적 성향, 목표 따위가 자신과 같으리라고 전제할 수 없다. 크레이그 존슨은 기업 세계에서 윤리적 결정을 내리는 일이 얼마나 힘든 일인지 이렇게 지적했다. "도덕적 딜레마에 접근하는 관점이 민족, 국가, 종교마다 다 다르다. … 한 집단의 구원성들은 전혀 스스럼없이 받아들이는 일을 다른 집단은 심각한 윤리적 문제로 받아들일 수 있다."[13]

당신이 리드하는 사람들의 세계관은 온갖 다양한 입장에서 비롯되었다. 그 속에서 연합된 단체 문화를 구축한다는 것은 커다란 도전이다. 이런 딜레마는 교회 안에도 존재한다. 신학이 같은 회중은 당연히 연합하리라고 생각할 수 있다. 하지만 오늘의 크리스천들은 사회적, 정치적, 도덕적 이슈에 대해 입장 차이가 크다. 그만큼 경험과 배경이 각기 다르기 때문이다.

이렇게 점점 증가하는 다양성 때문에 미래의 리더십은 어느 분야를 막론하고 더 복잡해질 것이다. 우리 문화에 도입된 정치적 공정성이라는 어휘는 어느 누구의 특수한 이해관계나 의제에도 피해를 주지 않는 결정이나 행동을 뜻한다. 장애물도 이렇게 많고 기준도 다 다른데 어떻게 난감한 결정을 내리고 발전을 이루어 나갈 것인가? 조직들을 날로 더 복잡다단하게 공략하는 것은 외부 요인만이 아니다. 현대 조직들은 내부적으로 워낙 복잡해서 어떤 이슈에 대해서든 통일된 반응을 이끌어 내기가 점점 더 어렵다.[14]

훌륭한 리더십은 사회가 당면한 모든 어려움을 고치는 만병통치약이 되었다. 오늘날 여러 도전에 직면한 조직들은 정치, 종교, 기업, 교육, 법조계 할 것 없이 어디서나 도전에 부응할 리더들이 필요하다고 아우성이다. 문제는 그런 리더가 되겠다는 사람이 모자라는 것이 아니다. 문제는 아랫사람들이 오늘의 윗사람들에게 정말 리더 자격이 있는지 갈수록 회의적이 되어 간다는 것이다. 워렌 베니스는 "미국의 심장부에 자칭 구세주들이 들끓는 진공 지대가 있다"고 말했다.[15] 리더를 사칭하거나 리더의 직위에 앉는다 해서 리더가 되는 게 아님을 사람들은 직관적으로 알고 있다. 사람들은 믿을 수 있는 리더를 간절히 찾고 있다.

'정치꾼'이 아니라 '정치가'가 필요하다

리더에 대한 불신이 표출된 가장 공적인 분야는 정계이다. 지금은 쉽게 리더가 되는 때가 아니다. 세상은 기하급수적으로 복잡해지고 정치적 동맹관계는 하루가 다르게 변한다. 핵과 생화학 테러의 위협이 가공할 만한 현실로 다가왔고, 심각한 경제 침체는 한 나라를 하룻밤 사이에 몰락시킬 수도 있다. 난무하는 폭력은 새삼스럽지도 않다. 한때 당연시되던 사회 규범은 공공연한 조롱의 대상이 되어 현대 사회는 선지자 예레미야 때처럼 사람들이 '얼굴도 붉힐 줄 모르는' 지경으로까지 퇴폐화했다(렘 6:15; 8:12 참조). 이렇게 무서운 정치 현실 앞에서 사람들은 믿을 수 있는 리더를 애타게 찾고 있다. 우리 사회에는 산적한 정치 문제에 훌륭히 대처할 수 있는 리더들이 필요하다. 하지만 원하는 것은 정치가인데 정작 나타나는 것은 정치꾼이다.

사람들은 지킬 의향이나 능력도 없으면서 공약을 남발하는 정치꾼들에 지쳤다. 정치가는 직위나 인기와 상관없이 정의를 고수하는 리더로서, 표를 얻기 위해서가 아니라 국민의 유익을 위해 발언하고, 지역이나 개인 이기주의 대신 국가 전체의 유익을 꾀한다. 예컨대 해리 트루먼 같은 이다. 비록 대통령직에서 물러날 때 그의 지지도는 낮았지만 역사는 그를 난세의 훌륭한 리더로 평가한다. 정치꾼은 선거에서 당선된다 해도 머지않아 성품은 물론 리더십이 형편없는 자로 조롱당할 것이다.

워렌 베니스는 미국이 독립 시기에 프랭클린, 제퍼슨, 워싱턴, 해밀턴, 애덤스, 매디슨 등 최소 6인의 세계적 리더를 배출했다고 말했다.[16] 전국 인구가 겨우 3백만 명이었던 점을 감안할 때 그것은 엄청난 쾌거다. 현재 미국 인구에서 같은 비율로 세계적 리더가 배출된다면 오늘 미국은 500명 이상의 리더를 과시할 수 있으리라. 하지만 '위대하다'는 더 이상 정치 리더를 묘사하는 형용사 축에 끼지 못한다. 역사상 정치꾼 아닌 정치가가 제일 필요한 시기가 있다면 지금이 바로 그때다.

수익에 눈이 먼 기업들, 영적 선도자가 간절하다

재계도 정계 못지않게 유능한 리더를 간절히 찾고 있다. 기업 운영 방식은 첨단 기술로 쇄신에 쇄신을 거듭하고, 세계 경제 역시 급속히 성장했다. 아시아의 재정 위기가 북미 기업체들에 즉각 심각한 영향을 미칠 만큼 국가 경제가 서로 얽혀 있기도 하다. 과잉 인력을 해소하기 위해 근로자 한 사람의 일을 여러 직원이 나누어 하는 관행도 다반사다.

찰스 핸디는 "미래 리더의 도전은 과거의 의미로는 존재조차 하지 않던 조직을 관리하는 것"이라고 말했다.[17] 이제 모든 직원이 자신을 회사 공동체 일원으로 느낄 수 있는 공동 문화를 창출하려면 막대한 노력을 기울여야 한다. 어제의 일터는 직원들이 하루 8시간 모여서 일하는 특정한 장소였고, 대다수 직원의 경우 일하는 이유는 오직 하나, 급여였다. 물론 보람을 찾기 위해 일하는 이도 있지만 이는 어디까지나 부차적인 것이었다. 그러나 이제는 모든 것이 달라졌다.

오늘의 일터는 사람들이 사회에 긍정적으로 기여할 수 있도록 노력을 쏟아 붓는 자기표현의 장이다. 사람들은 더 이상 급여나 복지 혜택만 보고 일을 선택하지 않는다. 그들은 기업 가치관이 자신과 부합하는 회사를 찾는다. 대니얼 골만은 "경제적으로 아주 절박한 경우가 아니라면 사람들은 돈만 보고 일하지 않는다. 그들에게 일의 의욕을 더해 주는 요인은 보다 큰 의미나 열정이다. 그들은 자신에게 의미를 주는 일, 자신의 헌신과 재능과 에너지와 기술을 십분 활용할 수 있는 일에 끌린다"고 말했다.[18]

이제 사람들은 연거푸 직장을 바꾸는 일도 마다하지 않는다. 로버트 그린리프는 근로자의 초점 변화에 대해 이렇게 말했다. "일은 보수를 지불하는 측의 유익을 위해서 존재하기도 하지만, 일하는 이들의 삶을 풍성하게 하는 데도 매우 중요한 몫을 담당한다."[19]

덕분에 리더를 향한 직원들의 기대도 이전보다 훨씬 높아졌다. 또 현대 경제가 당면한 복잡하고 중요한 이슈들은 훌륭한 리더의 필요성을 한층 부각시키고 있다. 오늘날 기업의 리더들은 격동하는 경제의 미래를 내다보며 발 빠르게 적응해 회사의 위기를 피해야 한다. 동시에 역사상 가장 다양한 노동력 집단에서 생산적이고 일체화된 팀을 이끌어 내야 한다. 계속해서 신기술을 습득해야 하고 날마다 급변하는 재계의 어지러운 변화에도 적응해야 한다.

기업 리더들은 업계 전체를 파악하고 이끌어야 한다. 물론 분야별 전문가들 역시 해당 분야에서 경쟁력을 잃지 않으려면 계속 재훈련을 받아야 한다. 회사마다 불확실한 미래에서 자신을 이끌어 줄 리더를 애타게 찾는 것도 무리가 아니다. CEO 연봉이 근로자 임금에 비해 천문학적 규모로 치솟는 것도 놀랄 일이 아니다.

2000년 12월에 홈디포(Home Depot)는 밥 나델리를 임용해 급성장 중인 회사의 질서를 잡게 했다. 나델리는 제너럴일렉트릭(General Electric Company)의 고위 간부이자 잭 웰치의 뒤를 이을 CEO로 최종 선발된 후보 중 하나였다. 홈디포는 나델리의 능력을 인정해 고액의 보수를 지급했다. 연봉 총액이 3천만 달러에 달했다. 덕분에 그는 2005년에 미국에서 56번째로 소득이 높은 CEO가 되었다. 회사에 그의 전용 주차장만 아홉 군데나 있었고, 그의 사무실로 연결되는 전용 엘리베이터도 있었다. 그러나 5년 뒤, 회사가 전반적으로 성장하고 있었는데도 그는 해고당했다. 이때 그가 받은 퇴직금이 2억 1천만 달러였다.[20]

1999년 7월에 휴렛패커드(HP)사는 칼리 피오리나를 CEO로 지명했다. 〈포춘〉이 선정한 20대 기업의 첫 여성 리더가 된 피오리나는 즉시 CEO로서 명백한 존재감을 드러냈고, 임기 내내 그 상태를 유지했다. 그러나 그녀가 임용될 때 주당 52달러였던 HP의 주가는 그녀가 5년 반 만에 회사를 떠나던 2005년 2월에는 21달러로 폭락했다. 60퍼센트가 넘는 손실이었다. HP의 경쟁사인 델(Dell)의 주가는 같은 기간에 37달러에서 40달러로 올랐다. 휴렛패커드는 2천만 달러가 넘는 퇴직금을 지급하며 피오리나를 내보냈다.[21]

수익의 탐욕에 눈이 먼 회사들은 막대한 연봉을 지출할 뿐 아니라 어떤 때는 비윤리적이거나 불법적인 관행의 경고 신호마저 무시한다. 재계에도 스캔들은 얼마든지 많이 있다. 엔론(Enron)사태, 월드콤(Worldcom)의 분식회계 사건, 희대의 다단계 금융사기꾼 버니 매도프(Bernie Madoff) 등의 비리는 고공의 수익이 계속되는 동안 계속해서 묵과했다. 오늘의 재계에는 도덕성이 투명한 리더들은 물론 영적 선도자들이 절실히 필요하다.

현대 교회가 당면한 세 가지 도전

다른 사회 분야와 마찬가지로 리더십 가뭄은 교회도 예외가 아니다. 그리스도는 제자들에게 거짓 선지자들이 일어나 많은 사람을 미혹할 것이라고 경고하셨다(마 24:11 참조). 하지만 이렇게 많은 자칭 영적 리더들이 저마다 그럴듯한 저서와 이론으로 방송 전파를 장악하고 교회를 덮칠 줄이야 누가 알았으랴.

짐 존스와 데이비드 코레쉬 같은 파괴적인 거짓 스승 밑에 그렇게 많은 추종자들이 모일 수 있다니 정말 아찔한 일이다(종말론을 설파한 사이비 종교 교주 짐 존스의 '태양의 사원'은 1978년 집단 자살로, 데이비드 코레쉬의 '계시록 목장'은 1993년 주 방위 군대와 전투를 벌이며 세상을 떠들썩하게 했다-옮긴이). 고소득 직장과 비싼 집에서 안락하게 살던 지성인이 UFO를 타고 지구를 떠난다는 말만 믿고는 어느 날 모든 재산을 팔고 가족과 친구와 명성마저 버린 채 자칭 메시아를 추종했다니 좀처럼 납득이 안 된다. 더 놀라운 사실은 건실한 사람들이 엉뚱한 가르침에 속아 끔찍한 죽음의 자리까지 거짓 선지자들을 따랐다는 것이다.

사람들은 왜 맹목적 추종자가 되어 그런 망상에 사로잡힌 자칭 메시아들이 시키는 대로 하는 것일까? 그만큼 진정한 리더들이 없는 빈자리가 심히 큰 것이 아닐까? 그래서 자칭 구세주들에게 추종 세력이 늘 꼬여드는 것이 아닐까? 삶의 질을 향상시켜 줄 누군가를 찾아서 말이다.

현대 교회는 여러 가지 도전에 당면해 있다. 미래에 승승장구하려면 그런 도전들을 극복해야 한다. 다음은 교회가 효과적으로 대처해야 할 세 가지 주된 이슈다.

유능한 리더의 부재

지금 사회에는 영적 분야에 대한 관심이 확산되고 있다. 그런데 놀랍게도 많은 교회와 교단의 교세는 오히려 약해지고 있다. 조지 바나는 "미국 교회는 강력한 리더십이 없어 죽어 가고 있다. 전례 없이 자원이 풍부한 이 시대에 교회는 사실상 영향력을 잃고 있다. 원인은 리더십 부재다. 리더십보다 중요한 것은 없다"[22]고 했다.

교회는 사람들이 던지는 절박한 의문에 대한 답을 가지고 있다. 하지만 사회는 교회를 점점 더 회의적인 눈초리로 본다. 비참하게도 교회 리더들의 부도덕성이나 비윤리적 행위가 발각되는 일이 수시로 벌어지고 있다.

사역자의 탈진이 만연되어 있고, 목회자가 해고당하는 일도 흔하다. 오늘의 목사들은 논란거리가 되는 여러 딜레마에 대처해야 한다. 이런 딜레마는 한 세대 전의 성직자들이 부딪쳤던 이슈들보다 훨씬 복잡하며 때로는 불화를 일으킨다. 사회가 오락과 쾌락에 중독되어 있다 보니 교회도 계속 회중의 주의를 끌어야 하는 힘겨운 경쟁에 당면해 있다.

오늘의 교회가 요구하는 리더는 엄청난 도전들을 극복할 뿐 아니라 새로운 멤버들도 끌어들일 수 있어야 한다. 또 필요한 자원도 확보하여 조직의 늘어 가는 비용을 충당할 수 있어야 한다. 많은 신학교에 신입생이 충분히 입학하고 있지만, 그래도 교단 지도자들은 신학교에서 배출되는 리더가 너무 적다고 계속 탄식한다. 이렇게 리더가 부족한 현실은 누구나 인정한다. 하지만 안타깝게도 리더를 어떻게 발굴하고 육성할지에 대해서는 거의 합의가 없다.

종교적 소비주의

소비자를 떠받드는 우리 사회에서 기업들은 온갖 약속과 유인책을 쏟아 낸다. 교회들도 우리의 충성심을 이끌어 내려고 경쟁한다. 신자와 비신자를 동시에 끌어들이려고 막대한 에너지와 자원을 지출한다. 그 결과

별의별 교회들이 다 생겨나 만인의 입맛에 맞추려고 뭔가를 내놓는다. 심지어 어떤 교회는 죄나 부정적인 것은 일체 언급하지 않는다. 어떤 교회는 정치적 공정성을 추구하느라 사회 풍조가 바뀔 때마다 교리를 수정한다. 그런가 하면 할리우드 문화에 끌려 다니는 교회도 있다. 그들은 시류에 뒤지지 않으려고 연예계의 새로운 유행이라면 무조건 다 전도에 활용한다.

세계의 종교들은 기록적인 숫자로 성장한다. 하늘 높이 우뚝 높은 거대한 사원들이 도처에 있다. 헌금도 텔레비전과 라디오, 인터넷을 통해 쉽게 할 수 있다. 현재 예배 드리는 곳이 당신을 불쾌하게 하거나 무시하거나 따분하게 만든다면, 바로 길 건너나 다음 채널에 '새롭고 더 좋은' 종교 체험이 늘 기다린다.

반기독교적 정서

역사적으로 개신교회는 서구 세계의 주요 근간이 되었다. 유럽의 마을마다 교회당과 첨탑이 중심을 이루었다. 공공 행사에 기도가 필요하면 미국인들은 당연히 개신교 목사의 기도를 예상했다. 하지만 이제 그런 시대는 갔다. 미국 사회가 무엇보다 정치적 공정성을 중시하다 보니 얄궂게도 이런 상황이 반전되었다. 이제 개신교회는 상습적인 조롱의 대상이 되어 공공연히 꼴사나운 차별을 당하고 있다.

무신론자들은 점점 더 목소리를 높이며 호전성을 띠어 간다. 기독교 신앙에 한사코 적대적인 사람들도 마찬가지다. 다른 생활 방식이나 다른 삶의 선택을 용납하지 않는다고 교회를 비난하는 게 이제 당연한 일이 되었다. 한때는 교회 지도자들을 사회에서 정중히 받아들였으나 이제는 조롱당하고 적대적이 되기 일쑤다. 한때는 교회들이 지역사회에 참여하며 으레 그 존재를 인정받았으나 이제 기독교 공동체는 전혀 환영받지 못하는 신세가 되었다. 날로 더 세속화되어 가는 문화 속에서 교회들이 성공을 누리려면 여태까지 익숙해 있던 것과는 다른 리더십이 필요하다.

부모의 자리보다 더 큰 리더 자리는 없다

성경에는 부모의 리더 역할에 대한 말씀이 많이 나온다. "온전하게 행하는 자가 의인이라 그의 후손에게 복이 있느니라"(잠 20:7).

하지만 성경에는 아버지로서 실패한 많은 성도들의 사연도 함께 나온다. 성경 시대에 하나님의 가장 위대한 지도자 중 하나였던 사무엘은 두 아들을 경건한 사람으로 키우는 일에 실패했다(삼상 8:1-5 참조). 다윗은 이스라엘에서 가장 성공한 왕이었지만 자녀들에게 소홀히 했다가 나중에 그 과오의 대가를 톡톡히 치렀다.

정계나 재계나 교계의 훌륭한 리더로 알려져 있으나 정작 자기 자녀의 고통과 반항을 막아 주지 못한 사람들이 역사에 수없이 많이 있다. 석유왕 존 록펠러는 세상에서 가장 막강한 기업 중 하나를 세웠지만 딸 이디스와는 사이가 멀어졌다. 자기가 가진 어떤 힘으로도 그는 끝내 딸을 자신에게 다시 돌아오게 할 수 없었다.[23]

비참하게도 공인으로서는 훌륭한 리더인데 어찌된 영문인지 가족들에게 돌아갈 때만은 문제 해결 능력, 대인 기술, 팀을 세우는 본능을 집 문간에 내려놓는 사람들이 많다. 이 책의 주제가 자녀 양육은 아니지만 그래도 분명히 말해 둘 것이 있다. 부모의 자리보다 더 큰 리더의 자리는 없다. 자신을 리더로 보든 그렇지 않든, 당신이 부모라면 최대한 제대로 이끄는 법을 배워야 한다. 그것이 자녀를 향한 당신의 의무다.

세상 리더십 VS 영적 리더십

크리스천의 경우 리더십 문제에는 더 깊은 차원이 있다. 기독교 리더십은 세상 리더십과 동일한가? 요즘 서점들은 리더십에 만성적으로 갈증을 느끼는 사람들로 덕을 톡톡히 보고 있다. 진열대마다 리더십과 관리 이론에 대한 책이 넘쳐난다. 성공한 리더들은 기업, 스포츠, 정치 등 분야를 가리지 않고 자신의 성공을 소재로 자서전을 펴낸다. 무수히 많은 책들은 저마다 자기 분야에서 훌륭한 리더가 되는 비결을 찾고자 열심히 책장을 넘기는 수많은 사람들에게 나름대로 체험담을 들려준다.

많은 크리스천 리더들이 부딪치는 의문은 과연 스포츠나 기업 리더들의 성공 원리를 하나님 나라에도 똑같이 적용할 수 있느냐는 것이다. 목사는 성공한 풋볼 코치의 리더십 방식을 공부하면서 '동일한 원리가 교회를 이끄는 데 효과적일까?'라는 의문에 빠진다.

많은 크리스천 리더들이 세상적 접근을 수용하는 모습은 도처에서 찾아볼 수 있다. 목사 서재(the pastor's study)라는 전통적 명칭이 목사 사무실(the pastor's office)로 바뀐 것도 그런 현실의 일환이다. 이전의 교회가 '지상명령'에 주력했다면 오늘의 교회는 '사명 선언문'을 채택한다. 이전의 교회가 '교제권'을 얘기했다면 현대 크리스천 리더들은 '팀'을 구성해 팀 조직을 통해 사람들을 돌본다. 이전의 교회가 사람들을 예배로 오게 하려고 교회 간판을 세웠다면 오늘의 교회는 최신 마케팅 원리를 활용해 지역사회에 접근한다.

대형 교회 목사들은 목자보다는 CEO처럼 군다. 목사 사무실은 그야 말로 전형적 사무실 구조로 돼 있으며 바로 옆에는 팀이 모일 수 있는 회의 실을 마련해 놓았다. 과연 우리 교회가 이렇게 세상의 리더십 방법론을 흡수해야만 하는 것일까? 아니면 옳지 않은데도 그저 유행처럼 따라만 하는 것일까? 성경적 원리는 무엇인가?

이런 혁신이 상당수의 회심자를 포함, 교인 수에서 극적인 성장을 가져왔다는 것이 많은 교회 리더들의 주장이다. 그런가 하면 이런 접근을 신학과 성경의 노골적 타협이라 하여 비난하는 리더들도 있다.

사역 추세가 CEO 모델로 바뀌면서 훌륭한 리더십에 대한 교회의 평가도 달라졌다. 목사의 능력을 교인 수, 헌금 액수, 건물 수로 측정하고 숫자가 높을수록 성공한 목사로 평가받는다. 앞서 에드워즈 목사가 깨달은 것처럼, 길 건너 다른 교회를 따라잡으려는 교인들의 욕구를 채우자면 목회자의 경건한 신앙만으로 부족할 수도 있다. 기독교 조직들은 자기네 리더가 계속해서 탁월한 결과를 내는 한, 중대한 성격 결함이나 심지어 도덕적 타락도 눈감아 줄 의향이 있는 듯 보인다.

세상의 리더십 이론을 불변하는 성경 원리에 비추어 따져 보지 않고 거의 무분별하고 무비판적으로 수용해서는 안 된다. 이 책은 현대 리더십 원리들을 성경 원리에 비추어 살펴볼 것이다. 많은 '현대' 리더십 원리가 실은 예로부터 하나님이 명하신 성경적 원리임이 밝혀질 것이다. 예컨대 세상의 리더십 저자들은 깨끗한 도덕성을 현대 리더들의 필수 요소로 주장하는데, 이는 크리스천에게는 전혀 새로울 것이 없다. 성경은 2천 년이 넘도록 그것을 리더십의 표준으로 삼아 오지 않았는가.

역설적으로, 교회가 대중 리더십 원리에 눈뜨고 있는 것과 동시에 세상 저자들 역시 기독교 만고불변의 진리를 깨우치고 있다. 이런 현상은 다수의 리더십 저자들이 크리스천이거나 적어도 종교인이라는 점에서 일부 원인을 찾을 수 있겠으나, 보다 근본적 원인도 간과할 수 없다. 즉 리더가 크리스천이든 아니든 기독교 방식으로 사업하는 것이 더 유리함을 리더십 전문가들이 터득한 것이다.

과거 리더십 이론의 전제는 CEO가 아랫사람들과 일정 간격을 유지하며 일방적 명령으로 무조건 따르게 만드는 영웅적 카리스마 인물이라는 것이었다. 반면 요즘 리더십 전문가들이 펴내는 책들은 거의 기독교 서적처럼 보인다. 《최고 경영자 예수》(*Jesus CEO*, 한언출판사 역간), 《서번트 리더십》(*Servant Leadership*, 시대의창 역간), 《격려의 힘》(*Encouraging the Heart*, 에코비즈 역간) 같은 책제목들은 기업체 CEO 사무실보다 신학교에서 소장하는 것이 맞는 듯 보인다.

이런 책들의 기독교적 컨셉트는 제목에 그치지 않는다. 내용에서도, 회사는 직원들과 언약을 맺어야 한다, 기업 리더는 아랫사람들을 사랑해야 한다, 관리자는 섬기는 리더가 돼야 한다, 리더는 직원들에게 감정을 내보여야 한다, 기업 리더는 도덕적으로 깨끗해야 한다, 리더는 진실을 말해야 한다 등을 강조한다. 그런가 하면 리더는 단순한 이익 창출보다 더 높은 차원을 위해 힘써야 한다는 흥미로운 내용도 있다. 이런 원리들은 하버드경영대학원보다 산상수훈에 더 걸맞는 것처럼 보인다. 이처럼 세상의 저자들이 마치 초대교회 교인들처럼 뜨겁게 기독교 가르침을 받아들이는 데 반해 신기하게도 크리스천 리더들은 소위 현대화의 기치 아래 동일한 진리를 본의 아니게 저버리고 있다.

'신앙'과 '세상일'을 나누지 말라

하나님의 사람들이 세상의 시대적 사조를 얻고자 영적 장자의 명분을 파는 것은 비단 현 세대만의 일은 아니다. 사무엘 당시 이스라엘은 주변 강대국들 사이에 끼인 작고 초라한 나라였다. 그들은 사무엘을 영적 리더로 삼고 하나님을 왕으로 섬기는 데 만족했다. 그러나 사무엘이 나이가 들자 그의 경건치 못한 아들들은 리더십 지위를 악용했다.

이스라엘 백성들은 주변국을 곁눈질하며 그들의 막강한 군대와 화려한 도시, 군왕의 위세를 부러워했다. 전쟁을 이기게 하고 경제를 이끌며 나라의 법도를 제정할 주체로 하나님 대신 왕을 택한 다른 나라들처럼 되고 싶어 했다. 그들은 사무엘에게 왕을 요구했다. 사무엘은 결국 왕의 제도가 그들을 어떤 상태로 몰아갈 것인지에 관해 하나님의 평가를 들려주었다.

> 너희를 다스릴 왕의 제도는 이러하니라 그가 너희 아들들을 데려다가 그의 병거와 말을 어거하게 하리니 그들이 그 병거 앞에서 달릴 것이며 그가 또 너희의 아들들을 천부장과 오십부장을 삼을 것이며 자기 밭을 갈게 하고 자기 추수를 하게 할 것이며 자기 무기와 병거의 장비도 만들게 할 것이며 그가 또 너희의 딸들을 데려다가 향료 만드는 자와 요리하는 자와 떡 굽는 자로 삼을 것이며 그가 또 너희의 밭과 포도원과 감람원에서 제일 좋은 것을 가져다가 자기의 신하들에게 줄 것이며 그가 또 너희의 곡식과 포도원 소산의 십일조를 거두어 자기의 관리와 신하에게 줄 것이며 그가 또 너희의 노비와 가장 아름다운 소년과 나귀들을 끌어다가 자기 일을 시킬 것이며 너희의 양 떼의 십분의 일을 거두어 가리니 너희가 그의 종이 될 것이라 그날에 너희는

너희가 택한 왕으로 말미암아 부르짖되 그날에 여호와께서 너희에게 응답하지 아니하시리라(삼상 8:11-18).

세상은 거대한 궁전과 막강한 군대로 왕조의 성공을 측정했다. 이스라엘 백성들은 군왕의 번쩍이는 장신구에 눈이 휘둥그레졌다. 그러나 그런 나라의 백성이 되는 데는 혹독한 대가가 따랐다. 군주제를 유지하려면 백성들의 혈세가 필요했다. 막강한 왕의 군대는 무거운 세금을 요하는 한편, 왕을 위해 청년들을 징집해 갈 것이었다. 또 군주제는 다수의 종들 없이는 존재할 수 없다. 그것은 많은 자녀들이 왕의 종으로 징발돼야 한다는 의미였다. 하나님 대신 세상 리더를 택할 때 따를 결과에 관해 이보다 더 분명한 말씀은 없다.

그러나 이스라엘은 끝까지 고집스레 우겼고 그래서 하나님은 그들에게 세상 리더의 완벽한 표본을 허락하셨다. 사울은 잘생기고 풍채가 좋았지만 정서가 불안하고 유난히 허영심이 많았다(삼상 14:24-26 참조). 그는 때로 즉석 성명을 발표할 만큼 결단력이 있었지만 그중 다수가 무모한 것이었기에 결국 폐지되곤 했다. 그는 열정이 있었지만 걸핏하면 포악한 신경 발작을 일으켰다. 또 직접 전쟁의 선봉에 나서는 용장이었지만 많은 시간을 자국민을 닦달하는 데 허비했다.

이스라엘 백성들은 자기들을 세상 원리로 이끌어 줄 리더를 달라고 아우성쳤다. 하나님은 주셨다. 결과는 비극이었다. 무엇이 잘못된 것일까? 문제는 종교 생활이나 하나님께 순종 같은 신앙 문제는 종교적 영역에 속하고 적과의 전쟁, 경제 발전, 국가 단합 같은 실제적 문제는 세상일이라는 이스라엘 백성들의 가정에 있었다. 그들은 전쟁 승리나 경제 번영, 국가 출범 모두 하나님이 친히 하신 일임을 망각했다. 그분은 예배 때 못지않게 전쟁터에서도 역사하셨지만, 신앙 문제를 정치 경제 문제와 분리한 이스라엘은 결국 무너지고 말았다. 성경은 영적 부분과 세상을 나누는 것은 잘못이라고 한다.

영적 원리를 기업과 정치 문제에 적용한다고 해서 목사들이 군 장성으로 복무해야 한다거나 신학교 교수들이 경제를 주도해야 한다는 뜻은 아니다. 하나님은 인간을 영적 존재로 지으셨다. 신자든 비신자든 모든 인간은 영적 필요를 지닌 영적 존재라는 것이다. 근로자나 고객, 관리자 모두 영적 필요가 있고, 하나님은 일터에 있는 당신의 종들을 통해 그 필요를 채워 주기를 원하신다. 또 하나님은 인간관계를 만드신 분으로, 시간이 가도 바뀌지 않는 인간관계의 법칙을 정하셨다.

일터에서 하나님이 정해 놓으신 인간관계 원리를 깨뜨리면 곧 재난이 닥친다. 교회에서든 직장에서든 예수 그리스도는 모든 크리스천의 주인이시다. 하나님 나라란 교회, 가정, 직장, 이웃을 포함한 삶의 모든 영역을 다스리시는 하나님의 통치가 아닌가. 이 진리를 간과하고 기업이나 정계를 따로 떼어 생각한다면 스스로 위험을 부르는 것이다.

이 사회의 문제는 단지 리더가 부족한 정도가 아니다. 더 큰 결손은 기독교적 리더십 원리를 이해하고 실천할 리더들이 부족하다는 것이다. 훌륭한 리더들이 너무나 부족하다. 성경공부 방에서만 아니라 회의실에서도 자기 신앙을 적용할 줄 아는 리더들이 필요하다. 기업체 간부, 정치인, 교사, 변호사, 의사, 부모들을 위해 예수님은 다음 말씀으로 이 진리를 압축하셨다. "너희는 먼저 그의 나라와 그의 의를 구하라 그리하면 이 모든 것을 너희에게 더하시리라"(마 6:33).

크리스천이라는 소명은 직업에 우선하는 정도가 아니라 사실상 '길'을 인도한다. 나아가 크리스천의 소명은 삶의 모든 영역에 의미를 부여한다. 기업이나 정계에서 열심히 노력하며 하나님 나라를 먼저 구하는 것은 가능한 일일까? 점점 많은 크리스천 리더들이 그렇다는 사실을 입증하고 있다.

존 베케트의 《다니고 싶은 회사 만들기》(*Loving Monday*, 홍성사 역간), 패스트푸드 체인점 칙필레(Chick-fil-A) 사장 트루엣 캐시의 *Is It Easier to Scceed Than to Fail*(실패보다 쉬운 성공) 같은 책들은 자신의 기독교 신앙을 기업이나 정치에 훌륭히 통합한 크리스천의 사례를 잘 보여 준다. 뿐만 아니라 세상에는 최신 여론 조사를 쫓아다니는 대신 성령의 인도를 구하는 정치 리더들도 있다. 자기 스케줄이 아닌 하나님의 스케줄을 따르는 종교 리더들이 힘을 발휘하기 시작했다. 최신 처세술 도서의 충고를 따르는 대신 성경의 약속을 가정에 적용할 줄 아는 남편과 아내, 어머니와 아버지도 속속 모습을 드러내고 있다.

위인론 VS 위대한 집단 이론

일찍이 리더십에 주목한 토머스 칼라일이 한 말이다. "인류가 세상에서 이룬 일의 전체 역사는 결국 위인들이 활동한 역사다."[24]

그의 위인론은 아마 가장 이른 리더십 이론일 것이다. 위인론은 단순히 역사를 위대한 리더들의 전기를 쭉 이어 놓은 것으로 보았다.[25] 전형적인 역사책들을 보면 다음과 같은 인상을 받기 쉽다. 인류는 다음번 위대한 지도자가 등장할 때까지 그저 평범하게 살아 내면서 근근이 지탱할 뿐이라는 것이다.

일반적으로 역사를 알렉산더 대제 시대, 시저 시대, 나폴레옹 시대와 같이 구분한다. 물론 이런 역사관이 오랫동안 지나친 단순 논리로 보였던 것은 사실이다. 조직도 맨 아래 칸을 차지하는 사람보다 리더가 조직의 성공에 더 중요하다는 말은 요즘 같은 평등주의 시대에는 모욕처럼 들린다. 그 리더가 CEO든 담임 목사든 마찬가지다. 팀 어윈은 이런 격언을 인용했다. "리더가 출근하지 않아도 모든 일이 제대로 이루어지지만 사람들이 출근하지 않으면 아무런 일도 이루어 내지 못한다."[26]

이처럼 리더의 역할을 축소하려는 경향은 늘 있었다. 마치 리더의 목소리가 그저 많은 목소리 중의 하나라는 듯이 말이다. 오늘의 조직들은 인습적 상명하달식보다는 일부러 팀으로 일할 때가 많다. 많은 교회들도 평신도들이 교회를 운영할 수 있으며 지정된 지도자들이 꼭 필요하지는 않다고 결의한 바 있다.

아랍 속담에 "사자가 이끄는 양의 군대가 양이 이끄는 사자의 군대를 이긴다"는 말이 있다. 물론 팀이 가장 부실한 구성원 이상으로 강해질 수 없음은 사실이다. 하지만 조직이 리더보다 더 나아지기 힘들다는 사실도 인정해야 한다. 평범한 리더는 평범한 팀밖에 만들어 내지 못하지만, 훌륭한 리더는 훌륭한 조직을 이뤄 낼 수 있다. 그렇다고 따르는 사람들의 중요성이 조금이라도 떨어지는 것은 아니지만, 그래도 리더들의 고유한 역할을 축소해서는 안 된다.

그뿐 아니라 주어진 하루 동안 팀원들이 리더보다 더 많은 일을 성취할 수도 있지만, 그들이 리더의 비전과 지도와 지원 없이 일하는 기간이 길어질수록 실제로 성취하는 일의 질과 양과 적합성은 떨어지게 마련이다.

리더가 업무의 전부나 대부분을 도맡아 하는 것은 아니다. 하지만 훌륭한 지도자는 책임지고 일을 제대로 완수시키는 필수적 촉매제 역할을 한다.

하나님은 인류를 창조하여 그분의 목적을 이루게 하셨다. 그러려면 경건하고 훌륭한 리더들이 중대한 역할을 감당해야 한다. 하나님이 부르신 모세 같은 지도자가 없었다면 이스라엘 백성이 노예 생활에서 스스로 벗어날 수 있었을까? 어쩌면 그랬을 수도 있다. 하지만 실제로 긴긴 세월 동안 그들은 그 일에 성공하지 못했다. 결국 하나님이 그분의 종을 보내 그들을 이끌게 하셨다. 여호수아의 확고한 리더십이 없었다면 이스라엘 백성이 가나안을 정복할 수 있었을까?

하나님이 자기 백성을 인도하실 때 즐겨 쓰시는 방법이 있다. 성경에서 분명히 보듯이 그분은 거듭 개인들을 선발하고 준비시켜 지도자로 활동하게 하신다.[27] 알렉산더 대제의 리더십이 아니었다면 그리스가 당시에 천하를 정복했겠는가? 칭기즈칸을 통해 연합해 일어나지 않았다면 몽골 유목민이 알렉산더의 제국보다 네 배나 더 큰 총면적 2천 8백만 제곱킬로미터에 달하는 제국을 세웠겠는가?[28] 야코프 부르크하르트는 이렇게 역설했다. "세계사 운동은 시대에 뒤진 생활 방식과 시시해진 담론에서 수시로 벗어나야 한다. 그럴 수 있으려면 우리의 삶에 위대한 사람들이 필요하다."[29]

모두가 극복해야 할 장애물이나 도전이 없다면 지도자도 필요 없다. 그럴 때는 리더가 조직원들의 업무 스케줄을 짜고, 급여 지급을 감독하고, 연례 실적만 평가하면 그것으로 충분하다. 하지만 문제가 발생하거나 재난이 닥치거나 근본적인 변화가 필요할 때면 어느 분야에나 리더의 필요성이 명백해진다. 오늘의 문제들은 유례없이 복잡하고 까다롭다. 따라서 이전 어느 때보다도 지도자들이 더욱 절실히 필요하다.

크리스천들도 야망을 품어야 하는가

크리스천들의 경우 리더십의 한 가지 곤란한 요소는 야망이다. 독실한 크리스천도 지도자가 되려는 열망을 품어야 하는가? 이런 포부는 왠지 겸손과 섬김에 대한 성경의 가르침에 반하는 것처럼 보인다. 예수께서 오신 것은 섬김을 받으려 함이 아니라 섬기려 하심이 아닌가?(마 20:28 참조) 역사를 보면 상황에 떠밀려 리더가 된 사람들도 있다. 하지만 유명한 지도자들의 생애를 자세히 들여다보면 거의 피할 수 없이 등장하는 사실이 있다. 그들에게는 자신의 인생으로 뭔가 의미 있는 일을 하려는 근본적 갈망이 있었다.

영국 총리가 된 벤저민 디즈레일리는 어렸을 때부터 페트라르카의 이런 말을 따라했다. "난 후세에 알려지고 싶다. 혹 성공하지 못한다면 적어도 당대의 내 친구들에게라도 알려지고 싶다."[30] 그는 애꿎은 자기 동생들을 반대당 쪽 자리에 앉혀 놓고 자신은 영국 총리 흉내를 내곤 했다. 앤드류 잭슨 대통령의 전기 작가는 그에 대해 이런 결론을 내렸다. "요컨대 그는 보수적이고 사려 깊은 사람이었다. 성공하려는 야망과 결의가 그의 모든 행위를 결정지었다."[31]

우드로 윌슨 대통령은 장로교 목사의 아들이었다. 윌슨은 어려서부터 아버지의 빈 교회당에서 발성법을 배우고 웅변을 연습했다. 그가 이런 말을 했다. "난 아버지의 교회에서 빈 의자들을 상대로 즉흥 연설을 자주 한다. 미래에 대비해 쉽고 정확하고 고상한 표현에 통달하려는 것이다."[32]

호레이쇼 넬슨은 "나의 목표는 오직 영광뿐이다"라고 토로했다.[33] 이런 야망이 있었기에 그는 이집트와 트라팔가에서 나폴레옹 함대와 싸워 눈부신 승리를 거둘 수 있었다. 이 용감무쌍한 지휘관은 나일 해전의 유명한 승리에 앞서 이런 예언을 남겼다. "내일 이맘때쯤 난 귀족의 작위를 받거나 웨스트민스터 사원에 묻히거나 둘 중 하나다."[34]

이런 지도자들에게 성공하려는 뜨거운 야망이 없었다면 과연 위와 같은 일들을 성취할 수 있었겠는가?

하지만 질문은 아직 남아 있다. 크리스천들도 야망을 품어야 하는가? 그들의 목표가 사사로운 명성이나 인정이나 부를 얻는 것이라면, 이는 이기적이고 적절치 못한 행동이다. 하지만 그들의 목적이 한 번뿐인 인생을 최대한 지혜롭게 투자하여 이 땅에 하나님의 뜻을 진척시키는 것이라면, 이런 야망은 리더의 삶에 선하고 유익한 동력이다. 말콤 데이비스는 "인류 사회에는 아주 강한 의욕으로 힘든 일에 부딪칠 사람들이 늘 필요했다. 리더십도 그중 하나다"라고 말했다.[35]

다소의 사울은 하늘에서 보이신 환상을 받았다. 이방인에게 복음을 전하는 것이 그를 향한 하나님의 뜻이었다(행 26:12-18 참조). 생애 말년에 그는 이렇게 단언했다. "아그립바 왕이여 그러므로 하늘에서 보이신 것을 내가 거스르지 아니하고"(행 26:19).

젊은 날의 윌리엄 윌버포스는 정치를 통해 명성과 지위를 얻을 사심에 부풀어 있었다. 그러나 기독교로 회심한 뒤로 그는 하나님이 그분의 목적을 위해 자신을 이 땅에 두셨음을 확신했다. 그러자 하나님께 받은 사명을 이루지 않고는 성공할 수 없다는 결론이 나왔다. 그는 이렇게 말했다. "전능하신 하나님은 내게 두 가지 큰 목표를 주셨다. 노예 매매를 종식시키는 일과 사회 풍조를 개혁하는 일이다."[36]

윌버포스의 놀라운 야망은 생애가 다하기 전에 이루어졌다. 수많은 무죄한 이들을 노예로 만들던 제도가 그의 주도로 폐지되었다. 모든 크리스천들이 이런 동일한 야망을 품고 자신의 삶을 향한 하나님의 목적을 이루고자 힘쓴다면 얼마나 좋을까!

위기가 클수록 기회도 커진다

이 책 앞머리에 마지막으로 언급할 이슈는 위대한 리더가 역사를 만드는가 아니면 역사가 위대한 리더를 낳는가 하는 역사가들의 아주 오랜 논쟁이다. 대개 위기와 도전의 시대는 분명히 리더를 요구한다. 반면에 평화와 번영의 시대는 개개인에게 인류에 크게 기여할 장을 마련해 주지 않는다. 조지 패튼 장군은 "난 평시에는 쓸모없는 존재다"라고 통탄했다.[37]

사람들이 세상을 가장 크게 변화시키는 때는 대개 격동기다. 위기가 클수록 리더가 변화를 일으킬 기회도 그만큼 커진다. 역경에 대해 불평하거나 위기 앞에서 몸을 사리는 사람은 자신이 리더가 아님을 그렇게 증명하는 것이다. 리더의 자리에 있든 없든 관계없다. 하지만 역사가 내주는 기회를 인식하고 그 초청에 담대히 응하는 사람은 세상을 변화시킨다.

남북전쟁은 미국인들에게 그전까지 불가능했던 수준의 리더십으로 도약할 수 있는 절호의 기회를 가져다주었다. 전쟁 전의 국가 지도자는 제임스 뷰캐넌 대통령이었다. 철저한 교육과 풍부한 경험을 바탕으로 그는 국가 최대의 시련에 잘 대처할 수도 있었다. 하지만 그는 실패했다.

역사학자 아서 슐레진저는 이렇게 분석했다. "학자들이 최고의 대통령으로 꼽는 워싱턴과 링컨과 프랭클린 루스벨트는 국가의 가장 큰 위기에 부닥쳐 그것을 극복한 리더들이다. 위기는 대통령에게 담대하고 획기적인 행동을 취할 기회를 넓혀 준다. 하지만 위기가 대통령의 위대함을 보장하지는 않는다. 뷰캐넌은 연속되는 위기 속에서 창의적 리더십을 발휘하지 못했고, 후버도 대공황의 위기 때에 마찬가지였다. 그들이 위기 앞에서 무력했기에 링컨과 프랭클린 루스벨트는 개인이 역사에 이루어 내는 변화를 보여 줄 수 있었다."[38]

에이브러햄 링컨은 이런 평을 들었다. "남북전쟁을 유발한 일련의 사건들이 아니었다면 링컨은 여전히 좋은 사람이었겠지만 아마 위인으로 공인받지는 못했을 것이다. 역사가 그에게 위대함을 발휘할 수 있는 기회를 주었고, 국가의 삶을 형성하고 변화시킬 수 있는 장을 제공했다."[39]

율리시즈 그랜트 장군도 비슷한 평을 들었다. "그랜트는 가정적인 남자의 전형이었다. 평화가 계속되었다면 그는 미시시피 계곡 상류에서 약간 추레한 소매상으로 하루하루를 살아갔을 것이다. 친구들이나 이웃들과 구별되지 않았을 것이다."[40]

때로 역사는 평범한 사람들에게 비범한 일을 할 수 있는 기회를 준다. 현대 역사는 다시 한 번 인간들을 부르고 있다. 우리는 일어나 하나님이 주신 소명을 이루어 세상에 영향을 미칠 수 있다. 참된 영적 리더들은 가만히 앉아서 왕년의 좋았던 시절이나 곱씹고 있지 않는다. 진정한 리더들은 인생이 한 번뿐임을 알기에 목적과 열정을 품고 살아간다. 하나님은 역사의 이 특정한 기로에서 당신을 이 땅에 두셨다. 당신이 살고 있는 이 시대는 도전도 크지만 기회도 엄청나다는 것을 새겨두라.

영적 리더십 노트

1 만일 큰 재산을 물려받는다면 지금 하는 일을 그만두겠는가? 하나를 골라 동그라미를 쳐 보라.

- 당연히 그만둔다
- 아마 그만둘 것이다
- 아마 그만두지 않을 것이다
- 당연히 그만두지 않는다

이 반응으로 볼 때, 당신은 지금 자신에게 맞는 분야에서 일하고 있는가? 아니면 사명감 없이 일하고 있는가?

2 급속도로 발전하는 첨단 기술은 당신과 당신의 일에 얼마나 영향을 미치는가?

- 거의 영향을 미치지 않는다
- 가끔 영향을 미친다
- 매일 영향을 미친다
- 아주 많은 영향을 미친다

어떻게 하면 기술의 활용도를 높여 업무의 질을 개선할 수 있겠는가?

3 세상 리더십과 영적 리더십의 구분이 명확히 보이는가? 양쪽 리더십의 비슷한 원리를 네다섯 가지 꼽아 보라. 확연히 다른 두 가지 특성은 무엇인가?

4 당신의 야망은 1에서 10까지 중에서 어느 정도나 되는가? 당신이 성공하려는 욕구가 가장 큰 분야를 다섯 가지만 꼽아 보라. 정직하게 답하길 바란다. 예컨대 돈을 버는 일, 편안한 노후 생활을 준비하는 일, 좋은 평판을 쌓는 일, CEO가 되는 일, 사회에 기여하는 일, 하나님을 영화롭게 하는 일, 아버지에게 자신을 입증하는 일 등이 될 수 있다.

5 주변 세상에 의미 있는 영향을 미치라고 시대가 당신에게 부여한 기회는 무엇인가?

2.
리더의
역할

사람들을 움직여
하나님의 일을 하게 한다

THE LEADER'S
ROLE

"리더십은 지상에서 가장 많이 언급되면서도 가장 이해가 부족한 현상이다."[1] 제임스 맥그리거 번즈가 한 말이다.

오늘날 리더십을 주제로 방대한 양의 자료를 출간해 내고 있지만 리더의 역할에 대해 만국에서 통용할 만한 이해는 전혀 없는 듯하다. 자신의 역할을 분명히 이해하지 못하는 한 리더는 실패할 수밖에 없다. 그래서 현대의 수많은 리더들이 닥치는 대로 리더십 자료를 읽고 리더십 세미나에 참석하는지도 모른다. 하지만 그렇게 열심히 노력하고 애써 수고했음에도 수많은 리더들이 아직 뭔가 놓치고 있다는 생각에 사로잡혀 있다.

당신 삶을 통해 하나님은 현재 당신이 경험하는 것보다 더 많은 일을 이루기를 원하실 수 있다. 당신이 리더로서 그렇게 느낀다면 이 책은 당신을 위한 것이다. 지금부터 우리는 이 주제에 대한 현대의 문헌들을 고찰함과 동시에 작금의 리더십 이론들을 영적 진리에 비추어 평가할 것이다. 이번 장을 읽고 나서 영적 리더로서 자신의 역할을 분명히 깨달아 알기를 바란다. 아울러 당신이 하나님께 부름 받은 일을 이루는 데 초점을 맞추기를 바란다.

리더십이란 무엇인가

워렌 베니스와 버트 내너스는 《리더와 리더십》(*Leaders : Strategies for Taking*

Charge, 황금부엉이 역간)에서 리더십의 정의를 850가지 이상 찾아냈다고 밝혔다.[2] 오늘날 리더들이 자기 평가에 자신이 없는 것도 무리는 아니다. 기준이 너무 많기 때문이다. 물론 제시된 정의는 저마다 리더십 이해에 새로운 통찰을 더하고 있고, 실제 그렇게 활용되기도 한다. 그간 사람들이 내놓은 수많은 유익한 정의 가운데 몇 가지를 살펴보자.

리더십이란 개인(또는 팀 리더십)이 자신의 목표나 아랫사람과 공유한 목표를 추구하기 위해 설득이나 모본을 통해 한 단체를 유도하는 과정이다.
— 존 가드너, *On Leadership*[3]

리더십은 특정 동기와 목표를 지닌 사람들이 경쟁이나 충돌 상황에서 따르는 이들의 동기를 유발하고 만족시키기 위해 제도적, 정치적, 심리적 및 기타 자원들을 동원할 때 수행한다.
— 제임스 맥그리거 번즈, *Leadership*[4]

리더십이란 영향력, 즉 한 사람이 다른 사람들에게 영향을 미치는 능력이다.
— 오스왈드 샌더스, *Spiritual Leadership*[5]

크리스천 리더란 사람을 이끌도록 하나님께 부름 받은 자(소명), 그리스도의 성품으로 이끄는 자(성품), 리더십을 위해 기능적 능력을 발휘하는 자(능력)다.

— 조지 바나, *Leaders on Leadership*[6]

리더십의 핵심 과제는 하나님의 목표를 향해 하나님의 사람들에게 영향을 미치는 것이다.
 — 로버트 클린턴, *The Making of a Leader*[7]

리더는 사람들에게 영향을 끼쳐 소기의 목적을 이루게 하는 사람이다.
 — 팻 맥밀런, *The Performance Factor*[8]

모두 리더의 역할에 중점을 두고 정의를 내렸다. 이중에는 세상적 정의도 있다. 일반 리더십 원리는 담겨 있지만 하나님과 그분의 목표는 빠져 있는 것이다. 우리 책은 '영적 리더십'(spiritual leadership)이라는 말을 많이 사용할 텐데, 종교 조직의 리더와 일반 기업의 리더를 구분하는 의미는 아니다. '영적 리더십'이란 하나님의 방법으로 사람과 조직을 이끌려는 리더를 통칭하는 것으로, 교회뿐 아니라 기업에서도 필수다.

앞의 정의에서 존 가드너는 리더가 사람들을 목표로 이끌기 위해 사용하는 수단을 '설득'과 '모본'이라는 말로 표현했다. 가드너에 따르면 리더가 내세우는 설득은 친히 모본을 보이지 않는 한 아무런 영향력을 발휘하지 못한다. 영적 리더들은 리더십의 도구로 위협과 전횡이 아니라 설득과 모본을 강조한 가드너의 말을 귀담아들어야 한다. 단, 이 세상적 정의에는 하나님의 뜻과 그분이 주시는 인도함이 빠져 있다.

세상 리더들도 사람들을 목표 달성으로 이끌 수 있고, 하물며 그 목표는 사람들 자신의 목표일 수도 있다. 그러나 영적 리더는 단순한 목표 달성

그 이상에 초점을 두어야 한다. 자기 목표를 전부 달성하고도 여전히 하나님 나라에서 성공하지 못할 수 있기 때문이다.

제임스 맥그리거 번즈의 정의는 리더가 동기 지향임을 분명히 하면서 제도적, 정치적, 심리적 분야를 리더가 활동을 펼치는 장으로 파악했다. 리더가 아랫사람들의 동기를 끌어들이고 만족시킬 수 있으려면 먼저 그들의 동기를 유발해야 한다는 것이다. 해리 트루먼의 명언이 생각난다. "리더는 사람들이 원치 않는 일을 하게 하거나 혹은 좋아하게 만드는 능력을 갖춘 사람이다."

번즈의 정의 역시 리더들에게 도움은 되겠지만 영적 리더의 역할을 전부 담아내지는 못한다. 동기가 있는 것은 사실이지만 영적 리더는 자신의 열정보다 성령의 인도를 받아야 한다. 리더십이 언제나 경쟁이나 충돌 상황에 처하는 것만은 아니다. 영적 타성에 부딪칠 때도 있다. 현 상태에 안주하는 일은 크리스천의 성장을 가로막는 최대의 적일 수도 있다. 이때 리더의 과업은 사람들을 안일에서 깨우는 것이다. 영적 리더는 자신이 이끄는 사람들의 목표와 야망을 채우려 하기보다 하나님 뜻을 이루어야 한다.

오스왈드 샌더스는 《영적 지도력》(*Spiritual Leadership*, 요단출판사 역간)에서 리더십은 곧 영향력이라고 했다. 실제로 요즘 리더의 역할에 대한 논의에서 '영향력'이라는 말은 빠지지 않는다.[9] 사람들의 삶에 변화를 일으키지 못하는 리더는 사실상 리더가 아니라는 샌더스의 주장은 정확하다. 사람들을 이끌려면 영향력을 행사해야 한다는 데 우리도 전적으로 동의한다. 그러나 그 영향력의 의미가 참으로 광범위하다.

누군가 인근 우체국에 장난 전화를 걸어 구내에 폭탄을 장치해 놓았다고 떠벌린다면, 그것도 영향력을 행사하는 것인가. 그러면 폭발물 전담

반이 폭발물을 찾느라 헛수고를 하는 동안 겁에 질린 직원들을 부득불 대피하게 하는 것이 정녕 리더십인가. 리더들 중에는 요란하게 떠들거나 큰 일을 벌이는 것이 리더십의 일환이라고 믿는 이들이 있다. 그러나 그것은 부정적 영향력 행사에 지나지 않는다. 로버트 그린리프는 진정한 리더가 되려는 사람보다 "비판자와 전문가 역할에 안주하는 자들이 너무 많다"고 말했다.[10]

조직을 앞장서서 비판하는 것은 리더십이 아니다. 다른 사람들의 행동을 비난하는 것도 리더십이 아니다. 단순히 영향력을 행사하는 것 자체는 리더십이 아니다. 그 영향력의 결과를 평가해야 한다. 로널드 하이페츠는 리더십을 '영향력'으로 보면 목표와 수단을 혼동하게 된다고 지적했다.[11]

리더십이란 사람들을 현재의 자리에서 마땅히 있어야 할 자리로 데려다 놓는 일이다. 사람들의 자리가 당신이 이끌어 주기 전이나 후나 똑같아서는 안 된다. 그 변화가 곧 리더십의 결과다. 오늘날 리더들이 배워야 하는 것은 하나님 뜻에 따라 영향력을 행사하는 법이다.

바나의 말에도 리더십의 정의가 빈틈없이 담겨 있다. 그의 표현은 기술상 정확하다. 바나가 지적한 대로 소명과 성품과 능력의 3요소는 훌륭한 리더십의 필수 조건이다. 그런데 여기 보탤 것이 있다면 결과의 측면이다. 리더십은 궁극적으로 리더의 기술이 아니라 리더가 산출해 내는 결과로 평가되기 때문이다. 피터 드러커의 지적처럼 "리더십은 인기가 아니라 결과다."[12] 리더 자리에 있다 해도 사람들이 그를 따르지 않는다면, 또 무엇보다 하나님의 목표가 진척되지 않았다면 진정 리더 역할을 한 것인지 의심스럽다. 아랫사람들이 제자리걸음이라면 모든 '기능적 능력'도 허사일 수 있다.

또한 리더의 특정 능력을 수량화하고 자격 기준을 정하려는 시도는 위험한 일이다. 대다수 리더가 공유하는 일정 기술이 분명 존재함에도 불구하고 성경은 하나님이 전통적 의미에서 리더처럼 보이거나 행하지 않는 사람들도 쓰셨다고 한다. 성경에는 세간에 통용되는 리더십 능력을 거의 갖추지 않고도 사회에 큰 영향을 미친 인물들이 등장한다. 하나님은 오히려 이 세상의 약한 자들을 택하여 사용하심으로써 당신의 능력을 나타내셨다(고전 1:26-27; 고후 12:9-10 참조).

로버트 클린턴의 정의는 하나님의 사람들을 하나님의 목표로 이끈다는 점에서 리더십의 영적 특성을 아우른다. 클린턴은 영적 리더십의 핵심은 리더의 꿈과 비전이 아니라 하나님의 목표라고 간파했다. 이것도 유익한 정의지만 여기에 적어도 두 가지 차원을 덧붙여야 한다고 믿는다.

첫째, 영적 리더는 하나님의 사람뿐 아니라 그렇지 않은 사람들도 인도해야 한다. 영적 리더십은 교회 건물로 국한되지 않고 기업 세계에도 동일하게 적용된다. 둘째, 단순히 사람들을 목표로 이끄는 것만 아니라 실제로 목표를 이루어야 한다. 목사들 중에는 부임한 지 2년도 안 되어 교회를 떠나면서 교회가 나름 진보를 이루었다고 주장하는 이들이 있다. 하지만 장기적으로 중요한 일은 하나도 이루어진 것이 없다. 계속 교인 수가 줄고 있는 교회와 다를 바 없는 것이다. 누군가 교회 상황이 어떠냐고 물으면 그들은 매번 정색을 하며 "막 모퉁이를 하나 돌아선 것 같다"고 대답한다. 그 말을 하도 자주 해서 교인들은 자신들이 미로에 서 있는지 착각할 정도다.

이스라엘 백성들이 하나님께 불순종해 광야의 40년 공백기가 시작될 때도 모세는 그들에게서 떠나지 않았다. 참된 리더는 사람들이 하나님의 목표를 달성할 때까지 그들 곁을 지킨다. 모세 자신이야 시종 하나님께 신실했지만 하나님은 반항하는 백성들로부터 그를 놓아주시지 않았다. 따르지 않는다는 이유로 사람들을 버린다면 그것은 리더의 성스러운 소명을 저버리는 일이다. 영적 리더는 자신의 리더십이 하나님께 달려 있음을 안다. 그래서 단순히 사람들을 하나님이 정해 주신 방향으로 이끄는 데 만족하지 않고, 하나님이 자신을 통해 이 세대를 향한 목표를 실제로 이루시기 원한다(고후 5:10-11 참조).

　　여기서 우리가 인정해야 할 것이 있다. 때로 사람들의 압력 때문에 리더는 그들에게 가장 좋은 길이 무엇인지 알면서도 타협해야 할 수도 있다. 이스라엘 백성이 사무엘에게 왕을 구한 일이 그런 경우다. 그런데도 하나님은 사무엘에게 백성의 요구를 들어주라고 특별히 허락하셨다. 사무엘 또한 반항하는 백성을 버리지 않았다. 경우에 따라 리더는 사람들을 충직하게 이끌려고 애쓰다 오히려 해고당할 수도 있다. 하지만 이는 리더가 사람들을 버리는 일과는 전혀 다르다. 이럴 때는 리더가 자리에서 물러나는 길만 남을 수도 있다. 그러나 사무엘은 "나는 너희를 위하여 기도하기를 쉬는 죄를 여호와 앞에 결단코 범하지 아니하"(삼상 12:23)리라고 단언했다.

영적 리더십이란 무엇인가

　　리더십에 대한 유익한 정의는 얼마든지 있지만 참된 영적 리더십은 다음과 같이 짤막하게 정의할 수 있다.

　　영적 리더십은 사람들을 움직여 하나님의 일을 하게 하는 것이다.

　　영적 리더십에는 일반 리더십과 동일한 원리가 많이 포함되지만 거기에는 영적 리더가 성공하기 위해 반드시 이해하고 실천해야 할 몇 가지 고유한 특성이 있다. 새 정의에 담긴 영적 리더십의 독특한 요소는 다음과 같다.

첫째, 영적 리더는 사람들을 움직여 현재의 자리에서 하나님이 원하시는 자리로 가게 한다. 이것이 영향력이다. 일단 하나님 뜻을 알면 영적 리더는 모든 노력을 기울여 사람들이 자기 스타일을 따르는 삶에서 하나님의 목표를 추구하는 삶으로 옮겨 가게 한다. 사람들을 움직여 하나님의 일을 하도록 하지 못한다면 리더 역할을 한 것이 아니다. 재촉하거나 구워삶거나 애원하거나 위협했을 뿐이다.

사람들을 움직이는 데는 많은 방법이 있다. 가드너는 '유도한다'는 동사를 썼고 번즈는 '동원한다'는 말을 썼다. 사람들을 움직이는 것은 강압적으로 몰아붙이거나 일을 시키는 것과 다르다. 가드너의 말처럼 리더들이 자기 사람들의 행동과 태도를 바꾸어 하나님의 목표 달성을 위해 전진하게 만드는 것은 '설득과 모본'의 과정이다. 영적 리더가 세상적 방법이 아니라 영적 수단을 써서 사람들을 움직이거나 영향력을 행사한다는 것이 이 정의의 전제다. 영적 리더가 소임을 다했다면 주변 사람들은 하나님을 만나고 그분 뜻에 순종한 상태일 것이다.

둘째, 영적 리더는 성령께 의존한다. 하나님은 사실상 하나님만이 하실 수 있는 일을 하도록 영적 리더를 부르셨다. 그런 면에서 영적 리더는 역설 속에서 일한다. 궁극적으로 영적 리더는 사람들 안에 영적 변화를 일으킬 수 없되, 오직 성령만이 그렇게 하실 수 있다. 성령은 종종 사람을 사용하여 다른 사람들 안에 영적 성장을 가져오시는 것이다.

하나님이 모세에게 명하여 바로에게 가라 하셨을 때 모세도 그 역설에 부딪쳤다. "내가 애굽에 있는 내 백성의 고통을 분명히 보고 그들이 그들의 감독자로 말미암아 부르짖음을 듣고 그 근심을 알고 내가 내려가서 그들을 애굽인의 손에서 건져내고 그들을 그 땅에서 인도하여 아름답고 광대한 땅…에 데려가려 하노라"(출 3:7-8).

거기까지는 좋았다. 하나님은 당신만이 하실 수 있는 일을 하시겠다는 것이다. 그때 하나님이 뜻밖의 말을 덧붙이신다. "이제 내가 너를 바로에게 보내어 너에게 내 백성 이스라엘 자손을 애굽에서 인도하여 내게 하리라"(출 3:10).

이것이 영적 리더십의 급소다. 리더는 사람들을 움직여 하나님 일을 하게 하되 그것이 궁극적으로 성령만이 이루실 수 있는 사명임을 알아야 한다.

셋째, 영적 리더는 하나님께 책임진다. 영적 리더십에는 민감한 책임감이 필수다(약 3:1 참조). 학생이 배우지 못했다면 교사가 아직 가르치지 않은 것이다. 마찬가지로 사람들이 마땅히 해야 할 바를 하지 못할 때 그들을 탓해서는 안 된다. 리더는 핑계를 대서는 안 된다. 사람들을 움직여 하나님 뜻을 행하게 하는 것은 리더의 책임이 아닌가. 그 일을 할 때까지는 아직 리더 역할을 수행하지 않은 것이다. 참된 영적 리더십은 사람들을 현재 있는 자리에서 하나님이 원하시는 자리로 이끈다.

여기서 덧붙일 말이 있다. 하나님을 신실하게 섬기는 리더도 사람들을 마땅히 있어야 할 자리로 온전히 데려가지 못할 수도 있다. 사람들이 잘 따라 주어야 리더십도 가능한 것이다. 예컨대 모세는 이스라엘 백성을 약속의 땅으로 데리고 들어가지 못했는데, 그렇다고 그가 지도자로서 실패한 것인가? 따르는 사람들이 해야 할 역할도 분명히 있다. 그들은 자신의 삶과 조직을 향한 하나님의 뜻에 반응해야 한다. 모세는 맡겨진 사명에 충실했다. 하나님이 그를 징계하신 것은 그가 백성을 바른 목적지로 이끌지 않았기 때문이 아니라 불경한 백성을 이끄는 과정에서 그의 행동이 하나님을 욕되게 했기 때문이다(민 20:1-13 참조).

넷째, 영적 리더는 사람에 초점을 맞춘다. 리더십은 근본적으로 사람을 상대하는 일이다. 리더십의 관건은 단지 예산이나 비전이나 전략이 아니라 사람이다. 영적 리더는 이 사실을 결코 잊지 않는다. 리처드 닉슨은 내성적이라 사람들과 함께 있는 것을 좋아하지 않았다. 대통령직에 대해 그는 "사람들을 상대하지만 않아도 된다면 쉬운 일이다"라고 말한 적이 있다.[13] 닉슨은 늘 혼자 있으려 했고, 결국 네 명의 핵심 참모에게만 자신의 시간을 냈다. 그에게는 인간적인 따뜻함이 없었다. 한번은 그가 자신의 공적인 이미지를 부드럽게 해 보려고 킹 티마호라는 이름의 애완견을 두었다. 하지만 보좌관들이 대통령의 책상에 개들이 먹는 비스킷을 쭉 달아 놓아도 티마호는 그에게 접근하지 않았다.[14] 진정한 리더는 사람들을 즐거워하며, 자신을 따른 결과로 그들을 더 나아지게 한다.

다섯째, 영적 리더는 하나님의 사람들뿐 아니라 비신자에게도 영향을 미친다. 이것은 절대 간과해서는 안 될 중요한 사실이다. 하나님은 지역 교회뿐 아니라 지역 공장에서도 일하신다. 그분의 뜻은 예배 장소뿐 아니라 경제 시장에도 적용된다. 영적 리더들은 대체로 하나님의 사람들을 움직여 하나님의 목표를 이루어 가지만 하나님은 비신자들도 사용하여 경건한 영향력을 행사하게 하신다. 성경에 나오는 요셉의 이야기가 꼭 들어맞는 예다.

하나님의 계획은 애굽인들을 혹독한 7년 기근에서 건지시고, 또 애굽을 통해 다른 중동 사람들에게도 양식을 조달하는 것이었다. 바로 왕은 영적 리더가 아니었기에 하나님의 메시지를 깨닫지 못했다. 그래서 하나님은 요셉을 보내 그를 보좌하게 하셨다. 하나님의 경고를 해석하고 이방 국가를 동원하여 하나님의 계획에 반응하게 만든 것이다. 외관상 영적인 일이 아닌 것 같은 곡물 창고를 짓고 식량 배급 제도를 정하는 것이 곧 하나님의 일이었다. 하나님은 당대의 전문 종교인들 대신 하나님을 경외하는 한 정부 관리를 택해 세속 사회에 당신을 드러내셨다.

역사에도 세속 사회에 영적 리더십을 행사한 크리스천의 사례가 즐비하다. 크리스천 사업가들은 영적 리더십을 순전히 지역 목사의 역할로만 생각해서는 안 된다. 영적 리더십은 일상생활 한복판에서 이루어진다. 나 (헨리 블랙커비)는 정기적으로 60명 이상의 CEO들과 함께 전화 회의를 여는데 그중에는 〈포춘〉이 선정한 500대 기업에 드는 회사도 많다. 그들은 모두 신앙으로 회사를 이끌려 하는 크리스천들이다. 세계 정상급 리더들과 교류하고 유명 이사회에 속해 있으며 수십 억 달러와 수천 명의 직원을 관리하는 사람들이다. 그런 사람들이 꾸준히 시간을 내 예수님이 어떻게 자신의 기업 경영을 도와주시는지 대화를 나눈다. 이들은 기업 리더이면서 영적 리더다. 가능한 일일까? 두말할 필요도 없다.

여섯째, 영적 리더는 하나님의 계획에 따라 일한다. 영적 리더십의 최대 장애물은 하나님의 뜻을 구하지 않고 자신의 생각을 추구하는 것이다. 하나님은 그분의 목표를 이루시고 그분의 나라를 넓히시고자 온 세상에서 일하신다. 하나님의 관심사는 리더들의 꿈과 목표를 이루거나 그들 나라를 세우는 것이 아니다. 하나님의 목표는 그분의 사람들을 자기중심적 태도와 죄악된 욕심에서 돌이켜 그분께 끌어들이는 것이다.

예를 들어 예수님이 베드로와 야고보와 요한을 데리고 변화산에 가셨을 때 하나님 아버지께는 당신의 아들을 향한 구체적인 뜻이 있었다. 아버지는 곧 이루시려는 놀라운 구원 사역을 위해 예수님께 힘을 주시고자 모세와 엘리야를 부르셨다. 그 순간이 어찌나 영광스럽고 거룩했던지 예수님은 변화되어 하나님 영광의 광채를 발하셨다. 그러나 베드로 일행은 잠들어 있었다. 잠에서 깬 눈앞에 펼쳐진 놀라운 광경을 본 베드로는 이렇게 말했다. "주여 우리가 여기 있는 것이 좋사오니 우리가 초막 셋을 짓되 하나는 주를 위하여, 하나는 모세를 위하여, 하나는 엘리야를 위하여 하사이다"(눅 9:33).

베드로가 말을 꺼내는 순간 환상이 사라지면서 오직 예수님만 보였다. 공연히 거룩한 침묵을 깨뜨린 것 외에 한 일도 없지만 베드로가 하려던 일이 하나님의 일이 아니었던 것만은 분명하다. 하늘 아버지는 즉각 베드로를 타이르셨다. "이는 나의 아들 곧 택함을 받은 자니 너희는 그의 말을 들으라"(35절).

베드로는 하나님의 생각을 이해하고 거기에 자기 삶을 자기 계획에 맞춰 조정하려 했다. 베드로의 실수는 영적 리더들에게서 다반사로 나타난다. 그들은 리더의 역할에 조직의 목표를 정하는 책임도 따라온다고 생각할 때가 많다. 그들은 공격적 목표를 정하고, 원대한 꿈을 꾸고, 거창한 비전을 내놓는다. 그러고는 하나님께 그 일에 합세하여 자기 노력에 복을 내려 달라고 기도하며 구한다. 이것은 영적 리더가 해서는 안 될 일이다.

영적 리더는 자기 교회를 위해서든 기업체를 위해서든 하나님 뜻을 구하고 사람들을 하나로 모아 하나님의 계획을 추구하게 해야 한다. 즉 영적 리더십의 핵심은 영적 리더가 자신과 자기 조직을 향한 하나님 뜻을 깨닫는 것이다. 그 다음에 사람들을 움직여 자신의 계획을 버리고 하나님 계획에 따르게 하는 것이다. 이 기본 진리는 듣기에는 아주 쉬워 보이지만 사실 많은 크리스천 리더들이 실천하지 못하는 대목이다. 예수님이 보여 주신 명확한 영적 리더십의 모델은 세상적으로 변질될 때가 너무 많다.

일곱째, 영적 리더는 하나님의 음성을 듣는다. 영적 리더는 사람들을 움직여 하나님의 일을 하게 한다. 이 책을 처음 펴낸 뒤로 수많은 사람들이 그 말에 공감을 표해 주었다. 그런데 늘 거기에 뒤따라 나온 공통 질문이 있다. '그렇다면 하나님의 일이 무엇인지 어떻게 아는가?'

우리는 하나님의 음성에 대해 방향 감각을 잃은 사람들을 많이 보았다. 교회 목사들도 마찬가지였다. 그래서 우리는 후속으로 《하나님 음성에 응답하는 삶》(Hearing God's voice, 두란노 역간)을 썼다.[15] 성령께서 말씀하실 때 사람들이 그것을 알아듣도록 돕기 위해서였다. 영적 리더가 하나님의 음성에 대해 방향 감각을 잃으면 그분의 일이 무엇인지 알 수 없다. 크리스천의 삶의 모든 면이 그렇듯이 이것도 늘 한 가지로 귀결된다. 영적 리더가 행하는 가장 중요한 일은 하나님과의 관계를 가꾸는 것이다(요 15:5; 렘 7:13 참조).

예수님을 '리더십 방법론'에 가두지 말라

세상 저자들도 예수님을 주목할 만한 리더십 모델로 인정하고 그 리더십 방식을 설명하려 애썼다. 예수님의 리더십 방법을 연구하면서 깨달은 사실을 바탕으로 포괄적 리더십 체계나 리더십 훈련 모델을 만들어 내기도 했다. 예수님의 삶은 너무 심오한 데다, 인간의 통상적 경험을 훨씬 뛰어넘는다. 그러므로 우리는 끊임없이 그것을 연구하고 또 연구해야 한다. 그래야 예수님이 오늘 우리가 중시하는 리더십 이론에 따라 움직이셨다는 착각에 빠지지 않을 수 있다.

예수님은 계획을 세우거나 비전을 내걸지 않으셨다. 그분은 아버지의 뜻을 구하셨다. 예수님께는 자신과 제자들을 향한 비전이 있었지만 그것은 아버지께로부터 온 것이었다. 어떤 사람들은 예수님을 잃어버린 인류와 타락한 세상을 구원하는 과업의 방법론을 모색하기 위해 보냄 받은 리더라고 생각한다. 간혹 리더십 전문가들은 마치 예수님이 산꼭대기에 올라가 예루살렘을 내다보며 이렇게 혼잣말하는 것처럼 그분을 그리곤 한다. '어떻게 추종 세력을 모아 온 세계에 복음을 전할 것인가? 기성 종교인들을 어떻게 설득해야 할까? 군중들에게 어떻게 설교해야 할까? 어떻게 거창한 기적들을 연달아 행해야 할까? 아니다. 열두 명의 인생에 나 자신을 투자하자. 내가 떠난 뒤에 내 대신 사명을 수행할 수 있도록 그들을 철저히 훈련시키는 것이다. 그들이 다른 리더들에게 또 투자하면 그 수가 배가될 것이다. 그렇게 내 나라가 전 세계로 확장되게 하자.'

이것은 예수님의 사역을 너무나 오해한 것이다. 예수님이 열두 명의 제자를 훈련시키는 데 주력하셨음을 들어 이 리더십 모델이야말로 모든 리더가 따라야 할 유형이라고 결론짓는다면 오산이다. 리더십 개발의 가치나 소그룹의 역동성을 무시하는 것은 아니지만, 예수님이 채택하신 방법론이 영적 리더십의 핵심은 아니다. 예수님 리더십의 핵심은 아버지와 관계였다. "때가 차매 하나님이 그 아들을 보내사 여자에게서 나게 하시고 율법 아래 나게 하신 것"(갈 4:4)이다.

구원 계획은 언제나 아버지께 속한 것이었다. 죄에 빠진 아담과 하와를 에덴 동산에서 쫓아내실 때도 아버지는 궁극적으로 인류를 어떻게 구원하실지 계획하고 계셨다. 그분의 계획은 우선 아브라함의 후손을 통해 당신의 백성을 만드는 것이었다. 죄의 본성과 그 결과를 드러내기 위해 모세를 통해 율법도 주셔야 했다. 아버지의 계획은 아들의 비천한 출생과 죄 없이 고통당하신 십자가의 죽음, 또 부활과 아버지 우편에 오르신 승천으로 절정에 달했다. 이 계획은 아들의 것이 아니었다. 그것은 아버지의 것이었다(요 3:16 참조).

계획이나 목표를 세우는 일은 잘못이 아니다. 조직에는 방향과 질서가 있어야 한다. 문제는 그 계획이 어디에서 나왔느냐 하는 것이다. 영적 리더는 자기 조직을 향한 하나님의 목적을 분별할 때 그분의 인도를 구한다. 그 다음에 조직을 동원하여 하나님이 맡겨 주신 일을 효과적으로 이루어 낸다.

성경은 어린 예수가 "지혜와 키가 자라가며 하나님과 사람에게 더 사랑스러워 가시더라"(눅 2:52)라고 밝힌다. 다시 말해 예수님은 인간관계와 아울러 하나님과 관계가 점점 깊어졌다. 아버지를 아셨기에 예수님은 그분의 목소리를 알아듣고 그분의 뜻을 이해하셨다. 아버지의 뜻을 아셨기에 예수님은 사람들의 의견에 휩쓸려 사명에서 빗나가는 법이 없으셨다(막 1:37-38 참조). 아버지께 순종치 못하게 만들려는 사탄의 시도에도 넘어가지 않으셨다(마 4장; 눅 4:1-13 참조).

사탄은 이런 제의로 예수님께 접근했다. '지구상의 인간들을 구원하는 것이 네 사명이라고? 큰일이다. 내가 도와주지. 이 돌들을 빵으로 바꿔 봐라. 사람들한테 먹을 것을 주면 너를 따를 것 아니냐.'

예수님은 물리치셨다. 그러자 사탄은 다른 제안을 들고 나왔다. '성전 꼭대기에서 뛰어내려라. 천사들이 널 구하면 모든 사람이 그 기적을 보고

네가 하나님의 아들인 줄 알 게다. 그리고 널 따르겠지.'

이번에도 예수님은 물리치셨다. 사탄은 마지막 대안을 내놓았다. '예수, 이 땅의 지배권을 놓고 싸워 봐야 헛수고다. 나한테 엎드려 경배하면 내가 온 인류를 네게 넘겨주겠다. 그러면 굳이 나와 싸울 필요도 없고 십자가도 피할 수 있지. 십자가 형은 천한 것이고 네 목표를 달성하는 데 전혀 필요 없잖아.'

이번에도 예수님은 아버지의 뜻을 행함에 지름길을 택하지 않으셨다. 예수님이 사탄의 유혹을 물리치셔야 했던 것은 그것으로 그치지 않았다(요 6:15; 마 12:38; 27:40 참조).

예수님의 생애에서 사탄의 공공연한 유혹은 내용이 뻔하다. 첫째, 고생을 덜해도 되는 쉬운 길이 있다. 둘째, 하나님의 길만이 반드시 목표 달성의 유일한 방법은 아니다. 물론 여기에는 보다 미묘한 유혹도 작용한다. 사탄은 세상을 구원하는 일이 예수님의 일이므로 스스로 계획을 세워 그 일을 이루라고 설득한 것이다.

사탄은 하나님의 뜻을 이룰 수 있는 지름길을 내놓았다. 물론 비참한 결과를 가져올 지름길이었다. 그러나 예수님은 사역 목표나 행동 계획을 세우실 필요가 전혀 없는, 글자 그대로 아버지의 계획에 따르도록 보냄 받으신 분이다. 예수님은 인류 구원의 다양한 방법을 놓고 사탄과 협상을 벌일 의사가 없으셨다. 아버지가 이미 계획을 세워 두셨고 예수님의 책임은 신중히 아버지의 뜻에 순종하는 것이었기 때문이다.

그것은 예수님이 친히 하신 말씀 속에 가장 잘 나타난다. "내가 진실로 진실로 너희에게 이르노니 아들이 아버지께서 하시는 일을 보지 않고는 아무것도 스스로 할 수 없나니 아버지께서 행하시는 그것을 아들도 그와 같이 행하느니라 아버지께서 아들을 사랑하사 자기가 행하시는 것을 다 아들에게 보이시고 또 그보다 더 큰 일을 보이사 너희로 놀랍게 여기게 하시리라 … 내가 아무것도 스스로 할 수 없노라 듣는 대로 심판하노니 나는 나의 뜻대로 하려 하지 않고 나를 보내신 이의 뜻대로 하려 하므로 내 심판은 의로우니라"(요 5:19-20, 30).

이 말씀을 하신 곳은 예루살렘에 있는 치유의 못 베데스다였다. 거기서 예수님은 수많은 병자들을 만나셨다. 전승만 믿고 다들 헛되이 연못에 둘러앉아 천사가 내려와 물을 휘저어 주기만 바라고 있었다. 그 무리 중에 38년을 불구로 살아온 이가 있었다. 그날 거기 있던 사람들 중 예수님은 유독 그 사람만 고쳐 주기로 하셨던 것 같다. 종교 지도자들이 예수님의 행동에 이의를 달자 그분은 아버지가 하라신 대로 한 것뿐이라고 설명하셨다. 예수님은 늘 아버지와 친밀한 관계를 유지하셨기에 큰 무리 속에서도 아버지의 움직임을 감지하실 수 있었다. 언제 어디서든 아버지가 일하시는 것을 보면 예수님도 즉각 나서신 것이다.

중요한 것은 열두 제자를 택한 것도 예수님의 생각이 아니라 아버지의 생각이었다는 점이다. 성경은 예수님이 제자들을 택하시기 전에 밤새 기도하셨다고 전한다. "이때에 예수께서 기도하시러 산으로 가사 밤이 새도록 하나님께 기도하시고 밝으매 그 제자들을 부르사 그 중에서 열둘을 택하여 사도라 칭하셨으니"(눅 6:12-13).

"이때"는 예수님의 사역에 중대한 고비였다. 열두 제자에 대한 아버지의 뜻을 명확히 이해하는 데 온밤이 걸렸을 것이다. 그 친밀한 기도의 시간에 아버지는 아들에게 장차 유다의 역할도 설명해 주셨으리라. 십자가에 달리기 전날 밤에도 예수님은 열두 제자를 택하신 분이 아버지임을 다시

한 번 말씀하셨다. 흔히 '예수님의 대제사장 기도'로 알려진 그 기도에서 예수님은 아버지가 주신 모든 것에 대해 보고하셨다. "세상 중에서 내게 주신 사람들에게 내가 아버지의 이름을 나타내었나이다 그들은 아버지의 것이었는데 내게 주셨으며 그들은 아버지의 말씀을 지키었나이다 지금 그들은 아버지께서 내게 주신 것이 다 아버지로부터 온 것인 줄 알았나이다"(요 17:6-7).

이 말씀은 예수님이 열두 제자를 택하신 일이 전략의 일환이 아님을 분명히 보여 준다. 열둘이라는 숫자에 공식이 있는 것도 아니다. 예수님은 열둘을 당신 사역의 최적의 숫자로 계산하시지 않았다. 예수님이 열두 제자를 두신 것은 아버지가 열둘을 주셨기 때문이다. 예수님이 단순히 사역의 배가를 위해 제자도 전략을 수행 중이셨다면 과연 유다를 뽑으셨을까? 유다가 포함된 것은 유다까지도 하나님 아버지의 구원 계획의 일환으로 예수님께 주어졌기 때문이다.

예수님의 말씀에 의하면 그분이 제자들에게 주신 가르침도 아버지에게서 온 것이다(요 6:49-50; 14:10; 15:15; 17:8 참조). 열두 제자가 하나님이 원하시는 리더로 자라려면 마땅히 아버지의 가르침을 알아야 했다. 예수님은 제자들과 아버지의 관계를 촉진시키는 것이 당신의 역할임을 아셨다. 그분의 과제는 제자들도 당신처럼 아버지와 친밀한 관계를 누릴 수 있도록 그들을 아버지와 대면시키는 것이었다(요 14:8-11 참조).

열두 제자는 영적인 세계에 대한 이해가 점점 깊어지면서 예수님이 그리스도임을 알아보았다. 예수님은 이것이 당신의 교수법 덕택이 아니라 그들의 삶에서 아버지가 일하신 결과임을 아셨다. 베드로가 예수님을 그리스도로 고백했을 때 그분이 하신 대답 속에 이 진리가 분명히 나타난다.

"바요나 시몬아 네가 복이 있도다 이를 네게 알게 한 이는 혈육이 아니요 하늘에 계신 내 아버지시니라"(마 16:17).

역사상 가장 지혜로운 스승인 예수님이 제자들의 영적 깨달음이 깊어진 배후 원인을 자신의 전략이 아닌 아버지의 전략으로 인정하셨다. 참으로 놀라운 일이지 않은가! 얼굴을 땅에 대고 엎드려 아버지께 십자가 형의 끔찍한 잔을 옮겨 달라고 기도하시던 그 성스러운 순간에도 예수님은 아버지 뜻에 전적으로 자신을 맡기셨다(마 26:39 참조). 아버지의 계획을 아들의 계획으로 대치하거나 수정하려는 의도는 전혀 없었다.

예수님이 아버지께 온전히 의지하셨다는 또 다른 증거는 자신의 재림 시기를 모르셨다는 것이다. "그날과 그때는 아무도 모르나니 하늘의 천사들도, 아들도 모르고 오직 아버지만 아시느니라"(마 24:36).

예수님은 아버지의 구원 계획을 이루러 오셨다. 그분은 아버지가 계시해 주신 뜻대로 하루하루 사셨다. 아버지가 일하시는 것을 보면 예수님은 자신을 조정하여 함께 일하셨다. 예컨대 예수님이 큰 성 여리고에 들어가실 때 많은 무리가 그분을 보려고 거리에 몰려들었지만 그것은 예수님이 자기 뜻대로 일정을 정해서가 아니다. 이런 전략을 짜신 것이 아니다. '내가 이 큰 성을 지나가는 것도 오늘로 마지막이다. 무리에게 가장 큰 영향을 미쳐 사상 최대 인원을 복음화 하려면 어떻게 해야 할까?'

오히려 예수님은 나무에 오른 키 작은 삭개오를 발견하셨다. 아버지와 친밀한 관계를 바탕으로 예수님은 아버지가 그 멸시받는 세리의 삶에서 일하고 계심을 알아보았다. 그래서 삭개오를 불러 함께 시간을 보내자고 하셨다(눅 19:1-10 참조).

예수님은 그 일대에서 가장 악명 높은 죄인과 점심을 먹을 계획으로 성에 들어가셨을까? 아니다. 그분은 다만 아버지 움직임의 첫 동작을 보았을 뿐이다. 일단 아버지가 일하시면 그분은 즉시 자신의 사역 일정을 맞추셨다. 마찬가지로 예수님은 제자들에게도 자기 뜻대로 일정을 정하기보다 아버지의 일하심을 주시하도록 훈련시키셨다. 십자가라는 가장 어려운 과제를 감당하시면서도 예수님은 흔들림 없이 아버지의 뜻을 받아들이셨다. 또 자신의 재림과 아울러 미래를 결정할 권한도 아버지께 드렸다. 예수님의 전체 사역의 특징은 "내가 아무것도 스스로 할 수 없노라"(요 5:30)는 고백 속에 압축돼 있다.

예수님의 모본은 그분의 '방법론' 속에 있지 않다. 오히려 그것은 아버지 뜻에 대한 그분의 절대적 순종에 있다. 현대 리더십 이론이 말하는 대로 훌륭한 리더는 훌륭한 추종자이다.

영적 리더는 하나님이 자신의 리더임을 안다. 예수님이 제시하신 영적 리더십에서 열쇠는 리더가 자기 조직의 비전을 만들고 방향을 정하는 것이 아니다. 열쇠는 아버지가 계시하신 모든 뜻을 잘 간직하고 순종하는 것이다.

궁극적으로 리더는 하나님 아버지시다. 하나님이 하시려는 일의 비전은 그분 자신께 있다. 하나님은 리더들에게 당신 대신 큰 꿈을 꾸라거나 당면한 문제를 알아서 해결하라고 하시지 않는다. 다만 당신과 친밀하게 동행할 것을 요구하신다. 하나님이 당신의 계획을 보여 주실 때 즉각 그분 뜻대로 자기 삶을 조정함으로써 하나님께 영광이 돌아가도록 말이다. 오늘날 기업 리더들은 고사하고 종교 지도자들조차 따르고 있지 않은 성경적 리더십의 모든 것은 바로 이것이다.

리더의 말과 행동까지도 그의 것이 아니라 하나님의 것이 되도록 하나님이 그들을 인도하시는 것은 가능할까? 물론이다. 우리 생업의 현장에도 하나님이 이루기 원하시는 구체적인 뜻이 있을까? 그렇다. 예수님이 제자들에게 가르치신 기도가 곧 우리의 기도다. "나라가 임하시오며 뜻이 하늘에서 이루어진 것같이 땅에서도 이루어지이다"(마 6:10).

온 세상 크리스천들이 이 순간 당장 자신의 뜻과 목표와 야망을 버리고 하나님이 보여 주시는 것에 철저히 순종으로 반응한다면 세상은 뒤집어질 것이다. 그것을 어떻게 장담하느냐고? 초대교회 크리스천이 했던 일이 바로 그것이기 때문이다. 세상은 지금도 그때 일을 얘기하고 있다.

영적 리더십 노트

1 '리더십'을 당신의 말로 정의해 보라.

2 지금까지 당신은 사람들을 그들이 있어야 할 곳으로 움직여 왔는가? 그 증거는 무엇인가?

3 영적 리더는 영적 수단을 활용한다. 당신의 리더십 스타일을 정말 영적 리더십이라 말할 수 있겠는가? 성령으로 말미암아 당신이 이끄는 방식에 변화가 생겼는가? 어떻게 달라졌는가?

4 당신은 자신이 리더의 역할을 어떻게 감당했는지에 대해 하나님께 책임져야 한다. 사람들을 이끌 때 당신이 그 사실을 깊이 인식하고 있다는 증거는 무엇인가?

5 당신은 자신이 이끄는 사람들을 중요하게 여기는가? 그 증거는 무엇인가? 사람들은 대체로 당신을 좋아하는가? 만일 아니라면 이유가 무엇이겠는가? 하나님이 원하시는 변화는 무엇이겠는가? 대니얼 골먼은 감성 지능을 주제로 많은 책을 썼다. 그중 대니얼 골먼이 쓴 《감성의 리더십》(*Primal leadership*, 청림출판 역간)을 읽어 보는 것도 좋다.

6 크리스천이 아닌 사람들 가운데 당신이 영적으로 영향을 미친 사람을 세 명만 꼽아 보라. 하나님은 현 지위의 당신을 통해 비크리스천들을 움직여 그분의 일을 하게 하실 수도 있다. 지금 그분이 그것을 원하실 만한 부분은 어디인가?

7 당신의 목표는 어디서 오는가? 하나님께로부터 기인했다고 자신 있게 말할 수 있는가? 아니면 당신 자신의 생각에서 비롯된 것인가? 하나님의 계획에 따라 당신의 계획을 수정했던 때를 떠올려 보라.

3.
리더의
준비

하나님이 매일의 사건을 통해
리더의 자질을 빚으신다

THE LEADER'S
PREPARATION

한 조직의 위대함은 리더의 위대함과 정비례한다. 조직이 리더보다 위대해지는 일은 드물다. 따라서 조직을 키우는 비결은 곧 리더를 키우는 것이다. 물론 리더십에는 일정한 기술이 필요하지만 궁극적으로 리더십이란 행위보다는 존재와 관련된 것이다.

리더십 개발은 곧 개인 성장과 동의어다. 리더라는 인간이 자라면 지도 역량이 자라고, 지도 역량이 자라면 그가 이끄는 조직이 자랄 가능성도 커진다. 그러므로 리더가 자기 조직을 위해 할 수 있는 최선의 일은 곧 자신이 자라는 것이다.

그렇다면 문제는 어떻게 훌륭한 리더가 되느냐다. 사람에 따라 천성적으로 리더십 능력이 주어지는 것일까? 리더십은 타고나는 것인가, 아니면 누구나 배울 수 있는 총체적인 기술인가? 조지 바나가 담임 목사들을 대상으로 실시한 설문 조사 결과, 자신에게 영적 리더십 은사가 있다고 생각하는 사람은 6퍼센트에 그쳤다.[1] 조사에 응한 담임 목사의 94퍼센트는 자신에게 리더의 은사가 없다고 보았다. 많은 크리스천 리더들이 자신의 현재 사역과 그 효율성을 평가하면서 털어놓는 깊은 절망감을 어느 정도 설명해 주는 대목이다.

무엇이 그들을 리더로 만들었는가

타고난 자질

어려서부터 리더십 자질을 보이는 이들이 있음은 의심의 여지가 없는 사실이다. 아이들이 어울려 노는 놀이터를 잘 살펴보면 누가 리더십 능력을 타고났는지 금방 알 수 있다. 단순히 몸집이 크고 힘이 좋아 골목대장이 되는 아이들이 있는가 하면, 풍부한 상상력으로 새로운 놀이를 개발해 친구들을 따르게 만드는 아이들도 있다. 천성적으로 카리스마가 있어 쉽게 사람을 끄는 아이들이 있다.

세상 리더들 중에서도 일찍부터 리더십 소양을 보인 이들을 찾는 것은 어렵지 않다. 나폴레옹 보나파르트는 어려서부터 급우들을 데리고 복잡한 전투를 꾸몄다. 윈스턴 처칠은 어렸을 때 1,500개의 장난감 병정으로 정교한 전투 작전을 지휘하며 어린 나이에 유난히 정치에 몰두했다. 이탈리아의 독재자 베니토 무솔리니는 장차 밝혀질 부정적 성향의 리더십 징후를 일찍부터 보였다. 동급생을 두 번이나 칼로 찔러 퇴학당했던 것이다.

유명한 리더들의 유년 시절을 살펴보면 대개 리더의 소질이 징후처럼 나타난다. 사실 위대한 차세대 리더들은 이미 자라나고 있다. 어른들의 마음이 딴 데 있어 보지 못할 뿐이다. 미래의 리더 양성에 관심 있는 교회라면 아이들을 잘 키우는 것이 현명할 것이다. 영적 리더를 개발하는 모든 전략에 현재 자라나는 어린아이들을 반드시 고려해야 한다. 아이들의 시끄러운 소리가 성인 예배를 방해한다고 학생부 건물을 주차장 건너편에 배치하고 청소년들을 거기로 보낸다면 그것은 큰 잘못이다. 현명한 교회는 청소년이 어른이 되어 리더십을 발휘할 때까지 가만히 기다리는 대신 십대

때부터 그들에게 리더십 기회를 부여한다.

야곱의 아들 요셉은 분명 리더가 될 사람이었다. 하나님은 꿈을 통해 요셉에게 언젠가 그가 큰 인물이 될 것을 보여 주셨다. 더 구체적으로 요셉의 꿈은 그가 형들의 리더가 된다는 내용이었다(창 37:5-11 참조). 물론 요셉의 형들은 놀라운 미래에 대한 비전을 달갑게 받아들이지 않았지만 먼 훗날 결국 애굽 최고 관리가 된 요셉 앞에서 떨게 된다. 자신들의 생존 자체가 요셉의 손에 달려 있음을 알고 나서야 그들은 요셉의 잠재적 리더십을 진작 대우하지 못했음을 한탄했으리라.

많은 리더십 이론서 저자들이 리더는 태어나는 것이자 만들어지는 것이라 본다. 본인이 통제할 수 없는 외적 요인들이 리더십 소질로 작용하는 것은 사실이지만, 분명 본인이 통제할 수 있는 요인들도 있다. 그런 요인을 잘 개발하면 리더십 능력을 크게 높일 수 있다. 흔히 대중 매체가 보여 주는 리더상은 뛰어난 재능과 카리스마, 멋진 풍채와 신체적 매력을 갖춘 사람이다. 이 왜곡된 시각을 바탕으로 우리 사회는 위대한 리더란 마틴 루터 킹 주니어의 달변과 조지 워싱턴의 풍채, 존 F. 케네디의 카리스마를 갖춘 자로 여긴다. 이런 비뚤어진 리더상은 장래 리더가 될 많은 이들을 회의에 빠뜨릴 수 있다. 그러나 현실은 이와 다르다. 인간으로서 성숙해 가며 리더십 기술을 개발할 의향만 있다면 대다수 사람들이 삶의 일정 영역에서 리더십을 행사할 수 있다.

사실 역사상 유명한 리더들은 대부분 지극히 평범한 사람들이었다. 체격도 볼품없고 공부에 재주 없던 이들도 많았다. 18세기의 군사 거장 나폴레옹 보나파르트는 키가 167센티미터밖에 안 됐다. 빅토리아 여왕의 한 후견인은 그녀를 "키가 작고 천박해 보이는 아이"로 묘사했다.[2] 그녀는 키가 150센티미터도 되지 않아 "나만 빼고 다 자란다"고 불평했다.³ 윌리엄 월버포스는 키가 160센티미터인 데다 잦은 병치레로 몸무게가 35킬로그램밖에 나가지 않은 적도 있다.⁴ 독재자 이오시프 스탈린도 단신이었다. 키 165센티미터의 스탈린을 처음 만난 해리 트루먼은 그가 "꼬마 같았다"며 놀라움을 표했다.⁵

반대로 체구가 커서 영향력이 더 커진 지도자들도 있다. 샤를마뉴는 현대 유럽을 형성할 만큼 강력한 군주였지만 키도 190센티미터로 당대 최고의 장신에 속했다.⁶ 존 애덤스에 따르면 조지 워싱턴이 중요한 국사 때마다 리더로 지명된 것은 키가 193센티미터로 늘 좌중에서 가장 컸기 때문이다. 한 작가는 그의 전기에 이렇게 썼다. "그의 몸은 단순히 공간을 차지한 정도가 아니라 주변 공간에 질서를 부여하는 것 같았다. 그는 거구로만 아니라 거의 전율을 일으키는 존재감으로 장내를 지배했다."⁷

요즘 대중매체에서 묘사하는 현대 리더들은 디자이너 복장과 유행하는 헤어스타일을 하고 실제보다 돋보이게 화장에 공을 들인 모습이다. 하지만 역사상 가장 훌륭한 지도자들 가운데 다수는 어렸을 때 외모를 비롯해 어느 쪽으로든 출중한 축에 들지 못했다. 근대 미국의 첫 대통령인 링컨은 얼굴 생김새가 특이해 항상 놀림감이 되었다. 못생긴 얼굴과 장대 같은 키 때문에 늘 주변의 시선을 의식했던 그는 한번은 이렇게 말한 적도 있다. "어떤 사람이 날 두 얼굴의 소유자라고 비난합니다. 내가 정말 두 얼굴이 있다면 지금 이 얼굴을 하고 다니겠습니까?"

해리 트루먼은 어린 시절 자신이 "장님이나 다름없었고 여자 같았다"고 말했다. 윈스턴 처칠의 전기 작가는 이렇게 썼다. "부서질 듯 창백한 소녀의 손을 가진 그는 몸동작도 뜻대로 잘 안 되는 병약한 약골이었다. 게다가 혀짤배기소리로 말까지 약간 더듬어 아이들의 완벽한 놀림감이었다. 아이들은 그를 때리고 조롱하며 크리켓 공을 집어던졌고, 그러면 그는 창피하고 무서워 근처 숲으로 숨었다. 장래의 논객을 키워 낼 환경은 정말 아니었다."[8]

아서 웰즐리의 부모는 집안 살림이 쪼들리자 아서를 이튼 학교에서 중퇴시키고 더 장래성 있는 다른 두 아들을 계속 교육시켰다. 장차 웰링턴 공작이 되어 워털루 전투에서 나폴레옹을 격파할 사람에게 썩 명예로운 출발은 아니었다. 2차 세계대전 당시 미군 총사령관을 지낸 조지 마셜은 육군사관학교에 진학할 생각조차 못한 중위권 학생이었다. 워런 버핏은 하버드에 입학 원서를 냈으나 불합격했다.[9] 존 록펠러와 그의 남동생은 학년 단체 사진에서 제외되었다. 그런 중요한 사진에 들어가기에는 옷차림이 너무 남루했기 때문이다.[10]

엘리노어 루스벨트는 "볼품없이 못생겼으며 집에서는 미운 오리새끼처럼 만성적으로 다른 식구들에게 열등감을 느꼈고 늘 겁이 많았으며 칭찬에 굶주린 아이였다."[11]

피터 센게는 《제5경영》(The Fifth Discipline, 세종서적 역간)에서 이렇게 말했다. "내가 함께 일했던 탁월한 리더들은 대부분 키도 크지 않고 특별히 잘생기지도 않았다. 연설도 대개 보통 수준으로 그다지 돋보이지 않았으며, 똑똑한 머리나 달변으로 청중을 매료시키지도 못했다. 그들을 구별 짓는 것은 명료하고 설득력 있는 생각, 깊은 헌신, 끊임없이 배우려는 열린 마음이다."[12]

피터 드러커도 "인간의 효율성과 지성·상상력·지식 사이에는 상관관계가 거의 없는 것 같다"고 말했다.[13]

삶의 경험

삶의 경험은 분명 어떤 리더가 되느냐에 큰 영향을 미칠 수 있다. 출생 순서 같은 기본사항도 한 사람이 리더로 자라는 데 깊은 영향을 줄 수 있다. 형제 중 첫째가 아무래도 리더십이 좋은 경우가 많다. 대체로 부모들한테 맡은 책임도 많고 흔히 동생들에 비해 부모와 유대감도 강하기 때문이다. 체구나 힘이나 지식 면에서 동생들을 앞서다 보니 그만큼 어려서부터 리더십을 행사할 수 있는 자신감과 능력이 커진 것이다.

가정환경. 유년기 가정환경의 영향은 절대 과소평가할 수 없는 리더십 개발의 주요 요인이다. 위대한 리더들 중에는 건강하고 지지적인 가정에서 자라난 사람들도 있지만 그렇지 못한 사람들도 많다.

빌 게이츠는 유복한 가정에서 아낌없는 지원을 받으며 자랐고, 전국 최초로 학생들에게 컴퓨터 수업을 제공한 학교들 가운데 한 곳에 다녔다.[14]

그러나 유명한 리더들 중에는 성장기에 큰 고생을 견뎌 내야만 했던 이들이 압도적으로 많다. 수많은 저명한 지도자들이 어렸을 때 부모 중 한쪽을 잃었는데, 대개 아버지를 잃은 경우가 많았다. 스톤월 잭슨 장군의 아버지는 무책임한 노름꾼이었다. 아버지가 장티푸스로 죽고 어머니마저 재혼한 뒤로 아들과 딸은 친척집에 흩어져 살았다.[15] 마틴 루터 킹 주니어는 아주 가까웠던 할머니가 돌아가시자 너무 충격이 심해 자살을 하려는 듯 2층 창문에서 뛰어내린 일이 있다. 엘리노어 루스벨트는 열 살 때 부모를 잃은 뒤 할머니 손에서 자랐다. 그 집안에는 알코올의존증, 간통, 아동 학대, 성폭행 등 악습이 끊이지 않아 장차 영부인이 될 소녀에게 지울 수 없는 흔적을 남겼다.

제임스 맥그리거 번즈에 따르면 많은 유명한 리더들이 역기능 가정에서 자랐으며, 그들은 아버지와 사이가 먼 반면 어머니와 유난히 가깝게 지낸 경우가 많다. 아돌프 히틀러는 어머니와 가까웠지만 아버지를 증오했다. 이오시프 스탈린과 조지 마셜은 어머니의 깊은 사랑을 받은 반면 아버지한테는 구타당하며 자랐다. 윈스턴 처칠의 부모는 그를 일곱 살 때 기숙사 학교로 보내 놓고 아들이 와 달라고 애걸복걸하는데도 일에 매달리느라 자식을 찾지 않았다. 심지어 아버지는 아들의 학교 근처에서 열리는 회의에 참석할 때도 아들에게 가 보지 않았다. 처칠의 부모는 크리스마스 휴가도 아들과 떨어져 지내곤 했다. 나중에 처칠의 전기 작가에 따르면 "그에 대한 부모의 무시와 무관심은 빅토리아 시대 후반이나 에드워드 시대 기준으로 보더라도 정말 심했다."[16] 마틴 루터 킹 주니어의 아버지는 그를 혹독한 구타로 훈육했다.

에이브러햄 링컨의 아버지는 아들에게 돈을 주고 중노동을 시켜 빚을 갚게 했다. 훗날 링컨은 자기 결혼식에 아버지 일가를 초대하지 않을 정도로 아버지와 정이 없었다. 심지어 그는 아버지의 임종도 지키지 않았고 장례식에도 참석하지 않았다.

우드로 윌슨의 아버지는 항상 아들의 잘못만 지적할 뿐 결코 아들을 인정해 주지 않았다. 여왕 엘리자베스 1세는 무서운 아버지 헨리 8세가 자기 어머니 앤 불린을 간통죄로 교수형에 처하는 비극을 겪었다. 이 아버지는 딸을 자기 앞에서 쫓아내고는 1년여 동안 얼굴을 보지 않은 적도 있다.[17] 알렉산더 대제의 아버지는 알렉산더가 어렸을 때 암살당했다. 일부 역사가들은 암살 배후를 알렉산더의 어머니로 추정한다.

애비게일 애덤스는 자유를 위해 치러야 할 대가를 가르치려고 1775년 6월 17일에 어린 아들 존 퀸시 애덤스를 벙커힐 격전지로 데려갔다. 그러고는 존과 아는 사이인 사람들이 치열한 전투에서 죽어 가는 모습을 지켜보게 했다. 그뿐만 아니라 어머니조차 늘 아들을 혼내며 "야망을 추구하여 훌륭한 인물이 되라"고 다그쳤다.[18]

존 F. 케네디는 야심가인 아버지의 인정을 받기 위해 형제들과 경쟁해야 했다. 빌 클린턴은 유아기 때 아버지를 잃고 3년간 조부모와 살았다. 어머니는 도박과 외도를 일삼는 알코올의존자와 재혼했는데, 부모가 이혼하던 날 클린턴은 어머니가 계부에게 당한 학대를 법정에서 증언해야 했다. 빌 클린턴은 바로 그런 가정에서 미국 대통령으로 준비됐다.

어려서 아버지의 사랑을 못 받았거나 학대당했거나 아버지가 없었던 사람일수록 자신의 망가진 자존감을 되찾는 방편으로 큰 인물이 되려 애쓴 경향이 보인다. 많은 추종자들의 헌신을 얻음으로써 아버지에게 인정받지 못한 과거를 보상받으려 한 것이다. 어린 처칠은 부모한테 줄곧 쓰라린 무시를 당하면서도 부모를 우러러보았다. 어머니에 대해 처칠은 이렇게 회고했다. "어머니는 내게 샛별처럼 빛나는 분이었다. 비록 멀리서나마 난 어머니를 진정 사랑했다. 하지만 내 절친한 친구는 내 보모였다."[19]

처칠의 아버지 랜돌프 경은 특출한 국회의원이었기에 아들과 보낼 시간이 거의 없었다. 처칠은 후에 아버지의 입대 권유에 대해 이렇게 추측했다. "한동안 난 아버지가 그 경륜과 직감으로 내 안에서 군인의 재주를 분별한 줄로만 알았다. 그러나 그것이 전적으로 내가 판검사가 될 만큼 똑똑하지 못하다는 결론에서 나온 권유임을 나중에 들었다."[20] 아버지가 세상을 떠나자 처칠은 체념조로 이렇게 말했다. "아버지의 도움으로 나란히 국회에 들어가 아버지의 동료가 되려던 내 모든 꿈은 끝났다. 이제 내게 남은 것은 아버지의 목표를 추구하며 아버지의 추억을 되살리는 것뿐이다."[21]

한니발이 아홉 살이었을 때 아버지 하밀카르가 그를 제단으로 데려갔다. 한니발은 아버지가 시키는 대로 제물 위에 손을 얹고 영원히 로마의 적이 되겠노라 맹세했다. 이 맹세 때문에 훗날 수십만의 병사들이 목숨을 잃고, 수많은 도시가 파괴되고, 제국이 몰락하고, 한니발은 결국 자살하기에 이른다.[22]

세상의 유명한 리더들 중에는 위태로운 가정에서 늘 두려운 마음으로 자란 이들도 있다. 그것이 동기로 작용해 그들은 자신의 환경을 통제하고 불안감을 해소할 방편으로 권력을 얻으려 했다. 어려서부터 마음에 맺힌 원한과 분노 때문에 어른이 되어 영향력 있는 직위에 오른 것이다.

윈스턴 처칠은 자신의 유명한 조상 존 처칠에 대해 이렇게 썼다. "유명 인사들은 대개 불행한 유년기의 산물이라 한다. 기구한 환경의 중압감, 쓰라린 역경의 고통, 어릴 적 무시당하고 놀림당한 자극 등이 있어야만 악착같은 목적의식과 집요한 순발력이 싹틀 수 있다. 그런 목적의식과 순발력이 없이는 큰일을 해내기 힘들다. 어린 존 처칠의 환경에는 그런 자극이 결코 모자라지 않았다. 대대로 전수된 여러 경로를 통해 그의 속에 위험하고 호전적인 불씨가 응어리져 있었다."[23]

세상 리더들만 힘겨운 어린 시절의 영향을 입는다고 생각하면 오산이다. 역기능 가정에서 자라거나 과격한 훈육의 여파로 고생하기는 종교계 리더들도 예외가 아니다. 포트워스제일침례교회의 유명한 근본주의 목사 프랭크 노리스가 대표적인 경우다. 노리스는 1909년부터 1952년까지 포트워스제일침례교회 목사였을 뿐 아니라 동시에 1935년부터 14년간 디트로이트템플침례교회 목사이기도 했다. 당시 두 교회 교인 수는 2만 5천 명이 넘었다. 노리스는 당대 근본주의 진영을 주도하던 인물이었다. 직접 〈근본

주의자〉(*The Fundamentalist*)라는 신문을 발간하기도 한 그는 설교의 귀재로 통했다.

그러나 많은 사람들이 궁금해 하는 대로 노리스의 배후에는 풍파가 많았다. 그의 교회와 집은 화재로 불탔다. 둘 다 노리스 자신이 방화범으로 기소됐다. 그는 자기와 의견이 다른 사람만 보면 무조건 장광설을 늘어놓으며 끊임없는 논쟁에 빠져들었다. 교회를 고소하기도 했다. 심지어 교회 사무실에서 사람을 쏘아 죽인 적도 있다. 노리스의 현란하고 보복적인 리더십 방식을 이해하려면 그의 어린 시절을 살펴봐야 한다.

노리스는 어려서부터 알코올의존증에 빠진 아버지에게 죽도록 얻어 맞았다. 한번은 갱단 두 명이 노리스의 집에 나타나 그의 아버지에게 총을 쏘기 시작했는데, 어린 노리스는 칼을 들고 두 악당에게 대항했다. 그 일로 총을 세 방이나 맞았다. 가난하고 불안한 환경에서 자란 노리스는 후에 부끄러웠던 어린 시절을 이렇게 술회했다.

내가 여덟 살쯤 됐을 무렵이다. 콜롬비아공립학교 현관 앞에 서 있는데 남자아이 둘이 올라왔다. 하나는 열두 살, 하나는 열네 살로 둘 다 위아래 멋진 옷에 멋진 코트를 걸치고 있었다. 난 코트 없이 무명옷을 입고 있었는데 그나마 작아 몸에 꽉 끼었다. 어쨌든 은행가의 아들인 그들은 날 보더니 "옷이 너무 작다"고 말했다. 누가 그걸 모르나. 그러더니 다른 아이들이 둘러 서 보고 있는데 그중 하나가 내게 손가락질하며 말했다. "너네 아빠는 술주정뱅이지. 우리 아빠는 은행에서 일한다." 난 돌아서 교실로 들어가 얼굴을 손에 묻었다. … 어머니는 부드럽게 날 감싸 안고 눈물을 닦아 주시며 말했다. "얘야, 괜찮다. 언젠가 너도 남자가 될 테고. 언젠가 하나님이 널 사용하실 거란다."[24]

노리스의 기구한 과거는 그에게 성공을 안겨 주기도 했지만 동시에 그를 파괴적이고 자기중심적인 행동 유형으로 몰아가 사역에 오점을 남겼다. 이렇듯 리더십 형성에 좋든 나쁘든 유년기 가정환경의 영향을 빼놓을 수 없다.

화기애애하고 활기찬 가정환경은 리더 개인이 건강하게 성장하는 데 도움을 준다. 든든한 자존감과 원활한 대인 기술을 길러 주어 건강한 리더가 되는 데 요긴하게 작용한다. 역기능 가정에서 자란 리더들도 노리스처럼 리더의 위치에 오를 수는 있으나 때로 그들의 과거가 지속적으로 성장하고 리더로서 성공하는 데 방해가 될 수도 있다. 상당수 저명한 크리스천 리더들이 역기능 가정에서 자랐지만 하나님의 치유를 경험하고 성공적인 리더가 됐다.

그러나 과거의 상처에서 벗어날 의향이 없거나 그것을 불가능한 일로 생각하는 사람들이 있다면, 겉으로 드러난 성공에도 불구하고 그들의 열등감과 패배의식과 분노는 여전히 남아 있다. 게리 매킨토시와 새뮤얼 리마는 *Overcoming the Dark Side of Leadership*(리더십의 어두운 면 극복하기)에서 오늘날 많은 크리스천 리더들이 무의식 중 역기능적 과거에 지배당한다고 결론지었다. "결국 우리를 방해하는 요소는 우리에게 성공을 가져다준 바로 그 요소의 그림자다."[25]

똑똑해 보이는 지도자들이 미련한 선택을 내려 평생의 일과 성공을 망쳐 버릴 때가 있다. 이런 일을 접할 때면 사람들은 당혹스러워한다. 짐 콜린스의 《위대한 기업은 다 어디로 갔을까》(*How the mighty fall*, 김영사 역간), 로버트 J. 스턴버그가 편집한 《왜 똑똑한 사람이 멍청한 짓을 할까》(*Why smart people can be so stupid*, 21세기북스 역간)와 같은 책들이 이 문제를 다루었다.

CEO들을 대상으로 한 어느 연구 결과, 대부분의 CEO에게는 두세 가지 '어두운 면'이 있다. 이것을 잘 관리하면 큰 성공으로 이어지지만, 손 쓰지 않고 그냥 두면 평생의 공든 탑이 와르르 무너진다.[26] 크레이그 존슨은 파괴적 행동에 빠지는 '유독성' 리더들을 분석했다. 그는 사람들을 그런 식으로 행동하게 만드는 많은 원인들에 주시하면서 이렇게 지적했다. "우리 안의 어두운 세력을 관리하거나 정복하려면 우선 그것의 존재부터 인정해야 한다."[27] 지능이나 기술만으로는 분명히 성공을 장담하기에 부족하다. 리더들은 자기 안에 도사린 '어두운 면'도 인식해야 한다. 그런 어두운 면 때문에 그들은 언제라도 궤도를 이탈할 수 있다.

"아는 것이 힘이라면 자신을 아는 것은 최강의 힘이다"라는 말이 있다.[28] 오늘날 영적 리더들의 큰 약점 가운데 하나는 자신의 과거가 현재의 효율성을 망치고 있음을 모르거나 인정하지 않는 것이다. 그들은 자신의 정서적 필요와 영적 필요를 가볍게 여기며, 따라서 그리스도 안에서 누릴 수 있는 치유도 구하지 않는다. 리더가 되려는 자기 욕망의 배후 동기를 생전 검토해 보지 않은 채 무조건 앞으로 내닫는 것이다.

사랑보다 분노가 동기가 된 크리스천 리더들도 있다. 자신과 다르면 그 누구의 의견도 용납할 수 없을 만큼 정서가 불안한 리더들도 있다. 그런가 하면 인정받고 싶은 욕망에 자기를 항상 무조건 칭찬해 줄 아첨꾼들만 곁에 두는 리더들도 있다. 하나님을 섬기는 방편이 아니라 자기를 세우는 수단으로 영적 권위의 자리를 구할 수 있는 것이 인간이다. 안타깝지만 흔히 있는 일이다. 이 모두가 부정적이고 파괴적인 동기이지만, 오늘날 많은 리더들이 이처럼 과거의 상처에 지배당하고 있다. 그러면서도 본인은 그것을 까맣게 모르고 있다.

실패. 실패는 누구나 피할 수 없는 일이다. 스프레이처와 퀸의 말마따나 "실패가 없는 사람은 전력을 다하지 않아서일 것이다."[29] 역으로 맥스 드프리는 "연속되는 성공은 우리의 기준이 너무 낮거나 줄자가 너무 짧다는 뜻일 것이다"라고 지적했다.[30]

사람들은 실패를 피하려 하지만 오히려 실패가 리더를 세우는 강력한 힘으로 작용할 때가 많다. 아울러 실패는 훌륭한 리더십의 선결 조건이기도 하다. 리더십 개발의 결정적 요인은 실패 자체가 아니라 실패에 대한 반응이다. 참된 리더들의 경우 실패는 그들을 무너뜨리는 게 아니라 오히려 성품을 더 좋게 하고, 리더십 수완을 더 길러 준다. 유명한 리더들 중에는 특히 어려서 고생과 실패를 겪은 이들이 압도적으로 많다. 조지 워싱턴은 수적으로 열세에다 훈련도 받지 못한 미 독립군을 이끌고 영국군과 싸울 때 처음 일곱 번의 주요 전투에서 다섯 차례나 졌다. 연패를 당한 후에 그는 "군에 들어온 뒤로 패전만 거듭했다"고 되뇌었다.[31]

윈스턴 처칠은 경제적 파탄을 겪은 적이 한두 번이 아니며, 그의 정치 역정도 여러 차례 스러지는 듯했다. 어쩌면 그 많은 실패들 때문에 처칠은 성공을 "열정을 잃지 않고 실패에서 다른 실패로 건너가는 것"이라 정의했는지도 모른다.

에이브러햄 링컨의 실패도 잘 알려져 있다. 그 역시 파산을 겪었고, 처음 선거에 출마했을 때는 열세 명의 후보자 가운데 8위에 그쳤다. 그가 대통령에 출마했을 때 열 개 주는 아예 투표용지에서 그의 이름을 빼 버렸고, 남부의 몇몇 주에서는 그의 형상을 만들어 화형에 처하기도 했다. 그의 전기 작가는 "운명은 매번 새로운 방법을 찾아내 그의 꿈을 무산시키며 은 근히 쾌재를 부르는 듯했다"고 썼다.[32]

율리시즈 그랜트 장군은 남북전쟁이 터지기 전까지 그럴싸한 직업 도 없었다. 그는 음주 문제로 군대에서 쫓겨났고 사업도 시도하는 족족 실 패했다. 그러다 결국 길모퉁이에서 장작을 팔았고, 자신의 두 동생에게 일 을 시켜 달라고 부탁하기도 했다. 그가 북부군에 복무하려고 자원했을 때 모병 장교는 그에게 말조차 걸지 않았다. 다급해진 그는 이렇게 소리쳤다. "저도 살아야 하고 가족들도 살아야 합니다. 허드렛일이라도 좋으니 군에 서 복무하게 해 주십시오."[33]

윌리엄 셔먼 장군은 남북전쟁 전에 개인적 위기를 하도 많이 겪어 이 런 말을 남겼다. "성을 다 지었다고 자만하려는 순간 내가 짓는 성마다 다 무너져 수포로 돌아간다. 그래도 난 거기에 아주 익숙해지고 있다."[34] 셔먼 은 전쟁 초기에 지휘권을 받았으나 극심한 신경 쇠약 때문에 곧 지휘권을 내려놓아야 했다. 새로 온 지휘관은 셔먼을 직무 부적격자로 판정했고, 그 러자 셔먼이 미쳤다는 소문이 돌았다. 그는 자살하고 싶은 지경에 이르렀 다. 그런 그가 전쟁 말기에 가장 유명한 장군의 하나로 부상할 줄은 아무도 상상하지 못했다.[35]

웰링턴 공작도 군 생활 초기 좌절을 겪었다. 그의 전기 작가는 이렇게 완곡하게 표현했다. "그는 어떻게 하면 안 되는지를 배웠다. 그것만으로도 충분한 의미가 있다."[36] 드와이트 아이젠하워는 최초의 큰 전투에서 패했 다. 그의 전기 작가는 그 싸움에 대해 이렇게 말했다. "아이젠하워의 진정 한 첫 전투는 캐서린 전투였는데 종합적으로 그의 성적은 형편없었다."[37]

해리 트루먼의 삶은 좌절의 연속이었다. 아버지에 이어 그도 파산을 자초했고, 육군사관학교에 지원했다가 떨어지기도 했다. 사실 트루먼은 젊어서 하도 실패를 많이 겪어 한번은 애인 베스에게 "이대로 영영 질 수는 없다"고 말하기도 했다.[38] 트루먼은 상원의원에 출마할 때 공천 서열 4위 후보였다. 선거에 출마하는 족족 떨어졌다. 상원으로 선출된 후에도 너무 가난해 공중보건소 치과를 찾아야 했고, 선거 유세 때는 차 안에서 자야 할 때도 있었다. 월트 디즈니도 파산했고 많은 재정 위기를 견뎌 냈다.[39]

훌륭한 종교 지도자들도 초기에 적잖은 실패를 극복했다. 대학생 나이의 빌리 그레이엄은 면전에서 밥존스대학교의 밥 존스 총장으로부터 실패자라는 선언을 들었다. 존스는 빌리가 앞으로도 좌절만 거듭할 운명이라고 말하기까지 했다.[40]

위기. 본인이 통제할 수 없는 위기들도 실패와 같은 영향을 미친다. 위기는 자라나는 리더를 무너뜨릴 수도 있고 오히려 불굴의 의지를 키워 더 큰 인물이 되게 할 수도 있다. 시어도어 루스벨트는 어려서 중증 천식으로 고생했고 학교에도 못 다닐 정도로 약골이었다. 아직 젊은이였던 1884년 2월 14일에는 사랑하는 어머니와 아내를 한꺼번에 잃기도 했다. 어머니는 장티푸스, 아내는 산고 끝이었다. 이 일로 어찌나 충격을 받고 힘들었던지 장래 대통령이 될 그의 일기에는 "내 삶에서 빛이 사라졌다"[41]고 쓰여 있다. 로버트 E. 리는 남북전쟁 때 사랑하는 이들과 친구들은 물론 자신의 모든 소유까지 잃었다.

20세기 미국의 가장 성공한 대통령에 드는 프랭클린 루스벨트는 소아마비로 휠체어 신세를 졌다. 2000년에 발표한 한 조사에 따르면 열 가지 리더십 자질을 기준으로 미국 역사상 가장 성공한 대통령 다섯 명은 에이브러햄 링컨, 프랭클린 루스벨트, 조지 워싱턴, 시어도어 루스벨트, 해리 트

루먼이다.[42]

마하트마 간디는 수없이 감옥을 드나들었고 암살되기 전에도 여러 차례 암살 위기에 직면했다. 간디의 열렬한 팬이자 제자인 마틴 루터 킹 주니어도 여러 번 생명의 위협을 느꼈고 자주 감옥 신세를 졌다. 하워드 가드너가 인용한 한 조사에 따르면 영국의 유수한 정치 리더들 중 60퍼센트가 어려서 부모 중 한쪽을 잃었다.[43]

개인적 고뇌. 놀랍게도 저명한 많은 리더들이 어렸을 때 사람들 앞에서 말을 잘하지 못했다. 달변가로 유명한 윈스턴 처칠은 어려서 언어 장애가 있었다. 시어도어 루스벨트도 말을 못해 고생했다. 마하트마 간디는 대중 앞에서 말하는 것이 어찌나 두려웠던지 변호사로서 처음 의뢰인을 변호하던 날 자신의 변론 순서에서 그만 혀가 얼어붙고 말았다. 결국 간디는 의뢰인에게 수임료를 환불하고 다른 변호사를 알선해 주어야 했다.[44]

D. L. 무디가 그토록 힘 있는 연사가 되리라는 조짐은 어려서는 전혀 없었다. 무디는 문법이 엉망인 데다 성경 지식도 거의 없어 마운트버논회중교회에 정식 등록하려 했을 때 신청을 거부당하기까지 했다. 젊은 무디가 교회 기도회에서 나누기 위해 일어서자 교인들은 "어깨를 비틀며 민망해했다." 무디가 회중 앞에서 발언하기에는 어법이 빈약하다는 불평이 끊이지 않아 결국 그는 대중 발언을 금지 당했다.[45]

위대한 리더들 가운데 깊은 사랑의 상처를 겪은 사람이 참으로 많다는 것도 흥미롭다. 해리 트루먼은 유난히 부끄럼이 많아 장래 아내가 된 베스에게 용기를 다해 첫마디를 떼는 데 5년이나 걸렸다. 집안에 어려운 일들이 많아 트루먼이 꿈의 여인과 결혼할 형편이 된 것은 그의 나이 35세가 되어서였다. 그 시기 트루먼이 베스에게 보낸 편지들을 보면 한 젊은이가 자신에게 한없이 과분하다고 느껴지는 여인의 애정을 얻어 내기 위해 안간힘을 쓰는 모습을 볼 수 있다. 링컨도 여자들 앞에서는 지독한 숙맥이었으며 결혼에 성공하기 전에 뼈아픈 거절을 겪었다. 윈스턴 처칠은 참으로 소중했던 첫사랑의 여인을 다른 남자에게 잃고 다른 두 여자에게마저 청혼을 거절당한 뒤 37세가 돼서야 클레멘타인과 결혼했다.

존 웨슬리는 미국 선교사 시절 한 여자를 두고 심한 좌절을 겪은 나머지 실연의 상처와 환멸을 안고 실패한 선교사가 되어 영국으로 돌아갔다. 미국 최초의 침례교 목사 로저 윌리엄스는 사회적 신분이 낮아 사랑하는 여인과 결혼할 수 없게 되자 심한 우울증에 빠졌다.

젊은 빌리 그레이엄은 이상형의 여인 에밀리가 자신의 청혼을 거절하고 장래가 촉망되는 다른 구혼자에게 가자 깊은 상처를 받았다. 그는 당시를 이렇게 회고했다. "에밀리가 우리 관계를 끝내자고 말하던 1938년의 그 슬픈 봄날은 내게 실낙원이었다. … 난 풀죽은 모습으로 마인더 박사를 찾아갔다. 내가 눈물로 참담함을 쏟아 놓자 그는 잘 들어 주었다."[46]

엘리노어 루스벨트는 남편 프랭클린이 바람을 피우는 바람에 고통을 겪었다. 엘리노어가 후에 사회사업에 에너지와 열정을 쏟아 부은 것은 남편과 관계가 만족스럽지 못했기 때문이라고 하는 역사가들도 있다. 이로써 미루어 볼 때 젊은 날의 고뇌는 리더에게 자신의 초라한 실체를 인식시킴과 동시에 앞으로 중요한 일을 이루고자 하는 열망을 다져 준다고 할 수 있다.

역경을 통한 성공. 역사상 유명한 지도자들 중에는 커다란 실패와 위기와 실망을 겪은 사람들이 하도 많아, 이런 상처가 성공하는 리더십의 선결 조건이라도 되는 듯 보인다. 저명한 지도자들의 전기를 통해 내릴 수

있는 결론은 탄탄대로로 위대해진 사람은 아무도 없다는 것이다. 사실 그들이 고생을 피했더라면 성공도 그들을 피했을 것이다. 피터 코스텐바움이 말했듯이 "좋은 시절은 우리를 눈멀게 하지만 힘든 시절은 우리에게 진실을 깨우쳐 준다."[47]

훌륭한 리더는 역경 속에서만 나온다고 말한다면 지나친 단순 논리가 될 것이다. 고생과 실패가 언제나 성공적 리더를 길러 낸다고 결론짓는다면 오산이다. 사람은 누구나 고생도 하고 어느 정도 성공도 하는 법이다. 삶의 실패와 성공은 누구나 겪는 일이되, 리더십 개발의 열쇠는 좋은 쪽이든 궂은 쪽이든 경험 자체에 있는 것이 아니라 경험에 각자가 어떻게 반응하느냐에 달려 있다.

고생이 닥치면 원망하거나 겁내며 포기하는 사람들이 있는가 하면, 좌절을 겪으면서도 위기를 통해 배우고 경험을 살려 오히려 더 강해지는 사람들도 있다. 참된 리더를 구별 짓는 특성은 자신의 경험을 배움의 발판으로 삼아 실패를 통해 새로운 동기를 얻는 것이다.

말보로 공작의 정치 역정 중에 한번은 정부 여당이 그를 잔인하게 배척하여 공직에서 제외시킨 적이 있다. 그러나 윈스턴 처칠은 이렇게 썼다. "꼬박 6년 동안 지지를 잃고 공직에서 밀려나 있는 중에도 그는 자신의 비중과 영향력을 꾸준히 키워 갔다. 말보로의 긴 생애에서 그 성실함보다 더 탁월한 점은 거의 없다."[48]

율리시즈 그랜트는 남북전쟁 전에 괴로운 시절을 보냈는데 그때에 대해 그의 전기 작가는 이렇게 썼다. "좌절을 겪을 때마다 그는 내적으로 더 강해지는 것 같았다. 그랜트는 똑똑하지 않았고, 외모도 대단할 게 없었고, 성격도 그리 좋지 못했다. 스톤월 잭슨처럼 영감이 번득이지도 않았고,

로버트 리 장군처럼 위풍당당한 존재감도 없었고, 링컨처럼 사고력이 치밀하지도 못했다. 그는 이따금씩 큰 실수를 저질렀고 세상을 너무 단순하게 볼 때가 많았다. 하지만 그는 자신의 목표를 똑똑히 보았고 그 목표를 향해 지칠 줄 모르고 전진했다."[49]

링컨에 대해 도널드 필립스가 한 말이다. "성공은 물론 실패까지도 대통령이 되는 데 디딤돌이 되었다. 그런 의미에서 링컨의 삶 전체는 그를 장래의 행정부 수뇌에 걸맞게 준비시킨 셈이다."[50]

리더는 실패를 피하는 자가 아니라 역경을 극복하는 자다. 그들의 삶은 "실수란 그 온전한 유익이 가져오는 몫을 아직 받지 못한 사건"[51]이라는 원리를 증명해 준다. 실패와 개인적 위기 때문에 리더의 자격을 잃는 것은 아니다. 하지만 실수와 고생으로부터 배우고 자라지 않으면 하나님이 의도하신 리더로 성장할 수 없다. 하나님은 역경을 통해 당신의 성품 안에 겸손, 정직, 믿음 같은 특성을 기르실 수 있다. 안락과 성공만 이어지는 삶을 통해서는 그런 특성이 비슷하게 빚어질 수 없다.

영적 리더는 하나님이 손수 키우신다

성령을 주신다

개인의 가정환경과 경험 모두 리더십 능력에 영향을 미치지만 영적 리더의 성장에는 세상의 리더십 개발에서 볼 수 없는 별도의 차원이 있다. 그것은 곧 리더의 삶에서 일하시는 성령의 역사다. 오스왈드 샌더스는 "자수성가한 영적 리더란 존재하지 않는다"[52]고 말했다. 영적 목표에 필요한 영적 수단은 성령을 통해서만 주어지기 때문이다. 사도 바울도 성령이 리더십을 가능케 한다고 보았다(롬 8:12 참조).

이 진리는 하나님이 스룹바벨에게 주신 메시지에도 나타난다. 스룹바벨은 유대인 포로들이 바벨론에서 귀환한 후 성전 재건을 감독한 예루살렘 총독이다. 그는 폐허가 된 거대한 성전을 재건하는 한편 전쟁과 각종 형벌로 인구가 부쩍 줄어든 지역을 다스려야 하는 이중고에 부딪쳤다. 이런 고비에 그는 하나님께 메시지를 받았다. "만군의 여호와께서 말씀하시되 이는 힘으로 되지 아니하며 능력으로 되지 아니하고 오직 나의 영으로 되느니라"(슥 4:6).

벽돌과 모르타르, 세금 징수와 주변 적들이 관심을 잡아끌 때, 이 막막한 총독은 소중한 교훈을 배웠다. 영적 리더는 영적이지 않아 보이는 일을 수행할 때도 자신 안에서 역사하시는 성령이 필요하다는 사실 말이다. 건물을 짓고 사람을 관리하고 돈을 마련하는 일도 성령이 개입하시면 모두 영적인 일이다. 성령의 임재가 없다면 그냥 리더일 수는 있어도 영적 리더는 아니다.

필요한 기술을 개발해 주신다

리더십 이론에서 최신 논쟁은 리더의 강점과 약점을 대하는 방식과 관계가 있다. 강점과 약점은 누구에게나 있다. 문제는 어느 쪽에 집중하느냐 하는 것이다. 오랜 세월 동안 자기계발 전문가들은 당신의 약점을 개선시켜 주겠다고 장담했다. 물론 성공담도 더러 있지만 진척이 없어 좌절에 빠진 사람들도 많다. 약점을 고치는 데 시간이 너무 많이 들어가 강점마저 퇴보를 보였던 것이다.

마커스 버킹엄과 도널드 클리프턴은 《위대한 나의 발견 강점 혁명》

(*Now, Discover Your Strengths*, 청림출판 역간)이라는 영향력 있는 책에 역설하기를, 약점의 개선에 집중하는 것은 시간 낭비라고 했다.[53] 그들은 7,938개 회사의 직원 19만 명을 상대로 실시한 갤럽 조사를 인용했는데, 거기에 이런 문항이 나온다. "당신이 가장 잘하는 일을 직장에서 날마다 할 수 있는 기회가 있는가?"[54]

조사 결과 대부분의 사람들은 자신의 약점을 고치는 데 과도한 시간을 들이느라 정작 자신의 강점 분야에서 승승장구할 기회를 고스란히 놓치는 것으로 드러났다. 그뿐 아니라 강점 분야에서 일하는 사람들이 그렇지 않은 사람들보다 의욕도 훨씬 많고 결과도 더 좋다.[55] 버킹엄과 클리프턴은 또 사람들의 직급이 높아질수록 강점 분야에서 일하는 시간이 줄어든다고 지적했다.[56] 당신도 그 책에 실린 여러 목록들을 통해 자신의 강점을 발견할 수 있다. 두 저자가 권하는 바에 따르면 사람들은 자신의 재능을 개선하거나 바꾸려고 시간을 낭비할 게 아니라 자신이 잘하는 부분에 집중해야 한다.

이런 메시지는 당연히 인기를 끌었다. 노련한 리더들은 자신이 약한 분야에 타인을 채용해야 한다는 것을 안다. 월트 디즈니는 천재적 창의력을 소유한 사람이었지만 지혜롭게도 자기가 약한 부분을 알아서 사업의 재정 쪽은 행정력이 뛰어난 자기 형 로이에게 맡겼다.[57] 행정까지 자신이 주로 맡았다면 《백설 공주》를 비롯한 고전 작품들을 만들지 못했을지도 모른다. 그는 시간을 아껴 자신만이 기여할 수 있는 분야에 천재적 창의력을 쏟아 부었다.

하지만 이런 굉장한 인기에도 불구하고 강점 중심의 리더십에는 심각한 비판도 제기되었다. 로버트 카이저는 "강점에만 집중하면 방종에 빠질 수 있다"고 이 이론의 문제점을 지적했다.[58] 그의 책에 강점 중심의 접근을 비판한 여러 작가들의 말이 나오는데, 그들은 피터 드러커의 이런 말을 인용했다. "대부분의 사람들은 자기가 무엇을 잘하는지 안다고 생각하지만 대개는 그 생각이 틀렸다."[59]

아울러 그 작가들의 지적대로 이 방법은 조직의 필요보다 개인의 필요와 안락을 앞세울 수 있다. 사람은 누구나 자기가 잘하고 즐기는 일을 하려 한다. 하지만 서투른 일을 해야 할 때도 있다. 계속 성공 가도만 달리는 사람은 겸손을 잃고 잘 배우려 하지 않을 수 있다.

카이저와 캐플런도 "균형 잃은 리더십"을 경고했는데, 신기술을 익히지 않으려는 임원들에게서 그런 특성을 볼 수 있다. 그들은 애초에 자신을 고위직에 오르게 해 준 그 재능에만 집착한다.[60] 하지만 하위 관리직에 필요했던 기술이 상위 관리직에는 오히려 해로울 때가 많다는 데 문제가 있다. 시각이 편협한 임원들은 매사에 스스로를 몰아붙인 것이 작업 현장에서 성공한 비결이라 생각한다. 그래서 그들은 지금 자신이 이끄는 임원진도 똑같이 몰아붙인다. 카이저와 캐플런이 지적하는 것이 또 있다. 많은 경우 CEO들이 궤도를 이탈하는 이유는 자신의 강점 분야에서만 전속력으로 일할 뿐 약점을 보완하는 데는 전혀 시간을 들이지 않기 때문이다. 결국 감당할 준비가 되어 있지 않은 유혹이나 위기나 압박이 닥치면 그들의 리더십은 암벽에 부딪치고 만다.

그렇다면 영적 리더들은 자신의 강점과 약점을 어떻게 보아야 할까? 모세의 생애에서 확실한 사례를 볼 수 있다. 스데반이 모세에 대해 뭐라고 말하는지 잘 보라.

모세가 애굽 사람의 모든 지혜를 배워 그의 말과 하는 일들이 능하더라 나이가 사십이 되매 그 형제 이스라엘 자손을 돌볼 생각이 나더니 한 사람이 원통한 일 당함을 보고 보호하여 압제 받는 자를 위하여 원수를 갚아 애굽 사람을 쳐 죽이니라 그는 그의 형제들이 하나님께서 자기의 손을 통하여 구원해 주시는 것을 깨달으리라고 생각하였으나 그들이 깨닫지 못하였더라(행 7:22-25).

이스라엘에 모세보다 리더십을 더 잘 배웠거나 그쪽에 더 유능한 사람은 없었다. 그는 국내 최고의 경영대학원을 졸업했고 말뿐 아니라 하는 일마다 능했다. 문제는 그래서 모세가 자만에 차 있었다는 것이다. 그는 남들도 다 자신의 지도력을 알아줄 줄로 생각했다. 그래서 모세는 자기 힘으로 상황을 해결하려 했고, 그 결과는 재앙이었다.

40년 뒤로 시간을 건너뛴다. 모세가 지난 40년간 이끈 것은 이스라엘 백성이 아니라 양 떼였다. 하나님의 겸손 학교에서 그는 반평생 동안 양만 쳤다. 하나님은 그런 모세를 자신의 도구로 불러 이스라엘 백성을 해방시키게 하셨다. 그러자 모세가 뭐라고 답했는지 들어 보라. "내가 누구이기에 바로에게 가며 이스라엘 자손을 애굽에서 인도하여 내리이까 … 그들이 나를 믿지 아니하며 내 말을 듣지 아니[하리이다] … 오 주여 나는 본래 말을 잘 하지 못하는 자니이다 주께서 주의 종에게 명령하신 후에도 역시 그러하니 나는 입이 뻣뻣하고 혀가 둔한 자니이다"(출 3:11; 4:1, 10).

어찌된 일인가? 한때 모세는 재능이 뛰어난 지도자로 자처했다. 그런데 40년이 지난 지금은 자신이 말할 줄도 모르고 이끌 줄도 모른다고 강변한다. 어느 쪽이 맞는가? 양쪽 다 맞다.

물론 모세는 40년간 네 발 달린 짐승에게만 말하느라 자신의 웅변술이 녹슬었다는 우려도 있었을 것이다. 하지만 더 중요한 것은 모세가 자신의 기술을 하나님의 관점에서 보게 되었다는 점이다. 하나님이 함께하지 않으시면 절대로 하나님의 일을 이룰 수 없다. 반대로 모세가 점차 깨달은 사실이 있다. 하나님이 일을 맡기실 때는 반드시 필요한 준비도 시켜 주신다는 것이다. 하나님은 자신의 종에게 능력을 주셔서 자신이 명하신 일을 다 이루게 하신다.

중요한 것은 모세의 기술이 아니라 모세의 복종이었다. 하나님의 뜻에 온전히 순종하는 종이 그분의 손에 들리면 놀라운 도구가 된다. 영적 리더들은 자기가 잘한다고 생각되는 일만 하려고 스스로를 제한하지 않는다. 모세가 만일 그랬다면 결코 이집트로 돌아가지 않았을 것이다. 삶의 그 시점에서 모세는 해방 사역에 조금도 의욕이 없었다. 그가 이집트로 돌아간 유일한 이유는 하나님이 분명히 그렇게 명하셨기 때문이다. 그 과정에서 모세는 하나님이 자신의 평범한 삶을 통해 역사에 기록된 가장 위대한 기적들 중 일부를 행하시는 것을 목격했다(신 34:11-12 참조).

삶의 모든 걸음을 이끄신다

하나님은 어떤 상황에서도 개인의 성품 개발과 성장을 이끌어 내실 수 있다. 그러나 그러기 위해서는 우리가 하나님 뜻에 기꺼이 복종해야 가능하다. 하나님은 만인의 삶을 주관하는 분이지만 특히 그분의 목표에 맞게 빚어지는 이들은 그분 뜻에 자기 뜻을 내려놓은 자들이다.

하나님이 당신의 목표를 위해 인생을 이끄시면 그야말로 삶 전체가 배움의 장이 된다. 좋은 것이든 나쁜 것이든 어떤 경험도 헛된 것이 없다(롬 8:28 참조). 하나님은 사람들의 시간을 낭비하시지 않는다. 인간의 고통을 무시하시지 않는다. 그분은 치유를 주실 뿐 아니라 최악의 경험에서도 성장을 끌어내신다. 그런 점에서 모든 인간관계는 성품을 빚으시는 하나님의 도구이다. 아무리 뛰어난 리더십 이론을 공부하고 광범위한 훈련을 받아도 하나님이 삶의 걸음을 이끄시지 않는다면 훌륭한 영적 리더가 될 수 없다.

풀러신학대학교의 로버트 클린턴 교수는 《영적 지도자 만들기》(*The Making of a Leader*, 베다니출판사 역간)에서 하나님이 리더를 키우시는 과정을 6단계 모델로 제시했다. 그는 하나님이 평생에 걸쳐 리더를 성숙시키는데, 그 주요 수단은 리더의 삶에 일어나는 사건과 인간관계 두 가지라고 보았다.

클린턴의 리더십 개발 6단계
1단계: 주권적 기초(Sovereign Foundations)

2단계: 내면생활 성장(Inner Life Growth)

3단계: 사역의 성숙(Ministry Maturing)

4단계: 삶의 성숙(Life Maturing)

5단계: 수렴(Convergence)

6단계: 잔광 또는 축하(Afterglow or Celebration)

클린턴의 개발 6단계 모델은 영적 리더십뿐 아니라 일반 리더십 개발에도 적용이 가능할 만큼 유익하다.

1단계: 주권적 기초. 인생 형성기에 나타나는 하나님의 활동으로, 부모의 사랑, 출생 순서, 질병, 빈부 조건, 사랑하는 이의 상실, 안정 또는 불안정한 기복 등 어린아이가 스스로 통제할 수 없는 요인이다. 역사는 리더십 잠재력이 다분히 이런 요인에 반응하는 방식에 따라 결정되었음을 보

여 준다.

2단계: 내면생활 성장. 영적 생활과 성품이 개발되는 시기로, 회심을 경험하는 단계다. 성령이 내주하시면 운명의 장난에 이끌리는 대신, 그리스도처럼 생각하고 행동하는 사람으로 꾸준히 변화될 수 있는 위치에 놓이게 된다. 성령의 내주하시는 역사를 통해 성품이 자라나는 리더와 달리 성령이 없는 리더는 자신의 과거에 끌려다닐 소지가 훨씬 크다. 즉 성품이 개발되지 않은 채 남아 있기 쉽다.

3단계: 사역의 성숙. 영적 리더십을 위해 이런저런 시도를 하는 때로, 교회 프로그램을 자진해서 이끌거나 전도의 모험에 나서는 경우다. 처음 리더십을 사용하러 나설 때 사람들은 흔히 실패나 좌절을 겪는다. 경험을 쌓는 것과 마찬가지로 리더십 기술을 개발하면서 자신의 장단점을 이해하게 되는 것이다. 그런 경험을 통해 하나님은 영적 리더의 의미를 좀 더 구체적으로 가르쳐 주신다. 이 단계의 초점은 리더로서 하는 일보다는 존재 자체에 있다. 향후 리더십 능력의 발전 양상은 이 초기 경험에서 리더가 무엇을 배우느냐에 따라 크게 좌우된다.

4단계: 삶의 성숙. 영적 리더가 자신의 장점에 주력하여 최고의 역량을 발휘할 수 있는 기회를 찾기 시작하는 때다. 그동안은 하나님이 주로 리더 안에서 역사하셨다면 이제 점점 리더를 통해서 일하시기 시작한다. 그래서 이 시기에 하나님에 대한 체험적 이해가 깊어지고 인생과 인간관계도 새롭게 배운다.

하나님은 실패와 성공, 위기와 인정, 배신과 의리 등 통상적 경험을 통해 사람을 키우신다. 이번에도 역시 하나님이 통과하게 하시는 인생에 대한 리더의 반응이 많은 것을 좌우한다. 삶의 상황에 긍정적으로 반응할 때 리더는 보다 성숙한 리더십의 차원으로 나아갈 수 있다.

5단계: 수렴. 수렴 단계가 되면 사람과 사역의 경험이 구체적인 직무나 책임으로 수렴되면서 그동안 배운 모든 것을 동원해 최대의 효율성을 발휘하게 된다. 이것이 곧 전문 분야, 즉 최고의 성공을 맛볼 직무나 역할이다.

이렇듯 삶과 사역의 경험이 하나의 리더십 역할로 수렴되어, 배우고 빚어진 모든 것이 역할 안에 훌륭히 녹아드는 현상은 영적 리더와 세상 리더가 공히 경험할 수 있는 일이다. 역사상 가장 뛰어난 리더들 중에는 인생 후반이 돼서야 가장 영향력 있는 역할에 오른 사람들이 많다. 윈스턴 처칠은 노년에 비로소 수상이 됐다. 그의 모든 인생 경험은 2차 세계대전 중 영국 수상 재임을 위한 서곡이었다. 처칠은 실패도 많았고 평생 혹독한 비난도 받았지만 그의 전반기 삶은 히틀러의 최대 라이벌로 세계 무대에 설 위대한 순간을 위해 마련된 훈련장이었다.

같은 시기 미군 사령관 조지 마셜은 59세가 돼서야 장군으로 승진했다. 전후 유럽을 재건한 유명한 마셜 플랜을 내놓을 당시 그의 나이 67세였다. 해리 트루먼은 67세에 대통령이 되었다. 교황 요한 23세는 77세에 선출됐다. 안타깝게도 끝내 수렴 단계에 이르지 못하는 사람들도 많이 있다. 모든 인생 경험을 완성할 직무나 도전을 찾지 못한 채 지나온 삶의 자산을 끝내 사회로 환원하지 못하는 것이다. 모든 크리스천의 삶의 경험을 종합하여 더 깊은 성숙으로 이끄시는 분은 바로 성령이시다. 자신의 삶에서 성령의 역할을 무시한다면 영적 리더로서 온전한 잠재력을 실현할 수 없다.

6단계: 잔광 또는 축하. 상당 기간 훌륭히 리더 역할을 수행한 영적 리더들에게서 볼 수 있다. 하나님이 자기 안에, 또 자신을 통해 이루신 일

을 축하하면서 인생의 마지막 시기를 보내는 것이다. 클린턴은 극소수 사람들만이 여기에 도달한다고 보았는데, 자신의 삶과 조직에 하나님의 뜻이 이루어지도록 충실이 자신을 드린 결과이다. 여기 들어선 리더들은 아무것도 입증할 필요가 없다. 사람들은 그들의 영향력 있는 직위나 역할 때문이 아니라 그들의 존재 자체와 살아온 삶 때문에 그들을 존경한다.

이 단계는 다음 세대를 가르치는 시기이기도 한데, 그래서인지 위대한 리더들이 말년에 교육계에 몸담는 것은 흔한 일이다. 1차 대각성 운동의 영적 리더 조나단 에드워즈는 말년을 예일대학교 총장으로 보냈다. 2차 대각성 운동의 탁월한 전도자 찰스 피니는 오벌린대학 학장이 되었다.

찰스 스펄전은 대학에서 젊은 목사들을 양성하고 훈련하는 데 많은 시간을 할애했다. 로버트 E. 리는 노년을 워싱턴대학 학장으로 지내면서 차세대 남부 리더들을 길러 냈다. 참된 리더의 주변에는 그가 살아온 삶만으로도 사람들이 모여들기 마련이다. 하나님의 임재 안에 있다 돌아온 모세의 얼굴에 잔광이 빛났던 것처럼, 이 단계에 들어선 리더들에게는 평생 하나님과 가깝게 동행해 왔다는 틀림없는 증거가 나타난다. 하나님과 동행해 온 사람이 눈에 띌 때 그 주변에 모여들어 그의 신앙 순례를 배우는 것은 당연한 수순이다.

지명하시고 맡길 일을 정하신다

삶의 모든 경험에 건강하게 반응하다 보면 일반적으로 리더가 될 수는 있다. 하지만 하나님이 부르시고 그에 맞게 준비를 갖추지 않는 한 영적 리더는 될 수 없다. 동경의 대상이 되는 세상 리더십은 의지력만 있으면 이를 수 있지만, 영적 리더십이란 인간 쪽에서 지원하는 자리가 아니다. 하나님이 지명하시고 맡기실 일을 정하신다. 역사를 보면 하나님은 보통 사람들을 택하셨고, 그중 대다수는 하나님의 지명을 구하지도 않았다. 그런데 하나님은 그들에게서 특별한 일을 맡길 만한 뭔가를 보신 것이다.

자기 삶에서 하나님의 강력한 역사를 체험하고 싶은 마음이야 전혀 잘못이 아니다. 그러나 하나님께 강하게 쓰임 받겠다고 하나님 나라의 리더십 자리를 구해서는 안 된다(딤전 3:1 참조). 다만 진심으로 하나님을 구하며 그분의 뜻을 기다려야 한다. 영적 리더가 살펴야 할 것은 자기 심령이다. 하나님은 삶이 의로운 자들을 보실 때 그들 삶에 주권적으로 능력을 베푸시고 당신의 거룩한 뜻을 이루신다. 하나님이 그분의 뜻을 위해 리더를 지명한 예라면 성경에서 얼마든지 찾아볼 수 있다. 특히 아브라함처럼 전체적 과정이 소상히 소개된 삶은 하나님이 보통 사람을 택하셔서 훌륭한 영적 리더로 변화시키시는 과정에 관한 완벽한 사례다.

아브라함을 쓰신 하나님

보통 사람이었다

아브라함은 달을 숭배하는 갈대아 사람들이 사는 우르에서 태어났다. 분명 아브라함의 인생 계획은 그리 복잡하지 않았을 것이다. 아내 사라는 아기를 낳을 수 없었으니 자녀 양육은 계획에 없었을 테고, 평생 소와 양을 기르며 살아가려 했을 것이다. 그러나 하나님의 계획은 아브라함과 전혀 달랐다.

아브라함을 향한 하나님의 계획은 자녀 없이 정착 생활을 하는 것이 아니라 유목민의 족장이 되는 것이었다. 아브라함은 거룩한 나라의 아비가 되고 그의 삶은 하나님의 백성들에게 영적 사례가 될 것이었다. 메시아도 아브라함의 후손이 될 것이었다. 아브라함의 삶은 역사의 전환점이 되어, 수많은 세대 하나님의 백성들에게 깨달음과 구원을 줄 것이었다.

그러나 단지 하나님의 계획이 아브라함보다 컸다는 데 의의가 있는 것은 아니다. 핵심은 아브라함이 하나님 뜻을 위해 자기 계획을 버렸다는 점이다. 하나님이 아브라함을 위해 예비하신 것이 너무 많았기에 그를 철저히 준비시키는 데 오랜 시간이 걸린 것은 당연한 일이다.

영적 리더십은 저절로 되는 것이 아니다. 하나님이 인간의 성품은 물론 그분과의 관계를 키우실 때 개발되는 것이다. 성품은 지혜, 성실, 정직, 도덕적 순결 등을 말한다. 그분과의 관계란 하나님을 믿는 것, 하나님께 복종하는 것, 하나님을 사랑하는 것 등이다. 언뜻 하나님이 참된 리더십의 후보와 거리가 멀어 보이는 사람들을 사용하시는 것 같지만, 어쨌든 그들의 공통분모는 하나같이 성품이 바르고 그분과 가까이 동행했다는 점이다(삼상 16:7 참조). 하나님이 맡기시는 일이 클수록 더욱 성품이 온전하고 하나님과 관계도 깊어야 한다(마 25:23 참조).

성경에는 하나님이 사람들을 택하여 당신을 섬기는 일꾼으로 키우신 사례가 수없이 등장한다. 이들은 출신 성분도 저마다 천차만별이고 각자의 삶에 대한 하나님의 소명도 독특했다. 아브라함의 삶은 그중 한 예에 지나지 않지만 전체 과정이 상세히 기록돼 있어 하나님의 리더십 개발 과정의 핵심 측면을 자세히 들여다볼 수 있다.

유업을 계승했다

처음 아브라함에게 고향 우르를 떠나라 명하셨을 때 하나님은 이미 아브라함의 아비 데라를 통해 그 과정을 시작하셨다(행 7:2-4; 창 11:31-32 참조). 하나님은 아브라함의 아비에게 시작하신 일을 아브라함의 삶에서 계속하셨고 결국 아브라함의 후손을 통해 완성하셨다.

데라는 하란까지밖에 가지 못했다. 가나안 이주를 마치는 것은 아들 아브라함의 몫이었다. 유업은 리더십에서 강력한 요인이 될 수 있다. 아브라함의 경우처럼 하나님은 한 세대에서 시작하신 일을 다음 세대에서 완성하시기도 한다. 하나님은 아브라함이 가나안으로 가기 원하셨기에 먼저 아브라함의 아비에게 그런 열망을 주셨다. 아들을 유목민으로 부르셨기에 먼저 아비에게 본토를 떠날 마음을 주셨던 것이다.

실패를 통해 자랐다

아브라함의 삶에 일어난 모든 사건은 그의 성품을 개발하는 재료였다. 처음부터 그가 믿음의 화신이었던 것은 아니다. 오랜 세월에 걸쳐 하나님과 관계가 깊어지고 성숙해진 것이다. 하나님은 특히 그의 실패를 사용하여 리더로 준비시키셨다. 예를 들어 하나님은 아브라함에게 구체적으로 친척을 두고 가라고 명하셨지만 아브라함은 롯을 가나안으로 데리고 갔다(창 12:1, 4 참조). 그래서 나중에 롯이 버린 땅을 취하며 롯과 갈라서야 했고(창 13장 참조), 더 나중에 하나님이 멸하시려는 악한 소돔 성을 두고 간구하며 롯을 위해 하나님께 중보하게 된다(창 18:16-33 참조). 끝내 롯의 후손인 모압 족속과 암몬 족속은 아브라함의 후손에게 엄청난 재앙을 끼친다(창 36-38 참조).

사소해 보이는 하나의 불순종 때문에 아브라함은 하나님이 자신과 자기 후손에게 주시려던 유업을 위험에 빠뜨렸다. 하지만 이 실패를 통해 아브라함은 하나님 뜻을 인간이 수정해서는 안 된다는 값진 교훈을 배웠다. 아브라함의 실수는 하나님 뜻에 뭔가를 보태는 것은 하나님 뜻을 거부하는 것만큼이나 잘못임을 보여 준다.

하나님 뜻에 뭔가를 보태지 않고 정확히 있는 그대로 순종하는 것이 왜 그토록 중요할까? 하나님의 길은 사람의 길이 아니기 때문이다. 하나님이 75세의 남자를 불러 자식을 주겠다고 한 다음, 자녀를 기를 수 있도록 25년이나 더 준비시키신 것은 말도 안 되는 일처럼 보인다. 그러나 하나님은 이삭을 향해 아브라함이 상상조차 할 수 없는 계획을 품고 계셨다. 하나님은 이삭을 당신 백성의 족장으로 삼고자 하셨다. 이삭이 그 일을 감당하려면 더 경건하고 믿음 좋은 아비가 필요했다.

예배의 단을 쌓았다

아브라함이 쌓은 예배의 단을 따라가면 그의 신앙 여정을 추적할 수 있다. 아브라함은 인생의 고비를 지나거나 하나님에 대해 새로운 것을 배울 때마다 단을 쌓았다. "여호와께서 아브람에게 나타나 이르시되 내가 이 땅을 네 자손에게 주리라 하신지라 자기에게 나타나신 여호와께 그가 그 곳에서 제단을 쌓고 거기서 벧엘 동쪽 산으로 옮겨 장막을 치니 서쪽은 벧엘이요 동쪽은 아이라 그가 그 곳에서 여호와께 제단을 쌓고 여호와의 이름을 부르더니"(창 12:7-8).

아브라함이 쌓은 단 하나하나를 통해 그가 하나님의 길을 얼마나 이해했는지 그리고 하나님을 얼마나 믿는지 알 수 있다. 우리 역시 지나온 신앙의 흔적을 통해 우리와 관계를 키워 오신 하나님의 손길을 볼 수 있다. 하나님이 현시점에 주시는 명령을 보면 그분이 이제까지 우리 삶에서 해 오신 일들을 가장 쉽게 알 수 있다.

가나안에 지독한 가뭄이 닥쳐오자 아브라함은 문제를 자기 힘으로 해결하기 위해 애굽으로 내려갔다. 불행히도 그는 애굽으로 떠날 때나 거기 도착해서나 하나님께 묻지 않았다. 아브라함이 애굽에 있는 동안에는 단을 쌓았다는 기록이 없다(창 12:10-20 참조). 아브라함이 하나님께 묻지 않고 결정을 내릴 때마다 결과는 비참했다.

하나님의 구속을 경험했다

성경 사례들에서 눈여겨볼 대목이 있다. 하나님은 사람들이 실수하려 할 때 웬만해서 개입하시지 않는다는 것이다. 오히려 그분은 실패하게 그냥 두시되 늘 구속할 준비를 하신다. 실패와 구속의 과정을 통해 하나님의 성품을 보다 깊이 체험하게 되는데, 이것은 하나님이 그냥 끼어들어 실패를 면하게 해 주셨을 때보다 더 깊은 차원이다. 신중하게 평가하고 처리해야 할 것은 바로 자신의 실수다. 실수를 꼼꼼히 살펴보고 동일한 과오를 되풀이하지 않도록 적절히 자신을 조정할 때 큰 유익을 얻을 것이다.

아브라함은 바로 왕이 자기를 죽이고 아내를 빼앗을까 두려워 사라에게 거짓말을 하게 했다. 이 거짓말로 아브라함과 그 후손은 뼈아픈 대가를 치르게 된다. 한순간의 두려움 때문에 생긴 사건이었지만 그것은 아브라함의 믿음과 성품에 결함이 있음을 드러냈다. 즉 아브라함의 거짓말은 그가 아직 하나님을 온전히 의지하는 법을 배우지 못했다는 증거였다. 차세대 족장을 기르는 일을 맡으려면 아직도 다뤄져야 할 부분이 있었다.

하지만 아브라함의 결함은 다시 되풀이된다(창 29장 참조). 흥미롭게도 아들 이삭도 비슷한 상황에 처하자 거짓말을 하며(창 26:7 참조), 손자 야곱은 유명한 사기꾼이 된다. 성격적 결함을 고치지 않고 그냥 두면 이후 세대에 집요하게 재발할 수 있다(출 34:7; 신 5:9 참조). 그럼에도 불구하고 하나님은 계속 아브라함을 용서하시고 그의 삶에서 역사하셨다. 그리고 우리가 아는 대로 마침내 아브라함은 수많은 세대 하나님의 사람들에게 믿음의 본보기가 되었다.

체험으로 하나님을 배웠다

아브라함이 하나님을 이해한 방식은 이론을 통해서가 아니었다. 그는 그것을 책에서 배우지 않았다. 하나님과 만남을 통해서 배웠다. 하나님은 매번 아브라함에게 당신 성품의 일면을 새롭게 보여 주신 것이다. 예컨대 아브라함이 자기보다 우세한 군대와 싸울 때 하나님은 그에게 빛나는 승리를 주셨다(창 15:1 참조). 그때부터 아브라함은 하나님을 자신의 방패로 믿었다. 단지 하나님이 지켜 주겠다고 말씀하셨기 때문이 아니라 직접 하나님의 보호를 체험했기 때문이다. 영적 리더는 자기 삶에서 일하시는 하나님의 활동과 그분의 성품을 연결시킬 줄 알아야 한다.

지름길은 없었다

아브라함의 삶은 영적 성숙에 이르는 길이 평생에 걸친 과정임을 보여 준다. 영적 리더는 지름길을 취하지 않는다. 창세기 16장에는 아브라함의 침체기가 기록돼 있다. 셀 수 없이 많은 자손을 주시겠다는 하나님의 놀라운 언약에도 불구하고 아브라함은 자식이 없었다. 이 시험의 고비에 아브라함은 하나님께 귀 기울이는 대신 사람의 말을 들었다. 아내 사라는 여종 하갈을 취해 자식을 낳으라고 부추겼다. 아브라함 시대에 흔한 방법이었다. 하지만 기껏해야 세상 논리일 뿐 하나님의 길은 아니었다.

10년 동안 하나님을 기다려 온 아브라함이었지만 믿음이 흔들려 사라의 계획에 따랐다. 하갈은 장차 아랍 국가들의 선조가 되는 이스마엘을 낳았고 이들은 결국 이스라엘의 사나운 적이 된다. 아브라함이 하나님 말씀을 믿지 않고 지름길을 택한 결과, 수천 년이 지난 지금도 사람들이 고통받으며 죽어 가고 있다.

이삭이 태어났을 때 아브라함은 100세였다. 25년을 더 기다려서야 하나님의 약속이 이루어진 것이다. 이로써 아브라함은 하나님의 때와 인간의 때가 다르다는 교훈을 배웠다. 하나님은 영원의 관점에서 사건을 보시지만 인간은 매사를 한시적으로 본다. 두려움에 빠져 문제를 자기 힘으로 해결해야 한다고 생각할 때 재앙을 부르는 것이다. 시간이 아무리 오래 걸려도 인내하며 주님을 기다릴 때 하나님은 언제나 어김없이 이루어 주신다. 하나님의 약속은 언제나 기다릴 가치가 있다. 하나님이 뜻을 이루실 때까지 충분히 기다릴 자세만 되어 있다면 더 많은 리더들이 자기 삶과 조직에 나타나는 놀라운 열매를 보게 될 것이다.

믿음을 드러냈다

노인이 된 아브라함은 이미 경건한 남편과 아버지로 자라 있었다. 하지만 하나님께는 그를 향한 더 큰 계획이 있었다. 하나님은 아브라함이 이삭의 아버지 이상이 되기 원하셨다. 모든 믿는 자의 아버지요 인류 역사상 믿음의 본보기가 되기 원하셨던 것이다. 그러려면 아브라함은 하나님과의 관계에 한 걸음 더 나아가야 했다. 더 큰 믿음을 갖기 위해 아브라함은 가장 힘겨운 결단을 내려야 했다.

"하나님이 아브라함을 시험하시려고 그를 부르시되 아브라함아 하시니 그가 이르되 내가 여기 있나이다 여호와께서 이르시되 네 아들 네 사랑하는 독자 이삭을 데리고 모리아 땅으로 가서 내가 네게 일러 준 한 산 거기서 그를 번제로 드리라 아브라함이 아침에 일찍이 일어나 나귀에 안장을 지우고 두 종과 그의 아들 이삭을 데리고 번제에 쓸 나무를 쪼개어 가지고 떠나 하나님이 자기에게 일러 주신 곳으로 가더니"(창 22:1-3).

하나님의 요구 사항은 분명했다. 문제는 '아브라함이 순종할 것이냐'였다. 대부분의 경우 크리스천 리더들의 문제는 하나님이 원하시는 바를 몰라서라기보다 하나님 뜻을 너무나 잘 알면서도 그대로 행할 의사가 없다는 데 있다. 하나님의 명령이 터무니없이 잔인해 보이는가? 하지만 아브라함에게는 이상해 보이지 않았을 것이다. 아브라함은 광적인 우상 숭배의 나라에 살고 있었다. 우상 숭배자들은 신의 은총을 얻어 내야 한다는 일념 하에 맏아이를 제물로 바치곤 했다. 하나님의 명령은 다른 사람들이 자기네 신에게 헌신된 것만큼 아브라함도 하나님께 헌신돼 있는지 여부를 밝혀 줄 것이었다. 아브라함이 믿음의 조상이 되려면 보통 사람들보다 더 깊은 믿음이 필요했다. 아브라함이 특별한 일을 하려면 하나님과의 관계도 특별해야 했다.

하나님께 순종했다

순종은 자신을 통해 일하시는 하나님을 경험하고 그분의 성품을 더 깊이 알게 해 준다. 아브라함의 순종을 보시고 하나님은 이삭을 살려 주셨다. 아브라함은 그곳에 '여호와가 예비하신다'는 이름을 붙였다. 자신의 모든 것을 하나님께 기꺼이 바칠 때 하나님이 모든 필요를 채워 주심을 배운 것이다. 이제야 아브라함이 드디어 어떤 인물이 되었는지 잘 볼 수 있다.

아브라함은 그날 "아침에 일찍이 일어나" 길을 나섰다. 하나님은 어느 누구에게도 그렇게 어려운 일을 시키신 일이 없었다. 그 힘든 명령을 받고도 아브라함은 주저 없이 순종했다. 이 시험에 통과함으로써 아브라함은 하나님과 관계가 깊어졌을 뿐 아니라 마침내 하나님의 백성을 이끌 놀라운 지도자로 준비되었음을 보여 주었다(창 22:16-18 참조). 뿐만 아니라 아브라함의 순종은 장차 올 수많은 세대에도 영향을 줄 터였다.

'하나님의 친구'가 되었다

아브라함의 삶에서 하나님이 일하신 결과는 무엇인가? 그는 경건한 사람이 되었고, 한 민족의 족장이 되었으며, 믿음의 조상이 되었다. 그러나 아브라함의 삶에서 일하신 하나님의 역사는 그를 이 모든 것보다 중요한 존재로 만들었다. 아브라함은 하나님의 친구가 된 것이다(대하 20:7; 사 41:8 참조). 우리 쪽에서 하나님을 친구라 부르는 것과 하나님 쪽에서 우리를 당신의 친구라 부르시는 것은 전혀 다른 차원이다. 아브라함은 이런 예우를 받은 유일한 인물이다. "아브라함이 하나님을 믿으니 이것을 의로 여기셨다는 말씀이 이루어졌고 그는 하나님의 벗이라 칭함을 받았나니"(약 2:23).

아브라함은 절대 완벽하지 않았다. 오히려 많은 실수를 범했다. 다만 그의 마음은 하나님 앞에 열려 있었다. 하나님은 그를 믿음의 사람으로 삼기로 뜻을 정하셨다. 그에게 리더십 역량이 있어서가 아니다. 그분은 아브라함의 마음을 보시고 그를 택하셨다. 핵심은 아브라함이 최고의 리더십 세미나에 두루 참석했다는 것이 아니다. 핵심은 그가 하나님을 알게 됐다는 것, 자신을 리더로 빚으시도록 순종하며 하나님께 자신을 드렸다는 것이다. 하나님은 당신 앞에 마음을 바르게 하는 자들에게 능력을 베푸신다 (대하 16:9 참조).

성품부터 빚으신다

하나님은 리더를 지명하신다. 사람이 리더십 직위에 지원할 수는 있지만 궁극적으로 그들에게 리더십 역할을 맡길지 결정하시는 분은 하나님이다. 또 리더십 개발은 성품 개발을 통해 이루어진다. 리더십은 성품의 문제이기 때문이다. 즉 리더십 개발의 최우선 진리는 하나님의 지명이 언제나 성품을 바탕으로 한다는 점이다. 성품이 훌륭할수록 큰일을 맡기신다(눅 16:10 참조). 하나님은 큰일을 맡길 리더라면 우선 내면에 훌륭한 성품부터 빚으신다. 영적 리더의 역할이 너무나 중요하기에 그 뜻깊은 사명을 감당할 수 있도록 성품부터 빚으시는 것이다.

성품 개발은 아주 느리고 때로 아픈 과정일 수 있다. 그러나 기꺼이 하나님께 그 과정을 마칠 권한을 내드린다면 하나님께 쓰임 받는 기쁨도 알게 될 것이다. 뿐만 아니라 하나님을 인격적으로 깊이 아는 데서 비롯되는 심오한 기쁨도 맛볼 것이다.

성품 개발에는 시간이 걸린다. 지름길은 없다. 하나님이 영적 리더십에 합당한 성품을 키우시는 데 필요한 시간의 길이는 두 가지 요인으로 결정되는데, 하나님을 믿는 믿음과 하나님께 대한 순종이다.

하나님은 일상생활의 경험과 위기를 통해 성품을 빚으신다. 세미나나 훈련 과정에서가 아니다. 하나님은 좋은 것이든 나쁜 것이든 매일의 사건들을 사용하여 리더를 빚으신다. 대개 그런 사건은 본인의 힘으로 통제할 수 없는 상황, 즉 하나님을 믿을 수밖에 없는 사건들이기 쉽다.

성품 개발은 하나님이 리더를 실수에서 구속하실 때 이루어진다. 하나님은 사람들이 작정하고 해로운 방향으로 나아갈 때 막는 대신 그저 기다리셨다가 그들을 구속해 주신다. 구속의 과정을 통해 리더는 자신과 하나님을 더 깊이 배운다. 그래서 훌륭한 리더는 자신을 잘 아는 리더다. 하나님은 인생 경험을 통해 리더에게 자신의 실상을 가르쳐 주신다. 현명한 리더라면 하나님께 자신의 실수를 최대한 활용하시도록 기회를 드린다. 길고 고된 주님의 리더십 개발 과정에 자신을 바칠 용의가 있다면 하나님이 원하시는 리더로 성장할 잠재력을 갖춘 셈이다.

영적 리더십 노트

1 당신의 가족사에서 하나님이 일하신 방식을 보면서 대대로 이어지는 공통된 주제들을 찾아보라. 그것이 당신의 인생을 향한 그분의 부르심에 어떤 영향을 줄 수 있겠는가? 이 유산을 이어 가려면 당신이 자녀와 손자손녀에게 더 의식적으로 전수해야 할 성품의 특성들은 무엇인가?

2 하나님이 당신에게 주신 모든 타고난 자질 중에서 리더십에 도움이 되는 것들을 쭉 적어 보라. 예컨대 지성, 체력, 행정력 등을 들 수 있다.

3 이번에는 당신의 모든 자질 중에서 효과적인 리더십에 방해가 되는 것들을 쭉 적어 보라.

4 두 목록을 검토해 보라. 긍정적 내용과 부정적 내용 중 어느 쪽이 더 많은가? 배우자나 직장 동료들도 당신을 비슷하게 보는가? 모세의 경우 두 목록 중 어느 쪽이 더 길었겠는가? 아브라함, 베드로, 야고보, 요한, 바울의 경우는 각각 어떠했겠는가? 2, 3번 문항을 생각하고 나서 내린 결론은 무엇인가?

5 큰 종이를 한 장 꺼내 놓고 당신이 태어나던 때로부터 지금까지의 세월을 쭉 되짚어 가며 적어 보라. 당신의 삶을 형성해 온 모든 영향력과 경험을 기록해 보라. 부정적 요인은 빨간색으로, 긍정적 요인은 검정색으로, 중립적 요인은 파란색으로 쓰라. 시간을 충분히 들여 철저히 하라. 내용이 자세할수록 좋다. 다 끝났거든 당신의 삶을 형성해 온 그 경험들을 분석해 보라.

긍정적 경험과 부정적 경험 중 어느 쪽이 더 많은가? 부정적 경험을 하나씩 보면서, 이를 통해 배운 교훈이나 성장한 부분을 옆에 적어 보라. 혹시 그중 아직 긍정적 결과를 하나도 거두지 못한 경험이 보이는가? 하나님은 당신 삶의 그런 사건들을 어떻게 쓰시기를 원하실까? 믿을 만한 친구나 리더십 코치에게 부탁하여 당신이 알아낸 내용을 함께 검토하는 것도 좋다.

4.
리더의
비전

자신이 만든 꿈을 팔지 않는다,
하나님의 계시를 증언한다

THE LEADER'S
VISION

비전 하면 크리스천이든 비신자든 자주 인용하는(혹은 잘못 이용하는) 말이 있다. "비전이 없으면 백성이 망한다"(잠 29:18, KJV)는 솔로몬 왕의 말이다. 시대를 초월하는 성경의 진리가 현대 생활에도 타당성 있음을 다시 한번 입증하는 대목이다.

알다시피 리더십 전문가들은 비전을 강조한다. 이유는 분명하다. 갈 곳을 알지 못한다면 거기 도달하기란 거의 요원하기 때문이다. 비전은 북극성과 같다. 리더가 사람들을 끌고 나가는 데 나침반 역할을 하는 것이다. 따라서 나아갈 방향에 대해 분명한 비전이 없는 조직은 곁길로 빠져 목표 달성에 실패할 위험이 크다.

그렇다면 현대 리더들은 비전의 필요성에 어떻게 부응하고 있는가? 조직을 비전에 대한 토론, 문서, 회의, 강연, 집회, 구호로 온통 도배하는 리더들이 많다. 비전 문구는 유행으로 굳어져 문서든 명함이든 어디에나 쓰여 있다. 사무실에도 있고 광고에도 빠지지 않는다. 리더들은 사람들을 설득해 자신의 비전을 받아들이게 하는 데 어마어마한 에너지를 쏟는다. 조직의 비전을 받아들이지 못해 결국 쫓겨나는 경우도 있다.

비전은 조직에 반드시 필요하기 때문에 리더가 비전의 사람이 돼야 함은 당연한 일이다. 비전의 리더는 적어도 세 가지 기본 사항을 알아야 한다. '비전은 어디서 오는가? 비전은 어떻게 사람들을 움직이는가? 비전을 어떻게 전달하는가?'

비전은 어디서 오는가

위대한 비전이 위대한 사람과 위대한 조직을 만드는 것이 사실이라면 리더의 결정적 과제는 조직에 최대한 원대한 비전을 제시하는 것이다. 월트 디즈니는 모든 사람을 행복하게 해 준다는 큰 비전을 품고 오락 산업의 정의를 바꾸어 놓았다. 헨리 포드는 자동차의 대중화를 꿈꾸었고 그 결과 자동차 산업에서 경이적 성공을 거두었다. 조지 마셜은 세계 최강의 군대를 목표로 삼았다. 1939년 20만 명이던 그의 군대는 1945년 830만 병력을 창출했다. 빌 게이츠의 비전은 세상 모든 컴퓨터가 마이크로소프트(Microsoft Corporation)의 소프트웨어를 사용하게 하는 것이었다. 그의 성공은 가히 전설적이다.

누구나 이들처럼 조직을 위대하게 만들 거창한 비전을 꿈꿀 것이다. 그렇다면 사람들을 움직이고 단합시켜 큰일을 이루게 할 비전을 리더는 어디서 얻는가?

충동이 낳은 비전

1924년 영국의 학교 교장이자 사교계 명사인 조지 리 맬러리는 아직 누구도 정복해 보지 않은 에베레스트 산 정상을 오르기로 결심했다. 어느 기자가 그에게 어렵게 높은 산에 오르려는 이유가 무엇이냐고 묻자 그는 "산이 거기 있으니까"라고 답했다. 6월 8일, 세 자녀를 둔 38세의 맬러리는 동료 앤드류 어바인과 함께 등정하는 뒷모습을 마지막으로 시야에서 사라졌다. 75년 후인 1999년 미국 등반 팀은 산비탈에서 완벽하게 보존된 맬러리의 시체를 발견했다. 맬러리는 불필요한 듯 보이는 목표를 이루려다 목숨을 잃었다.

목숨조차 아까워하지 않으며 꿈을 이루려는 것과 단지 눈앞에 기회가 있다는 이유만으로 조직을 오도하여 불필요한 일에 매달리게 하는 것은 전혀 다른 차원이다. 당장 눈앞에 맞닥뜨린 장애물을 정복하는 데 급급한 리더들은 왜 그 일을 하는지 깊이 생각하지 않는다. 그 일이 자신과 조직에 가져올 장기적 결과나 다른 대안을 고려할 줄 모른다. 그들은 신중한 생각보다 행동, 더 정확히 말해 반사적 반응을 중시한다. 앞으로 나가는 것이 가만히 서 있는 것보다 낫다는 게 그들 생각이다. 따라서 어떤 도전이 닥쳐오면 그들은 충동적으로 돌진한다. 이런 리더들은 결국 자신의 수고와 다른 이들의 희생이 무용지물임을 끝내 깨닫지 못한 채 산비탈에서 쓰러지는 경우가 많다.

이렇게 비전과 반사적 반응을 구분하지 못하는 리더를 어떻게 알아볼 수 있을까? 그는 이를테면 비용이나 효율을 따져 보지 않고 신축 사업에 뛰어드는 사람이다. 비용이 상승하고 불평이 쏟아지면 등반을 마칠 자원이 없어 산허리에서 주저앉는 것이다. 그들은 기회가 왔다는 이유만으로 새 프로그램을 시작하거나 직원을 보충하기도 한다. 크리스천 중에는 이런 기회를 '열린 문'이라 부르는 사람도 있다. 기회가 열렸으니 앞으로 전진하라는 하나님의 틀림없는 뜻으로 풀이하는 것이다. 그러나 이것은 분별력 없이 리더십을 행사하는 것이다. 하나님 뜻을 분별한다는 것은 단순히 모든 '열린 문'을 하나님의 초청으로 간주하지 않는다.

성공 사례를 모방한 비전

현대의 리더들이 비전을 얻는 보편적 수단은 이전의 성공을 모방하는 것이다. 이것은 두 가지 방식으로 가능하다. 첫째는 본인의 성취를 되풀이하는 것이다. 이미 취했던 길이야말로 가장 쉬운 행동 노선일 때가 많다. 성과가 좋았다면 두말할 것도 없다. 그러나 때로 성공은 리더의 가장 큰 적이 되기도 한다.

다음 시나리오를 생각해 보라. 인근 주민들에게 잘 다가가지 못하여 걱정인 교회가 있다고 하자. 교회 리더들은 교인들에게 앞으로 두 달 동안 간절히 기도하면서 동네 사람들에게 어떻게 전도해야 할지 하나님의 인도를 구하게 한다. 교회의 정규 프로그램도 다분히 기도 모임으로 바뀌어 주중에도 사람들이 가정에서 함께 기도한다. 두 달 후에 교인들이 모여 하나님께 받은 말씀을 나눈다.

어떤 사람은 교회 옆 큰 공원을 여태 교회 사역에 활용한 적이 없음을 지적한다. 다른 교인이 느낀 하나님의 인도는 다가오는 노동절 연휴 때 주민들을 주일 예배에 초대하는 것이다. 교인들은 하나님이 어쩌면 그 예배를 근처 공원에서 드리도록 인도하신다는 생각이 든다. 그러자 교회 리더 하나는 신이 나서 예배 후 공원에서 무료로 바비큐 점심을 제공하자고 제안한다. 마침 어떤 사람이 그날 오후에 공원에서 음악회를 열 수 있는 기독교 밴드를 알고 있다. 인쇄소에서 일하는 한 여성은 하나님이 그분의 나라를 위해 자신의 일을 어떻게 쓰실지 늘 궁금하던 차였다. 이제 그녀는 하나님이 자신에게 초대장 제작을 원하신다는 생각이 든다. 그것을 동네 집집마다 보내 사람들을 예배와 바비큐와 음악회에 초대하는 것이다. 그리스도께서 자신의 교회를 인도하고 계심이 확실해지자 온 교인들이 설레는 마음으로 떠들썩해진다.

그 주일에 수백 명의 지역 주민들이 예배에 참석한다. 사람들은 음악회 때까지 자리를 지키며 무료 바비큐에 환호를 지른다. 다음 주 주일에 백

명이 넘는 사람들이 교회를 처음 방문한다. 공원의 그 예배야말로 여태껏 이 교회가 시도한 가장 성공적인 사역이었음을 모두가 깨닫는다.

여기서 딜레마가 생겨난다. 이듬해 노동절 주일에 교회는 어찌할 것인가? 물론 당신 예상대로일 것이다. 공원 예배는 곧바로 연례행사가 될 것이다. 왜 그럴까? 성공했기 때문이다. 하지만 성공한 이유가 무엇인가? 동네 사람들에게 다가가는 비결이 야외 예배와 함께 무료 음식과 음악회를 제공하는 것임을 교회가 깨달았기 때문인가? 아니다. 열쇠는 교회가 하나님의 인도를 구한 데 있다.

교회는 하나님이 인도하신 대로 했고, 그러자 하나님이 그들의 수고에 복을 주셨다. 그런데 여기에 두 번째 질문이 있다. 교회는 2년차 노동절 예배에 대해서도 첫해만큼 많은 시간을 들여 기도할 것인가? 물론 아니다. 왜 아닐까? 이제 '비결'을 알았으므로 필요성을 느끼지 못하기 때문이다. 그러잖아도 연례행사들이 줄줄이 많은 교회 달력에 또 하나의 연례행사가 더해진다. 다른 행사들도 과거의 성공한 행사의 산물이기는 마찬가지다.

최초의 야외 예배가 도입된 이유와 경위를 다들 잊은 지 오랜 후에도 충실한 교인들이 37년차 노동절 예배를 위해 바비큐 그릴을 설치하고 전단지를 배부할 것이다. 새 교인들이 오래된 교인들에게 교회가 공원에서 연례 예배를 드리는 이유를 물으면, 베테랑 교인들은 그냥 어깨를 으쓱해 보이며 이렇게 말한다. "저도 모릅니다. 우리는 언제나 이렇게 해 왔거든요."

맥스 드프리는 "성공은 편견보다도 빨리 사람의 마음을 닫을 수 있다"고 경고했다.[1] 새로운 방향으로 이끌려면 이전에 성공했던 방식을 버려야 하는데 리더가 그것을 꺼릴 수 있다. 그것은 너무도 위험한 일이다. 피터 드러커는 "비참한 실패라면 어렵지 않게 떨쳐내고 정리할 수 있다. 하지만 어제의 성공은 생산적 수명이 다한 후에도 늘 오래오래 떠나지 않는다"고 했다.[2] 과거의 성공보다 더 해로운 것은 이전에 했던 적당한 성공이다. 적당한 성공은 조직에 치명적 해를 끼친다. 솔깃할 정도의 성장만 제시할 뿐, 조직을 의미 있는 발전으로 이끌지 못하기 때문이다. 그것은 마치 아편과 같아서 리더들을 마취시켜 전략의 재평가나 중대한 조정이 필요 없다고 생각하게 만든다.

하나님은 똑같은 방법을 두 번 사용하시는 경우가 거의 없다. 기독교 조직이라면 성경과 역사를 통해 그 사실을 명심해야 한다. 하나님의 활동은 상대하시는 사람이나 일하시는 시기에 따라 언제나 독특했다. 하나님의 역사는 결코 수학 공식이 될 수 없다. 그분의 관심은 특정 업무나 프로그램보다 사람들과의 관계에 있기 때문이다. 교회들은 하나님이 과거에 특정한 방식으로 강력하게 역사하셨기 때문에 오늘도 똑같은 방식으로 일하실 거라고 착각한다. 많은 조직들이 틀에 박힌 수법에서 헤어나지 못하는 것은 그 방법이 여전히 효과적이어서가 아니라 어제 효과가 있었기 때문이다.

본인이 과거에 이룬 성공을 답습하는 것보다 유일하게 더 해로운 일은 다른 사람의 성취를 따라 하는 것이다. 남들의 현재 방법을 흉내 내는 것도 자신의 진부한 방법을 재탕하는 것만큼이나 무위한 일일 수 있다. 1982년에 톰 피터스의 책 《초우량 기업의 조건》(In Search of Excellence: Lessons from America's Best Run Companies, 더난출판 역간)이 대대적인 선풍을 일으켰다.[3] 그가 미국에서 가장 실적이 좋은 기업들을 분석한 뒤 내린 결론은 다른 기업들도 똑같은 행동들을 도입하면 비슷한 성공을 경험할 수 있다는 것이었다. 수백만에 이르는 사업가들이 이 책을 탐독했고, 모든 일에 거기 소개한 회사들을 모방하기 시작했다. 높은 수익을 내며 성장하는 기업마다 CEO

의 강연과 저서가 대박을 터뜨렸다. 그들의 자료는 불티나게 팔려 나갔다.

1994년에 짐 콜린스와 제리 포라스는 《성공하는 기업들의 8가지 습관》(Built to Last: Successful Habits of Visionary Companies, 김영사 역간)을 집필하여, 백년 이상 성공을 구가해 온 기업들을 연구했다.[4] 사람들은 그 결과물을 자기 사업의 모델로 삼기 시작했다. 그러다 2001년에 짐 콜린스의 베스트셀러 《좋은 기업을 넘어 위대한 기업으로》(Good to Great: Why Some Companies Make the Leap... and Others Don't, 김영사 역간)가 나왔다.[5]

이런 책들의 주제는 모두 같았다. 꾸준히 성장하며 건전한 수익을 낸 기업들을 마땅히 본받아야 한다는 것이다. 결국 이는 최신 유행 사업을 본뜨려는 어지러운 열풍으로 이어졌다. 그러나 그 과정에서 간과한 사실이 있다. 그 책들에 거명된 모범 기업들 중 다수는 이미 내리막길로 들어서 고전하기 시작했다는 것이다.

필 로젠츠바이크는 《헤일로 이펙트》에서 무분별한 모방을 신랄하게 비판했다. 그에 따르면 성공한 기업들을 과학적으로 연구했다는 저자들의 주장과는 달리 대부분의 연구는 앞뒤가 바뀌었다. 어떤 기업이 성장과 수익을 내고 있으면 저자들은 그것이 훌륭한 리더십이 만들어 낸 결과이므로 당연히 본받아야 한다고 단정했다. 로젠츠바이크는 매출과 수익이 증가하는 것이 반드시 훌륭한 리더십이나 우수한 기업 문화를 의미하는 것은 아니라고 꼬집었다.

짐 콜린스는 서둘러 속편 《위대한 기업은 다 어디로 갔을까》(How the Mighty Fall, 김영사 역간)를 펴내, 《좋은 기업을 넘어 위대한 기업으로》의 잉크가 마르기가 무섭게 자신이 칭송했던 리더들과 기업들이 고전하기 시작한 이유를 설명했다. 로젠츠바이크는 다음과 같은 결론을 내렸다. "성공을 보장하는 공식이란 없다. … '정말 통하는 방법은 무엇인가?'라는 질문에 대한 답은 간단하다. 정말 통하는 방법은 아무것도 없다. 적어도 항상 통하지는 않는다."[6] 그의 말마따나 기업인들은 끊임없이 '성공담'을 찾으며, 무엇이든 새롭게 떠오르는 최고의 방법이 있으면 우르르 몰려들어 모방한다.

교회들만은 성공을 측정하는 세상적 기준을 받아들이지 않을 법도 하다. 성경이 교회의 기준이고 성령께서 교회를 인도하시기 때문이다. 하지만 어느 교회에 사람이 많이 모이면 그 교회의 방법이 무조건 효과적이라고 생각하는 교회 리더들이 많다. 그러니 당연히 그것을 모방해야 한다. 그 방법이 성경적이고 하나님을 영화롭게 하는지 여부는 대개 너무 급해서 따져 볼 겨를이 없다. 혁신적 방법으로 새 신자가 늘어난 교회가 나타나면 다른 목사들도 너도나도 뛰어들어 교인들에게 똑같은 일을 시킨다.

다른 조직의 성공 전략을 흉내 내는 것이 일부 리더들의 마음을 끄는 이유는 심각하게 고민하지 않아도 되기 때문이다. 어떤 목사들의 비전은 전혀 복잡할 게 없다. 열심히 최신 유행을 따라가기만 하면 된다. 마틴 루터 킹 주니어는 장기적이고 창의적인 문제 해결식 사고를 기꺼이 감수하려는 리더들이 부족하다고 개탄하면서 이렇게 말했다. "너나 할 것 없이 손쉬운 답과 섣부른 해결책을 찾고 있다. 그들에게는 생각하는 것이 최고의 고통이다."[7]

다른 교회를 모방해도 된다면 사실상 크리스천 리더들은 하나님과의 친밀한 관계를 가꿀 필요가 없다. 물론 하나님은 여러 교회를 같은 방법으로 이끄실 수도 있다. 하지만 교회 지도자들은 최신 세미나를 듣거나 인기 서적만 읽으면 교회에 필요한 것을 다 얻은 냥 착각해서는 안 된다.

담임 목사가 모든 에너지를 최신 유행을 추구하고 각종 교회 성장 세미나에 참석하는 데 쏟는다면, 부교역자들은 그가 교회로 돌아오자마자 벌어질 일을 이미 다 안다. 목사 사무실에서 앞으로의 모든 변화를 알리는 쪽지들이 쏟아져 나올 것이다. 적어도 다음번 세미나 때까지는 말이다. 이런 리더들은 남들의 활동을 유심히 살피는 데 지나친 시간을 집중하느라 자기 조직의 효율성을 검토하고 교회의 머리 되신 주님과의 관계를 가꾸는 일에는 거의 시간을 할애하지 않는다. 이런 생각 없는 리더십 밑에서는 따르는 이들만 가엾을 뿐이다.

허영심이 낳은 비전

허영심 역시 비전의 출처임을 감출 수 없다. 자신이 이룩할 성공과 칭송을 기준으로 조직의 목표를 정하는 리더들이 엄연히 있다. 기업 리더들은 회사의 유익보다 자신의 명예와 출세 욕심에서 행동 노선을 정할지 모른다. 교회 리더들은 진정 하나님의 인도를 받아서가 아니라 자신의 이름을 높이기 위해 예배당을 증축하거나 예배를 TV 중계하는 식으로 교회를 이끌어 갈 수 있다.

이런 이기적 리더십은 흔히 조직에 대한 충성의 표현이나 하나님 나라에 관한 경건한 문구로 포장되는 법이다. 이때 조직의 성장은 리더의 자만심만 채워 줄 뿐이다. 비전이 아닌 허영심이 동기가 된 리더들 밑에서 무너진 기업들이 부지기수다. 목사가 자기 이름을 내려고 벌인 사업 때문에 큰 빚을 떠안고 허덕이는 교회들도 있다.

어느 목사가 지역에서 가장 큰 교회를 세우고 싶었다. 그래서 젊은 가정들을 끌어들이려고 예배를 현대화했다. 그는 또 교인들을 백만 달러 규모의 건축 사업으로 이끌었다. 지역에서 가장 크고 매력적인 시설을 갖추기 위해서였다. 의문을 제기한 사람들은 목사의 권위에 반발한다는 이유로 서서히 교회에서 밀려났다. 많은 오래된 교인들이 사역의 방향에 불편을 느껴 교회를 떠났다. 그들과 함께 돈도 떠났다. 교회는 더 이상 거액의 대출금 이자를 감당할 수가 없었다. 목사의 비전이 교회를 파멸로 이끌고 있음이 분명해졌다.

그러자 목사는 갑자기 하나님이 자기를 순회 사역으로 부르신다는 느낌이 들어 교회를 떠났다. 그의 거창하고 빗나간 비전이 남긴 부채는 고스란히 교인들의 몫이 되었다. 안타깝게도 이런 사연이 너무나 많다. 이런 교회의 리더들은 하나님의 이름을 영화롭게 하기보다 자신의 이름을 내는 데 더 관심이 많다.

프랑스 제국을 이끌던 나폴레옹 보나파르트는 유럽을 정복하기 위해 쉬지 않고 전쟁을 벌였다. 전쟁에 패하고도 나폴레옹은 이렇게 말했다. "성공했다면 난 역사상 가장 위대한 사람이 되었을 것이다."[8]

나폴레옹이 이름을 떨친 것은 분명한 사실이다. 하지만 주목적이 황제의 명성을 구축하는 것임을 알았다면, 과연 그의 군사들이 유럽의 숱한 전쟁터에서 기꺼이 목숨을 버렸을지 의문이다. 오늘날 많은 사람들이 조직을 위해 혼신을 다하도록 요구받고 있다. 하지만 그 와중에도 그들을 떠나지 않는 회의가 있다. 내 일신상의 희생이 기껏 리더의 성공을 위한 것일 뿐 그 이상의 숭고한 목적이 없다는 회의다.

필요가 낳은 비전
비전을 찾는 것은 해당 집단이 필요하다고 느끼기 때문이다. 흔히 목표 집단을 대상으로 희망 사항이 무엇인지 설문 조사를 함으로써 비전을 설정한다. 사람들이 원하는 것을 알아내 그 필요에 맞는 제품을 개발하는 세상 기업체에서 이는 당연히 수익성을 높이는 데 아주 좋은 방법이다. 그런데 교회들이 이와 같은 방법을 시도하고 있다. 지역 주민을 상대로 설문 조사를 실시한 뒤 자료를 수집하고 분류하여 우선순위를 정하고, 그것을 바탕으로 교회 사역을 정하는 것이다. 필요에 기초한 비전은 분명 장점이 있다. 구매자의 희망 사항에 부응할 때 업체들은 자기 사업에 타당성을 느끼는 법이다. 교회의 경우도 인근 지역의 필요에 민감한 교회를 더 현실성 있고 실속 있는 곳으로 여기지 않겠는가.

그러나 목표 집단의 필요를 바탕으로 비전을 정하는 방법이 무조건 좋은 것은 아니다. 성공하는 기업들은 전적으로 시장에 의해 움직이지 않는다. 오히려 기업이 때로 시장을 움직인다. 역사상 유명한 발명품 중에는 대중의 필요보다 기업의 창의적 혁신에서 나온 것이 많다. 사회의 필요에 반응만 하는 회사는 똑같은 소비자 층을 놓고 경쟁하는 유사 기업들의 수준을 벗어날 수 없다. 혁신적 회사만이 미래를 내다보며 궁극적 필요를 예측하거나 소비자의 마음에 필요 의식을 창출한다. 그 결과 장기적 수요에 부응하며 업계를 선도할 수 있는 것이다.

필요에 기반한 비전은 기업 경영의 한 단면일 뿐이다. 크리스천 리더들은 사람들의 필요에 부응하는 것만 사역의 기초로 삼지 않도록 주의해야 한다. 교회는 지역 주민들의 필요에 민감해야 하지만 사람들이 말하는 필요가 곧 하나님의 부르심과 같은 것은 아니다. 게다가 교회가 지역 주민들을 상대로 설문 조사를 실시할 때 대체로 그 대상은 거듭나지 않은 사람들이다. 거듭나지 않은 사람들은 자신의 영적 필요를 바로 이해할 수 없다. 예컨대 의견 수렴 결과가 시내에 드나들 수 있도록 강에 다리를 놓는 것이라면, 교회는 주민들의 필요를 채워 줄 수 없기에 어색한 입장이 되고 말 것이다. 주민들은 결국 교회를 현실성 없는 조직으로 보지 않겠는가.

비신자들은 사회악의 증상을 인식할 수는 있어도 근본 원인을 이해하기는 어렵기 때문에 이들의 필요에 따라 비전을 정하면, 교회를 근본 원인보다 증상에 주력하게 만들 수 있다. 하나님이 교회에 맡기신 사역에 인근 지역의 모든 필요를 채우는 일까지 포함시킬 필요는 없다. 하나님이 각 교회를 준비시키시는 것은 교회 고유의 사명이 있기 때문이다(고전 12:12-31 참조). 교회는 사람들의 의견이 아니라 하나님 뜻을 구함으로 비전을 찾아야 한다.

필요에 따라 비전을 정할 때 흔히 사람의 필요를 채우는 데 에너지를 쏟은 나머지, 교회의 머리 되신 주님과 관계를 소홀히 하기 쉽다. 예수님도 이 문제를 지적하신 바 있다. 마리아가 값비싼 향유 한 근을 가져와 그분의 발에 아낌없이 부었을 때, 유다는 화를 냈다. "이 향유를 어찌하여 삼백 데나리온에 팔아 가난한 자들에게 주지 아니하였느냐?" 그러나 예수님의 대답은 정곡을 찔렀다. "가난한 자들은 항상 너희와 함께 있거니와 나는 항상 있지 아니하리라"(요 12:5, 8).

언제나 예수님과의 관계가 사람들의 물리적 필요를 채우는 것에 우선한다. 예수님은 사람들이 원하는 대로 끌려 다니신 것이 아니라 아버지의 일하심을 보고 사역하셨다(막 1:23-39; 눅 19:1-10; 요 5:17, 19-20 참조). 아버지가 무리를 상대로 일하시면 아들도 거기에 자신을 드리셨다. 아버지가 외로운 죄인의 삶에서 일하시면 예수님도 거기에 노력을 쏟으셨다. 비전이 센서스 설문 조사를 도표화한 데 지나지 않는다면 하늘 아버지와 관계는 교회 성장에 어떤 요인이란 말인가.

기업 역시 회사의 필요가 리더십의 결정적 동인이 아님을 이해해야 한다. 물론 이익을 산출하고 생산성을 높이는 것은 바람직하고 필요한 일이지만 그것만이 기업의 유일한 결정 요인이 돼서는 안 되는 것이다. 리더십에 관한 세상 저자들조차 한목소리로 이를 뒷받침한다. 워렌 베니스는 "최종 순익이 전부이다 못해 아예 유일한 것이라 믿는 미국인이 너무 많아 미국은 비전 부재로 질식하고 있다"[9]고 말했다. 그는 또 "이제는 황소나 곰이 아니라 돼지처럼 되고 말았다"[10]고도 했다(황소는 공격적 시장 경제, 곰은 보수적인 긴축 경제, 돼지는 침체된 무력한 상황을 의미하는 것으로 썼다-옮긴이).

영적 리더들은 성령을 따라 움직여야 한다. 앞서 말한 대로 나(헨리)는 크리스천 CEO들에게 규칙적으로 자문하고 있는데, 하나님이 친히 그분의 뜻을 보여 주신다는 그들의 간증은 정말 놀라울 따름이다. 이 CEO들은 세계적 리더들과 만나 수백만 달러 규모의 사업 거래만 하는 것이 아니라 그리스도를 전하는 역할도 담당한다.

외국의 재계와 정계 리더들에게 성경을 주거나 아이들을 위한 시설 마련에 회사 기금을 투자하는 것이 자신을 향한 하나님의 계획이라고 여기는 크리스천 기업가들도 있다. 어떤 사업체들은 수익의 상당 부분을 고아원 후원이나 식량 지원, 성경 번역, 선교사 후원 등에 사용하고 있다. 이들은 수익이란 그 자체로 목표가 아니라 목표를 위한 수단일 뿐이기에, 리더십의 동기가 거기 있어서는 안 된다는 것을 안다.

자원이 낳은 비전

자원이 비전을 만들어 낼 때도 있다. 즉 인력이나 재정이나 장비 등 자원이 있기 때문에 특정 활동으로 쏠리는 것이다. 예를 들면 이런 식이다.

- 인근 캠퍼스 사역 단체 대학생들이 여름방학 동안 한가하므로 젊은이들을 교회 사역에 초대한다.
- 선교 전시회를 개최할 경우 무료로 자료를 지원하겠다는 선교 단체의 제안에 따라 전시회를 계획한다.
- 교단이 인근 지역에 새 교회를 개척할 자금이 확보됐다고 한다. 교회 선교부는 개척에 관심을 일으키고자 설문 조사에 착수한다.
- 교인 중 한 명이 피아노를 기증하자 교회는 새 장비를 수용하기 위해 예배당 구조를 바꾸고 예배 순서를 조정한다.

교회들은 닥치는 대로 기회를 활용하려 들지만 머잖아 유용한 자원을 사용하려는 시도가 짐스러워질 것이다. 자원이 교회를 섬기는 것이 아니라 교회가 자원에 얽매이기 때문이다. 자원에 대한 이런 반응은 기업 세계에도 있을 수 있다.

- 본사에서 세일즈 인센티브를 제공하기로 하자 영업점 매니저는 그 방법이 팀 운영 방침에 어긋남을 알면서도 부하 직원들끼리 경쟁을 붙이기도 한다.
- 분기 순익이 발생하자 기업체는 현재 돈이 있다는 이유만으로 새 장비를 구입하고 인력을 충원한다.

놀랍게도 군 사령관도 병력이 있다는 이유만으로 전투에 개입한다. 현명한 리더는 자원이 있다는 이유로 조직의 방향을 결정하지 않는다. 무엇보다 그런 자원에는 대가가 따르기 마련이다. 장비나 자원봉사자, 프로그램을 수락하는 대가로 리더는 자신의 가치관에 어긋나는 운영 철학에 조직을 내주어야 할지 모른다. 그런 '선물'이 기업 방침과 정면으로 상충하는데도 말이다.

자원은 비전을 결정하는 것이 아니라 비전을 따라가는 것이다. 리더는 먼저 조직의 비전을 정한 다음 그것을 이루는 데 필요한 자원을 확보해야 한다. 무턱대고 자원을 받아들인 뒤 쌓인 자원을 활용하려고 비전을 짜 맞추는 것은 어리석은 리더가 할 일이다.

리더가 만든 비전

비전을 품은 리더가 되려면 조직의 비전을 스스로 만들어 내야 한다고 많은 이들이 생각한다. 아랫사람들 사이에 큰 반향을 불붙일 만한 인화성 비전을 찾아 리더 혼자 외로이 산에 오르는 형국이다. 이런 리더들은 비전 설정은 절대 위임하거나 공유할 수 없는 일이라도 된다는 듯 다른 사람들을 배제한 채 홀로 비전을 만들어 낼 책임감을 느낀다. 저명한 리더십 저자들 중에도 리더 주도의 비전 설정을 옹호하는 사람이 많다.

워렌 베니스는 "명화치고 단체가 그린 작품이 없는 것처럼 위대한 비전도 무리가 만들어 낸 적이 없다"[11]고 말했다. 리더들에게 비전을 주시는 분이 하나님이라고 믿은 조지 바나도 "하나님은 결코 단체에게 비전을 주신 적이 없다"[12]고 말했다. 버트 내너스는 "그렇다면 리더의 비전은 어디서 오는가? 비전은 약간의 선견지명과 통찰력, 풍부한 상상력, 판단력, 또 상당량의 배짱으로 이루어진다"[13]고 했다. 그런가 하면 쿠제스와 포스너는 비전이란 "인간의 지식과 경험의 저수지에서 흘러나오는 것"[14]이라고 정의했다.

리더는 어떻게 비전을 만들어 낼까? 아마 조직의 바람직한 미래상을 그리고, 그것을 이루기 위한 계획을 구상할 것이다. 문제는 이 모험이 리더에게 막중한 짐이 된다는 것이다. 조직을 위한 최선의 방침을 정하기 위해 주변의 신속하고 광범위한 변화를 해석하고 미래를 예견하는 책임을 홀로 떠맡는 이 버거운 일에 자격을 갖춘 자가 얼마나 될까?

여러 분야를 두루 경험하고, 직접 다녀 본 곳이나 읽은 책이 많고, 인맥도 넓고, 교육과 갖가지 인생 경험을 통해 사고력도 깊은 사람이라면, 설득력 있고 혁신적인 비전을 만들어 낼 가능성이 충분하다. 하지만 거기서 그치지 않는다. 일단 비전을 만들어 낸 리더에게는 다른 사람들에게 그것을 납득시켜야 하는 성가신 일이 남아 있기 때문이다.

흔히 리더들은 자신의 명예와 신용을 걸고 자신의 비전에 추종자들의 지지를 얻어 내려 한다. 리더의 비전을 거부한다는 것은 그만큼 리더를 믿지 못하는 것이기에 리더는 사람들이 동참하고 싶을 만큼 거창하고 설득력 있는 비전을 만들어야 한다는 압박을 느낀다. 그래도 사람들이 따르지 않으면 더욱 인상적이고 매력적인 비전을 제시하려 할 것이다.

제임스 콜린스와 제리 포라스는《성공하는 기업들의 8가지 습관》에서 난이도 높은 공격적 목표에 대해 적었다.[15] 기업의 목표가 워낙 크고 도전적이면 사람들은 불가능에 가까운 일을 이루기 위해 무리하게 힘을 합한다. 많은 회사들이 이런 목표를 받아들여 때로 대단한 결과를 낳기도 한다.

많은 크리스천 리더들도 열심히 공격적 목표를 내세운다. "우리는 하나님을 위해 큰 꿈을 꾸어야 한다. 우리가 섬기는 능하신 하나님께 어울릴 만한 목표를 세워야 한다"고 말이다. 대개 가슴 벅차고 듣는 이들이 아멘으로 화답할 수 있는 말이다. 하지만 그것은 성경적인가? 이사야 55장 8-9절은 이렇게 경고한다. "이는 내 생각이 너희의 생각과 다르며 내 길은 너희의 길과 다름이니라 여호와의 말씀이니라 이는 하늘이 땅보다 높음 같이 내 길은 너희의 길보다 높으며 내 생각은 너희의 생각보다 높음이니라."

메시지는 분명하다. 리더들이 아무리 뛰어나도 하나님 나라는 그것으로 세워지지 않는다. 이유는? 인간의 생각은 본래 하나님의 생각과 다르기 때문이다. 사도 바울은 "지혜 있는 자가 어디 있느냐 선비가 어디 있느냐 이 세대에 변론가가 어디 있느냐 하나님께서 이 세상의 지혜를 미련하게 하신 것이 아니냐"(고전 1:20)라고 물었다. 하나님의 길은 인간의 길과 전혀 다르다. 우선순위도, 가치관도 다르다. '하나님을 위해 위대한 일을 생각하고 하나님을 위해 큰 꿈을 꾼다'면서 사람에게서 나온 꿈과 목표를 강조하다 보면, 인간의 논리로 하나님 나라를 세울 수 있다고 여길 위험의 소지가 있다. 있을 수 없는 일이다.

예수님의 사역에서도 이 진리를 확인할 수 있다. 광야에서 사탄은 세상 방법을 사용하여 하나님 뜻을 이루도록 예수님을 유혹했다(마 4:1-11 참조). 사탄의 말은 사실상 이런 것이었다. '양식을 제공해라. 그러면 큰 무리가 네게 모여들 것이다. 극적인 기적을 동원해라. 그러면 추종자들이 널 따를 것이다. 날 경배해라. 그러면 넌 십자가 없는 기독교를 내놓게 될 것이다.'

물론 예수님은 사탄의 속셈을 간파하셨고 그의 논리가 비성경적임을 지적하셨다. 사실 예수님은 세상에 흔히 통용되는 많은 원리를 하나님의 길과 어긋나는 것으로 보셨다. 세상은 첫째 되는 것이 좋다고 하지만, 예수님은 나중 된 자가 먼저 된다고 하셨다. 세상은 힘을 우상화하지만, 예수님은 하나님이 사람의 약함을 통해 그 능력을 드러내신다고 하셨다. 세상은 수가 많은 것을 중시하지만, 예수님은 적은 무리를 제자로 택하셨으며 개인에게 집중하느라 무리를 지나치실 때가 많았다.

세상은 행복을 구하지만, 예수님은 애통하는 자가 복되다고 하셨다. 세상은 크고 거창한 성과에 끌리지만, 예수님은 하나님 나라가 겨자씨 같다고 하셨다. 세상은 사람들의 칭찬을 얻기 위해 선행을 하지만, 예수님은 하늘 아버지가 보시고 상 주시므로 선행을 은밀히 하라고 하셨다. 세상은 교묘한 마케팅 전략을 사용해 사람들을 끌어들이지만, 예수님은 아버지가 이끄시지 않으면 아무도 자신에게 올 수 없다고 하셨다. 이렇듯 예수님은 거듭 인간의 논리를 거부하고 하나님의 지혜를 펼치셨다.

인간의 논리와 하나님의 지혜의 차이는 무엇인가? 하나님은 "우리 가운데서 역사하시는 능력대로 우리가 구하거나 생각하는 모든 것에 더 넘치도록 능히 하실 이"(엡 3:20)시다.

조직 전체를 움직여 당신 스스로 정한 목표를 성취하게 한다면 사람들에게서 더 큰 무엇을 빼앗는 것이다. 조직이 추구하는 비전은 CEO를 포함하여 어느 한 사람의 수준을 벗어나야 한다. 세상 기업들도 그 정도는 알고 있다.[16]

에베소서 3장 20절에 비추어 볼 때 우리의 소위 공격적 목표란 얼마나 의미가 있을까? 리더는 과연 자신의 거창한 비전으로 하나님을 감동시킬 수 있을까? 하나님께 합당한 꿈을 꾼다는 것이 가능할까? 아무리 통찰력이 깊은 리더라 해도 과연 미래를 내다보며 조직이 이루어야 할 가장 바람직한 결과를 정할 수 있을까?

하나님은 리더의 거창한 계획과 꿈에 감동하지 않으신다. 그분은 유한한 인생들의 상상을 초월하는 측량 못할 일들도 능히 하시는 분이기 때문이다(욥 38-41장 참조). 영적 리더가 하나님의 뜻을 따르기보다 스스로 자기 비전을 만든다면, 그 비전이 아무리 클지라도 하나님의 계획 대신 자신의 그럴듯한 생각에 안주하는 것이다. 이는 따르는 이들을 속이는 확실한 길이다.

누가복음에 리더가 만들어 낸 비전의 사례를 생생히 보여 주는 뜨끔한 사건들이 연달아 나온다(눅 9:10-17 참조). 예수께서 무리를 가르치고 계셨다. 제자들은 닥쳐오는 곤경을 예견할 수 있었다. 날이 저물어 가는데 먹을 게 없었던 것이다. 열두 제자는 함께 회의를 열어 대책을 논의했을지도 모른다.

> 베드로 : 이 많은 사람들에게 음식을 사 먹일 형편이 될까?
> 유다 : 어림도 없지. 돈주머니가 텅 비었는데.
> 요한 : 먹을 것을 가져온 사람들이 있을지도 모르지!
> 안드레 : 아니, 내가 조사해 보았는데 달랑 아이 하나가 빵 몇 개와 물고기를 가져왔을 뿐이야.

제자들은 모든 방안을 검토했다. 아마 다른 대중 지도자들이 군중의 음식을 해결하는 방식도 따져 보고, 이 주제에 대한 최신 문헌도 뒤적여 보았을 것이다. 그들이 도출한 최선의 방책은 무리를 집으로 보내는 것이었다. 그래서 그들은 예수께 다가가 무리를 해산하시도록 건의했다(눅 9:12 참조). 제자들이 매정해서 그랬던 것은 아니다. 그것이 가장 논리적인 결론이었다. 그런 그들에게 예수께서 이렇게 반응하셨다면? "사실은 내게 다른 생각이 있었다. 그런데 너희가 이렇게 공을 들여 계획을 짜 왔구나. 너희는 연합하여 내게 청했고 내가 그 청을 들어 줄 것을 믿었다. 그러니 나도 너희가 건의한 대로 무리를 질서정연하고 정중하게 집으로 보내야겠다."

그랬다면 제자들의 기분이 어땠을까? 그들은 목표를 달성했고, 자기들이 '성공'했다며 우쭐했을 것이다. 하지만 당신의 목표를 달성하고도 하나님의 뜻을 완전히 놓칠 수 있다.

누가복음 9장에 제자들과 관련된 비슷한 사건들이 가득하다(28-36절 참조). 예수께서 제자들과 함께 남쪽의 예루살렘으로 가시던 중에 사마리아의 한 촌을 통과하시려 했다(51-56절 참조). 마을 사람들이 일행을 받아들이지 않자 야고보와 요한은 어떻게 반응했던가? 이 건방진 무리의 머리 위로 불을 내려도 되겠느냐고 예수께 여쭈었다.

열심이 지나친 이 "우레의 아들들"은 무슨 의도였을까? 유대인과 사마리아인이 서로 멸시하는 관계였음을 감안할 때 어쩌면 이 기사는 두 형제의 인종차별을 보여 주는 것일 수도 있다. 사마리아인의 한 촌을 통째로 멸할 좋은 기회가 아닌가! 흥미롭게도 야고보와 요한은 예수께서 바리새인들을 사탄의 자식이라 부르셨을 때도(요 8:44 참조) 바리새인들을 향해서는 그런 과격한 반응을 제안한 적이 없다.

어쩌면 그들의 동기는 선했을 수도 있다. 다른 많은 사람들이 예수님을 믿을 수 있도록 지금이야말로 예수님이 능력을 보이셔야 할 때라고 생각했을지도 모른다. 예수님을 보호하려는 엉뚱한 생각에서 그런 행동을 했을 수도 있다. 주님을 박대하는 것을 보고 있을 수 없어서 말이다. 이유야 어찌 됐든 예수님은 두 형제를 꾸짖으셨다. 그들 딴에는 그럴듯한 생각이었지만 아버지의 계획에 전혀 어긋났기 때문이다. 사도행전에 이 사건의 흥미로운 후기가 등장한다(행 8:14-17 참조).

복음의 메시지는 예루살렘에서 급속히 퍼져 나갔다. 사마리아인도 복음을 받아들였다는 사실이 사도들에게 전해지자 예루살렘 교회는 베드로와 요한을 보내 살펴보게 했다. 전에 예수님과 함께 지나갔던 바로 그 사마리아 마을에 다시 들어갈 때 요한의 마음속에 어떤 생각이 들었을지 상상해 보라. 야고보와 함께 멸하고자 했던 바로 그 촌이었을 수도 있다. 이번에는 불이 내려온 것이 아니라 성령이 내려와 사마리아인 신자들을 충만케 하셨다. 얼마나 놀라운 대조인가!

인간의 비전을 따랐다면 그곳은 이미 전멸됐을 것이다. 그러나 하나님의 계획은 기쁜 구원을 가져왔다. 인간의 비전은 죽음을 불러도 하나님의 계획은 영생을 가져왔다. 인간의 그럴듯한 생각과 하나님 뜻의 차이를 이 사건 보다 생생히 보여 주는 예는 달리 없을 것이다. 하나님 뜻을 구하기보다 아랫사람들을 위해 스스로 비전을 만들 때 리더는 하나님의 생각이 아닌 인간의 그럴듯한 생각을 주입하는 것이다. 얼마나 비참한 간극인가.

핵심 가치가 낳은 비전

많은 조직의 경우 비전의 일곱 번째 출처는 공동 가치에 있다. 조직들은 핵심 가치를 설정한 뒤 거기에 맞추어 방향을 정한다. 이런 접근은 릭 워렌의 책《목적이 이끄는 교회》(*The Purpose Driven Church*, 디모데 역간)를 통해 대중화되었다.[17] 이 접근의 장점은 교회의 비전을 공동 가치에 묶어 둠으로써 교회의 제반 활동이 우선순위를 따라 이루어진다는 것이다. 리더십 전문가들이 자주 하는 말이 있다. 조직의 핵심 가치를 발견해야 미래의 계획을 세울 수 있다는 것이다.

그러나 이 접근에는 두 가지 단점이 있다. 첫째로, 가치는 대개 처방보다 제약의 의미가 강하다. 목적이 분명하면 하지 말아야 할 일을 아는 데는 도움이 된다. 하지만 해야 할 일에 대해서는 전체적 방향밖에 얻을 수 없다. 예를 들어 세계 선교를 핵심 가치 내지 목적의 하나로 정한 교회가 있다. 이 교회는 비용이 많이 드는 건물을 신축하지 않기로 결정할 수 있다. 건축을 하면 해외 선교 활동을 지원할 자금이 그쪽으로 분산되기 때문이다. 하지만 이런 목적은 너무 두루뭉술해서 선교 사역을 캄보디아, 중국, 캄차카 등 어디서 해야 할지에 대해서는 교회에 알려 주지 못한다. 따라서 교회는 자신들에게 가장 의미 있어 보이는 일을 하는 수밖에 없다. 여기서 두 번째 문제가 고개를 든다.

가치와 목적은 하나님의 대용품이 될 수 있다. 가치가 이끄는 교회도 좋지만 하나님이 이끄시는 교회가 더 좋다. 그런데 하나님의 사람들은 늘 그분과의 친밀한 동행에서 한 걸음씩 멀어지고 있다. 핵심 가치를 리더 스스로 정한다면 이는 리더 자신의 비전이다. 애초에 교회의 목적을 정해 주신 분은 하나님이시다. 그러므로 교인들은 그냥 목적 자체에 안주할 게 아니라 목적을 주신 하나님께 인도를 구해야 한다. 하나님의 사람들이 방향이 필요할 때마다 핵심 가치에 의지한다면, 부지중에 하나님의 대용품을 만들어 낸 것이다.

가장 위험한 배교는 하나님을 완전히 떠나는 게 아니라 하나님이 원하시는 자리에서 0.5도 빗나가는 것이다. 성경에서 우상이란 하나님 대신 붙들거나 신뢰하는 모든 것을 말한다. 하나님은 매사에 그분을 의지하라고 하셨다. 목적이 이끄는 대로 일한다면 더 이상 그리스도와의 친밀한 관계 안에 거하거나 그분의 음성을 들을 필요가 없다. 핵심 가치만 정해져 있으면 된다. 이 말을 오해하지는 말라. 핵심 가치를 정하는 것은 좋은 일이다. 부디 그 핵심 가치에 하나님을 섬기려는 열망을 담아내 그분을 영화롭게 하기를 바란다. 그러나 당신 교회의 머리는 핵심 가치가 아니라 그리스도시다.

많은 리더들의 경우 이와 관련된 또 하나의 동기는 열정이다. 일부 리더십 이론가들은, 리더는 자신의 재능과 열정을 파악한 뒤 거기에 맞추어 소명을 정해야 한다고 주장한다. 하나님이 내게 주신 열정과 은사만 제대로 알면 그분이 예비하신 내 일을 추론해 낼 수 있다는 것이다.

이런 사고방식의 문제점은 성경적 근거가 부족하다는 것이다. 광야에서 양을 치던 모세를 생각해 보라. 자기 은사와 열정을 기준으로 삼았다면 그는 결코 히브리 민족을 해방시키러 이집트로 돌아가지 않았을 것이다. 하지만 그에게 그 일을 맡기시는 것이 하나님의 계획이었다. 게다가 이런 관점대로라면 자칫 우리가 좋아하고 잘하는 일을 하는 게 하나님의 뜻이라는 착각에 빠지기 쉽다.

하나님은 자신의 목적을 이루시기 위해 우리에게 즐겁지 않은 일도 시키실 수 있다(자기 아들에게도 십자가에서 죽게 하셨다). 그 일이 비록 우리 마음에 내키지 않아도 그분의 뜻을 이루는 데 꼭 필요한 일이다. 지금 당신이 하고 있는 일에 열정까지 있다면 좋다. 하지만 영적 리더들을 이끄는 것은 자신의 열정과 재능이 아니다. 하나님이 그들을 이끄신다.

하나님의 계시가 낳은 비전

앞서 말한 일곱 가지 비전의 출처에는 공통점이 있다. 모두 세상적 생각에서 비롯됐다는 것이다. 당연하다. 세상은 비전, 즉 보이는 것으로 움직인다. 그러나 하나님은 당신을 따르는 자들이 눈에 보이는 비전으로가 아니라 하나님의 계시로 살아가길 원하신다. 그런 점에서 잠언 29장 18절의 번역은 주의가 필요하다. 잘 알려진 번역은 "비전이 없으면 백성이 망한다"(KJV)이다.

그러나 "계시가 없으면 백성이 방자히 행한다"(NIV)가 보다 원어에 가까운 정확한 번역이다. 비전과 계시는 다르다. 비전은 사람들이 만들어 내는 것이지만 계시는 받는 것이다. 리더는 비전을 꿈꿀 수는 있지만 하나님이 계시해 주시기까지 하나님 뜻을 발견할 수는 없다.

세상은 하나님의 뜻을 무시하므로 비신자의 길은 하나뿐이다. 자기비전을 만드는 것이다. 크리스천의 길은 전혀 다르다. 크리스천에게 있어뜻을 정하시는 분은 하나님뿐이다. 이 책에 비전이라는 단어가 자주 사용되겠지만 그것은 리더가 만들어 낸 목표나 꿈이라는 뜻은 아니다. 오히려하나님이 미래에 대해 계시하시고 약속하신 것을 지칭하는 말로 쓰일 것이다. 영적 리더를 움직이는 비전은 하나님께로부터 온 것이라야 한다.

현명한 리더는 하나님의 계시와 인도 없이는 너무나 복잡한 인생을이해할 수 없음을 잘 안다. 아칸소 주지사였던 마이크 허커비 역시 그런 상황에 수없이 부딪쳤다. 허커비는 아카델피아에서 교인이 2,500명이나 되는교회의 목사였다. 어느 모로 보나 그는 훌륭한 영적 리더였으나 그럼에도그의 영혼에는 뭔가 불편함이 있었다. 나(헨리)와 대화하면서 허커비는 하나님이 자신을 아칸소 정계로 진출하도록 분명히 인도하셨다고 말했다.

후에 아칸소 주지사가 돼서도 허커비는 자기 지혜로 어찌할 바 모르는 상황에 늘 부딪쳤다. 허커비는 "주지사가 되면서 난 새삼 절박한 심정으로 신앙에 의지하게 됐다. 난 하나님이 내게 주신 믿음을 구사하지 않고는 결정을 내릴 수 없는 난감한 상황에 날마다 부딪친다"[8]고 말했다. 주지사로서 허커비의 직무와 리더십은 하나님이 그에게 계시해 주시는 뜻과 그 계시된 뜻에 대한 자신의 순종에 따른 것이었다. 주지사가 하나님의 계시로 인도되는 것은 가능한 일일까? 물론이다.

R. W. 베케트 주식회사의 CEO 존 베케트도 위기를 맞았을 때 독특한 해결책을 내놓았다. 아랍의 석유 수출 금지로 유가가 두 배로 뛰는 바람에 석유 난방제품 매출이 결정적 타격을 입자 경쟁사들은 매출 목표를 낮추고 인원을 감축하는 등 몸을 사리는 예상된 수순을 밟았다. 그러나 베케트는 먼저 자신이 속해 있던 기도 모임에서 하나님의 인도를 구하며 회사를 위해 기도했다.

하나님의 뜻을 구하는 가운데 그들 모두가 동일하게 느낀 것은, 수출 금지가 곧 해제될 것이므로 회사는 정상 운영을 계속할 뿐 아니라 오히려 매출 목표를 높여야 한다는 것이었다. 그들은 하나님이 '하루하루 나의 인도에 맡기라'고 말씀하시는 것을 느꼈다. 하나님의 인도는 통상적 사업 논리와 정반대였지만 결국 진가를 드러냈다. 회사는 위기를 통해 전보다 강해졌고 업계에서 타의 추종을 불허하는 선두를 점하게 되었다. 비전은 위기 관리의 교과서적 접근이 아니라 하나님의 계시에서 나온다.[19]

그러나 많은 크리스천 리더들이 세상식의 비전을 받아들여 하나님 뜻을 놓치고 만다. 하나님을 섬기려다 본의 아니게 하나님의 책임까지 떠맡으려 한다. 그러나 하나님은 엄연히 일류 구원의 사명을 수행 중이시고, 그 방법을 아는 분은 하나님뿐이다. 그리스도가 하신 것처럼 리더들은 자기 역할이 아버지 뜻을 구하며 그분께 자기 삶을 조정하도록 내드리는 것임을 알아야 한다.

많은 리더들이 자신이 하나님 뜻을 구하고 있다는 잘못된 확신 가운데 그릇 행할 때가 많다. 리더들은 본질상 행동 지향적이기 때문에 서둘러 행동으로 들어가려 한다. 그 결과 하나님의 분명한 음성을 들으려는 노력에 충분한 시간을 들이지 않는다. 그저 피상적으로 잠깐 기도한 뒤 바로 계획을 짜기 시작한다. 성경의 관련 구절을 몇 군데 찾아보고는 급히 목표 설정 단계로 들어간다. 그러면서도 그 과정에 기도와 성경 말씀을 넣었기 때문에 자기 계획이 하나님한테서 온 줄로 착각한다.

하나님이 목표를 정하시고 자기 꿈에 복 주시도록 구했다 해도 그것이 하나님한테서 온 것이라는 보장은 없다. 하나님만이 당신의 계획을 계시하시고, 당신의 때에 당신의 방법으로 당신이 원하시는 사람에게 행하신다. 그래서 리더들이 아버지와 가까이 동행하는 것은 결정적이다. 그래야 그분의 계시를 민감하게 알아차리고 그분께 즉각 순종으로 반응할 수 있기 때문이다. 영적 리더의 역할은 하나님을 위해 스스로 꿈을 만들어 내는 것이 아니라 하나님의 계시를 이해하는 일에서 아랫사람들에게 선봉이 되는 것이다. '크리스천 리더'의 바른 표현은 곧 '하나님의 종'이다.

하나님이 당신의 사람들을 인도하시는 방식을 가장 잘 이해하려면 성경을 봐야 한다. 하나님이 계시하신 계획은 생생한 이미지가 수반된 약속의 형태일 때가 많다. 그래서 하나님의 백성들은 그분이 이루시려는 계획을 분명히 알았으며 대개 하나님의 행하심을 풍부한 상징으로 묘사할 수 있었다. 예를 들어 세상을 향한 당신의 계획을 노아에게 계시하실 때 하나님은 지상의 모든 사람을 멸하시겠다는 약속을 주셨다. 아울러 그분은 그 약속이 이루어질 방식, 즉 무서운 홍수가 지면을 삼키고 덮는다는 것(창 6:17 참조)을 분명히 하셨다.

노아의 홍수 경고와 방주 건축 사역은 지역사회를 섬기기 위한 노아의 비전에서 나온 것이 아니었다. 최선의 미래를 위해 노아가 고안해 낸 것도 아니었다. 노아의 비전은 임박한 홍수에 대한 하나님의 약속에서 왔다. 홍수가 그치고 하나님은 노아에게 다른 약속을 주셨다. 이번 하나님 약속의 상징은 무지개였다(창 9:12-13 참조).

하나님은 아브라함에게도 약속으로 다가가셨다. 아브라함이 노년에 아들을 낳을 뿐 아니라 아브라함을 통해 지상 모든 나라에 복을 끼칠 수많은 후손이 나온다는 것이다(창 12:1-3 참조). 하나님은 이 엄청난 약속에 관해 아브라함의 이해를 돕고자 몇 가지 이미지를 주셨다. 아브라함의 후손은 땅의 티끌처럼(창 13:16 참조), 하늘의 별처럼(창 15:5 참조), 바닷가의 모래알처럼(창 22:17 참조) 많을 것이었다. 하나님이 아브라함에게 주신 계시는 생생한 이미지의 옷을 입고 있었다.

애굽의 굴레에서 이스라엘 백성들을 건지리라 약속하실 때 하나님은 젖과 꿀이 흐르는 땅을 언급하시며 그간 짓밟혀 온 노예들에게 위안을 담은 고무적인 비전을 주셨다(출 3:8 참조). 부활하신 그리스도가 제자들에게 천국의 영원한 집을 약속하실 때는 신부를 찾아오는 신랑과 성대한 잔치 이미지를 사용하셨다(계 19:7-9 참조). 하나님은 사람들의 상상력을 사로잡는 이미지로 당신의 약속을 제시하실 때가 많았다.

성경에 나타난 하나님의 약속을 살펴보면 두 가지 분명한 사실이 있다. 첫째, 하나님의 약속은 하나님 없이는 성취가 불가능하다. 둘째, 하나님의 약속은 절대적이다. 영적 리더는 하나님이 약속하신 자리에 자신의 그럴듯한 생각을 끼워 넣고 싶은 유혹을 물리쳐야 한다. 좀 더 쉽게 성취하려고 하나님의 계획을 수정한다든가 과정을 서두르는 것은 영적 리더십이 미숙하다는 증거다. 영적 리더는 하나님이 당신의 약속을 당신의 때, 당신의 방법으로 완전히 성취하실 것임을 늘 되새겨야 한다(사 46:9-11 참조).

영적 리더십이란 자기 비전을 만들어 내 거기 따를 만한 사람들을 모으는 것이 아니라 사람들에게 하나님의 약속을 전달하는 것이다.

비전은 어떻게 사람들을 움직이는가

위대한 비전이 사람들을 움직인다는 것은 부인할 수 없는 사실이다. 1960년대에 인류를 달에 착륙시킨다는 존 F. 케네디의 비전은 전 국가를 움직여 불가능에 가까운 일을 성취했다. 링컨 기념관 계단에서 25만 명 대중에게 "나에게는 꿈이 있습니다"라고 외친 마틴 루터 킹 주니어의 연설은 청중에게 충격을 주었고 곧 나라를 뒤흔들었다. 버트 내너스는 "조직을 탁월함과 장기적 성공으로 몰아가는 엔진으로 말하자면, 매력과 가치를 겸비한 성취 가능한 비전을 널리 퍼뜨리는 것보다 강력한 것이 없다"[20]고 말했다.

리더 앞에 놓인 도전은 비전이 추종자들에게 어떻게 동기를 부여해 평소라면 결코 시도하지 않을 일들을 하게 하는지 파악하는 것이다. 비전 선언 문구만으로는 부족하다. 회사의 비전 문구를 인쇄한 포스터는 대개 상부에서 하달되는 것으로 날마다 조직을 위해 일하는 사람들에게 별 영향을 미치지 못한다. 설사 비전 문구를 작성하는 일에 조직 구성원들이 참여한다 해도 대개 경영진에서 이미 정해진 결론으로 이끌어 가기 위한 절차에 지나지 않는다. 조직의 말단에 있는 사람들에게 '내년도 시장 점유율 5퍼센트 증가'나 '내년도 손실 10퍼센트 감소' 같은 목표는 가치 여부와 상관없이 개인에게 돌아올 이익이 선명하게 드러나지 않는다.

교회가 같은 방식으로 정하는 '교인 수 10퍼센트 증가'나 '건축 헌금

2단계 달성' 같은 목표도 마찬가지다. 사실 숫자로 이루어진 비전은 생생한 이미지를 수반하는 비전만큼 영향력을 미치지 못한다. 제임스 챔피는 "숫자 자체로는 회계사 외에 어느 누구도 움직일 수 없다"[21]고 말했다. 하나님이 약속의 상징으로 기억에 남을 이미지를 사용하신 것처럼 현명한 영적 리더라면 하나님이 조직에 주신 약속을 생생한 이미지로 표현할 것이다. 비전은 분명하고 설득력 있게 모두에게 와 닿아야 한다.

조직의 문제는 대개 시시한 비전을 위해 사람들에게 큰 희생을 요구하는 데 있다. 그런 조직은 사람들에게 엄청난 수고를 독려하면서도 분명한 유익은 제시하지 못한다. 그래서 비전을 위해 고생하는 사람들이 보기에 자신들의 노력으로 가장 덕을 보는 사람은 비전을 선전하는 윗사람들이기 십상이다. 인간에게는 자신이 사회에 유익한 공헌을 하고 있다고 믿고 싶은 본능적 욕구가 있다. 사람들은 자신의 삶으로 주변에 조금이라도 변화가 생기기를 원한다.

그런 점에서 조지 버나드 쇼의 예리한 지적은 의미심장하다. "자신이 보람된 목표를 위해 쓰임받는 것, 세상이 한사코 날 불행하게 만든다고 불평하고 분노하고 고민하고 원망하는 이기적인 소아에 머물지 않고 타고난 본연의 힘을 발하는 것, 그것이 삶의 참 기쁨이다. 반면 삶의 참 비극은 자기밖에 모르는 사람들에게 천한 목표를 위해 이용당하는 것이다."[22]

세상이 말하는 좋은 비전이란 매력 있고 성취 가능한 일이다. 세상의 비전과 달리 하나님의 비전은 하나님 없이는 성취가 불가능하다. 그런 점에서 크리스천 리더는 세상 리더보다 엄청난 이점이 있다. 뭔가 중요한 일의 일부가 되어 자기 삶으로 주변 세상이 달라지기 원하는 사람들에게 하나님의 일의 일부가 되는 것은 더없는 기쁨일 테니 말이다. 하나님이 조직에 약속을 주신 것이 분명하다면 구성원들의 지지를 얻어 내는 것은 별로 어렵지 않으리라.

비전을 어떻게 전달하는가

수많은 리더들이 사람들이 비전을 받아들이도록 엄청난 에너지를 쏟는다. 그것은 비전이 하나님에게서 온 것이 아니기 때문이다. 기독교적 관점에서는 비전을 주입하는 과정 자체가 잘못이다. 주입돼야 할 비전이라면 설득력 있는 비전이 아니므로 필시 하나님에게서 온 것이 아닐 것이다. 영적 리더는 비전을 주입하지 않는다. 하나님이 자신에게 계시해 주신 것을 사람들과 나누고 성령이 그들의 마음에도 똑같은 비전을 확증해 주시리라 믿을 뿐이다.

오늘날 많은 리더들이 조직의 비전을 만들어 낸 뒤 구성원들에게 비전에 합류하든가 다른 조직을 찾으라고 다그칠 때가 많다. 이것은 성경의 모델과 거리가 멀어도 한참 멀다. 영적 리더는 자신이 사람을 바꿀 수 없고 오직 성령만이 그렇게 하실 수 있음을 안다.

짐 콜린스의 베스트셀러 《좋은 기업을 넘어 위대한 기업으로》에 보면 팀원들을 버스에 태우는 비유가 나온다.[23] 그는 버스에 사람들을 잘 골라 태우기만 하면 무리한 목적지가 아닌 한 어디든지 선뜻 동행한다고 했다. 여기에는 버스가 가는 방향으로 동행할 의사나 확신이 없는 사람들을 부드럽고도 단호하게 하차시켜야 한다는 의미가 깔려 있다. 물론 새로운 일을 시도할 때마다 일관되고 집요하게 반대하는 직원이 있다면 그 사람은 다른 비전을 가진 다른 조직을 찾아야 할 것이다.

하지만 교회 목사들마저 제직회의에서 반대표를 던지는 사람마다 교회를 옮겨야 한다고 생각한다면, 이는 무책임한 처사다. 몸에 지체를 더하시는 분은 엄연히 하나님이시다(고전 12:18 참조). 때로 사람들이 비전을 받아들이지 않는 이유는 아직 충분히 성숙하지 못하여 하나님이 인도하시는 때를 분간하지 못하기 때문이다.

어느 사역자는 대규모 건축 사업에 대해 교인들에게 투표권을 주지 않았다. 일반 교인들은 그런 중대한 결정을 내릴 만큼 영적으로 성숙하지 못하다는 우려 때문이었다. 아이러니지만 이 사역자는 제자훈련을 담당하는 목사였다. 리더가 비전을 공유하려면 사람들을 확실히 준비시켜야 할 책임도 있다. 그래야 그들이 바르게 반응할 수 있다. 영적 리더들이 생각해야 할 것이 하나 더 있다. 성령께서 사람들을 깨우쳐 새 방향으로 움직이게 하지 않으신다면 그 비전의 출처가 하나님이 아닐 수도 있다. 하나님이 시작하신 일은 그분이 지원해 주신다.

피터 센게는 "수동적 동조가 헌신으로 간주되는 경우가 90퍼센트다"[24]라고 말했다. 사람들이 리더의 독려에 응해 행동을 바꿀 수는 있지만 그렇다고 그들의 핵심 가치관과 신념을 바꾸지는 않는다. 가치관이란 문서 한 장이나 주입식 설득으로 바뀌지 않는다. 여전히 믿거나 믿지 않거나 둘 중 하나다. 하나님의 음성을 들었거나 듣지 않았거나 둘 중 하나다. 하나님의 계획을 따라 움직였거나 그렇지 않았거나 둘 중 하나다.

리더의 역할이 비전을 정하거나 주입하는 것이 아니라면 이런 질문이 생긴다. '영적 리더의 역할은 무엇인가?' 바로 하나님이 하시는 말씀을 증거하는 것이다. 영적 리더는 다른 사람들이 하나님을 대면하여 만나게 해야 한다. 그래서 그들이 자신을 통해 간접적으로 들을 게 아니라 직접 하나님의 음성을 듣게 해야 한다. 예수님은 하나님의 계시를 모두 제자들에게 나눠 주셨다(요 15:15 참조).

자신이 하나님의 음성을 들었다는 사실을 사람들에게 쉽게 설득할수 없을지도 모른다. 그러나 일단 사람들이 직접 하나님의 음성을 들으면, 어떤 것도 하나님 일을 방해할 수 없다. 리더가 나눈 진리를 취하여 성령이 사람들 마음에 확증을 주시기 때문이다. 하나님에게서 온 것임을 사람들에게 설득하는 것은 성령이 하실 일이다.

하나님과 관계가 깊어지면 누구나 하나님의 음성을 듣고 그분을 따르고자 하는 마음이 생긴다. 그들을 구워삶거나 꾈 필요가 없다. 마음이 자연스런 반응으로 따르는 것이다. 그렇다면 영적 리더십의 열쇠는 다른 사람들을 주님과 관계에서 자라도록 이끌어 주는 것이다. 하나님에 관해 말한다고 될 일은 아니다. 하나님을 사랑하라고 권해서 될 일도 아니다. 리더는 사람들이 하나님과 대면하여 하나님이 친히 당신을 계시해 주시기까지 기다려야 한다.

한 목사가 깊은 좌절에 빠져 있다. 그를 짐이라고 하자. 짐은 하나님이 교회에 원하시는 바를 자신이 안다고 믿었다. 그런데 교인들은 그의 리더십에 따르지 않았다. 짐은 하나님을 따를 마음이 있는 다른 사람들을 찾아 교회를 사임해야 하는지 의견을 듣고 싶어 했다. 하나님 일에 진정 동참하고 싶어 하는 짐의 심정은 충분히 공감할 수 있었다. 교인들에게 외면당한 좌절감도 이해했다. 그렇다 해도 이렇게 묻지 않을 수 없었다. "짐 당신의 리더십에 문제가 있어 교인들이 따를 마음이 없는 게 아닐까요?"

짐은 깜짝 놀랐다. 그는 문제는 자신의 리더십이 아니라 교인들이라고만 생각해 왔던 것이다. 하지만 이 의욕적인 젊은 목사는 교인들이 하나님과 관계가 깊어지도록 돕는 일에는 시간을 쓰지 않았다. 짐은 교인들에게 그들이 잘 알지도 못하는 하나님을 따르라고 종용하고 있었던 것이다.

우리는 짐에게 교회 활동에 대한 염려를 줄이고 교인들이 하나님과 동행하도록 돕는 일에 주력하라고 조언했다. 하나님과의 관계가 깊어지면 교인들의 순종은 따라오게 되어 있다. 아울러 교인들이 지원해야 할 프로그램이나 참석해야 할 행사를 나열하는 대신 하나님이 교인들 가운데서 하고 계신 일을 주목해서 말하라고 권했다.

이 열정적인 목사는 교인들에게 교회 행사와 선교 활동에 참여하라고 촉구하면서도 그 일들과 하나님을 전혀 연결시키지 못했다. 짐은 바쁜 교인들에게 소중한 시간을 희생해 교회 프로그램을 지원하라고 요구만 하면서 왜 그들이 열렬히 따라 주지 않는지 갸우뚱했다. 교회 프로그램으로 삶이 바뀐 예는 이전부터 지금까지 없다는 중요한 진리를 놓치고 있었던 것이다.

하나님이 주도하시지 않는 한 교회 활동은 부산한 일에 지나지 않는다. 자기 주변에서 일하시는 하나님을 보며 동참을 권유받을 때 사람들은 적극적 반응을 보이는 법이다. 하나님이 하시는 일이라는 확신이 있어야 열심히 참여하는 것이다.

실제로 일하시는 하나님을 보여 줄 때 사람들은 자기 삶을 흔쾌히 조정한다. 하나님의 행하심에 대한 직접적 반응으로 엄청난 희생도 마다하지 않는 사람들이 얼마나 많은가. 의사들은 잘 나가는 직업을 버리고 선교지로 떠난다. 하나님의 인도를 느꼈기 때문이다. 사업가들이 고수익이 보장된 다른 직장으로 옮기는 것을 포기하기도 한다. 이유는? 하나님이 일하고 계신 시기에 교회를 떠나고 싶지 않아서다.

아랫사람들이 비전을 따르지 않는다면 문제는 그들에게 있지 않을 수도 있다. 사람들을 움직이는 비전이라면 그것이 한낱 야망에 찬 리더의 꿈이 아니라 전능하신 하나님의 약속이라는 확신이 있어야 한다. 자신을 하나님 일의 일부로 느낄 때 사람들이 그에 반응하여 즐거이 행할 수 있는 일은 무궁무진하다.

사람들에게 비전을 주입해서도 안 되고 자신의 비전이 하나님에게서 왔다고 입증할 수도 없지만 리더는 자신이 보고 경험한 바를 사람들에게 전달할 수 있다. 리더가 비전을 전달하는 효과적인 방법에는 적어도 두 가지가 있다. 바로 이미지와 이야기다.

상징 이미지를 통해 비전 공유하기

'백문이 불여일견'이라는 말처럼 상징 이미지는 조직의 가치관과 비전을 전달하는 효과적인 도구다. 예를 들어 우리가 아는 한 교회는 매주 공립학교를 빌려 예배를 드리고 있는데, 그들의 비전은 다목적 오락 공간을 세우는 것이다. 그들은 독특한 교회가 되어 매주 예배 외에도 훨씬 다양한 일을 하려고 한다. 매주 지역 주민들에게 다양한 오락과 교육의 기회를 제공하고, 실내 육상 경기장과 실내 축구장 등 운동 시설도 마련하고, 실생활과 관련된 다양한 주제들로 강연도 할 것이다. 이 경우 교인들에게 시설의 조감도는 매우 중요한 상징이다. 그것은 단순한 건물 설계도가 아니라 이 교회를 다른 교회들과 구별 짓는 사역 철학 자체이기 때문이다.

마하트마 간디는 상징을 사용하여 사람들을 동원한 대표적 예다. 영국 지배로부터 인도 해방을 꾀하던 간디는 인도 국민들이 스스로 극심한 가난을 딛고 일어설 수 있음을 보여 주는 상징물로 물레를 활용했다. 물레로 수제품을 만들어 경제적으로 자립할 수 있었고 동시에 영국산 제품 거부 운동도 벌일 수 있었다. 간디는 또 조국의 자유를 원하는 국민 염원을 소금으로 구체화했다. 영국은 인도 내 소금의 전매권을 장악한 채 인도인의 소금 생산을 불법화했다. 간디는 1930년 3월 12일 '소금 행진'을 벌여 수백 명의 사람들과 함께 바다까지 행진했다. 거기서 그가 들어 올린 해변의 마른 소금은 인도 국민들이 갈망하던 자유의 애절한 상징이 되었다.

윈스턴 처칠도 상징을 사용할 줄 알았다. 영국이 가장 황량하던 시절, 결의에 찬 처칠이 들어 올린 승리의 'V'자는 사기가 저하된 나라를 일으켜 세우는 재단합의 상징이 되었다. 이것은 2차 세계대전을 통틀어 가장 강렬한 이미지기도 하다.

스코틀랜드의 위대한 부흥운동가 던컨 캠벨은 1969년 캐나다 새스커툰을 방문했을 때 하나님이 주신 비전을 캐나다 서부 지역에 번져 나가는 불꽃으로 묘사했다. 그도 그것이 언제 일어날지 몰랐지만 거대한 불길이 캐나다 대평원을 휩쓰는 이미지는 그림처럼 생생했다. 5년이 채 안 되어 과연 부흥이 캐나다 서부를 휩쓸었다.

하나님이 미래에 관해 주신 약속을 이미지로 그려 보는 것은 유익한 작업이다. 리더가 믿는 하나님의 약속을 담은 이미지는 단순한 말의 힘보다 뛰어나다. 리더는 조직의 사명과 미래를 압축한 상징을 사용해 효과적으로 비전을 전달할 수 있다.

이야기를 통해 비전 공유하기

하나님이 하고 계신 일을 효과적으로 전달할 수 있는 방법은 이야기를 들려주는 것이다. 자기 조직 안팎에서 일하시는 하나님을 보면서도 그 일어난 일을 사람들에게 전달하지 않는 리더는 사람들이 하나님의 능하신 역사를 경험할 수 있는 감격의 기회를 박탈하는 것이다. 그래서 사람들이 하나님 일과 자신의 참여를 연결시키지 못하는 것이다.

이야기는 머리와 가슴 모두에 와 닿는다. 그것이 이야기의 위력이다. 영상으로 제시된 일련의 그래프가 머리에만 와 닿는다면, 감동적인 이야기는 머리와 가슴 모두에 와 닿는 것이다. 하나님의 사람이 어떤 결정을 내려야 한다면, 단지 논리적인 머리로 아는 것만으로는 부족하다. 그 근원이 하나님임을 가슴으로도 알아야 한다.

현명한 리더는 하나님이 사람들 가운데 일하고 계심을 이야기를 통해 보여 줄 수 있다. 하나님이 과거에 일하셨고 현재 일하고 계심을 실화로 들려주는 것이다. 아울러 리더는 그것을 하나님이 하시겠다고 약속하신 미래와 연결시켜야 한다. 모세도 이스라엘 백성들에게 그렇게 했다. 신명기는 모세의 설교집이나 같다. 하나님이 그때까지 이스라엘 백성을 위해 하신 일 모두를 모세가 다시 들려주는 내용인 것이다. 모세의 후계자 여호수아도 그 전통을 이었다.

백전노장 여호수아는 하나님이 지난 세월 이스라엘 백성을 위해 하신 모든 일을 그대로 되짚었다. "내가 너희의 조상 아브라함을 이끌어 내어 가나안 온 땅에 두루 행하게 하고 그의 씨를 번성하게 하려고 … 야곱과 에서를 주었고 에서에게는 세일 산을 소유로 주었으나 … 내가 모세와 아론을 보내었고 또 애굽에 재앙을 내렸나니 곧 내가 그들 가운데 행한 것과 같고 그 후에 너희를 인도하여 내었노라 내가 너희의 조상들을 애굽에서 인도하여 내어 … 내가 또 너희를 인도하여 요단 저쪽에 거주하는 아모리 족속의 땅으로 들어가게 하매 … 내가 그들을 너희 손에 넘겨 주매 … 나는 그들을 너희 앞에서 멸절시켰으며 … 나는 너희를 그의 손에서 건져 내었으며 … 내가 그들을 너희의 손에 넘겨 주었으며 내가 왕벌을 너희 앞에 보내어 … 내가 또 … 땅과 … 성읍들을 너희에게 주었더니"(수 24:3-13).

얼마나 놀라운 일인가! 여호수아는 이스라엘 역사 전체를 이야기로 들려주었고 그 주인공은 하나님이었다. 하나님이 하신 모든 일을 듣자 백성들은 하나님이 다음 하실 일을 보기 위해 앞으로 나아갈 동기를 얻었다. 스데반도 순교 직전 자신의 믿음을 변호할 때 하나님이 역사 속에서 해 오신 일을 되짚었다(행 7:1-53 참조). 사도 바울도 이방인을 향한 자신의 선교 사역을 변호할 때 언제나 하나님이 자신을 불러 직분을 맡기셨던 이야기를 꺼내곤 했다. 성경은 본질상 역사를 통해 인류와 관계를 맺으신 하나님의 이야기다. 그래서 이야기는 하나님의 백성들을 이끄는 데 빼놓을 수 없는 요소였다.

하워드 가드너는 리더란 본질상 이야기꾼이라고 하면서 "리더가 훌륭한 이야기꾼이 되는 것도 중요하지만 그 이야기대로 사는 것도 똑같이 중요하다"[25]고 말했다. 하나님이 해 오신 일에서 리더는 상징, 곧 이야기를 지키는 자다. 부흥이란 부흥을 통해 삶이 변화된 자들의 간증이 날개를 타고 퍼져 나가는 것이라는 말처럼 리더는 메신저이자 곧 메시지다.

이야기는 비전을 전달하는 데 반드시 필요한 방법이다. 그래프와 도표 같은 자료는 사람들의 생각을 자극하지만, 세상에서 역사하시는 하나님에 관한 이야기는 사람들의 가슴에 닿아 헌신을 이끌어 낸다. 리더가 꾸준히 들려주어야 할 이야기는 최소한 세 가지다.

과거. 리더는 모세와 여호수아처럼 과거 이야기를 들려줘야 한다. 하나님이 지금까지 우리 공동체나 조직을 위해 어떤 일을 해 오셨는지(시

111:3-4 참조) 전해야 한다. 하나님의 활동에는 결코 우연이 없다. 그분은 언제나 이전에 하신 일을 바탕으로 다음 일을 하신다. 윈스턴 처칠은 역사를 멀리 되돌아볼수록 미래를 멀리 내다볼 수 있다고 말했다. 그러면서 아돌프 히틀러가 영국 역사를 읽었더라면 자기 운명이 결국 어떻게 될지 알았을 것이라고 하기도 했다.

현재. 리더는 현재와 관련된 이야기도 들려줘야 한다. 하나님은 지금 이 순간 어떤 일을 하고 계신가? 사람들이 자기들 속에서 일어나는 일과 하나님의 활동을 자동으로 연결하리라 기대해서는 안 된다. 리더의 역할은 사람들이 양쪽을 연관시키도록 돕는 것이다.

미래. 리더는 사람들에게 미래를 그려 주어야 한다. 하나님은 이스라엘 백성들이 당신 약속의 진수를 이해할 수 있도록 '젖과 꿀이 흐르는 땅' 같은 이미지를 사용하여 설명하셨다. 세상 이야기와 하나님 이야기의 차이는 그 동기에 있다. 코카콜라 회사가 전 세계인이 콜라 마시는 광경을 꿈꾸고 빌 게이츠가 전 세계 컴퓨터에 마이크로소프트 제품이 내장된 것을 그린 것은 경쟁사를 따돌리고 수익성을 높이려는 목적이었다. 그러나 영적 리더가 전하는 미래 이야기는 단순히 희망 사항이 아니라 하나님이 하시겠다고 말씀하신 일이어야 한다.

영적 리더에게 과거와 현재와 미래의 모든 이야기는 하나님께로부터 와야 하며 하나님 중심이어야 한다.

1993년 내(리처드)가 캐나다의 한 작은 신학교 총장으로 부임했을 당시 학교는 고비를 맞고 있었다. 학생들도 별로 없었고 자원도 빈약했고 시설도 모자랐다. 학교 구성원들과 기부자들 중 몇몇은 학교가 제 역할을 다할지 미심쩍어하며 지원을 주저하고 있었다. 하지만 나는 하나님이 그 학교를 사용하여 캐나다와 전 세계에 그리스도의 영향을 미치기 원하신다고 느꼈다. 또 신학교를 지원하는 사람들이 그곳에서 적극적으로 일하고 계신 하나님을 볼 필요가 있다고 생각했다. 나는 하나님이 그 학교에 지속적으로 관여해 오셨음을 보여 주는 이야기들을 모으기 시작했다.

총장으로 부임한 지 1년이 되었을 때, 드디어 일이 벌어지기 시작했다. 지난 한 해 동안 하나님이 일하셨음을 분명히 말해 주는 이야기들이 나타난 것이다. 내가 해야 할 일이 무엇인지 보여 달라고 기도하던 중 나는 텍사스의 월턴이라는 사람에게서 전화를 받았다. 월턴은 하나님의 인도에 따라 자기네 기관에서 우리 신학교에 강의실 건물을 신축해 주고 싶다는 의사를 밝혔다.

나는 월턴을 만난 자리에서 자원 봉사자들의 도움으로 지어도 건축 비용이 140만 달러에 달하며, 신학교가 내놓을 수 있는 돈은 1원 한 푼도 없다고 말했다. 월턴은 그저 웃으며 "그래도 저는 이것이 하나님 일이라 믿습니다"라고 말했다. 그리고 한 여성에 대해 얘기했다. 본인이 알기만 하면 이 사업 착수에 상당한 기금을 내놓을 만한 사람이라는 것이었다. 문제는 연락이 되지 않는 것이라고 했다. "우리 기관을 도와줄 수 있는지 알아보려고 2년 넘게 그분과 대화를 시도했지만 통 만날 수 없었습니다."

두 사람은 함께 기도한 뒤 회의실을 나가려고 문을 열었다. 마침 복도를 걸어오던 한 여성이 느닷없이 열린 문에 부딪쳐 넘어질 뻔했다. 월턴이 방금 전 언급했던 바로 그 여성이었다. 그녀가 쾌척한 자금으로 건축 사업은 무사히 착공할 수 있었다. 공사가 진행되는 동안 나는 이사들과 신학교 교직원들에게 이 이야기를 자주 들려주며, 하나님이 처음부터 이 사업의 창시자이심을 거듭 확인하곤 했다.

강의실 건물이 올라가는 동안 학교에 와 일하던 많은 자원 봉사자들을 낙심케 할 만한 일들이 여러 번 있었다. 남녀 자원 봉사자들은 대부분 은퇴자들로 그 일만 아니라면 얼마든지 한가로이 여름을 즐길 수 있는 사람들이었다. 어려운 일이 터질 때마다 결정적으로 중요한 것은 그 사업을 하나님이 시작하셨을 뿐 아니라 계속 붙들고 계심을 모든 관련자에게 일깨우는 일이었다.

지붕 골격을 올릴 때쯤 그 진리를 입증해 줄 사건이 발생했다. 그날은 하필 강풍이 불었다. 아무리 로키산맥 기슭이라 해도 흔치 않은 강풍이었다. 바람이 어찌나 센지 모자가 날아가지 않도록 꼭 붙들어야 했다. 그날 아침 자원 봉사자들은 함께 모여 기도했다. 그들은 상황의 심각성을 잘 알았다. 임대한 값비싼 크레인은 그나마 얼마 되지 않는 자금을 속속 삼키고 있었다. 지붕 골격 올리는 일이 늦어지면 봉사자들의 일정도 엉망이 될 수밖에 없었다. 물론 다들 잘 알고 있는 것이었지만, 그런 강풍 속에서 지붕 골격을 올리는 자체가 너무나 위험한 일이었다.

기도가 끝나고 사람들은 밖으로 나갔다. 사방은 쥐 죽은 듯 고요했다. 바람 한 점 없었다. 지붕 골격에 망치질을 한 다음 사흘 동안도 미풍조차 느껴지지 않았다. 마지막으로 나무를 올리고 나서야 바람이 다시 불기 시작해 마지막 못질을 마쳤을 때는 원래의 강풍으로 되돌아갔다.

나는 사람들에게 이 이야기를 수도 없이 들려줬다. 그것은 단순한 이야기 이상이었다. 그것은 신학교 사역이 사람의 일이 아니라 하나님이 시작하시고 붙드신 일임을 확증해 주는 극적인 상징이었다.

강의실 건물이 완성되자 하나님은 내게 미래에 대한 약속을 주셨다. 이 약속은 생생한 그림의 형태로 주어졌다. 사람들이 강의실 복도를 지나갈 때 학부 학생들이 공부하는 방, 종교 교육학 석사 과정 학생들이 공부하는 방, 신학 석사 과정 학생들이 공부하는 방, 박사 과정 학생들이 공부하는 방을 지나게 되는 그림이었다. 어쩌면 단순히 '신학교가 커지고 학위 과정도 다양해진다'고 결론 내렸을 수도 있다. 그러나 하나님이 그에게 주신 것은 약속을 상징화한 이미지였다.

나는 이 미래의 이미지를 수없이 되풀이해 말했고 다른 사람들도 하나님의 약속을 확신하게 되었다. 방문자들에게 이 비전을 말해 주는 교직원들의 모습이 종종 내 눈에도 띄었다. 그리고 1999년 11월, 마침내 이미지는 현실이 되었다.

리더십은 커뮤니케이션이다

의사소통에 약하면서 훌륭한 리더가 될 수는 없다. 맥스 드프리는 "리더가 의사소통에 도가 트지 않았다면 필시 제 역할을 다하고 있지 않은 것"[26]이라고 말했다. 영적 리더는 이야기를 위한 이야기를 말하는 것이 아니다. 그들은 하나님이 하신 일을 다시 들려주고 하나님이 하고 계신 일을 전하며 하나님이 하겠다고 약속하신 일을 드러낸다. 그것이 정말 하나님의 일과 약속에 관한 것이라면 성령이 사람들의 마음에 확증하신다. 비전을 주입할 필요가 없다. 단순히 약속하신 하나님을 바라보기만 하면 된다.

리더는 하나님의 행하심을 증거하는 데 지쳐서는 안 된다. 어떤 이야기는 몇 번이고 계속 되풀이할 필요가 있다. 조직 구성원 한 사람 한 사람이 익히 알도록 말이다. 교회에는 모든 교인이 알고 있고 다른 이들에게 다시 들려줄 수 있는 이야기들이 반드시 있어야 한다. 그들 속에서 하나님이 계속 역사하고 계심을 일깨우는 이야기들 말이다. 하나님이 일하신다는 이야기가 들려올 때, 사람들은 여태껏 자신들을 인도해 오신 하나님이 지금도 인도하고 계시며 미래의 계획도 품고 계심을 알게 된다.

비전에는 책임이 뒤따른다

로버트 퀸은 이렇게 경고했다. "사람들은 비전을 평가할 때 리더의 행동을 관찰하여, 리더 자신에게 절제나 헌신이 없으면 그것을 즉각 알아차린다."[27] 조직의 비전을 성취하기 위해 사람들에게 희생적인 수고를 요구할 거라면 리더부터 솔선수범해야 한다. 그들에게서 보고자 하는 행동을 자기 자신부터 보여야 한다. 건축 헌금을 광고할 때는 목사도 아낌없이 드려야 한다. 고객 봉사에 앞장서는 것이 기업의 비전이라면 리더부터 고객 지향적이 되어야 한다.

하나님이 주신 비전을 일단 사람들에게 받아들이게 했으면 리더는 늘 그들 곁에 동행하면서 하나님이 계시해 주신 일에 온전히 반응하도록 도와야 한다. 어떤 비전은 세월이 흘러야 이루어진다. 그래도 일단 사람들을 이끌어 비전을 이해하고 수용하게 했으면 리더는 가능한 한 비전이 이루어질 때까지 그들과 함께 있어야 한다. 빌 블리스에 따르면 리더들은 자기가 떠난 후에도 이 비전이 계속 유효할 것인지 물어야 한다. "답이 부정으로 나온다면 비전을 재고해야 한다."[28] 비전의 출처가 하나님이시라면 신임 리더가 부임할 때마다 그 비전을 폐기해 버려서는 안 된다.

정리하자면, 비전은 조직에 반드시 필요하다. 비전의 출처는 하나님의 행하심에 대한 그분 자신의 계시다. 하나님의 계시는 대개 약속으로 나타나며 생생한 이미지로 표현할 수 있다. 리더가 이 비전을 사람들에게 제대로 전달할 경우, 조직의 방향을 정하는 것은 리더가 아니라 하나님이시다. 그러면 사람들도 하나님이 일하고 계심을 알게 된다.

영적 리더십 노트

1 충분히 생각한 후에 당신이 이끄는 공동체나 조직에 대해 하나님이 주셨다고 믿는 비전을 그림으로 그려 보라. 그림 솜씨가 부족해도 걱정할 것 없다. 그림을 쉽게 찾아볼 수 있는 곳에 두고, 하나님이 더 자세히 알려 주시는 대로 수정하라.

2 당신이 이끄는 공동체나 조직의 중요한 진리를 상징적으로 잘 보여 주는 이야기를 세 가지만 찾아보라. 이야기를 하는 일이 편하게 느껴지지 않거든 연습하라! 세부 사항을 간단명료하게 기록해 보라. 이야기를 효과적으로 할 수 있을 때까지 포기하지 말라.

3 이번 장에 열거된 비전의 여덟 가지 출처를 복습해 보라. 지금까지 당신은 그중 어느 것을 통해 비전을 설정했는가? 비전을 설정하는 방식에서 하나님이 당신에게 원하실 변화가 있다면 무엇인가?

4 현재 당신의 삶과 리더십을 이끄는 것은 분명한 방향 감각 내지 비전인가? 아니면 당신은 그냥 하루하루 살아가고 있는가? 주말이나 하루를 떼어 성경과 노트를 가지고 어디론가 가는 것도 좋다. 종일 기도하고 성경을 읽으면서 당신과 당신이 이끄는 사람들을 통해 주께서 하시려는 일이 무엇인지 마음에 감화를 주시도록 구하라.

5 당신이 이끄는 공동체나 조직에 대해 그동안 하나님이 말씀해 주신 내용을 되돌아보라. 당신은 하나님이 계시해 주신 비전을 충실히 수행하고 있는가?

5.
리더의
목표

**사람들을 '현재 자리'에서
'하나님이 원하시는 자리'로 데려간다**

THE LEADER'S
GOAL

블랙커비 집안의 셋째 아들 멜 블랙커비는 신학교 시절 텍사스의 작은 시골 교회 목사로 청빙받았다. 첫 목회 부임지에 간 지 얼마 안 돼 처음으로 장례식을 집례하게 됐다. 예배는 순조롭게 끝났다. 장지로 갈 차례가 되자 멜은 자신이 행렬 선두의 경찰 차 뒤에서 바로 뒤쫓게 돼 있음을 알았다. 멜은 장지가 어딘지 몰랐지만 경찰 차를 따라가면 되리라 생각했다. 조문객 차량은 1.5킬로미터 정도 줄을 이루어 천천히 앞으로 나아갔다. 작은 시골 마을의 순박한 사람들을 보고 있으려니 새삼 이곳을 섬기는 것이 기뻤다. 거기까지는 좋았다.

갑자기 신호등 없는 교차로가 나타났다. 선두를 이끌던 경찰 차는 역시 경찰답게 차를 옆으로 세우고는 교통 정리를 해야 한다며 멜의 차를 앞으로 보냈다. 가엾은 멜! 그는 기나긴 조문객의 차량 행렬을 가 본 적도 없는 곳으로 인도해야 했다. 멜은 후에 "누군가 내가 길을 모른다는 것을 눈치 채고 와서 도와주기만 바라며 최대한 천천히 차를 몰았다"고 말했다.

새로 직위에 오른 리더는 조직이 어디로 가야 하는지 자문해야 한다. 터무니없이 뻔한 질문 같지만 이동 자체에 매달리느라 목적지를 보지 못하는 리더들이 얼마나 많은지 놀랄 정도다. 조직을 위한 계획이 없다는 뜻은 아니다. 사실 그들은 성취하고 싶은 높은 야망과 세세한 계획을 갖고 있다. 문제는 그 계획이 조직을 최선으로 이끌어 줄지 따져 보지 않는다는 것이다. 목표를 위한 수단과 목표 자체를 혼동하고, 조직이 가고 있는 곳과 가야 할 곳을 명확히 알지 못하는 리더는 제 역할을 다할 수 없다. 리더 역할의 성패를 좌우할 수 있는 목표들을 살펴보자.

가치 없는 목표를 내려놓으라

결과 지향주의

리더를 새로 뽑을 때 사람들이 보고 싶어 하는 것은 무엇보다 결과다. 시장 경제의 효율성은 매출과 순익으로 결정된다. 시장 점유율이 높을수록 매출이 증가하기 때문에 신제품과 새 고객, 새 점포가 많을수록 성공한 것으로 통한다. 성공의 가시적 척도를 찾는 것은 본능에 가깝다.

종교에서도 사람들은 조직의 성공을 측정하기 위해 목표를 세운다. 예컨대 교회는 예배당 좌석 수, 헌금 액수, 주중에 시행하는 사역 프로그램 수 등 숫자로 표현 가능한 것들에 주력하여 자체 효율성을 평가한다. 피터 드러커는 리더십의 궁극적 척도를 "결과"라고 했다. 성공하는 리더란 일을 이뤄 내는 자이며, 결과를 산출하지 않으면 리더 역할이 아니라는 것이다. 이렇게 리더에게 측정 가능한 결과를 요구하면 사람들도 리더의 성취에 매달려야 할 부담을 안게 된다. 목표를 세우고 달성하는 것보다 더 성공적으로 보이는 것이 무엇이겠는가?

결과 지향적 철학 때문에 많은 리더들이 미리 목표를 정하고 새 임지로 부임한다. 이것은 마차를 말 앞에 두는 셈이다. 어쨌든 목표 설정은 리더가 자신의 성공을 측정함은 물론 사람들에게 동기를 부여하는 인기 있는 방식이 되었다. 25퍼센트 매출액 신장, 예산 집행과 건물 신축, 10퍼센트 교인 수 증가, 15퍼센트 비용 절감 등 목표를 세우고 그 달성에 주력하는 것이 일반적 추세다. 목표를 달성하면 리더는 자신이 성공했다고 생각한다. 그러나 목표 달성을 위해 희생한 대가는 어떻게 되는가?

1990년대에 앨 던랩은 미국에서 가장 찬사와 미움을 많이 받던 CEO 중 하나였다. 투자자들은 그를 좋아했다. 그가 비용을 크게 삭감하고, 대량 해고에 앞장서고, 유지비를 유예하여 주가를 폭등시켰기 때문이다. 그러고 나서 그는 회사를 매각하여 자신뿐 아니라 투자자들까지 부자가 되게 하곤 했다. 자신의 별명 가운데 그는 '전기톱'을 제일 좋아했다. 스캇 페이퍼사에 있을 때 던랩은 1만 1천 명의 직원을 해고했고, 연구비 예산을 대폭 줄였고, 자선단체에 주는 기부금을 없애 버렸다. 주가는 225퍼센트나 급등했다. 킴벌리 클라크에 이 회사를 매각할 때 던랩은 자신의 스톡옵션을 팔아 1억 달러를 벌었다.[2] 던랩은 목표를 달성했지만 해고당한 수많은 직원들의 삶과 미래는 무너져 내렸다.

흥미롭게도 일반 저자들도 그것을 깨닫고 있다. 콜린스와 포라스는 《성공하는 기업들의 8가지 습관》에서 위대한 리더는 목표 달성에 초점을 맞추지 않는다고 주장한다. 오히려 위대한 조직을 세우는 데 주력한다는 것이다. 리더는 당장 목표를 달성하기 위한 채찍질로 조직을 망칠 수도 있다. 조직이 건강해야 매년 목표를 이룰 수 있지 않겠는가.

과거에 조직은 대체로 리더의 목표와 꿈으로 세워졌다. 리더가 계획을 세우면 모든 사람이 따랐다. 그러나 피터 센게는 《제5경영》에서 이렇게 주장한다. "이제 포드나 슬로운이나 왓슨처럼 한 사람이 조직을 대표해 배우는 것으로는 충분치 않다. 맨 위에서 '알아내고' 나머지 모든 사람은 '위대한 전략가'의 명령에 따르는 것도 불가능한 일이다. 미래에 참으로 앞서 갈 조직은 모든 직급 사람의 헌신과 학습 능력을 끌어내는 조직이다."[3]

사회는 변했다. 현대의 리더는 조직의 모든 생각을 대신할 수 없고 그래서도 안 된다. 무조건 조직에 부임해 자신이 미리 정해 둔 목표와 일정을 밀고 나갈 수는 없다. 오늘날 리더에게는 건강한 조직을 세우기 위해 사람을 키우는 것이 절대적으로 중요하다.

가구 회사 허먼 밀러의 대표 이사이기도 했던 맥스 드프리는 리더십이란 "빚진 자의 자세"[4]라고 말했다. 리더는 자기 밑에서 일하는 사람들에게 무엇인가 제공해야 할 도덕적 의무가 있다는 것이다. 드프리에 따르면 사람들은 자기 리더에게 다음과 같은 질문을 던질 권리가 있다.

- 내가 당신에게 기대할 수 있는 것은 무엇인가?
- 당신을 따라가면 나 자신의 목표를 이룰 수 있는가?
- 당신과 함께 일하면 내 잠재력을 발휘할 수 있는가?
- 내 미래를 당신에게 맡겨도 되는가?
- 당신은 리더가 되려고 힘써 자신을 준비했는가?
- 당신은 철저히 정직해질 준비가 되어 있는가?
- 당신은 내게 일을 맡길 만큼 날 신뢰하는가?
- 당신이 믿는 것은 무엇인가?[5]

사람들은 더 이상 무턱대고 따르지 않는다. 그럴 필요도 없다. 선택폭이 넓어졌기 때문이다. 이제 그들은 위 질문들에 가장 만족스런 답을 들려주는 리더를 선택해 따를 것이다. 리더의 답변에 따라 충성의 강도를 결정하기도 할 것이다.

세상 기업체가 그렇다면 다분히 자원 봉사자에 의존하고 있는 기독 조직은 더 말할 것도 없다. 월급도 없이 사람들에게 영향만으로 값진 시간과 돈과 에너지를 투자하게 만드는 요인은 무엇인가? 목표만 보여 주면 열심히 움직일까?

영적 리더의 일차적 목표는 목표 달성이 아니라 하나님 뜻을 이루는 것이다. 드프리는 "목표 달성은 연간 계획이지만 평생 목표가 될 만한 것은 사람의 잠재력 실현이다"[6]라고 말했다. 리더는 목표를 달성하고도 하나님 뜻에서 벗어나 있을 수 있다. 목표 달성이 반드시 하나님이 복 주시는 징표도 아니다. 영적 리더는 자기 목표를 이루려고 사람들을 이용하지 않는다. 사람이 곧 그들의 목표기 때문이다. 영적 리더가 하나님께 받은 책임은 최선의 노력으로 사람들을 움직여 하나님 일을 하게 하는 것이다.

드프리는 종교계든 기업이든 리더라면 모두 자기 직원들과 '언약 관계'에 들어가야 한다고 했다. "언약 관계는 아이디어, 이슈, 가치관, 목표, 경영 과정에 대한 공동 헌신에 기초를 둔다. 사랑과 온정, 인격적 조화 같은 말들이 아주 제격일 것이다. 언약 관계는 외부 영향에도 열려 있는 바이를 통해 깊은 필요들이 채워지고 일의 의미와 만족을 찾을 수 있다. 언약 관계에는 연합과 은혜와 균형이 들어 있으며 인간관계에서 반드시 지켜야 할 본성이 표현된 것이다."[7]

쿠제스와 포스너도 《격려의 힘》에서 기업 리더들이 성과의 극대화를 원한다면 직원들에게 꾸준히 긍정적 평가를 들려주어야 한다고 주장한다. 드프리는 자기 회사에 대한 열망을 이렇게 표현했다. "허먼 밀러에 대한 내 목표는 회사 내부 사람이나 외부 사람이나 할 것 없이 우리를 기업으로가 아니라 언약 관계 속에서 친밀하게 일하는 사람들로 보는 것이다. 그리고 다들 이렇게 말하는 것이다. '이들은 우리 시대에 내려진 선물이다!'"[8]

아무리 목표에 매달려 성취했다 해도 혹시 그 과정에서 아랫사람들이 고통당하고 뒷전으로 밀려났다면 그는 실패한 리더다. 사람들을 이용해 조직의 목표를 달성하는 것은 영적 리더십에 상충하는 것이다. 그런 점에서 직원 해고는 실패한 리더십의 단면일지 모른다. 선택의 여지없이 인력을 감축해야 할 때도 간혹 있을 수 있지만 대부분의 경우 해고는 직원들의 잠재력 개발을 돕고자 시간과 에너지를 투자하기보다 원하는 목표를 더 신속하게 달성하기 위한 방편에 지나지 않는다. 연간 매출액 목표를 달성한 회사라도 매출 스트레스 때문에 간부 가정이 파경을 맞는다면 그 리더십은 실패한 것이다. 교회가 성공리에 예배당 신축을 마쳤어도 그 과정에서 분쟁과 원한으로 교인들을 잃었다면 실패한 것이다.

하나님께는 어떤 일을 하는가 못지않게 그것을 어떻게 하는가가 중요하다. 하나님 나라에서는 목표가 수단을 정당화하지 못한다. 목표를 이루면 리더가 멋있어지지만, 하나님의 방법은 하나님의 이름을 높인다.

완벽주의

'하나님은 최선을 원하신다' 거나 '탁월하지 못하면 하나님께 합당치 않다'는 말이 있다. 얼핏 고상하고 옳은 말 같지만, 조직 내의 모든 일이 언제나 탁월하게 이루어져야 한다는 이 철학에는 미묘한 위험이 도사리고 있다.

사실 하나님은 자기 사람들에게 높은 기대를 갖고 계신다. 우선 그분은 당신이 거룩하신 것처럼 우리도 거룩하라고 명하신다(벧전 1:15-16 참조). 하나님은 우리가 영적으로 성숙하고 온전하기 원하신다(마 5:48 참조). 하나님은 우리가 당신께 최선의 것을 드리기 원하신다(말 1:6-14 참조). 여기서 최선의 것이 의미하는 바에 주의해야 한다.

탁월함을 매사에 완벽하다는 뜻으로 이해한다면 그것은 하나님의 기준이 아니다. 탁월함은 매사에 하나님을 높이는 방식으로 하라는 뜻이다. 하나님께 내 최선을 드리는 것과 완벽함을 드리는 것은 엄연히 다르다. 일이란 목표를 이루는 수단일 뿐, 목표는 사람이다. 사람보다 일에 치중하고 있다면 하나님이 가장 중히 여기시는 것을 놓치는 셈이다. 이것은 영적 사역의 모든 측면에 해당한다.

사도 바울은 자기 목표가 매사를 완벽하게 하는 것이라고 주장하지 않았다. 그는 자기 목표를 이렇게 선언했다. "그를 전파하여 각 사람을 권하고 모든 지혜로 각 사람을 가르침은 각 사람을 그리스도 안에서 완전한 자로 세우려 함이니 이를 위하여 나도 내 속에서 능력으로 역사하시는 이의 역사를 따라 힘을 다하여 수고하노라"(골 1:28-29).

바울은 사람을 키우는 데 초점을 두었다. 그는 사람들을 영적 미성숙의 자리에서 끌어내 성숙의 자리로 데려가려 했다. 불순종에서 순종으로, 불신앙의 자리에서 신앙의 자리로 인도했다. 자신을 따르는 사람들이 하나님이 원하시는 모습으로 활짝 피어나는 것, 그것이 바울의 기쁨이었다. 현대 대다수 기독교 조직들은 과연 어떠한가.

탁월함을 오해하고 매사에 잘못된 완벽함을 추구하는 교회의 모습을 살펴보자. 찬양 시간에 몇몇 노래 부르는 이들의 목소리가 '탁월'하지 않다. 리더는 조심스레 그들을 음악 사역에서 뺀다. 피아노 반주자가 어려운 곡을 소화하지 못하는 것 같자 곧 전문 반주자를 채용한다. 음향 담당자가 자주 실수를 범하자 기술자를 고용해 장비 운용을 맡긴다. 중·고등부 교사들이 청소년 사역을 확장시키지 못하는 것 같자 전문 사역자를 채용한다.

차츰 교회 생활의 모든 면에 '탁월함'의 기준을 적용한다.

사람들이 기준에 못 미칠 때마다 비판자들의 까다로운 심사를 통과한 사람으로 바꾼다. 봉사자들이 이끌던 프로그램들은 점차 각 분야에 전문 훈련을 받은 사람들로 대치된다. 새 교인들은 교회에서 봉사할 자리를 찾아보지만 이내 대규모 전문 인력이 교회 사역을 이끌고 있음을 알게 된다. 그나마 봉사자들은 대개 재능이 특출한 사람들이다. 교회가 '탁월함'을 중시하기 때문이다. 그들은 자신이 '탁월함'에 턱없이 못 미친다는 것을 알기에 그저 자리에 편하게 앉아 전문인들이 연달아 제공하는 '탁월한' 프로그램을 감상한다.

부활하신 그리스도가 책망한 라오디게아 교회가 이런 모습이 아니었을까. "네가 말하기를 나는 부자라 부요하여 부족한 것이 없다 하나 네 곤고한 것과 가련한 것과 가난한 것과 눈 먼 것과 벌거벗은 것을 알지 못하는도다"(계 3:17).

영적 리더십의 목표는 매사를 완벽하게 한다는 의미의 탁월함이 아니다. 그것은 사람들을 현재 있는 자리에서 하나님이 원하시는 자리로 데려가는 것이다. 여기에는 긴장이 있다. 리더라면 의당 사람들이 최선에 못 미치는 상태에 안주하지 않고 하나님의 영광을 위해 기술과 재능과 은사를 개발하도록 독려하고 싶기 때문이다. 그러나 사람들의 영적 성장을 도우려면 리더는 그들에게 실수의 여지를 허용해야 한다. 리더 자신도 성숙의 여정에서 실수하는 것처럼 말이다.

잠재력을 실현하도록 사람을 키운다는 것은 손쉬운 게 아니다. 일이라면 전문 사역자들이 봉사자보다 잘한다. 아마추어에게 기회를 주면 언제나 성과가 좋을 수는 없다. 하지만 훌륭한 리더는 장기적 유익을 볼 줄 안다. 리더가 매사에 완벽한 수행보다 사람 키우는 일을 중시할 때 훈련받는 사람과 조직 모두 유익을 얻는다.

대형 교회는 하나님께 합당한 기준으로 '탁월함'을 부르짖기가 비교적 자연스럽다. 어쨌든 사역자도 많고 예산 규모도 크고 시설도 넓고 첨단 장비도 있지 않은가. 교회의 '탁월함'을 매사에 흠 없는 세계 정상급 작품을 내놓는 것으로 이해한다면 인재가 부족한 작은 교회는 아예 문을 닫아야 할 것이다. 그러나 '탁월함'은 최선의 노력으로 하나님 뜻에 순종하고 그분을 높인다는 의미이기에 어느 교회든 탁월한 조직이 될 수 있다.

더 크게, 더 빨리, 더 많이

서구 사회는 사이즈에 매혹당한다. 크기로 거의 모든 것을 정당화할 수 있다. 대형 교회나 대기업 리더는 자동으로 전문가로 통한다. 리더가 조직을 상당 규모로 키우면 사람들은 그것을 하나님이 복 주시는 징표로 받아들인다. 그러나 반드시 그런 것은 아니다.

한때 재계에서 염가 정책이 승부수였을 때가 있었다. 대형 할인점들은 중소기업을 삼켜 버렸다. 하지만 이제 사람들의 관심은 가격보다 서비스에 있다. 현대 소비자는 대개 돈보다 시간을 더 중시하기 때문에 서비스에 치중하는 중소기업들이 시장에서 주도권을 쥘 수 있게 되었다. 크다고 언제나 좋은 것은 아니다.

교계에서도 대형 교회를 키울 수 있는 리더는 영적 영웅으로 통한다. 그들은 성공담을 책으로 펴내라는 권유를 받고, 교회 성장 세미나에도 단골로 등장한다. 그들이 부도덕한 삶에 빠져도 교회는 웬만해서 그들을 해임하지 않는다. 하나님의 복 주시는 손길이 아직도 그들 위에 있는 것처럼 보이기 때문이다. "우리 목사님이 한 일이 그렇게 잘못이라면 하나님이 왜 목사님한테 복을 주시겠습니까?"라고 반문한다. 물론 이것은 양적 성장과 하나님의 복을 동등시한 결과다. 과연 그럴까?

건강한 교회는 성장하기 마련이다. 사도행전에 분명한 예가 나와 있다. 그러나 교회는 하나님의 복 주심 없이도 수적으로 얼마든지 성장할 수 있다. 즉 사람을 끌어 모으는 것과 교회를 세우는 데는 큰 차이가 있다. 예컨대 마케팅 담당자는 사람을 끌어 모을 수는 있지만 교회를 키울 수는 없다. 숫자적 성장이 하나님이 주신 복의 확실한 징표라면 다수의 이단들이야말로 하나님의 엄청난 복을 누리고 있다는 것인가.

우리에게는 하나님도 인간처럼 군중에 감격하신다고 믿고 싶은 유혹이 있다. 하나님은 그런 분이 아니다. 사탄이 예수님을 유혹한 본질이 무엇인가. 교회를 세우지 말고 군중을 끌어 모으라고 꼬드긴 것이었다. 예수님이 오천 명을 먹이신 후 아주 유명해지자 사람들은 억지로 그분을 왕 삼으려 했다. 그에 대한 반응으로 예수님은 진정한 제자도를 가르치셨다.

예수님을 따르던 무리는 단지 물질적 필요를 채움 받기 원했기에 예수님이 참된 제자도의 대가를 가르치시자 "제자 중에서 많은 사람이 떠나가고 다시 그와 함께 다니지 아니하"(요 6:66)였다. 자칭 제자라고 일삼던 수많은 이들이 순식간에 자취를 감추자 예수님은 열두 제자에게 그들도 떠나려는지 물으셨다(요 6:67 참조). 예수님은 한 번도 군중에 매혹되시지 않았다. 오히려 그들을 피하려 하실 때가 많았다(막 1:37-38 참조).

교회는 세상 방법으로 사람을 끌어 모으려 할 때가 많다. 첨단 음향 기기와 조명 시설, 눈에 띄는 팸플릿과 리더의 카리스마를 동원한 화려한 대형 공연은 실제로 사람들을 불러 모으기도 한다. 그러나 교회를 세우지는 못한다. 그것은 그리스도만이 하실 수 있다. 교회가 멋있는 팸플릿을 만들어서는 안 되고 품질 좋은 음향과 조명 장비에 투자해서도 안 된다는 뜻이 아니다. 다만 리더는 자신의 믿음이 교회의 머리 되신 주님에게서 세상의 장비로 넘어가지 않도록 힘써야 한다.

교인 수가 늘고 있다고 해서 자기 교회가 건강하다거나 하나님이 기뻐하시는 교회라고 생각해서는 절대 안 된다. 리더는 세상 기준이 아니라 하나님 기준으로 성공을 평가해야 한다.

가치 있는 목표를 붙들고 가라

리더가 조직의 잘못된 목표에 넘어가지 말아야 한다면, 그들의 목표는 무엇이 돼야 하는가? 조직이 회사든 교회든 상관없이 영적 리더가 가져야 할 최소한 세 가지의 정당한 목표가 있다.

사람들을 영적 성숙으로 이끌기

영적 리더십의 궁극적 목표는 숫자로 나타나는 결과의 성취나 완벽한 일처리가 아니라, 사람들을 현재 자리에서 하나님이 원하시는 자리로 데려가는 것이라고 했다. 즉 사람을 향한 하나님의 일차적 관심은 결과가 아니라 관계다. 하나님과 바른 관계를 맺어야 하는 소명이 직업보다 우선한다. 이 점에 관해 중요한 말씀이 있다. "내가 애굽 사람에게 어떻게 행하였음과 내가 어떻게 독수리 날개로 너희를 업어 내게로 인도하였음을 너희가 보았느니라"(출 19:4).

이 말씀은 하나님이 이스라엘 백성을 애굽의 노예 생활에서 건지셨다는 내용이다. 우리는 하나님이 이스라엘 백성을 건지신 것은 약속의 땅 가나안으로 데려가시기 위해서라고 생각하는 경향이 있다. 하나님은 그렇게 말씀하시지 않았다. 하나님의 핵심은 지역이 아니라 관계다. 하나님이 이스라엘 백성을 건지신 것은 그들과 친밀한 관계, 믿음과 순종의 관계를 자유로이 가꾸시기 위해서였다. 장소는 그 관계를 가꾸는 수단일 뿐이다.

이스라엘 백성이 광야에서 헛되이 40년을 방황한 까닭은 하나님이 그들에게 승리를 주실 수 없어서가 아니었다. 그분에게 그것은 쉬운 일이었다. 그들을 광야에 두신 것은 당신과 바른 관계를 맺게 하시기 위해서였다. 장소는 눈앞에 있어도 관계는 하나님이 원하시는 상태가 아니었던 것이다. 그런데 일단 약속의 땅에 들어간 이스라엘 백성들은 안타깝게도 그 땅을 하나님과의 관계를 위한 수단이 아니라 목표 자체로 보게 되었다. 결국 하나님은 그들에게서 그 땅을 다시 빼앗으셨다.

그렇다면 영적 리더는 자신이 가 보지 못한 곳으로 사람들을 데려갈 수 있을까? 그것은 영적 리더십의 정의에 따라 다르다. 사람들을 특정 위치로 데려가거나 업무를 완수하는 것을 영적 리더십이라고 이해한다면 리더는 자기가 가 보지 못한 곳이라도 사람들을 이끌 수 있다. 사무실을 이주하거나 건물을 짓거나 수적으로 성장하는 일이라면 사전 경험 없이도 얼마든지 할 수 있다. 그러나 영적 리더십의 목표가 관계라면 리더는 자기가 가 본 곳 너머로는 절대 사람들을 데려갈 수 없다.

자신이 경험한 것보다 더 깊이 사람들을 그리스도와의 관계로 이끌 수 없다. 사람들은 리더의 영적 미성숙에도 불구하고 영적으로 깊이 자랄 수 있지만 그 리더로 인해 자랄 수는 없다. 따라서 영적 리더가 아랫사람들을 그리스도와 성숙하고 친밀한 관계로 이끌려면 자기 자신이 끊임없이 자라야 한다. 리더 자신이 높은 차원의 기도에 도달하지 못했다면 사람들을 그 차원으로 끌어올릴 수 없다. 리더에게 성숙한 믿음이 없다면 사람들을 더 깊은 차원의 믿음으로 인도할 수 없다.

영적 조직은 모든 구성원이 하나님의 음성을 분명히 들을 줄 알고 기꺼이 순종으로 반응할 때만 잠재력이 극대화될 수 있다. 리더가 하나님께 들어서 그 메시지를 사람들에게 전달하는 것으로는 부족하다. 모든 사람이 하나님의 음성을 식별하고 말씀 듣는 법을 배워야 한다. 그렇게 될 때 리더는 자신의 비전을 주입하지 않아도 된다. 하나님이 주신 말씀을 단순히 사람들에게 나눈 뒤 사람들 스스로 확증을 구하게 하면 된다.

맥스 드프리에 따르면 리더의 첫 번째 책임은 자기 조직의 '현실을 파악하는' 것이다.[9] 사람들은 매일 일과나 조직 내 구체적 책임 분야에 너무 몰두한 나머지 큰 그림을 보지 못할 수 있다. 사람들이 매일 부딪치는 도전들 속에서 하나님의 활동을 이해하도록 돕는 것이 영적 리더의 책임이다.

영적 리더는 항해하는 배의 선장과 같다. 배가 목적지에 가까워지면 선원들은 육지의 흔적을 찾아 사방을 살피기 시작한다. 선장은 오대양 곳곳을 다니며 항해를 많이 경험한 사람이지만, 선원들은 경험이 훨씬 적다. 갑자기 항해사가 흥분해서 "육지다!" 하고 소리친다. 그러나 그가 본 것은 뜨거운 햇빛을 받아 수면에서 피어나는 수증기였다. 잠시 후 다른 항해사가 육지라고 외치지만 그것도 잘못 본 것이었다. 알고 보니 고래 떼였다.

바다를 조심스레 살피던 선장은 동편으로 틀림없는 육지의 형체를 찾아낸다. 머나먼 수평선 위 미세한 돌기에 지나지 않지만 선장은 그것이 육지임을 알아본다. 어떻게 된 것일까? 선원들도 선장처럼 시력이 좋았지만 바다 경험이 모자라 혼동했을 뿐이다. 선장은 그런 선원들을 어떻게 대해야 할까? "걱정 마시오. 앞길을 살피는 것은 선장인 내 의무니 내가 다 알아서 살피다가 육지가 나오면 알려 주겠소" 해야 할까? 아니면 눈이 삐어 앞도 제대로 살피지 못한다고 선원들을 책망해야 할까? 둘 다 아니다.

선장은 자기가 어떻게 수평선 위의 육지를 식별할 수 있게 되었는지 안다. 바다에서 더 많은 세월을 보냈던 것이다. 그는 선원들의 시력이 자신과 다를 바 없이 좋다는 것도 안다. 방법만 가르쳐 주면 그들도 선장처럼 육지를 잘 볼 수 있다. 그래서 선장은 멀리 있는 형체가 바위인지 고래인지 식별하는 법을 가르친다. 수평선을 살피는 법과 사물이 잘못 보일 때 식별하는 법도 가르친다. 결국 선장은 직접 갑판에 나가 육지를 살필 필요가 없게 된다. 선원들도 방법을 잘 알게 되었기 때문이다.

영적 리더는 일반적으로 하나님과 동행해 온 세월이 긴 편이다. 그들은 성령이 세미한 음성을 들려주실 때를 식별하고, 하나님의 손길이 함께 하실 기회를 가려낸다. 다른 사람들보다 은사나 재능이 많아서가 아니다. 하나님과 동행해 온 경험이 많을 뿐이다. 따라서 리더는 갑판 위 선장처럼 하나님이 역사하시는 곳을 볼 수 있도록 가르쳐야 한다. 하나님과 딴 방향으로 가는 경향이 있는 사람들에게 하나님을 더 잘 알 수 있는 법을 가르쳐야 한다.

일단 사람들이 하나님의 음성 듣는 법을 배워 그분의 인도를 분별할 수 있게 되면 조직은 하나님을 섬기는 데 엄청난 잠재력이 생긴다. 이제 조직의 사역은 항상 격무에 시달리며 하나님의 인도를 분별해야 하는 한 리더에 의존하지 않아도 된다. 하나님이 예비하신 다음 땅의 신호를 찾아 조직 전체가 신바람 나게 수평선을 살피기 때문이다. 사람들을 이런 지평까지 데려간 영적 리더가 진정 리더 역할을 한 것이다.

내(헨리)가 캐나다제일침례교회 목사로 있을 때 내 목표는 교회의 방향을 정하는 것이 아니라, 예수님이 교회를 이끄시고 교인들은 거기 따를 수 있도록 그들을 그리스도와 친밀한 관계로 이끄는 것이었다. 그것은 비전을 주입시키는 것이 아니라 하나님의 음성을 분별하도록 가르치는 문제였다. 쉽지 않았다. 처음에 사람들은 하나님의 방식에 감각이 없어 자신들 속에서 일하시는 그분을 좀처럼 알아보지 못했다.

전도부를 담당하던 렌 코스터 목사가 인근 지역 사람들이 자기 지역에 교회가 들어서도록 몇 년째 기도해 왔다고 보고할 때도 그랬다. 우리 교인들은 사역 확장에 따르는 어려움과 자원 부족에 초점을 맞췄다. 그러나 하나님을 더 잘 알고 믿게 되면서 점차 하나님의 역사에 대해 훨씬 수용적 태도를 보였다. 하나님과 동행하면서 그분이 일하시는 모습을 보았고, 기적적으로 자원을 공급하셔서 모든 필요를 채워 주시는 것도 경험했다. 그러면서 하나님의 다음번 일에 동참하고 싶다는 열망이 생겼다.

얼마 후 렌 코스터 목사는 교회가 필요한 또 다른 곳을 찾았다고 보고했다. 성령은 이것이 하나님 일에 우리 교회를 동참시키려는 그분의 초청임을 확증해 주셨다. 교인들은 새 사역에 하나님의 손길이 함께하심을 분별할 수 있었다. 더 이상 목사가 교인들에게 설명해 줄 필요가 없었다. 이제 교인들 자신이 하나님과 성숙한 관계를 맺고 영적 리더와 똑같이 하나님 음성을 듣게 된 것이다. 교회의 성공이 내게만 달려 있었다면 교회는 많은 일을 이루지 못했을 것이다. 그러나 전 교인이 하나님께 믿음과 순종으로 반응하기 시작하자 교회의 효율성은 배가 됐다.

어느 교회에서나 나는 교인들의 간증 시간을 꾸준히 마련한다. 저녁예배나 기도회 중에는 주 중에 하나님이 자기 주변에서 행하신 일들을 나누도록 했다. 누군가 인근 감옥의 한 수감자를 섬기고 있다고 하면, 교인들은 하나님이 우리 교회를 감옥 사역으로 인도하시는지 분별하고자 함께 기도한다. 인근 학교에 자원 봉사를 나갔던 자매가 그곳 직원들이 양육에 갈급해 한다고 하면 교회는 우리가 어떤 식으로 학교를 섬기도록 인도하시는지 하나님 뜻을 구한다. 내가 섬긴 교회들의 사역은 대부분 목회자의 제안이 아니라 교인들의 삶에서 행하시는 하나님의 역사에서 나왔다.

목사가 끊임없이 교회에 다음 비전을 던져 준 것이 아니다. 열쇠는 예수님이 당신의 몸 된 교회에 말씀하시고 인도하시는 때를 스스로 분별할 수 있도록 교인들을 그분과 친밀한 관계로 이끌어 준 것이다. 그러면 예수님은 교회를 사용하여 세상에 영향을 미치셨다.

한편 기업 리더들은 자신의 최우선 과제가 단순히 조직의 목표를 달성하는 것이 아니라, 하나님이 주신 최선의 역량을 발휘하도록 사람들을 준비시키는 일임을 알아야 한다. 피터 셍게는 세상 시각에서 그것을 "학습 조직"이라 불렀다. 즉 조직의 모든 구성원이 새로운 기회에 반응하며 개인적 능력을 길러 전 구성원이 생각하고 배우고 자란다는 개념이다. 모든 것이 리더의 창의력과 능력에 달려 있던 때보다 전 구성원이 자기 앞에 놓인 기회에 자유로이 반응할 때, 조직은 결집하여 훨씬 큰 효율을 내게 된다.

아울러 기업 분야의 영적 리더는 자신의 소명이 우선 하늘 아버지를 기쁘시게 하고 차후에 사회에 기여하는 것임을 알아야 한다. 직원들에게 신앙 지도와 영적 격려를 제공하는 것도 적절한 일이다. CEO들은 직원들이 영적으로 잘되도록 관심을 기울일 책임이 있다. 여기에는 그들의 구원을 위해 꾸준히 기도하고, 직원들에게 간단히 복음 전할 기회를 마련하는 것도 포함될 것이다.

한 가지 실례를 더 소개하겠다. 몇 해 전 내(리처드)가 한 교회에서 연속 집회를 인도할 때 일이다. 나는 모인 성도들에게 다음날 하나님이 일터에서 어떤 일을 하시는지 눈여겨보라고 도전했다. 이튿날 아침, 도전을 받아들인 한 사업가는 하나님이 자기 회사에서 어떻게 일하시는지 보여 달라고 기도했다. 정오 때까지 특이할 만한 것은 눈에 띄지 않았다.

그러다가 구내식당에 앉아 점심을 먹는데 구석에 혼자 앉아 밥을 먹고 있는 직원이 눈에 띄었다. 성령의 인도를 느낀 사업가는 직원 곁으로 가 근황을 물었다. 그는 심각한 위기에 처해 있었다. 부부 관계가 극도로 나빠진 상태였고 그날 아침에도 아내와 심하게 싸웠다고 한다. 저녁 때 집에 들어가자마자 짐을 싸서 나와 버릴 계획이라고 했다. 이 가출 계획을 들으며 크리스천 사업가는 하나님이 직원을 돕도록 자신을 부르셨다고 느꼈다. 어떻게 도와야 할지는 몰랐지만 어쨌든 그랬다.

퇴근 후 사업가는 저녁을 사겠다며 직원을 식당으로 데려갔다. 그러고는 교회의 특별 집회에 함께 가겠느냐고 물었다. 다행히 그는 가겠다고 했다. 그날 저녁 사업가는 곤경에 처한 직원의 옆자리에 앉아 하나님이 그의 삶에 역사하셔서 깨진 관계를 회복시켜 달라고 기도했다. 예배 후 차를 세워 놓은 회사 주차장으로 함께 간 사업가는 차 안에 나란히 앉은 직원에게 예배 소감을 물었다. 대화 중에 그는 아내와 아이들을 버리는 것이 나쁜 일인 줄은 알지만 다른 방도를 모르겠다고 고백했다.

사업가는 예수님이 이 상황의 해답임을 알려 주었다. 그리고 예수님의 용서와 치유를 받아들이고 그분의 도움으로 가족들이 꼭 필요로 하는 경건한 남편과 아버지가 되라고 권했다. 캄캄한 회사 주차장에서 이 회심자는 집에 돌아가 아내에게 용서를 구하겠다고 울면서 다짐했다.

나는 일터에서 하나님의 역사를 고민하는 크리스천 사업가에게 목사로서 방법을 알려 주지 않았다. 그가 일터에서 직접 하나님의 활동을 분별하라고 격려했다. 그는 하나님의 음성 듣는 법을 배웠기 때문이다.

차기 리더 키우기

리더들은 따르는 사람들을 이끌고, 위대한 리더들은 리더들을 이끈다. 리더들이 범하는 가장 비참한 실수 중 하나는 자기가 없으면 아무 일도 안 되게 만드는 것이다. 어느 누구도 더 유능하거나 훌륭해 보이지 않도록 모든 리더십 기회를 혼자 독점하거나, 자신의 일에 너무 파묻힌 나머지 조직 내 차기 리더들을 키우는 데 시간을 투자하지 못하는 리더나 마찬가지다. 어느 경우든 자기가 없으면 아무 일도 안 되는 상태를 즐기는 것이다. 철저히 정직하게 자신을 들여다본다면 본인도 그것을 인정할 것이다. 그들은 조직에서 각광 받는 유일한 사람이 되기를 좋아한다. 고의에 의해서든 태만에 의해서든, 차기 리더들을 키우지 못한 것은 리더에게 막대한 실수다.

워털루 전투에서 나폴레옹이 저지른 최대 실수는 휘하 장군들에게 독립적 사고력을 길러 주지 못한 것이라 한다. 승리의 기로에서 나폴레옹은 병력 3만 4천, 총포 108정을 갖춘 그라우치 장군이 교전에 들어갈 줄로 믿고 있었지만 그라우치는 꼼짝도 하지 않았다. 나폴레옹의 전기 작가 펠릭스 마크햄은 이렇게 썼다. "주도권과 권위와 활동성이 없던 그라우치는 명령에의 문자적 복종에만 의지하고 있었다. 그가 나폴레옹에게서 받은 명령은 정확하지 않았고 너무 늦었다."[10]

거기에는 이유가 있었다. "나폴레옹은 걸핏하면 휘하 장군들의 실수를 책잡았지만 그들에게 자신의 전술을 가르치거나 참모 학교를 세우려고 조직적으로 시도해 본 일은 한 번도 없었다."[11] 주변에 리더들을 키우지 않은 대가로 나폴레옹은 제국을 몽땅 잃고 말았다.

많은 유명한 리더들이 여기에서 실패했다. 1944년 프랭클린 루스벨트가 네 번 연속 대통령으로 당선되자 많은 사람들은 그가 임기 말까지 살아 있기 힘들 것이며 불가피하게 대통령직은 해리 트루먼 부통령에게 넘어가리라 점쳤다. 그때는 미국 역사상 가장 중대한 고비였다. 세계 최초의 핵폭탄이 거의 완성 단계에 있었고, 그것의 사용 여부를 두고 대통령의 결정이 곧 필요하게 될 참이었다. 인류 역사상 가장 처참한 전쟁이 막바지에 이르면서 유럽은 폐허가 돼 있었고 연합국 열강들은 패전 국가들을 어떻게 처리해야 할지도 결정해야 했다. 소련은 공산주의의 촉수를 전 세계에 퍼뜨리면서 세계 초강대국으로 떠올랐다.

미국의 역대 대통령 중 해리 트루먼처럼 수많은 중대 결정에 부딪쳐야 할 사람도 없었건만 루스벨트는 부통령에게 정황을 알린 적이 한 번도 없었다. 사실 트루먼이 부통령으로 지낸 86일 동안 루스벨트는 짤막하게 두 차례 그를 만났을 뿐이다. 루스벨트는 후계자를 키우는 데 실패했고 그 점에서 그는 실패한 리더였다.

그에 비해 조지 마셜 장군은 장차 리더십의 유망주라 생각되는 군인들을 수첩에 쭉 적어 두고 리더십 자질이 보이는 사람을 만날 때마다 이름을 추가했다. 장교들 중 공석이 생기면 그는 그 수첩을 보았다. 거기 자격을 갖춘 후보가 즐비하게 적혀 있었다. 이렇게 해서 마셜은 수완과 능력을 갖춘 장교들로 가득한 거대한 군사 조직을 키울 수 있었다. 놀랍게도 많은 리더들이 자신이 떠날 때를 대비해 조직을 준비시키는 데 노력을 기울이지 않는다. 맡은 일에 열과 성을 다해 일함으로써 임기 중 놀라운 성공을 이루는 리더들은 많지만 그가 떠난 후에도 조직이 잘해 나가느냐는 별개다.

사무엘의 삶에서 이런 현상을 분명히 볼 수 있다. 사무엘은 그때까지 이스라엘 역사상 가장 경건한 리더였다. 곁에서 함께 일한 사람 가운데 어느 누구도 사무엘이 '은퇴'할 때까지 한 가지 흠도 찾지 못했다(삼상 12:1-5 참조). 그럼에도 불구하고 사무엘은 결국 리더로서 실패했다. 후계자를 준비하지 않았기 때문이다.

> 사무엘이 늙으매 그의 아들들을 이스라엘 사사로 삼으니 장자의 이름은 요엘이요 차자의 이름은 아비야라 그들이 브엘세바에서 사사가 되니라 그의 아들들이 자기 아버지의 행위를 따르지 아니하고 이익을 따라 뇌물을 받고 판결을 굽게 하니라 이스라엘 모든 장로가 모여 라마에 있는 사무엘에게 나아가서 그에게 이르되 보소서 당신은 늙고 당신의 아들들은 당신의 행위를 따르지 아니하니 모든 나라와 같이 우리에게 왕을 세워 우리를 다스리게 하소서 한지라(삼상 8:1-5).

사무엘은 두 가지 점에서 실패했다. 아버지로서 실패했고 리더로서 실패했다. 고매한 리더 사무엘이 있는 한 이스라엘 백성들은 이의 없이 그를 따랐다. 그러나 사무엘이 늙어 두 아들 요엘과 아비야를 후임자로 지명하자 이스라엘 백성들은 저항했다. 후세 사람들은 그 시점에서 하나님의 리더십을 거부하고 왕을 구한 이스라엘 백성을 혹평하지만, 이방의 왕이 더 좋아 보일 정도로 신임 리더들의 수준이 형편없었던 것도 문제였다. 사무엘이 웬만한 후임자를 훈련시켜 놓았다면 백성들도 왕을 달라고 부르짖지 않았을지 모른다. 백성들의 실수는 리더의 직무 유기에서 비롯된 것이다.

혹독한 대가를 불러온 사무엘의 실수는 이 시대에도 여전히 반복되고 있다. 사무엘의 사례는 리더의 실수 하나가 조직 내 모든 사람, 현재 구성원은 물론 미래 구성원에게까지 중대한 영향을 미친다는 것을 보여 준다. 그렇다면 리더가 차기 리더를 키울 때 지켜야 할 원리는 무엇일까? 차기 리더를 키우겠다는 리더의 의지가 없는 한 그런 일은 일어나지 않는다. 주변에 리더 무리를 양성하기 위해서 리더가 꾸준히 시행해야 할 습관에는 최소 네 가지가 있다.

위임한다. 리더로서 참 어려운 일이다. 리더는 대체로 일을 잘하는 뛰어난 능력의 소유자인 데다가 많은 리더들이 완벽주의 성향인 점을 감안할 때, 리더는 매사를 '똑바로' 하고 싶어 필요 이상으로 많은 일에 관여하고 싶은 유혹을 느낄 것이다. 물론 거기에는 위험이 도사리고 있다. 조직의 성장이 리더의 시간과 에너지에 직결된다는 점이다. 리더가 본질상 결정을 내리는 자이기는 하지만 그렇다고 리더가 모든 결정을 내리는 것은 현명하지 못하다. 조직 내 차기 리더들의 성장을 막는 일이기 때문이다. 피터 드러커는 "훌륭한 리더는 많은 결정을 내리는 것이 아니라 중요한 결정에 집중한다"[12]고 했다.

캐나다남침례신학대학 총장이 되었을 때 나(리처드)에게는 내려야 할 결정들이 산처럼 쌓여 있었다. 당시 신학교에는 교육도 잘 받고 똑똑하고 재주도 많은 로렐 밀러라는 경영 관리자가 있었다. 로렐은 정기적으로 내 사무실에 찾아와 재정 문제들에 관해 의견을 물었다. 결정은 언제나 리더인 내 몫이었고 로렐은 즉시 결정을 실행에 옮겼다.

그러던 어느 날, 문득 상황을 다시 보게 됐다. 로렐은 경영학과 회계

학 석사학위를 갖고 있었다. 난 재무 쪽으로 전혀 배운 바가 없었다. 로렐은 그런 업무에 다년간의 경력이 있었지만 난 그렇지 않았다. 그런데 왜 내가 결정을 내린단 말인가? 다음번 로렐이 찾아왔을 때 이 문제를 제기하며 어떻게 생각하느냐고 물었다. 로렐은 깜짝 놀랐지만 선뜻 좋은 지적이라고 답했다. 그때부터 로렐은 자신이 미리 답을 정한 뒤 내 의사를 확인할 때만 날 찾기로 했다. 난 다른 교직원들에게도 이 방식을 적용하기 시작했다.

처음에 난 내가 결단력 있는 리더인 줄 알았다. 그러나 실은 불필요한 결정까지 혼자 내림으로써 사람들이 매사에 내 승낙을 받아야 하는 조직 문화를 조장하고 있었다. 새로운 방식의 조직 운영은 금방 효율성을 드러냈다. 점점 결정을 내리는 일은 해당 분야에 가장 뛰어난 자격을 갖춘 실무자들의 몫이 되었고, 교직원들은 주인의식을 갖고 일에 임하게 됐다. 무엇보다 난 더 많아진 시간을 리더로서 마땅히 해야 할 일에 쏟을 수 있었다.

실수를 허용한다. 차기 리더들을 키우려면 리더는 위임해야 하고 일단 위임한 일은 간섭하지 말아야 한다. 리더가 끊임없이 간섭하는 것보다 사기를 떨어뜨리는 일은 없다. 일단 누군가에게 맡긴 일은 그 사람 소관으로 두어야 한다. 리더가 다른 사람이 내린 결정을 계속 비판한다면 그들은 결정 내리는 일을 그만둘 것이다. 직원들이 제안하는 아이디어와 방법이 리더가 선호하는 방향과 다른 것은 당연한 일이다. 그때 직원들에게 일을 맡길 것인지, 자기가 원하는 방식대로 할 것인지 각각 가치를 따져 보라. 양쪽 다 가질 수는 없다.

경제사에서도 리더의 간섭이 위험하다는 사례를 찾을 수 있다. 헨리 포드는 외아들 에드젤에게 자동차 산업의 책임을 맡겼다. 에드젤에게는 점점 치열해질 경쟁을 앞두고 회사에 효율성을 더해 줄 몇 가지 혁신적이고 실용적인 아이디어가 있었다. 그러나 아들이 참신한 아이디어를 실행에 옮기려 할 때마다 포드는 계속 그것을 취소시켰고 모든 방법을 동원해 아들의 권위를 깎아내렸다. 부자간은 돌이킬 수 없이 나빠졌다. 결국 에드젤은 건강이 나빠져 주저앉았고 포드 자동차는 경영 난맥으로 약해졌다.

포드는 매사를 자기 방식대로 하느라 유망한 차기 리더를 희생시켰다. 완벽주의를 버림으로써 차기 리더들을 길러 낼 수 있다면 그보다 좋은 일은 없다. 리더는 아랫사람들의 일에 간섭하고 싶은 유혹을 물리쳐야 한다. 사람들이 자기 밑에서 일하기를 꺼리거나 자원 봉사자 모집에 애를 먹는다면 혹 자기가 간섭을 일삼기 때문은 아닌지 살펴볼 일이다.

타인의 성공을 인정한다. 사람들의 주도권을 억압하는 확실한 방법은 리더가 그들이 한 일의 공로를 가로채는 것이다. 훌륭한 리더는 위임하고 간섭하지 않으며 일이 끝났을 때 마땅히 돌아가야 할 공로를 돌린다. 리더가 사람들에게 줄 수 있는 최대 보상 가운데 하나는 인정이다. 그것이 급료 인상보다 더 가치 있을 수 있다. 리더는 사람들의 공적을 늘 칭찬해 주고 조직에 대한 그들의 기여를 인정해 줘야 한다. 간부들이 모인 자리나 특별한 행사가 있을 때마다 리더는 자화자찬을 일삼기보다 사람들을 칭찬해 주는 기회로 삼아야 한다.

일부러 남의 공로를 훔치는 리더는 거의 없지만 본의 아니게 그런 일이 벌어질 수 있다. 리더가 공로자를 따로 명시하지 않으면 은연중 성공이 리더에게 돌아가기 때문이다. 리더가 계속 아랫사람이 한 일의 공로를 가로채거나 사람들의 수고를 무시한다면 사람들은 리더에게 점점 억울한 감정이 생겨 최선의 노력을 기울이지 않게 된다. 아랫사람이 성공해야 리더도 성공하는 것이다.

　인정과 감사의 표현은 자원 봉사 조직에 특히 요긴하다. 자원 봉사자들은 수고에 대한 보상으로 연말 상여금이나 봉급 인상도 없다. 그래서 리더는 특별히 신경 써서 감사를 표현할 길을 찾아야 한다. 간혹 리더는 '다 주님을 위해 하는 일이니까 내 인정이 필요 없다'는 억지 논리로 자원 봉사자들이 하는 일을 '영화'(靈化)할 수 있다. 물론 오직 인정받고 싶은 마음으로 봉사하는 불순한 동기의 사람들도 있겠지만, 현명한 리더라면 사람의 동기는 하나님의 판단에 맡긴다.

　사람은 누구나 자신이 희생한 시간과 에너지가 그만큼 가치 있기를 바라고, 자신의 수고로 긍정적 변화를 가져오기를 원한다. 공적인 인정과 감사를 통해 리더는 자원 봉사자의 기여가 소중하며 자신도 그것을 알고 있음을 조직 전체에 일깨워야 한다. 리더가 고맙다고 말해도 후회할 일은 생기지 않지만, 그렇게 하지 않으면 쓰라린 대가가 돌아올 것이다.

　해리 트루먼이 백악관에 있을 때 주방 직원들이 그에게 생일 케이크를 만들어 주었다고 한다. 식사가 끝나고 트루먼은 잠시 양해를 구하고는 주방으로 들어가 요리사에게 감사를 표했다. 백악관 역사상 역대 대통령 중 감사의 말 때문은 고사하고 어떤 이유로든 주방에 들어간 사람은 그가 처음이었다. 그보다 훨씬 큰일도 있었다. 2차 세계대전 후 유럽에는 복구가 절실했다. 트루먼 정부의 국무부 장관 조지 마셜은 유럽 재건과 미국의 신속한 세계 열강 진입에 도움이 될 만한 170억 달러 규모의 유럽 복구 계획안을 제출했다. 트루먼의 참모들은 이것을 대통령의 이름을 따 '트루먼 플랜'으로 명명하자고 했지만, 트루먼은 제안자의 이름을 따 '마셜 플랜'이라 부를 것을 고집했다. 자주 인용되는 트루먼의 말대로 "공로가 누구에게 돌아갈지 개의치 않는다면 놀랍도록 많은 일을 이룰 수 있다."[13] 이렇게 자신을 내세우지 않는 리더십 덕택에 트루먼은 국민의 사랑을 받았다.

격려하고 지원한다. 일단 업무를 위임했으면 절대 간섭을 삼가야 하지만 그렇다고 나 몰라라 해야 한다는 뜻은 아니다. 일을 위임할 때마다 리더는 트루먼의 표현대로 '모든 책임은 내가 진다'는 분명한 인식을 심어 주어야 한다. 그래서 위임이란 리더에게 필요하면서도 위험한 것이다. 사람들이 성공하면 공로는 그들 몫이 되지만, 실패하면 책임은 리더가 져야 한다. 리더십 권한에는 이 냉혹한 원리 또한 수반되는 법이다.

스포츠 팀 코치들이 이 사실을 잘 알 것이다. 팀이 우승하면 공로는 대부분 선수들 몫이다. 금세 연봉 인상이 거론된다. 그런데 팀 성적이 저조하면 제일 먼저 해고되는 사람은 대개 코치다. 성숙한 리더는 이 사실을 알아야 한다. 훌륭한 리더는 변명하지 않는다. 위대한 리더는 조직의 성적이 자신의 성적과 동등하게 평가받는다는 사실을 이해하고 수용한다.

일이 잘못되면 부하들 탓으로 돌리는 것이야말로 리더십이 부족하다는 증거다. 사람들이 맡겨진 임무를 제대로 수행하지 못할 경우 여러 원인이 있을 수 있다. 책임 맡을 준비가 안 된 사람에게 일을 잘못 맡겼거나, 훈련이나 평가가 충분하지 않았을 수도 있다. 의사소통에 문제가 있어 처음부터 담당 업무를 확실히 설명해 주지 못했을 수도 있다. 물론 리더가 모든 것을 잘 도왔는데도 순전히 담당자가 실수했을 수도 있다. 그러나 실패 사유야 어찌됐든 훌륭한 리더는 부하들이 실패해도 지원을 아끼지 않는다. 오히려 실패를 기회 삼아 그들의 성장을 도와준다.

결정적인 게티스버그 전투에서 로버트 리 장군은 롱스트리트 장군에게 병력을 이끌고 전진하라고 명령했다. 그런데 어찌된 일인지 롱스트리트는 꾸물거렸다. 남군이 승리를 쟁취할 수 있었던 소중한 시간이 흐르는 동안 롱스트리트는 병력을 묶어 두었다. 리가 나서서 망설이는 그를 간신히 설복해 진군케 했지만 때는 이미 늦었다. 북군이 남군의 공격을 격퇴할 만반의 준비를 갖춘 후였던 것이다. 결국 이 결정적 전투에서 남군은 졌다.

항명한 롱스트리트를 징계할 구실은 얼마든지 있었지만 리는 그렇게 하지 않았다. 리는 패전의 책임을 전적으로 자신이 졌다. 롱스트리트가 몇 가지 결점에도 불구하고 자기 휘하에서 가장 훌륭한 장군이었고, 전쟁의 고비에서 그를 축출하거나 잃는 것은 막대한 손실임을 알아서일 수도 있다. 하지만 무엇보다 리는 설사 부하들이 자기 명령에 불복종할 때도 자기 부대의 전투 책임은 언제나 리더인 자신에게 있음을 알았다.

사람들은 혹여 실패할 때 리더가 자기 편이 돼 주리라 믿을 수 있어야 한다. 교인들에게는 목사가 책임을 맡길 뿐 아니라 힘들 때 뒤에서 떠받쳐 주기도 할 것이라는 확신이 필요하다. 리더가 지원해 주지 않을 때 사람들은 불안해진다. 리더가 자기를 버릴 수도 있다는 가능성 때문이다. 한 사람이 힘들어할 때 리더가 재빨리 도움을 베푼다면 모든 사람에게 리더에 대한 확신이 생겨 편안해질 것이다.

모세가 이끌었던 이스라엘 백성들은 처참히 실패했다. 대제사장 아론도 책임을 소홀히 했다. 그래서 이스라엘 백성들은 약속의 땅에 들어가지 못한 채 여생을 광야에서 방황해야 했다. 이 경우 불순종한 것은 모세가 아니었다. 그는 충성했다. 그러나 하나님은 모세만 놓아주시지 않았다. 모세는 그들의 리더였기 때문이다. 하나님의 백성들에게 가장 리더가 절실한 때도 바로 이 고난의 시기였다. 모세는 자기 인생의 남은 40년을 자기 잘못도 아닌 백성들의 잘못 때문에 광야를 유리하며 보냈다.

사람들이 잘못했다고 그냥 포기하는 리더들이 얼마나 많은가. 많은 리더들이 "그 교회에는 하나님을 위해 일하려는 사람이 없어 떠날 수밖에 없었다", "그 회사가 기독교를 적대시해 좀 더 융통성 있는 다른 회사로 옮겼다"는 주장으로 자기 행위를 정당화한다. 리더 자리를 떠날 수 있는 정당한 사유는 오직 하나님의 분명한 인도가 있을 때뿐이다. 리더 자리를 떠나는 것이 곧 하나님이 자신에게 맡기신 사람들을 버리는 것은 아닌지 솔직히 자문해 보아야 한다.

하나님께 영광 돌리기

리더가 조직의 목표로 삼아야 할 세 번째는 모든 조직의 궁극적 목표이자 앞서 말한 두 가지 목표의 근거가 되는 것으로 바로 하나님께 영광을 돌리는 것이다. 기독교 조직이든 세상 조직이든 리더의 목표는 자기 조직을 이끄는 방식을 통해 하나님께 영광을 돌리는 것이어야 한다. 기독교 조직들이야 이 목표를 전심으로 받아들이겠거니 생각할 수 있지만 언제나 그런 것은 아니다.

하나님께 영광을 돌리고 싶다고 공언하는 기독교 조직도 미묘한 방식으로 곁길로 빠질 수 있다. 교회는 수적 성장이나 예배당 신축, 프로그램 운영에 몰두하면서 그것이 하나님을 높이는 것인 줄 착각할 수 있다. 기독교 학교는 교육 성과에 치중하느라 상위권 성적이 곧 하나님을 높이는 것과 동일하다고 생각할 수 있다. 기독교 자선 단체는 하나님의 뜻을 구하는 과정을 생략한 채 기금 마련에 혈안이 될 수 있다. 대충 매체가 열을 올려 지적하는 것처럼 하나님의 이름을 높이기보다 자기 이름을 내는 데 급급한 기독교 리더들도 있다. 크리스천들은 하나님께 영광을 돌리고 싶다고 입버

룻처럼 말하지만 그들이 하는 모든 일이 반드시 그 목표를 이루는 것은 아니다.

하나님이 바라시는 것은 그분을 믿고 순종하는 사람과 조직을 통해 세상에 그분의 영광을 드러내시는 것이다. 사람의 영광이 아니다. 그러나 조직은 그 일을 자발적으로 잘하지는 못한다. 그 일을 조직의 최우선 과제로 삼는 것이 바로 리더의 목표다. 리더의 업무와 직위는 시간이 가면 바뀌지만 하나님께 영광을 돌린다는 목표는 누구에게든 항상 최우선 근거가 돼야 한다.

이와 달리 세상의 카리스마적 리더들은 위대한 업적을 이루고 사람들의 칭송을 받는다. 1978년 크라이슬러사(Chrysler Corporation)는 절체절명의 위기를 맞았다. 이미 수백만 달러의 손실을 냈고 15만 명의 직원을 해고해야 할 시점이었다. 이때 리 아이아코카가 등장한다. 크라이슬러는 그를 사장으로 채용했고 그의 성공은 전설이 되었다. 그의 이름은 극적인 기업 회생과 경영 천재의 동의어가 되었다. 그는 책들을 펴냈고 대통령 후보로 거론되기까지 했다. 아이아코카는 영광을 받았다.

영적 리더는 그렇게 하지 않는다. 영적 리더는 하나님께 영광을 돌린다. 일에서는 물론 자신의 사생활을 통해서도 하나님을 높이려 한다. 존 베케트는 북미 최고의 주거용 오일 버너 생산업체인 베케트사의 CEO다. 그는 자신의 신앙을 사업에도 적용하기를 원하는 헌신된 크리스천이다. 그는 모든 사업을 예수님의 방식으로 수행하려 한다. 그의 사업체는 기독교 조직은 아니지만 그가 기독교 원리로 회사를 운영하는 것까지 막지는 못한다. 그는 무엇보다 직원들과 가족들의 필요에 우선순위를 둔다. 회사는 유급 출산 휴가를 넉넉히 주고, 3년간 육아 휴직을 허용한다. 등록금 지원으로 젊은 직원들의 학업 재개를 독려하기도 한다.

그것이 하도 특이해 베케트사에 언론의 이목이 쏠렸다. ABC 보도국의 피터 제닝스는 회사에 뉴스 팀을 보내 내막을 취재하게 했다. 뉴스는 제닝스의 이 말로 시작됐다. "오늘밤에는 개인적 신앙으로 자신의 회사에 영향을 미치고 있는 미국 재계 리더들의 추세를 집중 보도합니다." 전국 공중파 방송에서 삶의 목표를 묻는 질문에 존 베케트는 "내 최고의 사명은 하나님 뜻을 알고 행하는 것"[14]이라고 대답했다. 베케트사는 업무상으로는 세상적 조직이지만 베케트는 거기에 구애받지 않고 하나님께 영광 돌리는 도구로 사용하고 있다. 그런 면에서 그의 회사는 예컨대 기독교 서점 못지않게 영적인 조직이다.

크리스천이며 패스트푸드 체인점 칙필레의 소유주인 트루엣 캐시에게는 오랜 세월 지켜 온 정책이 하나 있다. 영업 수익이 높은 일요일에도 가맹점 모두 문을 닫는 것이다. 칙필레가 입점해 있는 쇼핑 센터가 일요일 영업을 요구해도 캐시는 굽히지 않았다. 일요일 쇼핑객들은 문 닫힌 칙필레 점포를 지날 때마다 한 크리스천 CEO의 신앙 간증을 접하는 셈이다. 아울러 칙필레는 가족을 중시하는 정책의 일환으로 직원들의 배우자도 외지에서 열리는 사원 특별 행사에 초대한다. 또 수익금을 많은 자선 단체 지원에 후하게 사용한다.

스포츠계는 수많은 선수와 코치들에게 승리와 성공을 위해 삶의 원칙을 희생하라고 유혹해 왔다. 그러나 단순히 자기 팀을 승리로 이끄는 것보다 인생에는 더 큰 목표가 있음을 안 크리스천이 있었다.

세인트루이스 램스 풋볼 팀이 2000년 1월 슈퍼볼에서 우승할 때, 나(헨리)는 팀의 사목으로 섬기고 있었다. 쿼터백 커트 워너는 그해 NFL(미국

미식축구리그)에서 MVP가 되었다. 그날 그는 다시 슈퍼볼 MVP로도 뽑힌다. 그날 우리는 결과가 어떻게 되든 하나님이 영광을 받으시도록 많은 사람들과 함께 간절히 기도했다. 경기 후 인터뷰 자리에서 워너는 자신의 성공을 정중히 하나님께 돌렸다.

워너가 직접 만들어 서명해 팬들에게 나눠 준 명함에는 이렇게 적혀 있다. "제 인생 최고의 날은 한 시즌에 40개의 터치다운 패스를 던졌다든지, 올스타 지명전에 뽑혔다든지, NFL MVP로 지명된 것과는 아무 상관 없습니다. 제 마음속에 예수님을 모셔 들인 날이 제 인생 최고의 날입니다. 이제 저는 하나님 뜻대로 살며 그분을 전하는 데 제 삶을 바치겠습니다."

크리스천 리더들은 자신의 첫째가는 소명이 재계나 스포츠계나 의학계나 법조계에서 성공하는 것이 아니라 하나님 나라에서 성공하는 것임을 안다.

예수님이 기성 전문 종교인들을 제치고 사업가들을 열두 제자로 뽑으신 것은 결코 우연이 아니다. 그중에는 어부 넷과 세관원이 있었다. 그분은 세상 돌아가는 방식을 알고 그 한복판에서 겁내지 않고 일할 자들을 찾으셨다. 그분은 시장의 언어로 말하는 자들을 뽑으셨다. 세상을 뒤엎기 위해 사업가들을 전략적으로 뽑으신 것이다. 하나님이 하시는 일에는 우연이 없다. 하나님이 누군가를 리더의 자리에 놓았다면 거기에는 반드시 그분 뜻이 있다. 그리고 크리스천의 첫째가는 소명은 하늘 아버지께 영광을 돌리는 것이다.

하나님께 영광 돌리는 것은 복잡한 일이 아니다. 지켜보는 세상에 하나님의 성품을 드러낼 때 그분께 영광을 돌리는 것이다. 크리스천 리더가 남들을 용서할 때 사람들은 하나님이 용서의 하나님임을 알게 된다. 크리스천 리더가 실패하는 자들을 오래 참아 줄 때 사람들은 하나님이 본성상 오래 참으시는 분임을 깨닫게 된다. 크리스천 리더가 거룩하고 온전한 삶을 살 때 세상은 하나님의 거룩함을 조금이나마 맛보게 된다. 곁에서 함께 일하는 크리스천의 모습이 곧 사람들이 보게 되는 참 하나님의 모습이다. 다른 사람들에게 하나님의 성품을 정확히 대변하는 것, 그것이 그분께 영광을 돌리는 삶이다.

하나님은 모든 사람과 조직에 특별한 뜻을 갖고 계신다. 리더는 하나님과 인격적 관계 속에서 그분의 계시를 통해서만 그 뜻을 알 수 있다. 리더에게 길잡이가 되어 줄 영적 목표들은 하나님을 추구하는 리더의 삶을 밝히 비출 것이다.

영적 리더십 노트

1 당신이 이끄는 조직의 목표를 쭉 적어 보라. 정직하게 답하길 바란다. 기도
하는 마음으로 검토해 보라. 하나님이 기뻐하실 만한 목표들인가? 당신이
이끄는 사람들은 거기에 흥이 나 있는가?

2 당신의 리더십을 이끄는 것은 최종 결과인가 아니면 구성원들을 향한 애정
인가? 그 증거는 무엇인가?

3 당신이 리더들을 키우는 데 투자하는 시간은 전체의 몇 퍼센트나 되는가?
과거에 당신이 개인적으로 시간을 투자한 결과로 현재 리더 자리에 있는 사
람들의 이름을 꼽아 보라.

4 당신의 리더십 밑에서 일하기로 선택하는 사람에게는 어떤 이점이 있는가?

5 현재 당신이 이끄는 방식과 사람들을 대하는 방식은 어떻게 하나님을 영화롭게 하는가?

6 사람들을 더 잘 격려하기 위해 당신의 리더십에 변화가 필요한 부분이 있다면 무엇인가? 어떻게 하면 당신의 조직이 지금보다 더 하나님을 영화롭게 할 수 있겠는가?

6.
리더의
성품

그럴 듯하게 포장한 이미지가 아니라
사람들이 따르고 싶은 성품을 갖춘다

THE LEADER'S
CHARACTER

"우리 시대 위대한 사람들을 많이 만나 봤지만 뜨거운 용광로에 들어가 남다르게 순도 높은 보석으로 빚어진 사람 앞에 서 있다는 감화를 준 것은 리 한 사람뿐이었다."[1] 육군 장성 월슬리 자작이 로버트 리 장군을 만난 후 밝힌 소감이다.

리의 리더십은 탁월했다. 그는 인력과 물자가 턱없이 부족한 상황에서도 전투에 진 적이 거의 없었다. 그보다 더 감동적인 것은 리의 병사들이 수적으로 단연 열세고 보상도 별로 없는데도 남북전쟁 내내 리에게 죽도록 충성했다는 점이다. 전쟁에 패하여 결국 병력과 무기가 압도적으로 우세한 북군에게 저항하는 것이 부질없게 된 후에도 리의 병사들은 명령만 떨어지면 계속 싸울 각오가 돼 있었다.

리의 추종자들에게 이런 충성심을 불러일으킨 것은 무엇일까? 한 가지 분명한 것은 그것이 장군이라는 리의 계급 때문은 아니라는 점이다. 다른 장군들은 그런 충성을 받지 못했다. 리에게 반역자를 군법회의에 회부하는 수완이 있어서도 아니었다. 리는 평소 그런 일을 질색했다. 대답은 리 자신이라는 것이 최상의 결론이다. 병사들은 리라는 사람을 보고 그를 따랐던 것이다.

리더라면 누구나 추종자들에게 그런 충성을 얻고 싶을 것이다. 어떻게 사람들이 자신을 따르게 하느냐는 리더의 주된 고민이다. 추종자 없는 리더는 리더가 아니다. 하지만 많은 자칭 리더들이 사람들을 움직여 자신을 따르게 하는 데 실패하고 있다. 고귀한 대망과 거창한 꿈은 있으나 자신과 비전을 지지해 줄 사람을 얻지 못해 좌절에 빠진 이들이 얼마나 많은가.

리더의 모양을 갖추는 방식으로 추종자를 끌어 보려는 이들도 꽤 있다. 리더 이미지를 풍기는 것이 지금보다 쉬울 때가 있는가. 책을 쓰거나 박사학위를 받으면 즉각 전문가 훈장을 다는 것이 현대 사회다. 전문 컨설턴트의 '인기 관리' 묘책에서 적절한 도움만 받으면 누구나 허위 이미지를 만들어 낼 수 있다. 하지만 어디까지나 그것은 사이비 리더일 뿐이다. 이미지는 있어도 알맹이는 없다.

현재 당신의 영향력의 원천은 무엇인가

리더는 사람들을 특정한 방향으로 움직이게 하는 사람들이다. 영적 리더는 사람들이 하나님 뜻에 따르도록 그들을 움직인다. 물론 다른 사람에게 영향력을 발휘하는 방법은 수도 없이 많다. 그중 여기서는 가장 보편적이지만 정당하지 않은 방법 세 가지를 살펴보겠다.

지위

과거 세대 사람들은 대체로 권위나 영향력을 지위에 연결시켰다. 상관들은 지위 때문에 저절로 존경의 대상이 됐다. 영적인 문제라면 무조건 목사를 믿었고 당연히 경의를 표했다. 그래서 자칭 리더들은 자기가 바라는 존경을 얻기 위해 높은 지위나 직책에 오르려 했다. 승진 사다리를 한 칸씩 오를 때마다 한두 칸 아래 있는 사람들로부터 깍듯한 대접을 받을 수 있었다. 꿈에 부푼 목사는 더 번듯한 대형 교회로 청빙받을 때 품위가 높아진다고 믿었다.

자리 덕에 영향력을 쥐는 것은 근본적인 결함을 안고 있다. 우선 심각한 악용의 대상이 되기 쉽다. 직책에 합당한 성품도 갖추지 않은 채 영향력 있는 지위를 얻으면 어떻게 되겠는가. 정치적으로 비윤리적 수단을 동원해 지위를 획득하려는 사람에게 존경받을 만한 인품이 있을 리 없다. 게다가 남들의 인정과 칭찬을 갈망하는 사람들에게 흔히 있는 삶의 빈자리는 아무리 지위에 집착해도 채워지지 않는 법이다.

영적 문제에 세상적 해답을 구하는 한, 추종자들을 끌어모아 엉뚱하게 자신의 공허한 영혼을 채우려 해도 소용없다. 성공한 CEO들이 자살했다는 소식이 왜 충격적인가? 대형 교회 목사가 불륜에 빠졌다는 소식에 분개하는 이유는 고위직에 있는 사람들은 당연히 어진 성품을 바탕으로 그 자리에 올랐다는 잘못된 가정 때문이다.

슬픈 사실이지만 엉뚱한 이유로 직책을 구해 리더 자리를 맡은 사람들은 기독교 조직과 교회에도 숱하다. 이런 사람들에게는 사역 규모가 곧 자존심이다. 오스왈드 샌더스가 제기한 대로 "사람이 직책을 구하는 것이 아니라 직책이 사람을 구해야 되는 것 아닌가?"[2]

하지만 위계에 따른 존경의 시대는 이미 끝났다. 지금은 '지식인' 시대다. 오늘날 일터에서 필요한 통화(通貨)는 지식이다. 그래서 지식을 얻기 위해 교육을 받는다. 요즘 사람들은 교육 수준이 낮았던 예전 사람들처럼 직함이나 지위에 감동하지 않는다. 과거에는 대개 목사가 해당 지역에서 가장 교육을 많이 받은 사람이었다.

하지만 지금은 교인들의 평균 수준이거나 오히려 더 낮을 수도 있다. 고등 교육을 받은 교인들은 성경을 여러 번역본으로 읽는 데다, 목사들이 소장한 책보다 훨씬 많은 성경 지식이 담긴 소프트웨어도 활용할 줄 안다.

교회도 정보 홍수를 맞고 있다. 교인들이 무턱대고 얌전히 목사의 말을 받아들이는 때는 지났다. 요즘 교인들은 자신의 지식으로 목사의 시각을 비평한다. 교회에서도 지위가 반드시 존경을 동반하는 것은 아니다.

영적 리더는 영향력을 얻기 위해 지위에 의존해서는 안 된다. 영적 리더십은 성령의 사역과 성품에 근거한다. 즉 인도하시고 능력 주시는 성령의 임재가 없다면 리더는 직위와 상관없이 영적 권위를 얻을 수 없다. 예컨대 목사가 되었다고 성령 충만이 보장되거나, 신학교를 졸업한다고 자동으로 영적 리더가 되지 않는다.

힘

1980년대 세 번이나 영국 수상으로 재선될 때만 해도 마가렛 대처는 난공불락의 정치가로 여겨졌다. 그러나 보수당 당원들은 신념이 강한 리더 밑에서 고생이 이만저만 아니었다. 결국 대처는 야당도 아닌 자기 당의 압력에 못 이겨 사임하고 말았다. 사람들이 따르지 않으면 당대 최고의 성공한 리더도 별수 없는 것이다.

마오쩌둥은 힘이 총에서 나온다고 떠벌렸다. 그는 부끄러운 줄 모르고 목표를 위해 무력을 동원했다. 그러나 전체주의 통치자들의 통치 기반도 결국 국민들의 복종에 달려 있다. 사람들이 따를 때 리더에게 비로소 권위가 생기는 법이다. 이 진리는 동유럽 국가들의 몰락에서 여실히 드러났다. 사회주의는 역사상 가장 효과적인 전체주의 정부 체제 중 하나였지만, 그것도 국민들이 추종을 거부하자 아무 힘도 발휘할 수 없었다.

기업 세계 역시 전체주의적 사고방식으로는 돌아가지 않는다. 헨리 포드 같은 독불장군형 리더들이 노동 운동을 짓밟으며 "고객들은 자기가 원하는 색상의 차를 마음대로 가질 수 있으나 단 검은색이어야 한다"는 식의 오만한 발언을 일삼던 시대는 지났다. 맥스 드프리는 기업 리더들은 임원들을 자원 봉사자처럼 대해야 한다고 주장하기까지 했다.[3]

고부가가치 직원들에게 영향력을 부여하는 것이 재계의 현실이다. 그들은 언제라도 일자리를 옮길 수 있기 때문이다. 이들은 억지로 회사에 남아 있는 게 아니라, 회사 방침이 개인적 가치관과 맞기에 자신의 선택으로 있는 것이다. 이런 사람들에게 권위와 복종을 강요하는 것은 아까운 인재를 경쟁사에 빼앗기는 결과만 낳는다.

힘으로 조직의 목표를 달성하려고 하면 반항을 부르게 돼 있다. 내 방법만 옳다는 식의 접근은 기업체는 물론 교회에서도 통하지 않는다. 자기 뜻을 관철하기 위해 무력 전략을 쓰는 목사들은 성질이 불같아 자기 리더십에 따르는 교인들에게는 부드럽고 친절하지만, 이의를 제기하면 불끈 화를 내며 감히 대든다고 질책한다. 설교 강단이 선거 유세장이나 되는 듯 자기 생각과 다른 사람들을 비난하는 목사들도 있다. 국회에 법안을 통과시키는 사람처럼 영향력 있는 교인들의 지지를 얻으려 로비 활동을 벌이는 리더들도 있다.

자기를 험담하는 교인은 목자가 필요한 양이 아니라 늑대라며 배척할 정도로 생각이 비뚤어진 목사들도 있다. 교인들을 윽박지르며 복종을 강요하는 목사들은 결국 텅 빈 자리에 대고 설교하거나 구직 광고를 내거나 둘 중 하나의 신세가 된다. 그런 사태가 벌어져도 여전히 하나님이 세우신 리더를 따르지 않는다며 고집스레 교인들만 탓하는 목사들이 있으니 더욱 기막힌 일이다.

영적 독재야말로 가장 폭압적일 수 있다. 조직의 인사권을 갖고 있다는 이유로 사람들을 흔들어도 말이 안 되지만 하나님이 내 편이라는 주장을 내세우며 사람들을 조종하는 것은 더 말도 안 된다. 그런데 크리스천 리더들 중에도 하나님이 리더에게 권위를 위임하셨으므로 사람들은 마치 하나님께 복종하듯 무조건 리더에게 복종할 의무가 있다고 하는 이들이 있다. 중국의 위대한 영성가이자 작가인 워치만 니가 대표적이다.

그는 《영적 권위》(*Spiritual Authority*, 생명의말씀사 역간)에서 하나님이 리더들에게 당신의 권위를 위임하셨기 때문에 "우리는 사람에게 순종하는 것이 아니라 그 사람 안에 있는 하나님의 권위에 순종하는 것"[4]이라고 주장했다. 즉 사람들은 무조건 자신의 영적 리더에게 순종해야 하는데, "권위만이 사실적 근거로 남는 것이며, 이성과 옳고 그름은 더 이상 삶을 지배하지 않는다"[5]는 결론 때문이다.

이런 의미이다. "사람들은 권위가 잘못된다면 어떻게 하느냐고 따질 것이다. 그에 대한 답은, 하나님이 감히 당신의 권위를 인간에게 위임하신다면 우리도 감히 순종할 수 있다는 것이다. 권위에 있는 사람이 옳은지 아닌지는 우리가 관여할 바 아니다. 그것은 그가 하나님께 직접 책임질 일인 까닭이다. 아랫사람들은 그저 순종만 하면 된다. 주님은 잘못된 순종의 책임을 묻지 않으신다. 대신 위임하신 권위자에게 잘못된 행동의 책임을 물으신다. 그러나 불순종은 반역이다. 권위 아래 있는 자들은 그 점에서 하나님께 책임진다."[6]

독재자 스타일의 리더들이 자신의 강압적인 리더십 방식을 정당화하는 데 악용하기 딱 좋은 가르침이다. 이단들은 대개 교주에 대한 절대적 순종을 요구하면서 사람들의 독립적 사고를 비난하는 법이다. 이보다 더 비성경적인 일은 없을 것이다.

권위자들에게 자원함으로 복종하는 것이 크리스천에게 주어진 명령이다. 그것은 하나님이 그분의 주권을 좇아 리더들에게 직함을 맡기셨기 때문이다(롬 13:1-2 참조). 그러나 단지 직위를 가진 리더라는 이유만으로 그에게 맹목적으로 순종해야 하는가? 성경은 모든 사람이 누가 시킨 일이든 자기가 행한 모든 일을 그리스도께 고해야 한다고 분명히 말한다(고후 5:10 참조). 그리스도가 사람들에게 그분의 주권을 행사하시는 데는 중재자가 끼어들 여지가 없다. 성령은 리더든 따르는 이들이든 모든 크리스천 안에 한결같이 내주하시며 그들을 인도하시고 가르치시고 깨우치신다.

하나님이 다른 사람들을 무시하고 유독 자기에게만 직접 말씀하신다는 리더의 주장은 하나님이 크리스천의 삶에서 하시는 일을 크게 제한하는 처사다. 물론 하나님은 교회는 물론 세상의 리더십에도 리더들을 세우셔서 그들을 통해 당신의 뜻을 이루신다. 그렇다고 리더에 대한 순종이 반드시 하나님께 대한 순종과 동일한 것인가? 하나님은 당신과 일대일 관계를 대치하는 어떤 것도 허용하시지 않는다. 마치 하나님 대하듯 리더에게 순종하라고 요구하는 것은 우상 숭배의 죄를 유도할 위험이 있다.

앞서 리더십의 동기가 정서 불안이나 인정받기 위한 욕구 때문인 경우를 살펴보았다. 이런 리더의 분명한 징표는 이의를 제기하는 사람을 절대 용납하지 못한다는 것이다. 정서가 불안한 리더일수록 반대자의 비평을 사실 그대로 검토하기보다 그들을 영성 없는 반항적인 인물로 몰아세우는 데 일가견이 있다. 사람들이 직접 하나님 뜻을 구할 수 있는 기회를 주지 않고 하나님의 음성을 들을 수 있도록 적극 가르치지 않은 리더는 영적 리더의 자격을 저버린 것이다.

성격

어린아이들이 절로 터득하듯이 원하는 것을 얻어 내는 방법은 한 가지만이 아니다. 저절로 오지도 않고(지위), 떼를 써도 되지 않는다면(힘), 애교 작전을 펴면 된다(성격). 사람들이 순전히 카리스마와 호감 가는 성격 때문에 리더를 따르는 경우가 많다. 리더의 인기는 그 자체로 나쁜 것은 아니지만 전부도 아니다. 리더는 매력 이상의 것, 즉 능력과 방향 감각을 증명해야 한다.

인상과 구변은 좋지만 무능한 CEO 때문에 망하는 회사들이 부지기수다. 하나님의 음성을 들어서가 아니라 호감 가는 목사를 맹목적으로 따르다가 비참한 지경을 당하는 교회들도 많다. 아마 그들은 이런 서글픈 말로 목사를 해임해야 하리라. "우리는 목사님을 사랑했다. 그는 훌륭한 크리스천이다. 다만 이끌 줄을 모를 뿐이다."

콜린스와 포라스는 《성공하는 기업들의 8가지 습관》에서 "비전을 품은 회사에는 반드시 위대한 카리스마적 리더가 필요하다는 주장은 신화"라고 결론지으며, 오히려 "비전을 품은 회사에서 비전을 품은 카리스마적 리더는 회사의 장기적 발전에 해로울 수 있다"[7]고 단언했다.

그들의 주장에 따르면 위대한 리더들은 위대한 조직을 세우지만 반드시 위대한 명성을 얻지는 못한다. 리더 개인의 성격을 중심으로 세워진 조직은 리더의 기분에 좌우되기 쉬우며 리더가 조직을 떠날 때 불가피한 위기에 봉착하기 때문이다. 목사가 떠난 후 교인 수가 확 줄거나 CEO가 사임한 후 회사의 순익이 크게 감소하는 것은 그 조직이 리더의 성격에 기초해 세워졌다는 징후일 수 있다.

이 원리는 사역자를 새로 구하는 교회에도 그대로 적용할 만하다. 예수님은 친히 교회를 세우겠다고 말씀하셨다(마 16:18 참조). 성격만 보고 목사를 고른다면 그것은 그리스도가 아니라 한 인간 위에 교회를 세우는 것과 같다. 하지만 사람들은 엉뚱하게도 새 신자들을 끌어들일 만한 카리스마적 매력을 헌신보다 중시하는 편이다. 참된 리더십 자질보다 성격만 믿고 일하는 목사는 한곳에 오래 머무는 경우가 드물다. 대개 그들은 교회에 쓱 들어와 얼마 안 되는 레퍼토리로 설교하다가 바닥나기 시작하면 다른 교회로 옮긴다. 그들이 알맹이 있는 성과를 거두는 경우는 거의 없다.

따르고 싶은 리더가 되라

리더들은 크게 두 가지의 방법으로 사람들에게 영향을 미친다. 하나는 '그가 어떤 사람인가'이고, 다른 하나는 '그가 어떤 행동을 하는가'다. 이 두 가지는 사람들을 하나님의 뜻으로 이끄는 강력한 도구다. 이 장의 나머지 부분은 사람들이 저절로 따르게 하는 리더들의 특징에 대해 이야기하겠다. 그리고 이 다음 장에서는 사람들을 하나님이 원하시는 곳으로 이끌기 위해 리더들이 하는 행동에 대해 다룰 것이다.

하나님의 손길이 보이는 리더

리더가 사람들에게 영향력을 행사할 수 있는 길은 여러 가지가 있지만 하나님이 리더를 친히 인정하시는 것보다 분명한 것은 없다. 하나님이 진정한 영적 리더로 인정하신 사람들의 예는 성경과 역사에서 수없이 찾을 수 있다.

구약 역사에서 가장 위대한 리더는 단연 모세다. 그러나 모세는 본래 리더의 수완이 있었던 사람이 아니다. 본인도 인정했다시피 그는 말에 능치 못했고(출 4:10 참조), 위임할 줄 몰랐으며(출 18:13-27 참조), 성질도 급했다(출 32:19; 민 20:9-13 참조). 무엇보다 그는 살인자였다. 그런데도 모세가 영적 리더로서 성취할 수 있었던 것은 하나님과 깊은 관계 때문이었다. 성경은 "사람이 그 친구와 이야기함같이 여호와께서는 모세와 대면하여 말씀하시며"(출 33:11)라고 했다. 이스라엘 사람들은 모세가 하나님과 가깝게 동행하는 것을 보았다. 모세가 산에서 하나님을 만나고 내려올 때마다 그의 얼굴은 하나님의 영광으로 빛을 발했다(출 34:29-35 참조). 모세의 삶에 하나님의 임재는 너무도 분명했다.

중요한 것은 모세가 하나님과 그렇게 가까이 지내면서도 교만하거나 거들먹거리지 않았다는 것이다. 모세는 "온유함[겸손]이 지면의 모든 사람보다 승(勝)"(민 12:3)한 사람이었다. 아론과 미리암이 비방하고 나설 때도 모세는 잠자코 있었다. 오히려 하나님이 친히 두 동역자의 방자함을 꾸짖으시며 모세를 변호하셨다. "내 말을 들으라 너희 중에 선지자가 있으면 나 여호와가 이상(異像)으로 나를 그에게 알리기도 하고 꿈으로 그와 말하기도 하거니와 내 종 모세와는 그렇지 아니하니 그는 나의 온 집에 충성됨이라 그와는 내가 대면하여 명백히 말하고 은밀한 말로 아니하며 그는 또 여호와의 형상을 보겠거늘 너희가 어찌하여 내 종 모세 비방하기를 두려워 아니하느냐"(민 12:6-8).

모세는 존경을 요구하거나 고압적으로 행동하지 않았다. 모세는 사람들의 존경을 얻기 위해 자기 권위를 내세우지 않았고, 성질을 부리며 험담하는 자들을 해치지 않았다. 리더를 친히 인증하시는 하나님의 방법은 그보다 훨씬 위력적이기 때문이다. 자신의 명예를 변호하는 데 집착하는 리더는 믿음이 적은 것이다.

친구나 동료를 시켜 끊임없이 사람들 앞에서 자신을 추켜세우게 만드는 리더도 있다. 참된 리더는 그럴 필요를 못 느낀다. 하나님의 인정은 인간이 줄 수 있는 명성을 능가하기 때문이다. 참된 리더는 사람들이 음모를 꾸며도 절망하지 않는다. 적들의 맹렬한 반대도 하나님 안에 있는 안전을 방해할 수 없기 때문이다(롬 8:31 참조).

한편 인기와 성공을 구가한 리더의 뒤를 잇는다는 것은 당혹스러운 일이다. 추앙받는 리더의 자리를 물려받아야 한다면 누구나 자신 없을 것이다. 하나님이 여호수아를 불러 이스라엘 백성을 이끌고 가나안 땅에 들어가라고 하셨을 때 여호수아가 불안해할 이유는 얼마든지 있었다. 그의 앞에 있는 막강한 적군은 철 병거와 요새로 든든히 무장하고 있었다. 그의 전임자는 이스라엘 역사상 가장 이름 높이 존경받던 모세였다. 그러니 하나님이 그에게 이런 확신을 심어 주실 만도 했다.

네 평생에 너를 능히 대적할 자가 없으리니 내가 모세와 함께 있었던 것같이 너와 함께 있을 것임이니라 내가 너를 떠나지 아니하며 버리지 아니하리니 강하고 담대하라 너는 내가 그들의 조상에게 맹세하여 그들에게 주리라 한 땅을 이 백성에게 차지하게 하리라 오직 강하고 극히 담대하여 나의 종 모세가 네게 명령한 그 율법을 다 지켜 행하고 우로나 좌로나 치우치지 말라 그리하면 어디로 가든지 형통하리니 이 율법책을 네 입에서 떠나지 말게 하며 주야로 그것을 묵상하여 그 안에 기록된 대로 다 지켜 행하라 그리하면 네 길이 평탄하게 될 것이며 네가 형통하리라 내가 네게 명령한 것이 아니냐 강하고 담대하라 두려워하지 말며 놀라지 말라 네가 어디로 가든지 네 하나님 여호와가 너와 함께 하느니라(수 1:5-9).

하나님은 그럴듯한 칭찬으로 여호수아를 추켜세우신 것도 아니고 본인의 장점과 능력으로 자신감을 얻으라고 하신 것도 아니다. 하나님은 모든 일이 그분의 손안에 있기에 여호수아가 자신의 부족함을 두려워할 필요가 없다고 하셨다. 여호수아는 절대적 확신 속에서 이스라엘을 이끌 수 있었다. 자신의 리더십 수완에 대한 확신이 아니라 하나님의 임재에 대한 확신이었다.

이스라엘 백성들도 참 리더가 누구인지 알았다. 그들은 여호수아에게 모세처럼 이끌어 달라고 부탁하지 않았다. 각자의 장단점을 거론하며 두 리더를 비교하지 않았다. 대신 그들은 이렇게 다짐했다. "우리는 범사에 모세에게 순종한 것같이 당신에게 순종하려니와 오직 당신의 하나님 여호와께서 모세와 함께 계시던 것같이 당신과 함께 계시기를 원하나이다"(수 1:17).

그때쯤에는 백성들도 기적을 충분히 보았기에 자기들이 따르고 있는 분이 하나님임을 알았다. 사람들은 하나님의 임재를 선명히 체험하고 있는 영적 리더를 찾게 돼 있다.

하나님은 약속하신 대로 여호수아를 통해 강하게 일하셨다. 이스라엘 백성들이 요단 강을 건널 때 하나님은 여호수아에게 재차 당신의 약속을 확인해 주셨다. "여호와께서 여호수아에게 이르시되 내가 오늘부터 시작하여 너를 온 이스라엘의 목전에서 크게 하여 내가 모세와 함께 있었던 것같이 너와 함께 있는 것을 그들이 알게 하리라"(수 3:7).

하나님의 임재는 명약관화하다. 여호수아는 백성들에게 자신을 입증할 필요가 없었다. 여호수아가 백성을 이끌고 전투에 나갈 때마다 하나님은 적들의 마음에 섬뜩한 두려움을 주셨고(수 2:11 참조), 적병들이 패주하게 하셨으며(수 23:10 참조), 여호수아의 군대가 이길 수 있도록 기적으로 개입하셨다(수 6:20; 10:13 참조). 하나님이 여호수아 군대를 돕고 계심은 누구나 알 수 있었다. 여호수아 군대의 승리가 능하신 하나님의 임재 때문임은 의심의 여지가 없었다.

그래서 삶을 마감할 시점에 여호수아는 하나님의 신실하심을 이렇게 간증했다. "보라 나는 오늘 온 세상이 가는 길로 가려니와 너희의 하나님 여호와께서 너희에게 대하여 말씀하신 모든 선한 말씀이 하나도 틀리지 아니하고 다 너희에게 응하여 그중에 하나도 어김이 없음을 너희 모든 사람은 마음과 뜻으로 아는 바라"(수 23:14).

여호수아는 평생 장수의 영광과 명예를 구하지 않았지만 하나님은 그것을 주셨다. 여호수아의 모든 수훈은 하나님의 공로였다. 여호수아의 성공은 분명 하나님께 온 것으로, 능력의 주인공은 하나님이셨다. 여호수아는 단지 하나님께 순종했다. 영적 성공은 능력으로 결정되는 것이 아니라 순종의 문제인 것이다.

성경은 하나님이 사람들과 관계 맺는 방식이 어떠하신지 이렇게 전한다. "나를 존중히 여기는 자를 내가 존중히 여기고 나를 멸시하는 자를 내가 경멸하리라"(삼상 2:30). 제사장 엘리가 가정을 잘못 다스려 하나님을 욕되게 하자 하나님은 그를 버리고 사무엘을 택하셨다. 사무엘은 "점점 자라매 여호와와 사람들에게 은총을 더욱 받"(삼상 2:26)았다.

과연 사무엘이 하나님을 존중하는 한 그분은 사무엘을 존중히 여기셨다. 하나님이 사무엘을 통해 일하신 방식에서 재미있는 일이 있다. "사무엘이 자라매 여호와께서 그와 함께 계셔서 그의 말이 하나도 땅에 떨어지지 않게 하시니"(삼상 3:19).

사무엘이 백성들에게 말할 때마다 그대로 이루어지리라 보장해 주신 것이다. 얼마나 놀라운 지지인가! 사무엘이 하나님의 약속을 선포할 때마다 매번 실제로 그 일이 이루어졌다. 그래서 사무엘의 말에는 확실한 권위가 주어졌다. 이스라엘 백성들이 사무엘의 가르침을 듣지 않을 때도 하나님은 결국 사무엘이 옳음을 입증하시고 그의 예언을 성취하셨다. 사람들의 존경을 요구하지 않아도 하나님께 순종한 리더들은 큰 추앙을 받기 마련이다.

이스라엘 역사의 난세에 드보라는 사사로 일한 여성이었다. 사람들은 지혜로운 드보라의 판결을 받으러 곧잘 에브라임 산지를 찾았다. 적들이 이스라엘을 괴롭히자 군대장관 바락에게 지혜를 베풀어 하나님이 주실 승리의 방법을 알린다. 그런데 승리의 장담에도 불구하고 바락은 싸움터에 나갈 테니 한 가지 조건을 들어 달라고 한다. "당신이 나와 함께 가면 내가 가려니와 만일 당신이 나와 함께 가지 아니하면 나도 가지 아니하겠노라"(삿 4:8).

드보라는 군사 훈련을 받은 적도 없고 용맹한 전사도 아니었지만 바락은 하나님의 생생한 임재가 그 삶에 함께하는 것을 보았다. 그는 드보라가 있으면 곧 하나님이 함께 계신 것이라 믿었다.

성경에 등장하는 어느 누구보다 예수 그리스도는 겸손의 모범이 되셨다. 겸손이야말로 하늘 아버지가 귀히 여기시는 부분이다. 역사상 자신을 높일 만한 정당한 이유가 있었던 유일한 분인 하나님의 독생자 예수님은 지극히 겸손한 삶과 죽음을 택하셨다. 아버지는 이 아들을 인정하셨다.

"이는 내 사랑하는 아들이요 내 기뻐하는 자라"(마 3:17). "이는 나의 아들 곧 택함을 받은 자니 너희는 그의 말을 들으라"(눅 9:35).

예수님은 한 번도 자신을 높인 적이 없었지만 하늘 아버지는 예수님의 삶과 죽음, 마침내 부활을 통해 아들을 높이셨다. 이것이 진정한 리더십의 모형이다. 사람들의 칭찬과 존경을 좇는 리더는 목표는 이룰 수 있을지 몰라도 상(賞)은 그것으로 끝이다. 사람들에게 상과 지위와 명예를 조르는 리더도 뜻대로 잘되면 대우받겠지만 그것은 고작 사람에게서 온 것일 뿐이다. 하나님의 인정을 구하는 자들은 참되고 영원한 영예를 얻는다. 그것은 인간의 일시적 칭찬과 결코 비교할 수 없는 것이다.

하나님이 리더의 삶을 기뻐하시면 그분의 거룩한 임재가 확연히 나타난다. 19세기 전도자 찰스 피니의 삶에는 하나님의 임재가 분명히 나타났다. 1826년 뉴욕 공단에 간 피니는 친척이 감독으로 있던 면 제조 공장을 방문하게 되었다. 많은 여공들이 베틀과 방적기에서 일하고 있는 커다란 방을 지날 때였다. 여자들 몇몇이 피니를 보며 뭐라고 서로 얘기를 주고받았다. 피니가 다가가자 그들은 더 심하게 동요했다. 피니가 3미터 앞으로 다가가자 한 여자가 바닥에 털썩 주저앉아 울음을 터뜨렸다. 곧 다른 사람들도 흐느끼기 시작했는데 자신들의 죄가 마음을 찔렀기 때문이다.

성령의 역사는 순식간에 건물 전체로 퍼져 온 공장이 하나님의 임재를 깊이 느꼈다 비신자인 사장도 하나님이 역사하고 계심을 깨닫고 잠시 공장 문을 닫았다. 그는 피니에게 설교를 부탁했다. 영혼의 평안을 찾는 법을 말해 달라는 것이었다. 누구에게 말을 걸지도 않았고 그저 공장 안으로 들어갔을 뿐인데도 피니의 삶에 거하신 하나님의 임재가 너무 강해서 주변을 압도하며 사람들을 뒤흔든 것이다.[8]

하나님이 당신의 종을 들어올리실 때 세상도 똑바로 주목한다. 아비 멜렉과 그의 군대장관 비골은 아브라함에게 "네가 무슨 일을 하든지 하나님이 너와 함께 계시도다"(창 21:22)라고 인정했다. 하나님이 솔로몬 왕에게 주신 지혜가 어쩌나 유명했던지 스바 여왕은 그를 만나 보고 경의를 표하기 위해 예루살렘까지 찾아왔다(왕상 10:1-10 참조). 빌리 그레이엄 목사에게 하나님의 지혜가 머물자 세상의 수많은 고위급 인사들이 그에게 영적 지혜를 구하곤 했다. 1991년 1월 16일, 걸프 전쟁이 발발하던 날, 미국의 조지 부시 대통령은 그를 백악관으로 불러 나란히 함께 앉아 첫 전투 보고를 받았다. 군대는 세상 최고의 장비를 갖춘 초현대식 군대였고 주변에는 가장 똑똑한 군사 외교 전문가들이 포진하고 있었지만, 대통령은 전쟁 발발의 긴장된 순간에 자기 곁을 지킬 자로 이 영적 리더를 택했다.[9]

하나님의 인정만이 영적 리더를 확증해 주는 근거이므로 리더는 반드시 자신의 삶을 평가해야 한다. 하나님이 인정하시면 증거가 충분히 나타나기 마련이다. 첫째, 하나님은 리더와 그 조직에 대한 당신의 약속을 성취하신다. 미래에 대해 끊임없이 새로운 구상과 개념을 제시하는데도 결실을 한 번도 보지 못한 리더라면 하나님의 비전이 아니라 자기 비전을 제시하는 게 아닌지 돌아보아야 한다.

둘째, 하나님은 당신이 인정하시는 리더의 명예를 때가 되면 회복해 주신다. 리더는 일하면서 비난을 듣기 마련이다. 비난이 반드시 리더십이 부족하다는 신호는 아니다. 하나님을 거부하는 사람들에게서 나온 비난일 수도 있기 때문이다. 성령의 인도를 받는 리더라면 결국 하나님이 결백을 입증해 주신다.

셋째, 리더의 삶에 나타나는 하나님의 임재로 사람들의 삶이 변화된다. 성령의 능력으로 이끄는 자가 있으면 사람들은 마음이 변화돼 새로운 차원에서 하나님을 체험하게 된다. 사람들을 감동시키거나 동기를 불어넣는 게 리더의 역할이지만 사람들의 영적 진보가 나타나지 않는다면 그 리더십은 하나님에게서 온 것이 아니라 단지 리더의 재능에 불과할 수도 있다.

그렇다면 어떻게 하나님의 손길을 얻을 것인가? 열쇠는 리더가 아니라 하나님께 있다. 하나님의 인정을 받기 위해 리더가 할 수 있는 일은 아무것도 없다. 단지 순종할 뿐이다. 더욱 열심히 일하겠다는 각오와 하나님 뜻을 위해 온전히 자아를 버리는 것은 엄연히 다르다. 전자는 사람끼리 헌신에 기초한 것이고 후자는 하나님께 의지한 결과이다.

위대한 영적 리더들의 전기를 보면 하나님과 구체적 만남의 시점들이 있었음을 볼 수 있다. 그것은 자기 삶의 가장 깊은 차원에서 자신을 하나님께 드린 순간들이다. 위대한 리더들은 그 후로도 주님과 만남을 지속하며 그 시간을 통해 자기 삶의 모든 영역을 조건 없이 철저히 그분께 드린다. 하나님을 더 알수록 자신의 한계를 깨닫고 더 일심으로 자신을 드리게 되는 것이다.

하나님을 깊이 만난 후 삶이 바뀐 리더

영적 리더십은 사람의 선택이 아니라 하나님과 맺는 생생하고 친밀한 관계에서 비롯된다. 삶이 변화될 만큼 깊이 하나님을 만나지 않은 사람은 영적 리더가 될 수 없다.

찰스 피니는 그리스도와의 독특한 만남을 통해 미국 역사상 가장 위대한 전도자 대열에 들었다. 변호사 시절, 젊은 피니는 집 근처 숲에 들어가 회심을 체험했다. 또 같은 주간에 법률 사무실에서 다시 그리스도를 만났다. 그의 삶을 영원히 바꿔 놓은 만남이었다.

내 모든 감정이 끌어 올라 분출되는 것 같았다. 내 영혼을 전부 하나님께 쏟아 놓고 싶다는 생각이 들었다. 걷잡을 수 없이 격앙되어 난 사무실 뒷방으로 급히 들어갔다. … 들어가 문을 닫는 순간 주 예수 그리스도를 대면하여 뵙는 것 같았다. … 그분은 아무 말씀 없으셨지만 그윽이 바라보시는 눈빛에 난 그만 그분 발 앞에 엎드리고 말았다. 그분이 실제로 내 앞에 서 계신 것 같았다. 난 그분 발치에 엎드려 내 영혼을 쏟아 놓았다. 어린아이처럼 엉엉 울면서 목멘 소리로 고백했다. 내 눈물로 그분의 발을 다 적신 것 같았다.

… 난 성령의 강한 세례를 받았다. 전혀 예상치 못한 일이었다 그런 것이 있는 줄 생각조차 해 본 일도 없었다. 세상 누구로부터 그런 얘기를 들어 본 기억도 없었다. 그렇게 성령님은 내 몸과 영혼을 관통하는 것처럼 내게 임하셨다. 그 감화는 날 훑고 지나가는 전기 파도처럼 느껴졌다. 사랑의 물결이 밀려드는 것도 같았다. 그밖에 달리 표현할 길이 없다. 하나님의 호흡 자체 같았다.

… 내 마음 가득 밀려오던 그 놀라운 사랑은 말로 표현할 수 없다. 난 기쁨과 사랑으로 목 놓아 울었다. 흘러넘치는 말 못할 마음을 문자 그대로 엉엉 울음으로 쏟아 냈다. 그 물결은 쉬지 않고 계속 날 덮쳐 왔다. 결국 이렇게 부르짖던 것이 기억 난다. "이 물결이 계속 저를 덮치면 죽을 것 같습니다. 주님, 더는 견디지 못하겠습니다." 그래도 난 전혀 죽음이 두렵지 않았다.[10]

이후 피니의 삶은 완전히 달라졌고, 그는 당대 최고의 전도자가 되었다. 한편 D. L. 무디는 시카고 YMCA 대표로 큰 성공을 구가하고 있었다. 또 성장하는 교회의 목사였다. 무디 주변에는 헌신된 크리스천들이 모여들었는데 그중 재능이 뛰어난 가수 아이라 생키도 있었다. 어느 모로 보나 무디는 성공한 복음 사역자였다.

1871년 6월, 사라 앤 쿡과 헉스허스트는 교회 맨 앞줄에 앉아 예배 시간 내내 열심히 기도했다. 무디는 그들에게 다가가 간절히 기도하는 이유를 물었다. 그들은 무디의 삶과 사역에 성령의 능력이 필요함을 느꼈기에 그를 위해 기도하고 있다고 말했다. 그때 무디의 내면에 변화가 일었다. 그는 이렇게 고백했다. "내 영혼에 깊은 갈급함이 생겼다. 그것이 무엇인지는 나도 몰랐다. 난 전에 없던 방식으로 부르짖기 시작했다. 이 능력을 받지 않고는 살고 싶지 않다는 생각이 간절했다."

무디는 두 여인에게 자신이 강력한 성령의 기름 부음을 받도록 금요일마다 기도해 달라고 부탁했다. 마침내 무디는 주님께 자기 삶과 의지를 전부 드렸다. 갑자기 그는 이전에 느껴 보지 못했던 하나님의 넘치는 임재를 느꼈다. 무디는 급히 하나님과 단둘이 있을 수 있는 호텔을 찾았다. "방 안이 하나님의 불꽃에 휩싸인 듯했다. 그는 바닥에 엎드린 채 하나님께 흠뻑 젖었다. 변화산과 같은 이 만남에 대해 무디 자신은 이렇게 말했다. '하나님이 내게 당신 자신을 보여 주셨다고 고백할 수 있다. 그분의 사랑이 너무나 생생히 느껴져 난 그분께 손길을 거두지 마시라고 구하지 않을 수 없었다.'"[11]

불과 몇 달 후 무디는 영국에서 헨리 발리로부터 이런 도전을 듣는다. "무디, 세상은 아직 하나님이 온전히 구별된 사람을 통해 하실 일을 보지 못했습니다.”

바로 무디가 그 사람이었다. 하나님은 그를 19세기 말 가장 위대한 전도자로 들어 쓰셨다.

빌리 그레이엄은 서른 살 때 인생의 고비를 맞았다. 그의 친구이자 동역자인 찰스 템플턴이 신앙을 버린 후였다. 템플턴은 그레이엄의 신앙을 비웃었다. 그레이엄은 대학 총장이자 순회 전도자로 훌륭히 일하고 있었지만 그의 삶과 사역은 흔들렸다. 가장 가까운 사람이 성경과 그 가르침에 대한 믿음을 저버리는 마당에 혼자 어릴 적 신앙을 고수한다는 것은 너무 순박한 일이 아닐까?

밤이 깊어 갈수록 내 마음은 더욱 무거웠다. 로스앤젤레스 전도 운동을 눈앞에 두고 난 반드시 답을 찾아야 했다. 성경을 믿을 수 없다면 난 더 이상 앞으로 나갈 수 없었다. 학교 총장도 그만두어야 했다. 전도자의 강단도 떠나야 했다. 내 나이 서른, 농부가 되기에 아직 늦지 않았다. 그러나 그날 밤 난 내 영혼을 구원하신 하나님이 결코 날 버리시지 않으리라 전심으로 믿었다.

… ‘오, 하나님! 이 책에는 제가 이해하지 못하는 것들이 많습니다. 제가 해결할 수 없는 문제들도 많습니다. 모순처럼 보이는 것들도 많습니다. 현대 과학과 전혀 상관없어 보이는 부분도 있습니다. 척을 비롯해 다른 사람들이 제기하는 철학적 비판을 전 풀 수 없습니다.’

… 마침내 성령에 힘입어 난 이렇게 고백했다. ‘아버지, 믿음으로 이 책을 아버지 말씀으로 받아들이겠습니다! 제 지식적 의문과 회의보다 믿음을 더 앞자리에 두겠습니다. 성경이 아버지 영감의 말씀임을 믿

겠습니다.'

그 8월의 밤, 포레스트 홈에서 무릎을 일으켰을 때 내 눈은 눈물로 젖어 있었다. 난 지난 몇 달간 느끼지 못했던 하나님의 임재와 능력을 느꼈다. 의문이 다 풀린 것은 아니지만 중요한 다리를 건넌 셈이었다. 영혼의 영적 전투에서 싸워 이겼음을 머리와 가슴으로 알 수 있었다.[12]

빌리 그레이엄이 세계적인 전도자로 두각을 나타낸 것은 이 사건 직후다. 그리스도께 모든 것을 바치는 이런 의식은 위대한 영적 리더들의 삶에 전환을 가져왔다. 이런 순간은 하나님 뜻을 구하려는 뜨거운 각오라기보다 하나님께 절대적으로 순종했을 때 찾아온다. 믿음으로 자신을 온전히 드려 하나님을 믿고 그분 뜻을 행하는 것이다.

영적 리더로서 피니나 무디, 그레이엄의 두드러진 성공은 뛰어난 언변이나 조직력에서 비롯된 것이 아니다. 오히려 그리스도께 대한 총체적 순종에서 온 것이다. 이들은 회심 때 헌신보다 더욱 깊은 차원에서 모든 것을 바쳐 그리스도를 따르리라고 결단했다. 그들은 자신에 대한 그리스도의 절대적 주권 앞에서 아무것도 자기 것으로 취하지 않기로 다짐했다.

하나님은 그들의 겸손을 기뻐하셨고 그들의 삶을 통해 당신의 놀라운 능력을 나타내셨다. 대다수 리더들은 이 깊은 순종의 차원에 끝내 이르지 못한다. 헌신하는 이들은 많지만 절대 순종하는 이들은 적다. 하나님은 삶의 모든 영역을 철저히 당신께 드리는 자들을 지금도 찾고 계시며, 그들을 통해 세상에 당신의 능력을 드러내신다.

온전하고 정직한 리더

과거만 해도 사람들은 대체로 리더의 사생활을 몰랐기 때문에 업무 실적 평가에서 리더의 사생활 결함은 그다지 고려되지 않았다. 직장에서만 술을 안마시면 가정에서 주사(酒邪)는 상관없다는 식이었다. 유명 정치가들이 부도덕한 삶을 살아도 그런 허위는 알려지지 않았고 리더십 능력을 재고하게 만드는 것으로 간주되지도 않았다. 그러나 오늘날 대다수 리더십 전문가들은 온전함 혹은 정직성이 리더십 성공의 기초라는 데 동의한다.

쿠제스와 포스너는 미국 전역의 직장인을 대상으로 한 광범위한 연구에서 가장 높이 평가하고 존중하는 리더의 특성이 무엇인지 물었다. 세월이 지나도 언제나 수위를 차지한 특성은 바로 정직성이었다.[13] 사람들은 리더의 정직성을 비전, 능력, 업적, 감화력보다 더 중시했다.

우리 역시 이 책을 쓰면서 비공식적 설문 조사를 실시했다. 유수한 회사의 CEO들에게 직원 채용에서 중시하는 조건을 물은 것이다. 거의 만장일치로 도덕성을 첫째 자격으로 꼽았다. 베케트사의 존 베케트는 "제가 제일 중시하는 것은 도덕성입니다. … 도덕성이 내면화돼 있다면 정직, 근면, 건전한 직업 윤리 같은 다른 특성은 당연히 따라온다고 믿습니다"라고 말했다. 사장도 직원도 똑같이 서로에게 도덕성을 원한다는 사실은 전혀 놀랄 일이 아니다.

리더십은 결국 신뢰를 바탕으로 한다. 사람들은 자기가 믿는 리더를 따르기 마련이다. 리더를 믿을 수 있으려면 기초가 있어야 하는데, 그 기초가 정직함이다. 쿠제스와 포스너는 리더의 온전함을 "신뢰성"이라는 단어로 표현하기도 했다. "리더십의 기초는 신뢰성이다. 그게 전부다."[14] 또 그들은 "리더의 신뢰성을 확인하는 궁극적 테스트는 언행일치 여부다"[15]라고 말했다.

영적 리더들은 누구보다도 정직성을 인정받아야 한다. 그러나 많은 사람들이 그렇지 못하다. 사실 대중의 마음속에는 유명한 영적 리더일수록 위선자요 사기꾼이라는 냉소적 의혹이 있다. 언론 보도에는 기독교계 지도자들이 재정 문제와 부도덕한 삶으로 대중을 속였다는 기사가 끊이지 않는다. 자기 생각을 최대한 멋지게 보이려고 터무니없이 진실을 미화하거나 사실을 왜곡하는 목사들은 주변에서 심심찮게 발견된다. 그들은 진실을 과장해 사람들을 감동시켜 기독교를 믿게 하면 되지 않느냐는 잘못된 정당화 논리를 들이대기도 한다. 리더가 진실을 과장하거나 전략상 얼버무릴 때 사람들은 신뢰를 잃는다. 사람들이 리더에게 기대하는 것은 완벽함이 아니라 정직함이다.

리더의 삶에는 온전함이 돋보여야 한다. 이는 세상 리더와 크리스천 리더 모두 공히 깨닫는 바다. 맥스 드프리는 "매사에 온전함이 다른 모든 것에 선행된다. 온전함이 반드시 겉으로 드러나야 한다. 사람들은 자기 리더의 온전함을 반드시 확신해야 한다. 공인의 삶을 사는 리더는 보여지는 모습이 곧 삶이 된다"[16]고 주장했다.

사전은 온전함(integrity)을 '도덕적 또는 미적 원리를 고수하는 것, 진실하고 정직함, 올곧음, 통전적이고 완전한 것, 흠이 없고 더럽혀지지 않은 상태, 본래의 이상적인 상태'로 정의한다. 온전함이란 불시의 순간을 포함해 어떤 상황에서도 일관성 있는 행동을 뜻한다. 평소에는 안정돼 있고 매너도 좋지만 일이 틀어질 때마다 과격한 성질이 폭발한다면 그것은 온전한 삶이 아니다. 공중 앞에서는 정직하고 도덕적이라도 사생활에서 그런 기준을 버린다면 그것은 온전한 삶이 아니다. 사람들이 온전한 리더에게 기대하는 행동 양식은 전혀 모호하지 않다. 로버트 리 장군은 "적의 추적과 전투가 아무리 맹렬해도 크리스천 군인의 모습을 잃지 않았다"[17]고 전해진다.

스포츠 경기를 보면 자칭 크리스천 선수들이(일부 팬들도) 분노 폭발로 명성을 망치는 사례가 많다. 그런 틈에 달라스 카우보이 팀의 수석 코치 톰 랜드리는 단연 보석 같은 존재다. 그가 해임되었을 때 스포츠 언론은 이 유명한 크리스천 코치에게 찬사를 아끼지 않았다. 한 기자는 카우보이 팀이 굴욕적인 참패를 당한 후 랜드리와 인터뷰했던 일을 자세히 회고했다.

그날 경기로 수모를 겪었음에도 불구하고 랜드리는 기자들의 모든 질문에 친절하고 침착하게 답했다. 그런데 인터뷰가 끝나고 카메라 장비를 챙기면서 기자는 인터뷰가 녹화되지 않았음을 발견했다. 그날 저녁 방송에 내보낼 자료가 날아간 것이다. 다급한 마음에 기자는 복도를 걸어 나가는 랜드리를 허겁지겁 쫓아갔다. 기자의 딱한 사정을 들은 랜드리는 피곤한 중에도 그만을 위해 처음부터 끝까지 다시 인터뷰에 응했다.

비크리스천 기자는 랜드리를 기념하는 전국 방송에 그 사연을 소개하면서 팀이 이겼든 졌든 똑같이 친절하고 품위있게 행동한 한 크리스천의 성품에 찬탄을 금치 못한다고 말했다. 이것이 온전함이다. 성경은 이렇게 온전한 자들을 위한 약속으로 가득 차 있다.

- 그는 정직한 자를 위하여 완전한 지혜를 예비하시며 행실이 온전한 자에게 방패가 되시나니(잠 2:7).
- 바른 길로 행하는 자는 걸음이 평안하려니와 굽은 길로 행하는 자는 드러나리라(잠 10:9).
- 온전하게 행하는 자가 의인이라 그의 후손에게 복이 있느니라(잠

20:7).

- 내가 나의 완전함에 행하였사오며 흔들리지 아니하고 여호와를 의지하였사오니 여호와여 나를 판단하소서 여호와여 나를 살피시고 시험하사 내 뜻과 내 양심을 단련하소서(시 26:1-2).

성경은 온전함을 '흠이 없다'는 말로 표현하기도 한다. 베드로는 그리스도의 재림과 관련하여 신자들에게 "주 앞에서 점도 없고 흠도 없이 평강 가운데서 나타나기를 힘쓰라"(벧후 3:14)고 권했다.

어떤 사람들은 불륜에 빠진 리더도 여전히 조직을 훌륭히 이끌 수 있다고 주장한다. 그 두 가지가 서로 영향을 미치지 않는다는 것이다. 증인들 앞에서 하나님께 한 서약을 깨뜨리고 아내와 자식을 속이며 사랑하는 이들의 신의를 고의로 저버린 자가 자기 조직 사람들을 정직하게 대하리라고 어떻게 보장할 수 있는가?

삶의 어느 한 부분에서 이중성을 보인 자들은 다른 곳에서도 똑같이 이중적일 수 있다. 워렌 베니스와 버트 내너스가 유수한 회사들의 성공한 CEO 60명을 조사해 본 결과 거의 전원이 첫 번째 결혼을 유지하고 있었다.[18] 신뢰와 충절을 중시한 이들은 기업에서는 물론 부부 관계에서도 온전한 삶을 살고 있었다.

온전한 리더에게 확실한 권위가 뒤따른다. 온전함이 없는 리더도 좋은 사업을 추진할 수는 있지만 사람들의 충성은 얻지 못한다. 타당성 있는 사업도 자기 삶의 흠 때문에 훼손되기 때문이다. 물론 훌륭한 리더십이 온전함만으로 보장되는 것은 아니다. 리더는 능력도 있어야 한다. 하지만 따르는 사람들이 아직 리더처럼 확실한 비전을 보지 못하고 있을 경우 리더의 온전함은 좋은 영향을 끼칠 것이다.

온전함은 저절로 생기지 않는다. 그것은 리더가 의식적으로 개발해야 하는 성격 특성이다. 사역 초기에 빌리 그레이엄은 캘리포니아 머데스토 전도대회 기간 중 동역자들과 한자리에 모였다. 그들은 유명 전도자의 소문난 스캔들 사례로 고민하고 있었고, 자신들도 조심하지 않으면 부도덕에 빠질 수 있음을 우려했다. 그레이엄은 동역자들에게 자신들의 사역을 망치거나 방해하기 쉬운 요소들을 찾아보게 했다.

이어 그들은 삶과 사역의 온전함을 지키기 위해 따라야 할 몇 가지 원칙들에 합의했다. 그레이엄은 그것을 "전도자의 절대적 정직과 순결에 있어 최선을 다해 성경의 기준을 지킨다는 공동의 언약"[19]으로 표현했다. 초기부터 이렇게 온전함에 헌신한 결과 빌리그레이엄전도협회는 전 세계 기독교 조직을 대표하는 온전함의 뛰어난 표상이 되었다. 온전함은 우연히 되지 않는다. 의식적 노력을 통해 이루어진다.

작더라도 성공을 경험한 리더

리더의 신뢰성을 더하는 것으로 장기적으로 계속된 성공을 들 수 있다. 성공은 하나님이 한 리더를 복 주고 계시다는 징표일 수 있다. 하나님은 여호수아에게 그가 어디를 가든 함께하실 것이므로 어떤 적도 그를 당할 수 없다고 약속하셨다. 정말 어떤 적도 그를 당하지 못했다. 여호수아의 일관된 승리는 하나님이 축복하신다는 직접적 증거였다. 쿠제스와 포스너 말대로 "승리의 이력은 유능함을 인정받는 가장 확실한 길이다."[20]

리더는 자신을 존경하라고 요구해서는 안 된다. 리더를 향한 존경심은 다만 얻을 수 있을 뿐이다. 많은 자칭 리더들의 문제는 먼저 성공 이력을 쌓지도 않고 무조건 사람들의 존경을 원하는 데 있다. 마치 지원서에 "저의 열 개 남짓 되는 경력을 '철새의 편력'으로 오해하지 마십시오. 전 한 번도 실직이었던 적은 없습니다"라며 뿌듯해 하는 풋내기처럼 말이다. 아 랫사람에게는 리더의 실적을 살펴볼 권리가 있다. 몇 번에 걸쳐 실패한 리 더라면 사람들이 따르기를 주저하거나 새 일을 맡기지 않아도 놀랄 일이 아니다.

경륜 있는 리더들이 누리는 존경과 권위를 젊은 리더들이 기대해서 는 안 되는 것도 바로 그 때문이다. 경륜을 대치할 수 있는 것은 없다. 쿠제 스와 포스너는 "리더는 타인의 경력이 아닌 오직 자신의 경력으로 사람들 을 이끌 수 있을 뿐이다"[21]라고 지적했다. 베케트사의 존 베케트는 "이력이 뒷받침하지 못하는 '잠재력'이라면 신물이 난다"고까지 했다.

그래서 성공 경험이 그다지 없는 젊은 리더들은 사람들의 존경을 얻 기 힘들어 고심하기 마련이다. 우리가 만난 젊은 목사도 첫 부임지에서 고 전을 면치 못하고 있었다. 분명 주님을 사랑하는 목사건만, 교인들은 별로 그를 지지하지 않았다. 그는 복음이 활발하지 않은 인근 지역에 교회 차원 에서 지교회를 세워 복음을 전하자고 제안했다. 하지만 돕겠다고 나선 사 람은 아무도 없었다. 교회 안에도 할 일이 많은 데 타 도시로 사역을 확대 하는 것이 지혜로운 일이냐는 의문까지 제기했다. 그는 속상했다. 전도하 는 문제까지 교인들이 따르지 않으니 어떻게 하면 좋을지 몰랐다. 사람들 을 움직여 하나님 일을 하는 게 그의 꿈인데도 말이다.

이런 고민을 상담할 때마다 난감하다. 그렇잖아도 낙심한 리더에게 문제는 당신의 리더십이라고 지적하는 것은 왠지 도리가 아닌 듯 보인다. 단순히 사람들의 태도나 경제 불황, 지역사회나 예전 리더의 실수 탓이라고 고개를 끄덕여 주고 싶은 유혹을 느낀다. 그러나 책임을 딴 데로 돌리면 효과적인 리더십을 방해하는 리더의 단점은 그대로 남는다. 복음 전파의 열정에 관한 한 목사의 잘못은 전혀 없다. 그는 진정 하나님 나라를 위한 의미 있는 사역으로 교회를 이끌고자 했다.

그러나 사실 그의 교회도 상황이 열악했다. 교회 재정은 적자에다 시설도 당장 보수가 필요했고, 주일학교는 만성적으로 교사가 부족했다. 그럼에도 목사는 이렇다 할 손을 쓰지 못했다. 교인들은 목사가 한 교회를 다스리고 유지하는 데만도 쩔쩔매는 것을 보았다. 그러니 지교회를 세우고 제대로 이끌 수 있을지 의아해 한 것은 당연했다.

대화가 깊어지면서 그가 개인적으로도 재정 문제를 겪고 있음이 밝혀졌다. 돈을 관리할 줄 몰랐던 것이다. 그는 식생활에 부주의해 몸무게가 늘고 있다고 털어놓았다. 비로소 그는 문제가 교인들한테 있는 것이 아니라 자기에게 있음을 보기 시작했다. 그는 성공의 이력을 쌓지 못했다. 그는 교회를 정비하여 시설을 유지하고 교육 프로그램을 운영하는 능력을 증명하지 못했다. 그러면서 타 도시로 나서는 큰 모험에 동참하라고 교인들에게 호소한 것이다. 그의 재정과 건강 상태마저 제대로 관리되지 않는 지경에 말이다.

결국 그는 이웃 지역의 비신자들을 향해 영적 부담이 있었던 것은 사실이지만, 동시에 교회 문제들을 피하고 싶었는지도 모른다고 고백했다. 새 교회에 주력하다 보면 본 교회에서 겪는 어려움을 벗어날 수 있기 때문이었다. 교인들이 목사를 따르지 않는 것은 오히려 지혜로운 일이었다.

리더에게는 작지만 성공한 실적들이 필요하다. 신임 리더가 처음부터 조직에서 큰 사업을 벌이는 것은 바람직하지 않다. 처음에는 성공리에 마칠 수 있는 작은 일들에 손대는 것이 좋다. 리더에게 작은 승리가 이어지는 것을 볼 때 사람들은 더 큰일도 기꺼이 시도하게 된다.

리더가 작은 승리를 보여 줄 수 있는 시발점은 바로 자기 관리다. 성경에는 주인의 돈을 맡은 세 종의 이야기가 나온다. 두 종은 자원을 투자해 원금을 두 배로 늘렸다. 한 종은 돈을 땅에 묻어두고 한 푼도 더 벌지 않았다. 두 종에 대한 주인의 반응은 "잘하였도다 착하고 충성된 종아 네가 적은 일에 충성하였으매 내가 많은 것을 네게 맡기리니"(마 25:23)였다.

하나님 나라는 이 진리로 움직인다. 작은 일에 충성을 인정받아야 하나님께 더 큰 것을 받는다. 반대로 작은 일에 게으른 자에게는 큰 것도 맡겨지지 않는다. 있는 것까지 잃을 수도 있다. 문제는 작은 일을 무시하고 곧바로 큰일, 즉 영향력과 위신이 따르는 일에 뛰어들려는 사람들이 너무 많다는 것이다. 그러나 하나님은 그런 식으로 일하시지 않는다. 하나님은 순서를 밟아 리더를 키우신다. 대개 하나님은 리더에게 작은 일부터 맡기신다. 그것이 성경에 나타난 틀이다.

하나님을 위해 큰일을 하려는 데도 하나님이 복 주시지 않아 속상하다면 자신의 최근 이력을 살펴봐야 한다. '난 작은 일에 충실했는가?' 아울러 성공을 하나님의 시각으로 측정하는 것도 중요하다. 하나님의 경제학에서 '더 많다'는 것은 반드시 인원이 많거나 돈이 많거나 위신이 커진다는 뜻은 아니다. 그것은 하나님이 그들에게 더 어려운 일이나 더 큰 고난을 주신다는 뜻일 수도 있다. 하나님의 아들은 가장 큰일을 받으셨는데, 바로 십자가였다.

하나님을 알고 체험하는 것은 순종에 따른 점진적 노력이다. 아무리 하찮은 일일지라도 모든 순간 하나님께 순종할 때 하나님의 종은 더 친밀하게 그분을 알게 되며 믿음도 자란다. 그리하여 하나님이 다음에 무슨 일을 맡기셔도 감당할 수 있는 영적 성숙에 이르게 된다.

사람들에게 미치는 리더의 영향력은 바로 이러한 순종과 성장의 틀을 통해 높아 간다. 리더가 하나님을 충실하게 섬기는 모습을 보이면 사람들의 따르고 싶은 동기도 강해진다. 하나님이 리더를 높여 주시는 증거가 나타나면 그것이 리더의 신뢰도를 높인다. 리더십 자리를 얻으려고 정치적 수단을 동원하는 리더들은 여간해서 신임을 얻기 힘들 뿐 아니라 단기적 성공과 상관없이 결국 신임을 잃고 말 것이다.

포트워스에 있는 사우스웨스턴침례신학대학교의 2대 총장 L. R. 스카보로는 신학생들이 특출한 사역자를 찾아 급급해 하는 모습을 한탄하며 이렇게 도전했다. "여러분의 자리가 너무 작아 자신에게 맞지 않는다면 여러분이 크게 만드십시오. 자리를 크게 만들 수 없다면 큰 자리를 맡기에 부족한 것입니다."[22]

주어진 일에 주력하기보다 뭔가 더 큰일을 바라며 수평선만 바라보는 리더는 현재의 직위도 지킬 자격이 없다. 반면 하나님이 새 일을 주실 때마다 열심히 에너지를 쏟는 리더들은 현재 자리에서 성공을 누릴 뿐 아니라 하나님이 장차 더 큰일에 쓰실 자질을 갖추는 셈이다.

한편 하나님 나라에서 의미하는 '성공'의 의미를 아는 것도 중요하다. 하나님 나라의 성공은 세상과 동일한 기준으로 측정되지 않는다. 미국 독립전쟁 초기에 조지 워싱턴은 전투마다 대부분 졌다. 그러나 훈련과 장비가 미흡했던 오합지졸 병사들을 감안하면 굶어 죽거나 얼어 죽지 않은 것만도 큰 승리였다. 때로 전략적 후퇴도 성공이 될 수 있는 것이다.

하나님은 성공을 돈이나 지위가 아니라 충성과 순종의 기준으로 측정하신다. 리더의 성공의 결정적 척도 역시 사람들을 움직여 현재의 자리에서 하나님이 원하시는 자리로 가게 했느냐다.

새 리더를 구하는 조직들은 후보자의 면모를 자세히 살펴야 한다. 전에 CEO나 목사로 일한 경력이 없더라도 그가 리더라면 언제나 성공적 리더십 역량의 증거가 있기 마련이다. 초보 리더는 아직 큰 명예나 업적은 없어도 작은 성공들을 쌓아 왔어야 한다. 자원 봉사 조직에서 리더십 역량을 보였을 수도 있다. 높은 자리에 앉은 적은 없을지라도 작지만 성공한 이력은 있어야 한다.

대개 리더들은 아무리 하찮은 일일지라도 자신이 하는 일에서 승진을 거듭하고 동시에 급여도 인상된다. 리더십 자질이란 금방 눈에 띄기 때문이다. 그들에게 실패가 없다는 뜻이 아니다. 오히려 그들은 실패를 통해 배웠기에 자기 역할을 훌륭히 해 낸다. 워렌 베니스의 말처럼 "리더들은 모든 사람과 마찬가지로 자기 경험의 총합이지만 경험을 최대한 활용하기 때문에 다른 사람들과 달리 총합 이상의 존재가 된다."[23]

다시 말해 경험은 최종 산물이 아니라 성품을 개발하는 시초이다. 한 사람을 리더 되게 하는 것은 성품이다. 영적 리더의 성장은 그의 삶 속에 역사하시는 하나님의 활동이 축적된 결과이기 때문이다.

하나님이 맡기신 모든 일에 충실한 리더는 엄청난 평안과 자신감을 누린다. 미국 독립전쟁이 끝날 때 로버트 리 장군을 지켜본 사람은 이런 결론을 내렸다. "그는 임박한 파국을 숭고해 보일 정도로 침착하게 맞이했다. 그가 그럴 수 있었던 것은 분명 혼신의 힘을 다해 의무를 완수했기 때문이다."[24]

충실했던 리더는 패전도 훌륭하게 맞을 수 있다. 그런 사람은 하나님이 당신의 때, 당신의 방법으로 보상해 주심을 확신한다. 또 그를 지켜보는 사람들에게 크든 작든 주어진 모든 일에 충성하는 리더의 자질을 확실히 보여 줄 수 있다. 자기 리더에게 완벽을 기대하는 사람은 별로 없다. 다만 리더가 하나님께 충성해 온 것을 알 때 하나님이 그에게 주신 영적 영향력도 함께 인정하게 된다. 그리고 자원하여 따르는 것이다.

준비된 리더

빌리 그레이엄은 자서전에서 인생을 다시 산다면 다르게 하고 싶은 부분이 있다고 말했다. "내 삶에는 실패가 많았다. 다시 기회가 주어진다면 바꾸고 싶은 부분도 많다. 무엇보다 난 설교를 줄이고 공부를 더 많이 하고 싶다."[25]

빌리 그레이엄은 역사상 누구보다 더 많은 이들에게 설교했고 더 많은 회심을 보았다. 그러나 자신이 좀 더 잘 준비됐더라면 하나님이 더 크게 쓰셨을 거라고 믿는다.

준비는 리더에게 깊은 자신감을 가져다준다. 훌륭한 리더는 사전 준비가 철저한 사람이다. 윈스턴 처칠은 아침마다 으레 식사 자리에서 아홉 개의 신문을 읽곤 했다. 각료들이 정보를 간추려 주는 방식을 거부하고 직접 기사를 읽었던 것이다. 에이브러햄 링컨은 독립전쟁 중 전황 소식을 한시라도 빨리 들으려고 직접 전보 사무실을 찾았다. 해리 트루먼은 똑똑한 사람으로 알려져 있지는 않지만 항상 철저한 준비로 감탄을 자아냈다.

1945년 4월 12일, 프랭클린 루스벨트의 사망으로 대통령 직을 승계한 트루먼에게는 엄청난 과제들이 기다리고 있었다. 그해 7월 이오시프 스탈린과 윈스턴 처칠을 만나 세계 평화와 독일 · 일본 처리 문제를 의논해야 했던 것이다. 트루먼은 이전 회담에서 두 정상과 만난 적도 없었고 전임자에게 그간 회담 내용을 들은 적도 없었다. 또 트루먼은 원자 폭탄 사용 여부를 결정해야 하는 엄청난 부담이 있었다. 그러나 트루먼을 만난 사람들은 그가 철저히 준비돼 있는 데 깜짝 놀라지 않을 수 없었다. 그는 사태를 파악하여 결정을 내릴 때까지 모든 보고와 서류를 일일이 검토했다. 트루먼의 결단력은 세심한 준비에서 나온 것이다. 충분히 준비될 때 리더는 확신을 가지고 결정을 내릴 수 있다.

과거 많은 위대한 리더들이 역사에 해박했던 데는 깊은 의미가 있다. 역사가 윈스턴 처칠은 히틀러와 국가적 충돌을 역사적 관점에서 해석할 수 있었다. 나폴레옹은 왕성한 독서가였고 특히 역사서를 많이 읽었다. 성공하는 리더는 조직의 역사를 배우는 데 시간을 투자한다. 영적 리더는 하나님이 지금까지 인도해 오신 방식을 파악하기 위해 조직의 과거를 신중히 공부한다.

역사는 새 리더에게 더욱 중요하다. 신임 목사가 임지에 도착하면서 하나님도 자기와 함께 도착하셨다고 생각하면 오산이다. 하나님은 교회가 세워질 때부터 그곳에 계셨고 목사가 떠나도 그곳에 계실 것이다. 현명한 목사는 교회 역사를 면밀히 살펴 지금까지 인도해 오신 하나님의 손길을 더듬으며 앞으로 어떻게 인도하실지 가늠한다.

리더십 준비에는 훈련도 포함된다. 훌륭한 리더는 배울 시간을 낸다. 주님을 섬기고 싶은 조급한 마음에 교육이나 기술 습득의 기회를 경시하는 열성파 리더들이 많이 있는데, 그들은 머잖아 조직에서 자신의 지식과 기술을 훨씬 능가하는 문제들에 부딪칠 것이다. 최선의 노력으로 적절히 훈련받는 리더는 리더십이 잘 준비되고 사람들에게도 더 많은 신임을 얻게 된다. "네가 자기의 일에 능숙한[숙련된] 사람을 보았느냐 이러한 사람은 왕 앞에 설 것이요 천한 자 앞에 서지 아니하리라"(잠 22:29).

일할 자리만 생기면 훈련을 중단하는 리더들이 너무 많다. 실무가 중요하다는 생각에 장차 반드시 부딪칠 도전에 제대로 준비도 되지 않은 채 직무에 뛰어드는 것이다. 사실 훈련을 중단하는 리더는 일을 끝마치지 못하는 성격적 결함을 드러낼 때가 많다. 즉 리더십 준비에 임하는 모습은 그 사람이 장차 어떤 리더가 될지 판가름하는 좋은 지표다.

모든 배움이 정식 교육을 통해 오는 것은 아니지만 준비의 방편으로 교육 과정이 도외시되면 안 된다. 구약 시대 누구보다 뛰어난 리더는 모세다. 리더가 되기 전 모세는 좋은 교육을 받았다. 그는 애굽 최고의 학교에서 정식 교육을 받은 지성인이었다. 구약 시대 사상가요 조직 신학자는 그렇게 준비되었다. 신약의 조직 신학자로는 사도 바울이 있다. 당대 최고의 지성으로 불리던 가말리엘 문하에서 수학한 바울은 오늘날로 말하자면 박사학위까지 얻었다. 교육 과정을 통해 모세와 바울은 모두 사고력 함양에 시간을 투자할 수 있었다. 정식 교육의 혜택은 머릿속에 지식만 쌓아 주는 것이 아니라 생각하는 법을 가르친다는 점이다. 리더가 어떤 새로운 도전이나 뜻밖의 상황에 부딪쳤을 때 사고력은 큰 도움이 된다.

리더라면 충분한 교육의 가치를 알아야 한다. 1944년 포드 자동차 신입사원 선발 팀의 리앤더 맥코믹-굿하트는 각 대학의 우수 졸업생을 선발하기 위해 미국 전역의 50개 대학을 순회했다. 리하이대학교에서 그는 리 아이아코카라는 젊은이를 만나 포드의 일자리를 제의했다. 아이아코카의 꿈이 실현되는 순간이었다. 그의 가장 큰 야망이 언젠가 포드에서 일하는 것이었다.

그런데 아이아코카는 입사를 1년 연기할 수 있느냐고 물었다. 프린스턴대학교에서 석사 과정을 공부할 기회가 주어졌기 때문이다. 야망과 재능을 겸비한 아이아코카는 꿈에도 그리던 기회가 왔지만 장차 다가올 더 큰 기회를 위해 자신을 충분히 준비하기로 결심했다. 대학 중퇴생들이 '크게 된' 사연도 책에 더러 소개되는 모양이지만 그것은 예외인 편이다. 대다수 위대한 리더들은 일에 뛰어들기 전 시간을 들여 자신을 충분히 준비했다.

하워드 가드너는 《20세기를 움직인 11인의 휴먼파워》(Leading Minds, 살림 역간)에서 리더십에는 직접적 형태와 간접적 형태가 있다고 말했다. 프랭클린 루스벨트, 윈스턴 처칠, 이오시프 스탈린은 다른 사람들에게 직접적 영향을 행사한 반면 알베르트 아인슈타인 같은 사람은 간접적 영향을 끼쳤다. 많은 면에서 간접적 형태의 영향력이 깊고 장기적이다. 사상가들의 지성은 전통적 사고방식과 문제 해결 방식에서 벗어나 새로운 길을 연다. 그들은 새로운 패러다임을 통해 판에 박힌 전통의 한계를 깨뜨리고 조직에 참신한 통찰과 효율성을 제시한다.

리더십의 완전한 모델이신 예수님을 생각해 보라. 그분의 제자는 소수였지만 그분은 가르침을 통해 엄청난 영향을 미치셨다. 예수님은 성경을 공부하고 기도하는 데 많은 시간을 들이셨고 제자들에게 그것을 가르치셨다. "내가 내 아버지께 들은 것을 다 너희에게 알게 하였음이라"(요 15:15).

성경을 깊이 사고하신 예수님은 당대에 널리 통용되던 신념과 관습에 철저히 도전하셨고, 하나님과 구원에 대해 세간의 생각과 전혀 다른 견해를 내놓으셨다. 산상수훈에서 제시하신 삶의 기준은 아무도 상상해 본 적 없는 벅찰 만큼 새롭고 색다른 것이었다. 예수님은 군대를 호령하신 일도, 조직을 감독하신 일도, 큰 자금을 만져 보신 일도 없다. 그러나 그분의 영향력은 2천 년이 넘도록 이어지며 계속 확장되었다.

사실 현실을 이전 사람들과 다른 시각으로 본 리더가 출현할 때마다 역사에는 분수령이 그어졌다. 역사가들은 마틴 루터라는 평범한 독일 수사가 하나님과 인간에 대한 통념에 의문을 제기하던 순간을 개신교 종교 개혁의 시발로 꼽고 있다. 그의 이름을 물려받은 마틴 루터 킹 주니어 역시 인종차별이라는 자기 세대의 통념에 과감히 도전하고 나섰다.

이런 리더십은 일차적으로 행동이 아닌 생각에서 나온다. 사회를 뒤흔들고 세상을 바꾸고 역사를 만드는 사고는 한가하고 게으른 상태에서 나오지 않는다. 워렌 베니스는 오늘날 너무 많은 리더들이 "지성의 금욕"[26]으로 고생하고 있다고 탄식했다. 행동만 있을 뿐 자기 행동이 적절하고 효과적인지 좀처럼 멈춰 생각할 줄 모른다는 것이다.

기독교를 비난하는 사람들은 기독교가 사고는 무시한 채 믿음만 강요한다고 주장한다. 그러나 역사를 살펴보면 정반대다. 역사상 위대한 과학적 진보들은 기독교적 사고가 널리 통용되는 나라들에서 이루어졌다. 하나님의 영광을 위해 지성을 훈련한 아이작 뉴턴 같은 크리스천을 통해 과학적 쾌거가 이루어진 것이다.

사회에 변화를 가져온 영적 리더들은 성경을 부지런히 공부한 사람들이었다. 그들은 끊임없이 하나님을 알고자 노력했고, 자신과 사회를 향한 그분의 뜻을 간절히 추구했다. 지성적 사고력을 십분 활용한 결과, 이들은 자신의 길이 하나님의 길과 다름을 알게 됐다(사 55:8-9 참조). 영적으로, 정신적으로 자신을 훈련한 영적 리더들은 인류 역사에 영원한 흔적을 남길 수 있었다.

겸손한 리더

토머스 모어는 헨리 8세를 보좌한 가장 영향력 있는 리더 가운데 하나였다. 왕은 그가 왕궁에서 멀리 있는 것을 싫어했고 몇 번 그의 집에 직접 찾아가기까지 했다. 한번은 왕이 다녀간 후에 모어의 사위 윌리엄 로퍼가 막강한 군주에게 영향을 미치는 장인을 칭찬해 드렸다. 그러자 모어는 겸손히 대답했다. "이보게, 난 우리 주님께 감사드린다네. 각하는 내게 아주 좋은 주군이시네. 나라의 어느 신민에게나 마찬가지로 내게도 감당 못할 은총을 베풀어 주셨지. 그래도 난 조금도 자만할 이유가 없다네. 설령 내 머리로 각하께 프랑스의 한 성(城)을 얻어 드릴 수 있다 해도 … 어차피 이 머리는 영원할 수 없잖은가."[27]

모어는 자신을 비롯하여 인간을 정확히 보았다. 덕분에 자존심에 눈이 멀어 현실을 놓치는 일이 없었다.

《좋은 기업을 넘어 위대한 기업으로》에서 짐 콜린스는 가장 성공한 기업 리더들을 "단계5의 리더들"이라 부르며 그들의 특징을 분석했다. 놀랍게도 그들의 특징은 겸손이었다. "단계5의 리더들은 자아의 욕구에 함몰되지 않았고, 위대한 기업을 일군다는 더 큰 목표를 지향했다. 그들이라 해서 자존심이나 이기심이 없다는 말은 아니다. 사실 그들은 굉장히 야망이 크다. 하지만 그 야망은 일차적으로 자신이 아니라 조직을 위한 것이다."[28]

콜린스가 이후의 책에 지적했듯이 크게 쇠퇴한 기업들은 대체로 "성공으로 인한 자만" 때문에 그렇게 되었다.[29]

콜린스에 따르면 단계5의 리더들은 자신감이 부족하지 않다. 다만 그들은 자신의 성공이 얼마나 빈약한지 알고 있고, 맡겨진 일이 자신보다 훨씬 큼을 인식하고 있다. 콜린스는 에이브러햄 링컨을 미국의 몇 안 되는 단제5의 대통령 중 하나로 꼽았다.

내각을 선임할 때 링컨은 국가에 가장 중대한 시기가 닥쳐오고 있음을 알았다. 전임자 제임스 뷰캐넌이 온통 동지들과 지지자들로 내각을 구성한 것과 달리 링컨이 뽑은 인사들은 당의 리더가 되려고 링컨과 싸웠던 사람들이다. 그들은 또 하나같이 자신들이 링컨보다 국가 지도자로 더 적임이라 생각했다. 그런데도 링컨은 조국의 유익을 위해 자존심을 버렸다. 그는 이렇게 설명했다. "당의 최고 실력자들이 내각에 필요했다. … 당을 조사해 본 결과 이들이 최고 실력자라는 결론이 나왔다. 난 조국으로부터 이들의 봉사를 박탈할 권리가 없었다."[30]

일찍이 변호사 시절에 링컨은 에드윈 스탠턴이라는 유명한 변호사에게 냉대를 당했다. 스탠턴은 링컨을 "긴팔원숭이"라고 대놓고 경멸하며 그와 관련된 업무를 피했다.[31] 훗날 대통령이 된 링컨에게 국방부장관이 필요했다. 그는 스탠턴을 가장 적임자로 보고 그를 기용했다.

율리시즈 그랜트 장군은 링컨의 최고 야전사령관으로 부상했는데, 이는 그가 장군이랍시고 거들먹거려서가 아니라 성공 후에도 겸손했기 때문이다. 링컨이 그랜트를 워싱턴에 처음 데려왔을 때 이 장군에게는 사람들을 감동시킬 만한 기품이나 세련미가 없었다. 오히려 그의 전기 작가는 "그랜트의 겸허함이 민심을 사로잡았다"고 썼다.[32] 링컨도 그랜트도 팀 어윈이 말한 "겸손한 자신감"이 있었다.[33] 역설이지만 자신을 정확하고 겸손한 시각으로 보는 리더보다 더 강력한 것은 별로 없다.

용기 있는 리더

버지니아 제4보병대의 존 뉴턴 라일 부관은 1차 마나사스 전투에 대해 훗날 이렇게 술회했다. "난 무서웠다. 내가 아는 기도라는 기도는 다 드렸다. 어렸을 때 부르던 자장가 기도까지 했고, 덤으로 소교리문답과 성경 구절까지 보탰다." 그런데 그가 유심히 보니 스톤월 잭슨 장군은 "그 죽음의 문턱에서도 마치 풍년을 맞은 농장의 농부처럼 침착하게 말을 타고 다녔다."

잭슨이 줄지어 선 보병들 사이를 달리며 외치는 소리가 그들의 함성을 뚫고 들려왔다. "'다 괜찮다! 다 괜찮다!' 그의 말투는 겁에 질린 자식을 달래는 어머니의 말처럼 부드럽고도 또렷했다. 그의 차분한 얼굴 표정 자체가 사람을 안심시켜 주었다."[34]

빅토리아 시대의 영국 수상으로 평판이 좋았던 벤저민 디즈레일리는 죽음의 목전에서 이렇게 되뇌었다. "차차 나이가 들면 알겠지만 … 용기야 말로 공인에게서 가장 보기 힘든 자질이다."[35]

위대한 리더들은 용기를 보인다. 한니발, 알렉산더 대제, 시저 같은 군사 지도자들은 전쟁터에서 대담무쌍하기로 유명했다. 트라팔가의 영웅 넬슨 경은 "가장 과감한 방책이 가장 안전하다"고 말했다.[36]

훌륭한 리더들은 따르는 사람들에게도 용기를 불어넣어 준다. 프랭클린 루스벨트는 "우리가 두려워해야 할 것은 두려움 자체뿐이다"라는 독려의 말로 조국의 용기를 북돋았다.[37] 2차 세계대전 중에 패튼 장군이 한 전투에서 우연히 마주친 장교들은 부대를 이끌기보다 각자의 안위에 더 급급해 보였다. 그러자 이 장군은 당당히 소리쳤다. "귀관들은 부하들에게 적군이 위험하다는 생각을 심어 줄 참인가?"[38]

미국 독립전쟁 중에 영국군은 프린스턴 전투에서 필라델피아 방위군을 섬멸한 뒤 전세를 뒤집기 시작했다. 조지 워싱턴은 도망치는 독립군들에게 전속력으로 달려가 외쳤다. "용감한 동지들이여, 우리와 함께 진군하라! … 적은 소수에 지나지 않는다. 우리가 직접 쳐부술 것이다."[39]

이 용감한 장군은 총검 돌격을 진두지휘하면서 손으로 모자를 흔들어 승리를 향해 병력을 전진시켰다. 워싱턴의 용기는 전설적이다. 한번은 그가 전투 끝에 이런 유명한 말을 남겼다. "핑핑 총알이 날아다니는 소리가 들렸다. 정말 매력 있는 소리다."[40]

용기란 두려움이 없는 상태가 아니라 두렵지만 그래도 옳은 일을 행하는 것이다. 고대 그리스인들은 용기를 기본 덕목으로 여겼다. 용기가 없는 사람은 무엇을 해야 할지 알더라도 선뜻 결단하지 못할 수 있다. 세스 고딘은 유명한 '피터의 원리'(조직 내의 모든 사람은 자신이 무능력한 수준에 도달할 때까지 승진하려는 경향이 있다는 로렌스 피터의 이론-옮긴이)를 이렇게 응용했다. "모든 조직의 모든 사람은 두려움으로 무력해지는 수준에까지 승진한다."[41]

리더가 두려움 때문에 행동하지 못하는 지점에 도달하면 리더도 그 조직도 함께 정체된다. 어떤 목사들은 교인들의 죄를 지적해야 함을 알면서도 그 파장을 두려워한다. 어떤 기업인들은 자신의 앞날에 미칠 영향이 두려워 도덕적 원칙 앞에서 단호한 태도를 취하지 못한다. 위대한 리더와 평범한 사람의 차이는 반드시 전자는 갈 길을 알았는데 후자는 몰랐던 게 아니다. 대개 양쪽 다 갈 길을 알았지만 전자만 용감하게 그것을 행동으로 옮겼을 뿐이다.

CEO든 목사든 학교 교장이든 위원회 위원장이든 리더는 모두 정기적으로 리더십 검사를 실시해야 한다. 어떤 리더십 자리에서든 스스로에게 질문을 던져야 한다.

'사람들은 왜 날 따를까? 월급을 받기 위해서? 더 좋은 일자리를 찾을 수 없어서? 의무감 때문에? 과연 내 삶 속에서 하나님의 일하심을 보기 때문일까? 그들은 내 성품 속에서 하나님의 흔적을 볼까? 그들은 하나님이 나와 함께 계시다고 느낄까? 내게는 성공의 이력이 있나? 우리 직원들은 더 좋은 일자리를 제의 받고도 기꺼이 내 밑에 남으려 할까? 다양한 프로그램을 갖춘 대형 교회가 옆에 있어도 교인들은 우리 교회에 남으려 할까? 날 따르고 싶은 마음이 들게 하는 것은 무엇일까?'

영적 영향력은 저절로, 우연히, 쉽게 오지 않는다. 그것은 리더가 있다고 우길 수 있는 성질의 것이 아니다. 그것은 하나님이 리더 안에 만들어 주시는 것이다.

영적 리더십 노트

1 당신의 성품 가운데 사람들을 이끌어 당신을 따르게 하는 것들은 무엇인가?
반대로 그중 당신의 리더십에 방해가 되는 성품의 특성들은 무엇인가?

2 당신의 리더십 위에 하나님의 손길이 머물고 있다는 증거를 나열해 보라. 명
확한 증거가 없다면 당신이 해야 할 일은 무엇인가?

3 당신은 나무랄 데 없이 정직한 사람으로 알려져 있는가? 그렇다면 그 증거
는 무엇인가? 그렇지 못하다면 그 이유는 무엇인가?

4 종이를 한 장 꺼내 놓고 지금까지 당신이 맡았던 리더의 자리를 모두 적어 보라. 각각의 역할과 임무에 얼마나 성공했는지 1부터 10까지 중에서 점수를 매겨 보라. 다시 돌아가 당신의 전체 이력을 검토해 보라. 그것이 당신에게 주는 메시지는 무엇인가? 당신은 여태까지 성공으로 일관했는가? 또는 실패에서 배워 나중으로 갈수록 더 성공했는가? 또는 아무런 성장의 증거도 없이 쭉 과오만 되풀이했는가? 어느 경우든 관계없이 잠시 시간을 내서 하나님과 함께 있으라. 당신의 리더십 이력에 대한 그분의 평가는 무엇이며, 당신을 더 좋은 리더로 만드시기 위해 이제부터 그분이 하시려는 일이 무엇인지 여쭈어 보라.

5 당신은 겸손한 성품을 기르려 노력하고 있는가? 앞으로 하나님이 어떤 방법으로 당신을 더 겸손하게 만드실 수 있겠는가? 당신은 그 작업에 협력할 마음이 있는가?

7.
리더의
영향

영적 리더십을 맡은 것은
영향력에 대한 청지기 직분도
함께 맡은 것이다

THE LEADER'S
INFLUENCE

호레이쇼 넬슨이 영국 함대를 지휘하여 트라팔가에서 나폴레옹 해군에 맞설 때 대부분의 영국 수병들은 넬슨 휘하에서 근무한 적이 없었다. 그러나 넬슨의 명성과 그를 알던 사람들의 칭송이 워낙 자자하여, 그가 부임했다는 사실을 안 1만 7천 병사의 사기는 하늘을 찔렀다. 넬슨을 보좌했던 한 장교는 이렇게 설명했다. "넬슨 경은 그야말로 뼛속까지 장군이었다. … 그럼에도 함대 선장부터 말단의 어린 사환까지 모든 계층의 사람들로부터 그렇게 뜨겁게 사랑을 받은 지휘관은 없었다."[1]

조직이 어디로 가야 할지 아는 것과 조직을 그 자리로 데려가는 것은 별개의 문제다. 리더들 중에는 영향력 행사가 자연스러워 보이는 사람들이 있다. 그런 사람들은 방에 들어서기만 해도 즉각 사람들의 이목을 끌고 존경심을 불러일으킨다. 사람들은 그들의 고유한 권위를 본능적으로 인식하고 자동으로 그들의 말에 따른다.

그런가 하면 남들이 자기 말을 듣고 따르게 하는 데 유난히 쩔쩔매는 사람들도 있다. 영향력을 행사해 보려고 갖은 일을 다 해 보지만 헛수고일 뿐이다. 아무도 들어 주지 않기 때문에 그들은 점차 좌절에 빠진다. 그들의 전문 기술과 지혜를 존중하는 사람은 아무도 없는 것만 같다. 제임스 맥그리거 번즈는 이렇게 말했다. "리더십으로 통하는 많은 것들—추종자나 뒷감당 없는 현란한 직함, 여러 자리에 얼굴 내밀기, 큰 목표 없는 조종, 권위주의 등—은 실은 리더십이 아니라 행렬의 선봉장 어린아이가 남들이 행사장을 향해 골목길로 접어든 뒤에도 혼자서 으스대며 큰길을 활보하는 일과 같다."[2]

남에게 영향력을 미치는 능력 또한 리더십의 핵심 요건이다. 오스왈드 샌더스의 말대로 "리더십이란 영향력, 즉 한 사람이 다른 사람들에게 영향을 미치는 능력이다."[3] 앞에서 우리는 하나님의 손길, 리더의 정직성, 성공한 이력, 준비됨 등 사람들의 존경을 유발하는 리더십의 몇몇 특성을 살펴보았다. 이것은 새 조직의 리더 자리에 오를 때 고려할 특성들이다. 그렇다면 일단 리더십 자리에 오른 리더는 어떻게 사람들에게 영향을 미칠 것인가? 다시 말해 리더는 어떻게 지도할 것인가?

크라이슬러사에 부임한 직후 리 아이아코카는 3/4분기 손실을 1억 6천만 달러로 발표했다. 그래도 회사는 희망이 있었다. 포드사에서 다년간 성공적 이력을 쌓은 아이아코카가 왔기 때문이다. 그의 학력은 흠잡을 데 없었다. 이력도 화려했다. 크라이슬러 사람들은 당연히 그에게 응분의 존경을 표했다. 다 좋았다. 하지만 그것만으로는 부족했다. 어느 구체적 시점에서 아이아코카는 크라이슬러를 이끌어야 했다. 단지 명성만으로는 부족했다. 리더십은 '존재'로 시작되지만 궁극적으로 '행위'로 이어지기 때문이다. 결국 한 사람이 리더가 되기 위해서는 자격 조건이 아니라 실적이 필요하다.

아무리 재능과 자격이 뛰어난 영적 리더라도 사람들을 움직여 하나님 뜻을 행하게 하지 않았다면 아직 리더 역할을 한 것이 아니다. 영적 리더는 어떻게 그 일을 해 낼까? 우선 그들은 하나님 뜻이 무엇인지 알아야 한다. 영적 리더는 직접 하나님의 음성 듣는 법을 배워서 아랫사람들도 그렇게 할 수 있도록 준비시켜야 한다. 이런 면에서 리더가 해야 할 첫 번째 일은 안타깝게도 실제 많은 리더들이 맨 나중으로 미루어 놓은 일이다. 리더가 해야 할 가장 중요한 일은 단연 기도다.

영적 리더는 기도한다

리더의 기도 생활이 절대적으로 중요한 데는 몇 가지 이유가 있다.

첫째, 영원한 의미를 지닌 것치고 하나님 없이 되는 일은 하나도 없기 때문이다. 예수님이 분명히 말씀하셨다. "나를 떠나서는 너희가 아무것도 할 수 없음이라"(요 15:5).

예수님과 친밀한 관계를 소홀히 하는 리더는 자기 조직을 통해 하나님의 뜻을 성취할 수 없다. 간단하다. 그런데도 많은 리더들이 기도 생활에 고전하는 것은 본질적으로 리더가 행위자라는 것과 관계 깊다. 즉 기도를 너무 수동적인 일로 생각하는 것이다. 우리가 아는 한 목사는 "우리 교회를 통해 하시려는 일이 무엇인지 하나님께 물어보는 것도 좋지만, 난 단지 반응하는 것보다 선도하는 것이 좋다"고 자신 있게 말했다. 하나님이 그의 교회에 긍휼을 베푸시기를 빈다.

리더는 또 결과를 내도록 프로그램돼 있다. 게다가 일정이 빡빡하고 아주 바빠서 기도 시간을 내는 일이 소중한 시간을 낭비하는 것처럼 보일 수 있다. 교회 목사들도 예외는 아니다. 어쨌든 해야 할 일이 너무 많지 않은가! 하지만 기도하지 않는 리더는 일은 다 끝낼 수 있을지는 모르나 나중에 돌아보면 고된 수고에도 불구하고 영원한 결실이 하나도 없음을 깨닫게 된다. 기도야말로 리더가 하는 일 가운데 가장 큰 도전이요 수고요 노동이며 동시에 가장 큰일이요 보상이다.

둘째, 기도를 필수로 꼽는 까닭은 영적 리더가 되려면 성령 충만해야 하기 때문이다. 리더는 스스로 성령 충만해질 수 없다. 하나님만이 그렇게 하실 수 있다(엡 5:18 참조). 성령의 내주는 모든 크리스천의 삶에 해당한다. 하지만 성령 충만한 상태는 집중적이고 거룩한 간구를 통해 이루어진다. 하나님의 약속은 "너희가 온 마음으로 나를 구하면 나를 찾을 것이요 나를 만나리라"(렘 29:13)는 것이다. 성령의 활동이 없다면 리더일 수는 있어도 영적 리더는 아니다.

셋째, 기도의 보상으로 하나님의 지혜가 주어지기 때문이다. 하나님은 영적 리더들의 리더다. 그분은 가장 정보에 밝은 리더보다 훨씬 많이 아시고, 가장 빈틈없는 리더보다 무한히 지혜로우시다(롬 8:26-27, 고전 2:9 참조). 그분은 미래를 아신다. 적들의 생각도 아신다. 앞으로 경제가 어떻게 될지도 아신다. 하나님은 그분이 하시고 싶은 일과 그 일을 이루실 방법을 아신다. 리더들을 향한 하나님의 초청은 "너는 내게 부르짖으라 내가 네게 응답하겠고 네가 알지 못하는 크고 은밀한 일을 네게 보이리라"(렘 33:3)다. 그런데도 자신을 지도해 주시려는 분과 교제를 마다한다면 그것은 리더로서 직무 유기를 저지르는 것이다(눅 18:1-8 참조).

넷째, 하나님이 전능하시기 때문에 기도해야 한다. 하나님은 어떤 리더보다 훨씬 많은 일을 하실 수 있다. 하나님의 약속은 활짝 열려 있다. "구하라 그리하면 너희에게 주실 것이요 찾으라 그리하면 찾아낼 것이요 문을 두드리라 그리하면 너희에게 열릴 것이니"(마 7:7).

화해가 불가능해 보이는 사람의 마음도 하나님은 녹이실 수 있다. 좀처럼 협조하지 않는 사람들도 하나님은 하룻밤 사이에 태도를 바꾸어 놓으실 수 있다. 세상에서 가장 막강한 CEO라도 사장실에 혼자 남아 기도하고 하나님께 맡기는 것 외에는 속수무책인 상황들이 있는 법이다.

낸시 레이건이 악성 종양으로 유방 절제 수술을 받을 때였다. 남편 로널드 레이건 대통령은 새삼 실감한 것이 있었다. 천하에 가장 막강한 행정부 수반에게도 한계가 있다는 것이었다. 그날을 회고하며 레이건은 이렇게 털어놓았다. "미국 대통령이라는 권력에도 불구하고 날 무력감으로 몰아넣으며 극히 겸손해지게 한 상황들이 있었다. 내가 할 수 있는 일이라고는 기도뿐이었다. 다음 몇 주 동안 난 낸시를 위해 정말 간절히 기도했다."[4]

인생에는 하나님의 능력으로만 극복할 수 있는 상황들이 끊이지 않는다. 그것이 삶의 준엄한 현실이다. 리더가 취할 수 있는 가장 현명한 자세는 곧 무릎 꿇는 것이다.

다섯째, 기도야말로 최선의 스트레스 해소책이기 때문이다. 리더는 스트레스가 유난히 많다. 리더십과 심리적 부담은 바늘과 실이다. 성경은 리더들에게 "너희 염려를 다 주께 맡기라 이는 그가 너희를 돌보심이라"(벧전 5:7)고 권한다. 대다수 리더들은 직책으로 인해 막중한 책임을 지고 있다. 하지만 자신의 고민과 두려움을 털어놓을 만한 대상을 찾기 어려운 데다가, 상황에 따라 기밀을 철저히 유지해야 할 때는 리더 홀로 그 무거운 책임을 져야 한다. 그러나 언제나 리더들의 짐을 져 주실 분이 있다. 예수님은 당신의 멍에는 쉽고 짐은 가볍다고 말씀하셨다(마 11:28-30 참조). 리더가 자신의 정서적, 영적 짐을 예수님께 맡기면 엄청난 부담에서 벗어날 수 있으며 어려운 일도 평온하게 맞이할 수 있다.

여섯째, 하나님은 기도를 통해 그분의 뜻을 보여 주시기 때문이다. 예수님이 좋은 모델이다(막 1:30-39 참조). 공생애 초기 예수님이 베드로와 안드레의 집에 계실 때였다. 많은 병자와 귀신 들린 자들이 나음을 얻고자 그 집으로 모여들었다. 사실 성경은 온 동네가 예수님을 보러 왔다고 말한다.

예수님은 밤늦도록 많은 사람들을 고쳐 주셨다. 이튿날 예수님은 새벽같이 일어나 기도하러 가셨다.

사람들은 예수님을 '상임 주치의'로 자기 마을에 묶어 두고 싶어 했다. 그분을 보낼 마음이 없었다. 예수님이 요즘 리더들 같았다면 이런 논리를 폈을지도 모른다. '난 분명 여기서 성공하고 있다. 사람들 반응도 좋다. 내 명성이 확고히 자리 잡을 때까지 한동안 여기 머물자.'

그러나 예수님은 아버지의 뜻을 구하셨다. 그날 아침 기도하실 때 아버지는 예수님께 무리들의 뜻이 무엇인지 알려 주시면서 아들을 향한 당신의 뜻을 재확인해 주셨다. 그 뜻은 바로 모든 성과 마을에서 전하고 가르치다 결국 예루살렘에서 십자가에 못 박히는 것이었다. 제자들이 다가와 온 동네가 그분을 찾고 있다고 말하자 예수님은 "다른 마을로 가자"고 대답하셨다. 예수님은 아버지의 일정에서 곁길로 벗어나시지 않았다. 기도로 늘 아버지와 교제하셨기 때문이다.

리더십의 효율성을 결정짓는 것은 리더의 다른 어떤 일보다도 단연 기도 생활이다. 리더가 하나님과 충분한 시간을 들여 교제하면 그 차이는 그날 만나는 사람들의 눈에 띄게 돼 있다. 교인들은 목사의 설교가 하나님과의 관계에서 흘러나오는지, 아니면 단순한 것인지 금방 알 수 있다. 다른 사람들에게 조언할 때 리더가 성령 충만한지 아닌지도 그 말에 나타나는 법이다. 리더의 거룩한 삶은 거룩하신 하나님과 함께 보내는 시간이 그대로 반영된 것이다. 영적 리더라면 당연히 기도로 무릎 꿇을 수밖에 없다. 사람들을 이끄는 자신의 책임이 얼마나 막중한지 실감하기 때문이다.

모세의 삶에도 그 진리가 잘 나타난다. 이스라엘 백성들이 금송아지 우상을 만들어 하나님께 죄를 지었을 때 하나님은 그들을 벌하려 하셨다.

이때 성경의 가장 위대한 중보 기도 가운데 하나가 등장한다. 바로 모세의 간구이다. "슬프도소이다 이 백성이 자기들을 위하여 금 신을 만들었사오니 큰 죄를 범하였나이다 그러나 이제 그들의 죄를 사하시옵소서 그렇지 아니하시오면 원하건대 주께서 기록하신 책에서 내 이름을 지워 버려 주옵소서"(출 32:31-32; 신 9:4-21 참조).

이 얼마나 놀라운 영적 리더의 온전함인가. 모세는 백성들의 잘못을 자기 잘못으로 보았다. 자기가 그들의 리더였기 때문이다. 비록 그들이 마땅히 멸망당할 일을 했는데도 모세는 곁에 서서 그들이 망하는 것을 지켜보고만 있지 않았다. 그는 그들의 생명을 자신과 바꿔 달라는 거룩한 간청을 올렸다. 가슴을 찢는 이런 희생적이고 간절한 기도야말로 위대한 영적 리더의 특성이다.

리더도 자원이 바닥날 때가 있는 법이다. 그때 리더는 사람들을 위해 할 수 있는 일이 전혀 없다. 연설을 해도, 문서를 돌려도, 자문위원들을 불러도 헛수고다. 단순히 기도를 통해서만 이루어질 수 있는 일이 있는 법이다(시 50:15 참조).

기도하는 리더 밑에 있는 사람들은 얼마나 복된가. 리더는 늘 사람들에게 자신이 기도해 줄 부분을 묻고 기도가 응답되면 사람들과 함께 기뻐해야 한다. 이것은 기독교 조직뿐 아니라 세상 기업체의 경우도 마찬가지다. 물론 크리스천 CEO는 자신의 신앙을 직원들에게 강요해서는 안 되지만 비신자 직원들도 기도하는 리더의 영향을 입을 수 있다. 어려운 일을 당한 부하 직원에게 크리스천 상사가 지금 기도해 줘도 되겠느냐고 묻는 것은 아주 적절한 일일 수 있다. 일반 기업체를 이끄는 크리스천 리더가 일일이 직원들을 위해 간절히 기도한다면 그것은 정말 놀라운 일이다.

아마도 조지 뮬러의 이름은 '응답 받는 기도'의 대명사로 영원히 따라 다닐 것이다. 뮬러는 간절한 기도로 영국 브리스톨에 고아원을 설립했다. 뮬러의 사역은 5개 고아원의 2천 명 고아를 돌보는 규모로 성장했다. 뮬러는 여행 거리만도 20만 마일이 넘는 전 세계 42개국에서 복음을 전했다. 그러나 뮬러는 단 한 번도 돈을 구한 적이 없었다. 그는 대규모 사역을 오직 기도에만 의존했다. 사람들의 구원을 위해서도 신실하게 기도할 뿐이었다. 그는 이런 기록을 남겼다.

1844년 11월, 다섯 사람의 회심을 위해 기도를 시작했다. 아플 때든 건강할 때든 국내에서든 해외에서든 단 하루도 빼먹지 않고 날마다 기도했다. 강연 약속의 짐이 아무리 무거워도 기도했다. 18개월이 지나자 처음으로 한 사람이 회심했다. 하나님께 감사한 뒤 남은 사람들을 위해 계속 기도했다. 5년 후 두 번째 사람이 회심했다. 그에 대해서도 하나님께 감사한 뒤 남은 세 사람을 위해 계속 기도했다.
날마다 그들을 위해 쉬지 않고 기도했다. 드디어 6년이 지나자 세 번째 사람이 회심했다. 하나님께 감사한 뒤 나머지 두 사람을 위해 계속 기도했다. 두 사람은 아직도 회심하지 않았다. … 은혜가 풍성하신 하나님은 기도 후 한 시간이나 당일 내로 수만 번이나 내 기도에 응답해 주셨다. 그런 내가 두 사람의 회심을 위해 36년 가까이 날마다 기도하고 있건만 그들은 아직도 회심하지 않고 있다.
하지만 난 하나님을 바라고 계속 기도하며 여전히 응답을 기다린다. 그들은 아직 회심하지 않았지만 언젠가는 회심할 것이다.[5]

마지막 사람이 그리스도를 구주로 영접한 것은 뮬러가 세상을 떠난 후였다. 하지만 결국 다섯 사람 모두 회심했다. 뮬러의 믿음과 끈질긴 기도란 바로 그런 것이었다.

사장실은 사람들을 위한 간절한 중보 기도가 울려 퍼지는 기도실이 돼야 한다. 하나님이 은혜로 리더의 기도에 응답해 주실 때 조직 내에는 하나님의 기적으로 돌릴 수밖에 없는 일들이 벌어진다. 사람들은 일터에서 벌어지는 묘한 역동성을 이해하지 못해도 리더는 안다. 리더는 기도의 사람으로 알려져야 한다. 그것은 열심히 일하는 것과 전혀 배타적이지 않다.

영적 리더는 열심히 일한다

리더의 일하는 습관은 조직 문화에 지대한 영향을 미친다. 리더란 이미 성취한 자가 아니며 고된 일을 면제받는 자도 아니다. 리더는 직원들에게 솔선수범을 보여야 한다. 게으른 리더만큼 사람들을 낙심시키는 것도 없다. 리더는 자신이 하고 싶지 않은 일을 직원들에게 시켜서는 안 된다.

리더는 고유의 역할이 있기에 날마다 온종일 직원들 곁에서 나란히 노동할 수는 없지만 그래도 열심히 일하는 본으로 직원들을 독려할 길을 찾아야 한다. 리더는 이렇게 자문해야 한다. '우리 조직 사람들이 나 정도로 일한다면 이 조직의 운영은 발전할 것인가, 답보 상태에 빠질 것인가?'

만일 목사가 교인들에게 평일인 토요일에 교회 나와 봉사할 것을 권한다면 목사도 서재에서 주일 설교를 준비하는 대신 일할 수 있는 차림으로 교회에 나와야 한다. 회사가 직원들에게 어쩔 수 없이 감봉 조치를 취해야 한다면 CEO가 일순위로 희생을 자처해야 한다. 성경 공부 교사가 암송

구절을 내준다면 자기부터 외워야 한다는 뜻이다. 리더 자리에 있다고 해서 희생을 면제받는 것이 아니다. 오히려 더 많이 수고해야 할 때가 많다.

예수님은 제자들의 리더였지만 그분보다 열심히 일한 사람은 없었다. 5천 명을 먹이신 후 예수님은 휴식이 절실한 제자들을 먼저 보내시고 자신은 남아 무리를 해산시키신 뒤 기도하셨다(막 6:45-46 참조). 한번은 무리를 돌보느라 어찌나 지쳤던지 어선 뒤쪽에서 잠드신 채 바다에 사나운 풍랑이 불어도 깨어날 줄 몰랐다(눅 8:22-24 참조). 그런가 하면 사람들을 계속 섬기기 위해 제자들과 함께 식사도 거르시곤 하셨다(요 4:31-34 참조). 예수님은 제자들을 말씀으로만 아니라 항상 모본으로 가르치셨다. 핍박을 당할 때 예수님의 제자들은 그분이 고난의 모본도 보여 주셨음을 알았다(마 10:24-25 참조).

위대한 군사 리더들은 명령보다 친히 모본으로 병력을 이끌어야 할 때를 잘 안다. 병사들이 흔들리며 낙심하기 시작할 때 직접 돌격 선봉에 서는 것이다. 조지 워싱턴은 부하들이 포격당할 때 안전한 대피를 거부하고 적과 싸우다 구사일생으로 살아난 일이 많았다. 알렉산더 대제는 군사들이 지쳐 적의 도시 성벽을 기어오르지 않자 직접 성벽에 뛰어올라 적병들과 싸웠다. 당황한 군사들은 열성파 왕을 구하기 위해 우르르 성벽을 기어올랐다. 결국 알렉산더는 적의 화살에 중상을 입었지만 군사들은 또 한번의 승리를 거두었다. 그런 행동이 반드시 모든 사령관의 통례는 아니지만 알렉산더는 부하들의 사기를 북돋우는 모범의 위력을 알았고 그런 리더십을 따라 군사들은 세계 정복에 나섰다.[6]

1970년 5월 28일, 노먼 슈와즈코프 대령은 지뢰밭 구역에 들어선 휘하의 중대를 구하러 직접 사령부 헬기를 타고 현지로 갔다. 한 부상병이 기지로 공수되는 사이 두 번째 병사가 지뢰를 밟아 고통의 비명을 질렀다. 그는 지뢰밭에서 빠져나오지 못하고 있었다. 중대 병사들은 위험에 처한 것을 알고 지레 겁에 질렸다. 슈와즈코프는 부상병을 구하러 직접 지뢰밭으로 들어갔다. 20미터 거리에서 다시 지뢰가 터져 세 번째 병사가 중상을 입었고 슈와즈코프도 다쳤다. 슈와즈코프는 가까스로 두 병사를 모두 안전하게 건져 냈다. 슈와즈코프는 예수님이 완벽한 본을 보이셨던 그 진리를 분명히 알고 있었다. 참된 리더십은 자기 희생에서 온다는 사실 말이다.[7]

리더가 사람들 앞에서 권위가 생기는 것은 직위 자체보다 희생의 의지가 있을 때다. 마하트마 간디는 대의를 위해 고생하려는 각오가 있었기에 국제적 영향력을 얻었다. 위험 속으로 뛰어들라고 지시하는 것만으로는 그런 영향력을 얻지 못했을 것이다. 마틴 루터 킹 주니어는 버밍햄 감옥 독방에 갇혀 있을 때 쓴 편지로 전국적 주목을 끌었다. 넬슨 만델라는 27년 이상 로벤 섬의 무시무시한 감옥에서 보낸 후에야 노벨상과 조국의 대통령이 되는 영예를 안았다. 역사에는 엄청난 고난을 견딘 후에야 성공을 맛본 위대한 리더들의 예가 즐비하다. 위대한 삶에 지름길이란 없는 법이다.

리더가 직원들의 정시 출근을 원한다면 자신부터 시간을 지키는 표본이 돼야 한다. 리더가 아랫사람들의 수고를 원한다면 자신은 두 배로 수고해야 한다. 리더가 프로젝트 완성을 위해 직원들에게 야근을 시켜야 한다면 자신이 정시에 칼같이 주차장을 떠나는 모습을 보여서는 안 된다. 자신의 조직에 이기적이고 게으른 직원들밖에 없어 보인다면 리더는 알아야한다. 직원 개개인은 결국 전체 조직의 축소판이며 리더 자신의 투영이라는 점이다. 리더는 모본으로 영향을 미친다.

현명한 리더는 아랫사람들에게 좋은 본보기가 되고자 민감하게 노력한다. 사람들의 환심을 사기 위해서나 위선자라서가 아니다. 사람들에게 미치는 영향력의 가장 큰 원천이 자신의 모본임을 알기 때문이다. 양심적인 리더는 '직장 사람들이 내게서 어떤 모습을 볼까?' 자문한다.

어떤 리더는 날마다 새벽 5시에 일어나 집 서재에서 하나님과 만남의 시간을 가진 뒤 그날 업무를 준비할 수 있다. 출근할 때는 이미 3시간이나 업무를 본 상태다. 그러나 직원들에게 보이는 모습은 그게 아니다. 그들은 리더가 전 사원의 규정 시간보다 한 시간이나 늦게 어슬렁어슬렁 출근하는 모습을 보는 것이다. 그들은 '사장은 날마다 몇 시간만 일해도 되니 참 좋겠다'고 생각할 수 있다. 직원들은 자신들이 출근하기도 전에 이미 리더가 몇 시간이나 일했다는 사실을 모를 수 있다. 하지만 그들은 그것을 알아야 한다. 요지는 리더가 열심히 일해서 칭찬받는 것이 아니라 자신의 모범으로 아랫사람들의 의욕을 고취시켜야 한다는 것이다.

직원들이 열심히 일하기를 원한다면 자신부터 본을 보여야 한다. 그것이 리더가 하는 일이다. 직원들은 보이지 않는 것이 아니라 보이는 것을 따라한다. 이 경우 사장은 아침 업무를 집에서 할 것이 아니라 회사에 나와서 하면 좋다. 그러면 직원들은 출근해 사장실에 벌써 불이 켜 있는 것과 회사 주차장에 일착으로 세워진 사장의 차를 볼 것이다. 리더가 날마다 열심히 일하는 것을 알기에 직원들도 근면하게 일할 의욕이 생긴다. 이것은 회사의 사기를 크게 높여 줄 것이다. 이런 의미에서 리더십은 아이를 기르는 일과 같다. "내 말대로 해"보다 "내가 하는 대로 해"가 훨씬 설득력이 있다.

목사들은 모본을 보이는 일에 특히 힘써야 한다. 사회는 전반적으로 오늘날 교회 리더들과 그들의 업무 윤리를 회의적으로 보고 있다. 목사들은 오래전부터 일주일에 하루만 일한다는 비판을 받아 왔다. 그러므로 목사들은 엄격한 업무 습관을 유지해서 교인들도 목사가 열심히 일하는 것을 알게 해야 한다.

목사들은 대개 매일 오전 시간을 연구와 설교 준비로 보낸다. 그때 생각도 많이 나고, 외부의 방해도 적게 받기 때문이다. 연구 시간을 방해받지 않기 위해 일부러 집에서 일하는 목사들도 있다. 그들은 아침에 일어나자마자 옷도 입기 전에 서재로 직행한다. 연구 시간을 효율적으로 활용하기 위해서겠지만 공연히 교인들 사이에 분분한 의견을 일으킬 수도 있다.

우리가 아는 한 목사는 어느 날 집에 있는데 교회 회계가 수표에 서명을 받으러 점심나절에 집에 들렀다고 한다. 부스스한 차림새에 면도도 하지 않은 목사가 문간에 나오자 회계는 놀랐다. 목사는 낡은 운동복 바지에 너덜너덜한 티셔츠를 입고 있었다. 교회 자원 봉사자인 회계는 업무를 처리하러 직장에서 점심 시간을 쪼개 목사를 찾아온 터였다. 회계의 마음이 낙심된다 해서 그를 탓할 수 있을까? 일찍 일어나 열심히 일하는 사역자라는 목사의 평판은 이내 정반대로 흐르기 시작했다.

이와 관련해 기독교 조직이나 자선 단체 리더들이 주의해야 할 것이 있다. 자원 봉사에 의존하는 조직일수록 리더의 업무 습관이 특히 중요하다. 조직에 시간을 바치려는 자원 봉사자들은 리더도 자기들처럼 열심히 일하는지 알고 싶어 한다.

한 교회 사역자는 수요일마다 저녁 예배에 참석하는 시간을 '보상받기' 위해 두 시간씩 일찍 퇴근했다. 자기가 집회 인도를 맡은 것도 아니었지만 어쨌든 '그래야만 한다'는 것이 그의 논리였다. 그 교회에 다니는 회계사와 비서들과 교사들과 가게 주인들이 같은 수요일 저녁 교회에서 섬기는 시간을 보상받기 위해 직장에서 조퇴했을 리는 만무하다. 매일 아침 6시에 일어나 시내로 출근하는 교인들에게 목사가 신임을 얻기 원한다면 목사도 자기 소명에 똑같이 근면하다는 것을 보여 줘야 한다.

시간을 불규칙하게 사용하는 것을 좋아하는 목사들이 있다. 그들은 밤늦게 일하고 아침에는 9시 반까지 늘어져 자는 올빼미형이다. 아침 9시 반에 목사에게 전화했다가 잠이 덜 깬 소리를 들었을 때 누가 기분이 좋겠는가. 리더가 자기들만큼 열심히 일하지 않는 것을 알면 조직을 위해 희생할 의욕은 깨끗이 사라진다.

크리스천의 생활 방식이 세상적일 때 타인들을 향한 복음 증거에 힘이 떨어지는 것처럼, 리더의 생활 방식이 경솔할 때 사람들 눈에 벗어나 신임이 깎일 수 있다. 평판을 쌓는 데는 시간이 걸린다. 그런데 한순간의 방심으로 그 평판이 허물어진다. 사람들은 자신의 리더를 보면서 점차 그의 실체에 대해 결론을 내리게 된다. 대화 중에 하나님 나라 얘기보다는 골프 얘기를 더 많이 하는 목사들이 있다. 응답된 기도보다 시내에 새로 생긴 식당 얘기에 더 흥분하는 듯한 목사들도 있다. 가장 많이 얘기하는 것이 곧 그가 가장 중요하게 생각하는 문제라고 결론 내려도 무리는 없을 것이다.

요지는 리더는 힘들다는 것이다. 지름길은 없다. 리더 자리에 이를 수 있는 간편한 길을 찾아서는 안 된다. 그들은 영향력 있는 직위는 원하지만 힘든 일에 시간을 투자할 생각은 안 한다. 영아실 봉사는 싫어하면서 유치부 부장 자리라면 반색하는 사람들이다. 성경 지식도 별로 없으면서 성경 공부 인도자가 되려고 로비를 벌이는 사람들이다. 도움이 필요한 것은 초등부건만 지위가 더 번듯한 장년부에서 가르치려 하는 사람들이다.

그들은 힘 안 들이고 돈 많이 받는 직장을 바라는 사람들이다. 그들은 희생을 비웃는다. 힘든 일에 몸을 사린다. 자기 꿈의 대가를 남들이 치러주기 원하는 몽상가들이다. 이런 사람들은 영적 리더로서 자격이 없다.

오스왈드 샌더스는 "남들보다 일찍 일어나고 늦게 자며 동시대 사람들보다 더 열심히 일하고 더 부지런히 공부할 마음이 없는 자는 자기 세대에 큰 감화를 끼칠 수 없다"[8]고 말했다. 우리 시대에 위대한 영적 리더가 많지 않은 것은 대가를 지불할 사람들이 많지 않기 때문이다. 영적 리더는 만왕의 왕을 섬기는 자다. 그의 일은 하나님 나라의 일이고 그 결과는 영원하다. 그런 책임을 가졌다면 일시적인 것을 위해 일하는 자들보다 당연히 훨씬 더 부지런히 일해야 한다.

영적 리더는 의사소통에 능하다

하워드 가드너는《20세기를 움직인 11인의 휴먼파워》에서 대다수 리더들이 "언어적 지능"[9]을 갖고 있다고 말했다. 그러나 모든 리더가 동일하게 탁월한 의사소통 기술을 가진 것은 아니다. 해리 트루먼이 정치 연설을 시작했을 때 트루먼의 전기 작가는 "그의 초기 연설에 관해서 간결성 외에는 달리 말할 것이 없다"[10]고 했다. 조나단 에드워즈는 설교할 때 촛불 아래 두꺼운 안경을 끼고 긴 설교 원고를 단조로운 어조로 읽었다. 그러나 '진노하신 하나님의 손안에 놓인 죄인들'이라는 그의 설교는 듣는 자들의 심령을 뒤흔들며 일차 대각성 운동의 도화선이 되었다.

반면 윈스턴 처칠의 경우 "언어를 동원하여 전쟁터에 내보냈다"[11]는 평을 받을 만큼 탁월한 연사였다. 처칠은 적절한 어휘 선택이 리더의 성공에 중요한 요소임을 잘 알았다. "난 피와 수고와 눈물과 땀밖에 내놓을 것이 없다"는 식의 명문은 온 나라를 다시 뭉치게 하는 계기가 되었다. 그가 그토록 성공적인 웅변가가 된 것은 고된 노력을 통해서다.

어려서 언어 장애를 겪은 처칠은 엄청난 노력으로 기량을 닦은 후에야 훌륭한 의사소통자가 될 수 있었다. 젊었을 때 처칠은 셰익스피어와 킹 제임스 성경을 비롯한 영어 고전에 심취했다. 처칠의 친구 F. E. 스미스는 "윈스턴은 인생의 전성기를 즉흥 연설을 작성하며 보냈다"[12]고 농담 삼아 말했다. 다른 위대한 리더들처럼 처칠은 말이라고 다 똑같이 위력이 있지 않다는 것을 알았다.

사람들의 열정에 불을 붙이며 그들 마음속에 깊이 자리 잡는 단어와 표현은 따로 있는 법이다. "국가가 당신을 위해 무엇을 해 줄지 묻기 전에…"로 유명한 케네디의 연설과 "나에게는 꿈이 있다"던 마틴 루터 킹 주니어의 연설은 둘 다 청중들에게 강력한 영향을 미쳤으며 그 웅변의 재기로 인해 지금도 연설에 자주 인용되고 있다.

대다수 리더들이 처칠이나 마틴 루터 킹 주니어의 언변은 없을지라도 훌륭한 의사소통자가 될 수 있다. 훌륭한 의사소통의 열쇠는 다변이 아니라 명확성이기 때문이다. 로버트 그린리프는 연사들에게 '내 의중을 털어놓는 편이 침묵을 지키는 것보다 정말 나은가?'라는 질문으로 자신을 냉철히 살펴보라[13]고 말했다. 아울러 "지혜는 들음에서 나고 회개는 말함에서 난다"[14]고 경고했다.

리더는 언어와 의사소통 기술을 배우고 어휘를 넓히려 노력해야 한다. 그래야 다른 사람들에게 중요한 진리를 전달할 때 정확한 단어를 활용할 수 있다. 목사를 비롯해 대중 앞에서 말하는 사람들은 상투적 표현에 빠지지 않도록 조심해야 한다. 그렇지 않으면 설교가 뻔하고 단조로워진다.

또 리더는 성경과 위대한 사상가들의 저작에 푹 젖어야 한다. 참신한 통찰은 무디고 게으른 마음보다 역동적으로 성장하는 마음에서 더 잘 싹틀 수 있기 때문이다. 아울러 리더는 자신의 의사소통 기술을 평가하고 비평해 줄 절친한 친구들을 두어야 한다.

신학교 시절의 설교학 교수보다 솔직하고 애정 어린 아내가 설교 능력 향상에 더 큰 도움이 됐다고 많은 목사들이 입을 모은다. 훌륭한 리더는 말의 뉘앙스에 민감하다. 예수님은 청중에 적합한 표현을 쓰시는 데 능하셨다. 그분은 야고보와 요한과 베드로와 안드레를 불러 "사람을 낚는 어부"가 되라고 하셨다. 시골 사람들에게는 씨 뿌림과 거둠과 추수의 표현을 쓰셨다.

대중적 용어를 사용하면 조직에 현실 감각을 더해 줄 수는 있지만 일단 단어나 문구의 함축적 의미를 살피는 것이 중요하다. 예를 들어 팀이라는 말은 현대 경영 이론에서 보편화된 것으로, 종교 조직에서도 팀 체제 구축이 인기다. 요즘은 제자 훈련이라는 말 대신 코치나 멘토 같은 말을 사용하는 교회도 많다. 물론 팀이라는 말에는 긍정적 의미가 담겨 있다. 팀에 가담하면 몇몇 건강한 특성을 기를 수 있다. 그러나 영적 리더는 그 말에 함축된 비성경적 의미에 민감해야 한다.

예컨대 팀의 주된 목표는 대개 이기는 것이다. 팀은 순위를 놓고 경쟁을 조장한다. 후보들은 커트라인에 들려고 애쓴다. 대부분의 팀에는 일진, 이진, 삼진 선수의 위계가 있고, 대개 스타 선수와 후보 선수가 따로 있다. 이런 이유들로 인해 팀이라는 말에서 일부 사람들은 오히려 부정적 이미지를 떠올릴 수 있다. 팀워크의 개념이 부정적이라는 뜻은 아니다. 다만 리더는 자신의 말을 예상된 청중에 비추어 하되, 성경 원리에 따라 잘 저울질할 수 있어야 한다.

　이런 주의 사항과 함께 영적 리더는 하나님이 리더에게 일을 맡기실 때 당신의 메시지를 전달할 능력도 함께 주심을 확신해야 한다(출 3:10-12; 사 6:5-7; 렘 1:9 참조). 훌륭한 의사소통의 열쇠는 리더의 삶에서 역사하시는 성령의 임재다. 리더가 언어 능력을 개발해야 할 필요성이 없어지는 것은 아니지만 그럼에도 불구하고 궁극적으로 리더를 인도하여 조직의 현실에 관한 중대 사실을 전달할 적확한 표현을 찾게 해 주시는 분은 성령이다.

　전통적으로 가장 효과적인 의사소통 형태는 이야기였다. 하워드 가드너는 리더가 들려주는 이야기에 조직 생활의 네 가지가 들어 있다고 말한다.[15] 먼저 사람들 자신에 대한 이야기다. 이런 이야기는 사람들이 '난 누구인가?'라는 물음에 답하는 데 도움이 된다. 사람들은 자신의 삶이 타당성 있고 중요하며 주변 세계에 의미 있게 기여하고 있음을 알 필요가 있다. 리더는 사람들이 자기 존재의 의미를 찾는 데 유익한 이야기를 들려준다. 자기 삶의 경험을 보는 시각을 길러 주기 위해 리더 자신의 사생활을 들려줄 때도 있다. 그럴 때 리더의 메시지는 물론 리더 자신도 신임을 얻게 된다.

　두 번째 이야기는 조직에 관한 것이다. 이것은 조직의 존재 이유를 설명해 주는 것으로, 창설자의 비전이나 오늘의 조직이 있기까지 초창기 사람들이 겪었던 고생을 말해 줄 수 있다. 아울러 리더는 현재 조직이 긍정적 변화를 창출하고 있는 모습을 들려줄 수도 있다.

　세 번째 이야기는 인생에서 정말 중요한 것에 관한 이야기다. 리더는 가치와 의미의 문제를 다루는 이야기를 들려줘서 자신의 이야기를 통해 사람들이 참되고 선한 것이 무엇인지 깨달을 수 있도록 도와야 한다.

　끝으로, 리더는 문화에 대한 이야기를 들려준다. 경우에 따라 교회의 문화, 회사의 문화, 국가의 문화가 될 것이다. 조직의 영웅이 누구이며 그 조직에서 중시되고 주목받는 것이 무엇인지가 이야기를 통해 밝혀진다.

영적 리더는 섬긴다

기독교가 리더십 이론에 가장 큰 영향을 미친 것은 '섬기는 리더십'일 것이다. 섬기는 리더십의 예라면 모든 기록을 통틀어 십자가에 죽으시기 전날 밤 예수님의 본보다 더 생생한 것은 없다.

> 그들의 발을 씻으신 후에 옷을 입으시고 다시 앉아 그들에게 이르시되 내가 너희에게 행한 것을 너희가 아느냐 너희가 나를 선생이라 또는 주라 하니 너희 말이 옳도다 내가 그러하다 내가 주와 또는 선생이되어 너희 발을 씻었으니 너희도 서로 발을 씻어 주는 것이 옳으니라 내가 너희에게 행한 것 같이 너희도 행하게 하려 하여 본을 보였노라 내가 진실로 진실로 너희에게 이르노니 종이 주인보다 크지 못하고 보냄을 받은 자가 보낸 자보다 크지 못하나니 너희가 이것을 알고 행하면 복이 있으리라"(요 13:12-17).

《하나님을 경험하는 삶》에는 캐나다 새스커툰제일침례교회 교인인 아이바 베이츠라는 미망인 할머니 이야기가 나온다.[16] 우리 교회가 대학생 전도에 하나님의 인도를 느끼기 시작할 무렵 아이바가 날 찾아왔다. 그녀는 낙심해 있었다. 자기는 가난하고 몸도 약해 이 사역을 도울 방법이 전혀 없다며 슬퍼했다. 나(헨리)는 아이바가 할 수 있는 일을 알고 있었다. 그래서 그녀에게 대학생들을 위해 기도해 달라고 부탁했다. 이후 캠퍼스에서 성경 공부나 전도 활동이 있을 때마다 난 그 사실을 아이바에게 알렸고 아이바는 곧 기도에 들어갔다.

어느 날 웨인이라는 대학생이 그 주에 자기 룸메이트 더그에게 전도할 예정이라며 교회에 기도를 부탁했다. 다음 주일날 웨인은 더그를 데리고 앞에 나와 그가 예수님을 새로 믿기로 했다고 소개했다. 회중석을 둘러보니 아이바가 기뻐 우는 모습이 보였다. 더그를 그리스도께 인도하는 데 그녀가 중추 역할을 했다. 캠퍼스에 발 한번 들여놓지 않고서 말이다. 더그를 비롯한 많은 학생들이 그리스도를 만나는 데 중요한 역할을 담당해 준 아이바에게 감사를 표했다.

해마다 이와 비슷한 이야기들을 수도 없이 교인들에게 들려주었다. 그것은 교인들에게 언제나 격려가 됐다. 이 이야기를 통해 전달된 내용은 무엇인가?

첫째, 이야기에는 교인들의 정체가 들어 있다. 너무 젊거나 너무 늙거나 너무 부자거나 너무 가난해서 하나님께 쓰임 받지 못할 사람이 있을까? 절대 없다. 교회에서 소중하게 사용되려면 높은 기술이나 학력이 필요할까? 물론 아니다. 교회에서는 교인들 개개인이 다 중요했다.

둘째, 이야기는 조직의 기능 방식도 설명해 주고 있다. 하나님이 뭔가 일을 맡겨 주셨을 때 구성원 하나하나가 담당할 역할이 있었고 모든 역할이 중요했다. 후보 선수란 없었다. 하나님이 우리 교회에 새로 전도 사역을 시작할 곳을 보여 주시면 교인들은 자기 역할이 무엇인지 각자 하나님께 물었다.

셋째, 이야기에는 우리 교회가 중시하는 것이 담겨 있다. 우리 교회는 전도를 중시했다. 사람들을 그리스도께 인도하기 위해 모든 교인이 동원됐다. 기도는 더없이 중시됐다. 사람들의 이런저런 도움도 중시됐다. 하나님께 대한 순종도 중시됐다.

넷째, 이야기는 교회의 문화를 설명해 준다. 신실한 기도의 사람들이 조직의 영웅이었다. 친구들에게 전도한 자들이 영웅이었다. 자기 몫이 무엇이든 그것을 감당한 자들이 영웅이었다. 사람들이 우리 교회에 대해 궁금해 하는 수많은 질문의 답이 그 안에 들어 있기 때문에 난 아이바와 같은 얘기를 자주 되풀이했다.

리더는 사람들에게 그들 속에서 일하시는 하나님을 보여 주기 위해 아이바와 같은 얘기를 들려주는 습관을 기를 필요가 있다. 하나님의 역사하심을 사람들에게 확실히 전달하는 것은 리더의 책임이다. 리더는 대개 그분의 역사가 잘 보이는 유리한 자리에 있기 때문이다.

예를 들어 목사는 아이바의 기도와 더그의 구원에 있는 연관성을 볼 수 있지만 다른 사람들은 놓치기 쉽다. 단순히 목사가 상황을 더 많이 알기 때문이다. 아랫사람들도 자기처럼 자동으로 보고 연결시킬 수 있다고 생각한다면 그것은 리더가 사람들을 잘 모르는 것이다. 오늘같이 기술이 발달한 시대에 리더가 사람들에게 정보를 알리지 않는다면 그것은 무책임한 일이다. 첨단 기술은 수많은 의사소통의 장을 열었으며 그중에는 즉석에서 쉽게 접근할 수 있는 것도 많이 있다.

얘기가 나왔으니 말이지만 첨단 기술에 지나치게 의존하는 것은 위험하다. 지난 수십 년간 기술은 과대 평가돼 왔다. 직접 얼굴을 대면하는 만남만큼 영향력 있는 기술은 아직 개발되지 않았다. 예정된 정기 회의는 물론 아침 식사나 점심 식사 자리에서 간부들이나 자원 봉사자들을 만나는 것도 사기 진작에 좋다. 시간을 내 작업장을 돌면서 직원들과 직접 대화하면 1년간 사보에 글을 싣는 것 이상의 의사소통 효과가 있다.

제너럴모터스(General Motors Corporation)의 유명한 CEO 알프레드 슬로운은 매일 5-10개의 자동차 대리점을 방문하곤 했다. 특수 제작된 기차로 전국을 빠르게 왕래하면서 현장 사람들을 접촉할 수 있었다. 월마트(Wal-mart) 설립자 샘 월튼은 전국 각지의 점포에 예고 없이 나타나 근황을 살피기로 유명했다. 에이브러햄 링컨은 시간의 무려 75퍼센트를 집무실에서 사람들을 접견하는 데 보냈다. 베니스와 내너스는 자기들이 연구한 정상급 CEO들이 시간의 90퍼센트를 사람들과 함께 보낸다는 사실을 발견했다.[17] 너무 바빠 꾸준히 아랫사람들의 의견을 듣고 함께 대화할 수 없다고 생각하는 리더는 실패할 수밖에 없다.

> 이 거룩한 말씀에는 섬기는 리더십의 몇 가지 핵심이 나타나 있다. 첫째, 섬기는 리더십은 자기 사람들을 향한 리더의 사랑에서 나온다. 성경은 "예수께서 … 세상에 있는 자기 사람들을 사랑하시되 끝까지 사랑하시니라"(요 13:1)라고 했다.

리더는 사랑하지 않는 사람들을 진정 섬길 수 없다. 섬김의 동작을 수행할 수는 있으나 그것이 진정한 관심에서 나오지 않는 한 사람들은 그것이 거짓된 조작 행위임을 바로 알아차린다. 많은 리더들이 그리스도 수준의 사랑을 잘 모르기 때문에 이 부분에서 어려움을 겪는다. 사랑이 부족하기에 남을 이용하거나 해코지해서라도 물불 안 가리고 성취에 매달리는 행위 지향적 리더들이 나온다. 이런 리더가 함께 일하는 이들을 사랑하기란 거의 불가능하다.

그러나 제자들이 예수님께 충성을 다한 것은 그분이 제자들에게 보이신 사랑 때문이었다. 예수님은 심지어 유다의 발도 다른 열한 제자와 마찬가지로 사랑으로 깨끗이 씻어 주셨다. 자신들을 향한 예수님의 심오한 사랑으로 인해 열한 제자는 충성의 끝이 순교라 할지라도 흔들림 없이 그분을 따르게 된다.

비기독교 조직들도 리더가 사람들을 진정 아껴야 할 필요성을 깨닫고 있다. 쿠제스와 포스너는 정상급 CEO들의 리더십 특성을 연구한 결과, 전원 공통의 특성이 하나뿐임을 알아냈다. 바로 애정이었다. 이 성공한 리더들은 아랫사람들을 아꼈고 그들에게도 같은 대우를 바랐다.[18] 교육 수준이 높은 고수익 전문직 사람들도 리더가 자신을 아낀다고 생각할 때 더 좋은 성과를 낼 수 있었다.

마커스 버킹엄과 커트 코프만은 《사람의 열정을 이끌어 내는 유능한 관리자》(*First Break All the Rules*, 21세기북스 역간)라는 책에서 이런 질문을 던진다. "직원들과 인간적으로 가까운 관계를 맺어야 할까? 친해지면 기어오르지 않을까?" 답은 이렇다. "가장 훌륭한 경영자들은 친해지는 것을 택한다. 리더는 아랫사람들과 인간적 관계를 맺어야 한다. 후자는 아니다. 친해진다고 기어오르는 것은 아니다."[19]

'목표가 수단을 정당화하지 못한다'는 것은 종교 조직 못지않게 일반 기업체에도 꼭 맞는 말이다. 올바른 목표가 있듯이 목표를 이루는 올바른 길도 있는 법이다. 결과를 성공과 동일시하는 리더는 안타깝게도 속고 있는 것이다. 목표를 달성하느라 사원들의 삶을 비참하게 만드는 회사는 전투에 이기고 전쟁에 지는 것과 같다. 조직의 목표를 성취하는 것도 중요하지만 조직 구성원들의 삶을 풍요롭게 하는 것도 중요하다.

리 아이아코카는 힘겨운 시기에 크라이슬러를 이끌어 혁혁한 결과를 이루었다. 그러나 그 시기를 돌아보며 이 저명한 CEO는 이렇게 말했다. "하지만 우리의 노력에는 어두운 면이 있었다. 비용 절감을 위해 우리는 많은 사람들을 해고해야 했다. 전쟁과 같았다. 승전했지만 참전한 아들들이 돌아오지 않은 셈이었다. 상처가 많았다. 사람들은 황폐해졌다. 대학생 자녀들을 중퇴시켰고 술을 마셨고 이혼했다. 전체적으로 회사를 살리긴 했지만 그것은 숱한 사람들이 치른 막대한 희생을 바탕으로 한 것이었다."[20]

이렇듯 세상 기업들은 점점 사람들을 아껴야 할 책임을 자각하는 반면, 많은 종교 조직들은 여전히 무지하니 아이러니가 아닐 수 없다. 리더는 주님의 일을 이루려는 의로운 열정을 가득 품고 기독교 조직에 부임한다. 하나님의 목표를 이루려다 보니 그들은 어떤 대가도 지나치지 않다고 생각한다.

조직을 축소할 필요가 있다면 그들은 충실한 근속 직원들을 세상의 기업 경영자들도 낯 뜨거울 방식으로 매몰차게 내보낸다. 사람들을 윽박지르고 구슬러 복종시켜야 일이 된다면 이들은 소극적인 직원들을 완강히 몰아붙인다. 목표가 아무리 훌륭해도 예수님이 그런 식으로 이끄신다는 것은 상상할 수 없는 일이다. 자기 사람들에 대한 사랑을 거둘 때 리더는 그들을 이용하고 무시하고 버리고 싶은 유혹에 부딪친다.

아랫사람들을 사랑할 줄 모르고 그들의 필요를 배려하는 마음이 없는 리더는 정체성이 불안한 사람이다. 예수님이 그렇게 자신을 낮추어 제자들의 더러운 발을 씻기실 수 있었던 것은 무엇 때문일까? 성경은 "예수는 아버지께서 모든 것을 자기 손에 맡기신 것과 또 자기가 하나님께로부터 오셨다가 하나님께로 돌아가실 것을 아시고"(요 13:3)라고 했다. 예수님은 자신이 어디서 와서 어디로 가는지 아셨다. 그분은 정체성이 흔들리지 않았다. 자존감이 흔들리지 않았다. 그분의 중심은 정확히 아버지 뜻 안에 있었으며 자신도 그것을 아셨다. 그것이 모든 것을 달라지게 했다.

둘째, 섬기는 리더십은 자신을 아는 것이다. 리더는 자신의 존재를 수용해야 한다. 정서가 불안한 사람들은 남들이 자기를 어떻게 볼까 염려한다. 그들은 다른 사람들을 섬기면 남들이 자기를 이용하거나 얕잡아 볼까봐 두려워한다. 정체성이 안정된 사람들은 타인의 의견이나 인정에 노예가 되지 않는다. 그들의 섬김은 거리낄 것이 없다.

해리 트루먼은 미국 역사상 가장 겸손한 대통령일 것이다. 그의 책상에는 전임 대통령들이 비서를 대통령 집무실로 부를 때 누르던 단추가 있었다. 트루먼은 그것을 없애 버렸다. 단추를 눌러 호출하는 방식을 거부하고 대신 직접 문으로 가 사람들을 공손히 청해 맞이했다.

트루먼이 이오시프 스탈린과 윈스턴 처칠을 위해 마련한 환영 만찬에서 있었던 일이다. 미국 군인 유진 리스트 하사가 그랜드 피아노 앞에서 특별 연주를 준비하고 있었다. 리스트가 아무나 악보를 넘겨 달라고 부탁하자 트루먼이 자청했다. 일개 하사의 명연주가 이어지는 동안 군 통수권자가 옆에 서서 악보를 넘겼다. 나중에 리스트는 아내에게 쓴 편지에서 이렇게 감탄했다. "미국 대통령이 내 옆에서 악보를 넘겨 주다니 한번 상상해 보시오. … 우리 대통령은 그런 분이라오."[21]

트루먼은 자신의 리더십 스타일을 회고하며 "난 내가 누구이고 어디서 왔으며 어디로 돌아갈 것인지 절대 잊지 않으려 했다"[22]고 말했다. 트루먼의 전기 작가는 트루먼이 각료들을 그렇게 대했기 때문에 "주변 사람들은 트루먼에게 전폭적으로 충성했고 절대 흔들리지 않았다. 이후로 트루먼 행정부에 속했던 이들 중 말로나 글로 그를 혹평하거나 어떤 식으로든 비하한 사람은 아무도 없었다"²³고 결론지었다. 안정된 자기 정체성은 섬기는 리더의 필수 요건이다.

셋째, 예수님처럼 섬김의 대상을 아는 것이다. 섬기는 리더십에서 실제 섬김의 대상에는 다소 차이가 있다. 영적 리더는 아랫사람들의 종이 아니라 하나님의 종이다. 섬기는 리더십을 논할 때 예수님이 제자들의 발을 씻겨 주신 장면을 자주 인용하며, 의당 리더는 본받아야 한다.

그러나 사실 성경에는 예수님이 그런 일을 하셨다는 기사가 단 한 번만 있다. 예수님이 제자들의 종이었다면 날마다 그들의 발을 씻어 주셨을 것이다. 예수님이 제자들의 종이었다면 발 씻기에서 자기를 빼 달라던 베드로의 요구를 들어주셨을 것이다. 그러나 예수님은 제자들에게 그들이 원하는 것을 주시려 한 것이 아니라 아버지가 원하시는 것을 주실 뜻이 확고했다. 그래서 예수님은 베드로에게 "내가 너를 씻기지 아니하면 네가 나와 상관이 없느니라"(요 13:8)라고 대답하셨다.

예수님의 사역을 정한 것은 제자들이 아니라 하나님 아버지셨다. 예수님은 제자들의 종이 아니라 아버지의 종이었다. 예수님이 제자들을 섬기셨음에도 불구하고 그분이 제자들의 주님이라는 것은 누구도 의심할 수 없는 사실이다.

예수님이 열두 제자를 섬기신 것은 그날 밤 그것이 아버지가 원하신 일이었기 때문이다. 예수님은 당신이 제자들의 선생이요 주이신 것을 늘 알고 계셨기에(요 13:13 참조), 제자들의 발을 다 씻기신 후 "내가 너희에게 행한 것같이 너희도 행하게 하려 하여 본을 보였노라"(요 13:15)라고 말씀하셨

272

다. 예수님은 제자들을 섬기셨을 뿐 아니라 가르치셨다. 하나님 나라의 정신을 시범으로 보이신 것이다.

영적 리더는 자기 사람들을 섬겨야 한다. 그러나 그 섬김의 행위는 시종 성령의 인도로 이루어져야 한다. 스스럼없이 소매를 걷어붙이고 사람들을 섬길 때 리더는 사람들끼리 즐거이 서로 섬기는 조직 문화를 장려하는 것이다. 사람들이 서로 아낌없이 섬길 때 조직에는 저마다 자기 일만 할 때보다 훨씬 많은 일을 성취할 수 있는 일체감이 생겨난다. 섬김은 장벽을 허물고 영역 싸움을 없앤다.

예수님의 제자들은 자신들이 주님의 종이며 그 사실 때문에 피차 섬기도록 부름 받았다는 사실을 배웠다. 그때 제자들은 세상을 뒤집어 놓을 준비가 되었다.

영적 리더는 언제나 긍정적이다

'비관적 리더'는 표현 자체가 모순이다. 리더는 역할의 본질상 긍정적 태도를 심어 줘야 하는 사람이다. 성공의 가능성을 의심하고 최악의 사태를 겁내는 리더는 당장 태도를 바꾸거나 참 리더에게 자리를 내줘야 한다. 지레 안 되는 쪽으로만 생각하면서 그것을 현실 감각으로 착각하는 리더들이 있다. 긍정적 리더는 공상 속에 산다는 논리로 말이다. 그러나 당면한 과제가 아무리 어려워도 성령의 인도를 받는 자들은 하나님이 원하시는 일을 뭐든지 해낼 수 있다(롬 8:31 참조). 참 리더는 그것을 안다.

역경 속에서 낙심하는 것은 인간의 본능적 성향이지만 리더의 근본적 역할은 어떤 상황에서도 긍정적 태도를 유지하는 것이다. 국무부 장관이 된 조지 마셜은 국무부의 사기가 낮다는 말을 듣고 간부들에게 이렇게 말했다. "여러분, 사병이라면 얼마든지 사기 문제에 빠질 수 있으나 장교는 그렇지 않습니다. … 국무부의 모든 장교는 자신의 사기를 스스로 챙기십시오. 제 사기는 제가 챙깁니다."[24]

자신의 태도를 관리할 수 없는 리더에게는 다른 사람들의 사기도 맡길 수 없다. 리더가 불가능이 없다고 믿으면 추종자들도 그렇게 믿게 돼 있다. 웰링턴 공작은 나폴레옹의 존재가 자기 병력의 사기에 미친 영향이 4만 병사의 가치에 맞먹는다고 주장했다. 스톤월 잭슨 장군은 남부군에 어찌나 감화력이 컸던지, 진 안에서 갑자기 병사들의 고함 소리가 들리면 그것은 존경하는 잭슨 장군이 막 진 안으로 들어왔거나 누군가 토끼를 발견해서거나 둘 중 하나였다고 한다. 윈스턴 처칠도 비슷한 존경을 받았다. 그를 만나고 가는 사람마다 한층 용기가 생겼다고 한다. 리더는 두려움이나 비관론이 아니라 자신감을 심어 준다.

건강한 사기는 본래 멋진 유머 감각과 연결돼 있다. 드프리는 "기쁨은 리더십에서 빠져서는 안 되는 성분이다. 리더는 기쁨을 주어야 할 의무가 있다"[25]고 말했다. 예수님의 사역에서도 기쁨은 본질적인 부분이었다(요 15:11 참조). 위대한 리더들 중에는 유머 감각이 뛰어났던 사람들이 많다.

에이브러햄 링컨은 재미난 이야기를 들려주는 것을 즐겼다. 윈스턴 처칠은 민첩한 재치로 유명했다. 1차 세계대전 중 처칠은 고생하는 장교들에게 "좀 웃으십시오. 그리고 부하들에게도 웃도록 가르치십시오. … 미소가 안 나오거든 아예 이를 드러내십시오. 그것도 안 되거든 될 때까지 밖에 나오지 마십시오"[26]라고 훈시했다. 처칠은 "최고의 유머를 이해할 수 없다면 세상의 가장 심각한 일도 처리할 수 없다"고 믿었다.

위대한 리더들은 웃어야 할 때를 알고 다른 사람들을 웃길 줄 알았다. 1984년 로널드 레이건은 미국 대통령 재선에 출마했다. 그때 그의 나이 73세였다. 상대 진영에서는 '노쇠'를 들먹이며 그를 비웃었다. 상대 후보인 전 부통령 월터 먼데일과의 TV 대담에서 한 기자가 레이건에게 연령이 선거운동에 불리하게 작용하지 않겠느냐고 물었다. 레이건은 "난 내 상대의 연소함과 무경험을 정치적 목적으로 이용하지는 않겠다"[27]고 답했다. 레이건의 민첩한 답변에 상대 후보도 웃지 않을 수 없었고 그것이 전국에 TV로 방송됐다. 레이건의 백악관 복귀를 가로막는 지뢰를 해체하는 데 도움이 됐음은 물론이다.

레이건 대통령 첫 임기 중에 존 힝클리 주니어는 힐튼 호텔에서 나오는 대통령을 암살하려 해서 전국을 충격에 몰아넣었다. 심장에서 2센티미터 떨어진 위치에 총알이 박혀 있는데도 레이건은 유머를 잃지 않았다. 총격 후 아내 낸시를 만난 레이건은 "여보, 몸을 굽히는 걸 깜박했소"[28]라고 말했다.

유머 감각은 훌륭한 리더십에 필수다. 바로 리더가 조직의 분위기를 정하기 때문이다. 상황이 긴장되거나 어려워질 때면 건강한 유머 감각을 갖춘 리더로 인해 새로운 시각을 얻는 경우가 많다. 웃을 줄 아는 사람, 함께 일하면 즐거운 사람을 따르기란 그만큼 쉬운 법이다.

한편 영적 리더가 낙관적 태도를 지키는 것은 그것이 리더십의 중요한 수완이어서가 아니라 하나님과 동행하기 때문이다. 영적 리더가 많은 시간을 하나님의 임재 속에서 보내야 하는 이유가 거기에 있다. 하나님이 어떤 분인지 분명히 깨달은 후에야 리더는 상황에 대한 바른 시각을 얻을 수 있다. 성경 역시 긍정적 태도를 지지한다.

너는 알지 못하였느냐 듣지 못하였느냐 영원하신 하나님 여호와, 땅 끝까지 창조하신 이는 피곤하지 않으시며 곤비하지 않으시며 명철이 한이 없으시며 피곤한 자에게는 능력을 주시며 무능한 자에게는 힘을 더하시나니 소년이라도 피곤하며 곤비하며 장정이라도 넘어지며 쓰러지되 오직 여호와를 앙망하는 자는 새 힘을 얻으리니 독수리가 날개치며 올라감 같을 것이요 달음박질하여도 곤비하지 아니하겠고 걸어가도 피곤하지 아니하리로다(사 40:28-31).

누구나 낙심할 만한 상황에 부딪치기 마련이지만 리더가 그들을 도와 긍정적 태도를 되찾게 해야 한다는 것이 성경의 시각이다. 일시적 침체야 있을 수 있는 일이다. 그러나 많은 리더들이 고의로 절망의 골짜기에서 살아가고 있다. 신기하게도 자신의 비관적 태도를 아예 자랑스럽게 여기는 리더들도 있다. 그들은 자신의 비관론을 현실 감각으로 해석한다. 보통 사람들이 놓치는 문제들과 걱정거리를 자신은 감지하기 때문에 그런 비관론을 오히려 지적 우월성의 징표로 생각한다.

어떤 목사들은 교세가 급속도로 약해지자 교인들을 탓했다. 그들은 교회 위치를 탓했고 이전 리더들을 탓했고 사탄을 탓했고 영적 전투를 탓했다. 모든 것이 공모하여 자기들을 대적하기 때문에 이런 상황에 처했다고 결론지었다. 교회가 살아남을 수 없다고 장담하는 목사들도 있었다. 그들은 임박한 교회의 장례를 치를 때까지만 자리를 지켰다.

한 목사는 자기가 '이끌었던' 마지막 세 교회가 모두 해체됐기 때문에 하나님이 자기에게 교회 해체의 사역을 맡기신 것이 틀림없다고 결론지었다. 그는 아주 심각했다. 이런 리더십은 전능하신 하나님께 가증한 것이다. 이런 리더는 부활하신 주님을 새롭게 만나야 한다. 그리하여 하나님이 함께하시면 모든 것이 가능하다는 것을 믿어야 한다.

사람들은 하나님이 무엇이든 말씀대로 이루신다는 믿음을 가진 리더에 갈급해 한다. 다니엘서 말씀은 인생 지침으로 삼을 만하지 않은가. "우리가 섬기는 하나님이 … 능히 건져 내시겠고"(단 3:17).

장기간 침체를 면치 못하는 교회가 있었다. 남은 교인들은 낙심하여 거의 포기 직전이었다. 여러 목사들이 오고갔지만 교회는 존폐 위기를 맞을 정도로 계속 기울었다. 교회 시설은 하도 방치되어 일부는 시 당국의 안전 수칙을 통과하지 못했다. 시설의 3분의 2는 수입을 확보하느라 타민족 개척 교회에 세를 주었다. 목사들은 위치가 나빠 교회 성장에 큰 제약이 된다며 오래전부터 불평했다. 매번 목사들은 도무지 결과가 없는 교회에 좌절하고 낙심하여 떠나곤 했다. 교회가 실은 귀신에 들려서 그렇다는 소문도 돌았다. 교회는 문을 닫는 것 외에 다른 방도가 없는 듯 보였다.

자포자기 심정으로 교회는 신학교를 갓 졸업한 젊은 목사를 모셨다. 월급이나 복지 혜택 면에서 젊은 목사 가정에 별로 줄 것이 없었지만 목사는 어쨌든 오기로 했다. 신임 목사는 교회에 하나님이 하실 일이 끝났다거나, 그분이 교회를 통해 지역사회에 복음의 영향을 미칠 수 없다고 생각하지 않았다. 그는 교인들에게 기도하기를 권면했다.

하나님이 일하시기 시작했다. 새 신자들이 찾아와 교회에 등록하기 시작했다. 건물도 보수했다. 헌금도 늘었다. 사역자도 늘었다. 하나님이 뭔가 특별한 일을 위해 교회를 준비시키고 계시다는 흥분이 교인들 사이에 일어났다. 지역 내에서 교회의 평판이 달라졌다. 더 이상 죽은 교회가 아니라 그 도시에서 가장 활기찬 교회 가운데 하나로 알려졌다.

어떻게 된 일일까? 교회 위치는 여전히 나빴고 건물도 옛날 그 건물이었다. 목사가 함께 일한 교인들도 이전 목사들이 지적했던 바로 그 사람들이었다. 지역 주민들은 이전 리더들의 말 그대로 복음에 마음이 닫혀 강퍅했다. 모든 것이 똑같았다. 한 가지만 달랐다. 이제 하나님이 그분의 말씀을 무엇이든 이루실 수 있다고 믿는 리더가 온 것이다. 그는 교인들을 설득해 그들도 그렇게 믿도록 만들었다.

노먼 슈와즈코프 대령이 대대장으로 부임해 베트남에 도착하자 떠나는 대대장이 업무를 인계하러 그를 맞았다. 슈와즈코프는 그 만남을 이렇게 회고한다.

그는 말했다. "제 초가집으로 갑시다. 잠시 말씀 드릴 것이 있습니다." 차로 1.5킬로미터쯤 가자 산 밑으로 대대 본부가 나왔다. 우리는 산 중턱에 있는 작은 오두막으로 걸어 올라갔다. 식탁에는 조니 워커 블랙 라벨 스카치 한 병이 놓여 있었다. "선물입니다. 필요하실 겁니다." 그는 말했다. 내가 기대한 것은 대대와 휘하 장교들과 하사관들과 대대 임무에 관한 두세 시간의 대화였으나 그의 말은 이것이 전부였다. "저보다 잘하시겠지요. 최선을 다했지만 형편없는 대대입니다. 사기도 형편없고 전과도 형편없습니다. 행운을 빕니다." 그는 나와 악수한 뒤 사라졌다.[29]

슈와즈코프의 전임자는 분명 리더가 아니었다. 리더라면 자기 대대가 형편없다고 자조하는 대신 더 좋게 만들었을 것이다. 병사들의 사기가 형편없다고 욕하는 대신 필요한 조처를 취해 사기를 진작시켰을 것이다. 전과에 대해 불평하는 대신 최선의 노력으로 임무를 달성하고 확장시켰을 것이다. 그는 자기만 빼고 모든 사람, 모든 환경을 탓하며 손가락질했다. 그러니 실패는 당연한 것이었다.

반면 슈와즈코프는 리더였다. 그는 긍정적 태도를 잃지 않았다. 상황의 문제점이나 병력의 단점을 간과했다는 것이 아니다. 그도 전임자만큼, 아니 그 이상으로 잘 보았다. 그러나 슈와즈코프가 대대를 떠날 즈음 사기는 올라가 있었고 사상자는 줄었다. 사실 베트공은 훨씬 강한 새 대대가 그 지역에 투입돼 이전의 무능한 부대를 대치한 줄 알았다.

노먼 슈와즈코프는 걸프전 지휘로 다시 전 세계의 주목을 받았다. 그는 군인의 길을 걷는 동안 맡겨진 모든 일에서 성공했다. 그의 성공은 쉬운 임무 때문이 아니다. 그는 어려운 상황에 배치될 때가 많았다. 그러나 다른 사람들이라면 불평하며 남을 탓했을 시간에 그는 상황 개선에 착수해 조직을 발전시켰다. 그가 걸프전 최고 사령관이 된 것은 어떤 조직의 지휘를 맡겨도 결국 발전을 이루고 마는 그의 경력 때문이었다.

위대한 리더들은 변명하지 않는다. 그들은 상황을 호전시킨다. 현실을 모르는 것도 아니고 닥쳐오는 난관을 못 보는 것도 아니다. 다만 낙심하지 않을 뿐이다. 문제 해결에 자신감을 잃지 않으며 긍정적 태도를 지킨다. 위대한 리더는 아랫사람들이 제자리를 지키지 않는다고 비난하는 대신 그들을 마땅히 있어야 할 자리로 데리고 간다. 영적 리더는 그것이 가능하다는 믿음을 잃지 않는다.

리더는 자신의 태도에 각별히 유의해야 한다. 태도는 마음 상태의 지표인 까닭이다. 자신에게 비관적, 냉소적, 비판적 태도가 생기면 리더는 그 원인을 따져 봐야 한다. 그것은 하나님의 약속보다 사람들의 상태에 초점을 두었기 때문이거나, 교만 때문에 사고력이 흐려졌기 때문일 수 있다. 정서 불안이 지나쳐 방어적 자세를 유발했기 때문일 수도 있다. 이유야 어찌 됐든 현명한 리더는 그런 태도를 하나님과의 건강치 못한 관계의 증상으로 인식한다.

조직의 경영 방법에 대해 세상의 조언을 구하는 데는 많은 시간을 들이면서도 말씀의 지혜를 살피는 데는 별로 시간을 들이지 않는 리더들이 있다. 그렇게 기도 생활을 소홀히 하다가는 불안에 휩싸이고 만다. 그런 사람은 하나님을 새롭게 만날 필요가 있다. 몇몇 믿을 만한 친구와 동역자를 불러 자신의 태도를 감시해 달라고 하는 것도 리더로서 현명한 처사다. 이렇게 소수의 믿을 만한 사람들 앞에서 책임감 있게 임할 때 건강치 못한 태도와 행동을 사전에 막고 리더 자신과 조직은 해를 면할 수 있다.

훌륭한 리더십은 우연히 생기지 않는다. 그것은 의도적 노력의 산물이다. 위의 다섯 가지 지침들은 진정 훌륭한 리더가 될 생각만 있다면 누구나 실천할 수 있는 것들이다. 부지런히 따르면 영향력 있는 영적 리더의 길에 들어설 수 있을 것이다.

영적 리더는 사람들을 격려한다

BC 216년 8월 2일, 장교 기스고는 8만 7천 명의 로마 병사들을 바라보았다. 로마군은 기스고와 그의 동지들을 공격할 준비를 하고 있었다. 기스고는 자신의 지휘관인 한니발을 보며 우려를 표했다. 눈앞에 펼쳐진 대규모 로마군 앞에서 카르타고 병력이 작아 보였기 때문이다. 한니발은 젊은 부관의 공포를 알아차리고 이렇게 대답했다. "기스고, 귀관의 말이 맞네.

하지만 자네가 한 가지 놓쳤을 수 있지. … 저렇게 사람이 많아도 저쪽에는 기스고라는 사람이 없다네."[30]

한니발과 장교들은 기스고와 함께 웃음을 터뜨렸고, 근처 병사들은 불리한 전투 앞에서도 자신감에 찬 지휘관을 보며 새로운 의욕을 얻었다. 칸나에 전투는 역사상 가장 눈부신 군사 대첩 중 하나가 되었다. 거기서 한니발은 로마군을 완전히 궤멸시키고 전설적 인물로 부상했다.

리더가 위대해지는 것은 혼자서 대단한 성과를 이루어서가 아니라 사람들의 의욕을 고취시켜 결정적 승리를 거두게 하기 때문이다. 세상 최고의 리더들은 사람들을 감화하여 그들의 노력을 최고 수준으로 끌어올리는 법을 알았다. 따르는 사람들을 격려해 주면 그렇게 된다. 리더는 내적으로 동기가 있을지 모르지만 따르는 사람들은 대개 거기에 못 미친다. 그래서 그들은 낙심과 두려움에 빠질 수 있다. 그럴 때 현명한 리더는 방법을 모색하여 사람들의 사기를 북돋아 준다.

다음은 따르는 사람들을 격려하는 방법 세 가지다. 첫째는 리더가 함께하는 것이다. 장교들은 위험을 피해 후방에 무사히 숨어 있는데 부하들만 전방에 있어야 한다면 사기가 떨어질 수 있다. 최고의 리더는 사람들과 함께할 방법을 찾아낸다. 아이젠하워 장군은 노르망디를 침공하기 전에 26개 사단과 24개 비행장과 선박 5척을 방문하여 직접 병력을 격려했다.[31] 링컨 대통령은 북부군이 패할 때마다 전선을 찾아가 군사들을 지지해 주었다.[32] 말보로 공작은 전투 전에 부하들의 대열 사이를 오가며 하루에 수천 명씩 일일이 눈을 마주쳤다. 그들을 전장에 내보낼 거라면 개별적으로 인정해 줄 의무가 있다고 느꼈던 것이다. 시저와 한니발 같은 사령관은 부하들과 똑같이 내핍 생활을 했고, 로버트 리 장군은 병사들과 똑같은 배급 식

량을 받아먹었다.[33]

넬슨 제독은 우연히 한 젊은 수병이 두려움 때문에 돛대 꼭대기에 올라가지 못하는 것을 보았다. 넬슨은 이 신병을 겁쟁이라고 책망하거나 수갑을 채우지 않았다. 오히려 그에게 꼭대기까지 경주하자고 도전한 뒤 즐겁고 진지하게 올라가기 시작했다. 오르는 내내 넬슨은 웃으며 수병에게 농담을 건넸다. 돛대 꼭대기에 올라가는 게 결코 생각만큼 무서운 일이 아님을 몸소 보여 준 것이다.[34] 이렇게 부하들을 늘 격려해 준 덕에 그는 평생 그들의 사랑을 받았다.

기업 간부들도 현장 경영을 실천해야 한다. 리더가 작업 현장의 모든 직원에게 일일이 말을 거느냐는 그리 중요하지 않다. 그보다 작업 현장을 걸어 다니는 리더의 모습이 가끔씩 직원들의 눈에 띄는 게 더 중요하다. 월마트의 창업자 샘 월튼은 새벽 4시에 도넛을 한 봉지 들고 트럭 운전사들의 휴게실에 나타나기로 유명했다. 거기서 그는 그들이 배달 나가는 매장들의 현황에 대해 묻곤 했다.[35]

간부들이 정기적으로 몇 직급 아래 사람들과 함께 아침식사 회의, 점심식사 회의, 기타 원탁회의를 여는 것은 흔히 있는 일이다. 그러면 그 직원들을 알 수 있고, 그들을 위해 일의 생산성과 보상을 높이는 방법도 알아낼 수 있다. 격리된 사무실에 떨어져 있는 간부는 소중한 정보도 얻지 못할 뿐더러 기업의 사기를 크게 진작시킬 수 있는 기회를 놓친다.

리더가 사람들을 격려하는 두 번째 방법은 말을 통해서다. 사람들은 개개인으로 인정받아야 하고 자신이 기여한 일에 대해 칭찬받아야 한다. 셔먼 장군은 부하 5천 명을 이름으로 부를 수 있었다.[36] 자동차 왕 헨리 포드의 전기 작가에 따르면 그는 사람들에게 말로 감화를 끼쳐 무슨 일이든 하게 할 수 있었다.[37] 위대한 장군들은 격려가 병사들의 승전과 패전을 가를 수 있음을 알았다.

"병사들의 군복에 달아 줄 훈장만 충분히 있으면 난 온 세계를 정복할 수 있다"던 나폴레옹의 말은 유명하다.[38] 말보로 공작은 전투의 결정적 고비에 휘하의 한 장군이 기병대를 이끌고 서둘러 퇴각하는 장면을 목격했다. 말보로는 급히 말을 몰아 그쪽으로 달려가 정지 명령을 내린 뒤 큰 소리로 말했다. "아무개여, 귀관은 지금 과오를 범하고 있소. 적군은 저쪽에 있소. 맞서 싸우는 수밖에 없으니 가서 마음껏 싸우시오." 그러자 분통해하던 장교는 뒤로 돌아 부하들을 이끌고 다시 싸움터로 뛰어들었다.[39] 웰링턴 공작은 화려한 공직 생활을 마감하면서 후회가 있느냐는 질문에 이렇게 답했다. "물론이다. 칭찬을 더 많이 했어야 한다."[40]

셋째로, 리더는 사람들의 복지를 자상하게 배려하여 그들을 격려한다. 시저, 말보로, 웰링턴, 아이젠하워 같은 장군들은 군인들에게 최고의 보급품을 조달한 것으로 유명하다. 앤드류 잭슨은 장군 시절에 이런 말을 들었다. "잭슨은 부하들의 안위를 직접 감독했고 물리적 복지를 소상히 챙겼다. 그것이 그의 리더십의 특징이었다. 그는 자신에게 하듯이 그들에게 대단한 긍지를 품었고 복지에 심혈을 기울였다. 시간이 가면서 이를 알게 된 부하들은 그에게 존경과 헌신으로 보답했다."[41]

잭슨 장군은 800킬로미터를 행군하여 원대로 복귀할 때 자신의 말 세 필을 부상병 운송에 내어 주고 자신은 전 구간을 부하들과 함께 걸었다.[42] 이렇게 자신이 이끄는 사람들을 극진히 배려했기에 그는 당대에 가장 평판이 좋은 리더 가운데 하나가 되었다.

영적 리더는 집중한다

리더의 가장 귀한 재산 중 하나는 주의력이다. 리더가 큰일을 이루려면 당면한 중대사에 집중해야 한다. 상황을 충분히 파악하여 해답을 찾아낼 때까지 그래야 한다. 앤드류 카네기는 "한 군데에 집중 투자하고 그 투자를 잘 관리하라"는 모토에 충실하여 거부가 되었다.[43] 젊은 날의 워런 버핏을 알던 사람들에 따르면 그는 "집중력이 뛰어난 사람이었다. 주 7일, 하루 거의 24시간을 스포트라이트처럼 집중할 수 있었다."[44] 월트 디즈니도 "집중력이 대단했다"고 한다.[45]

존 록펠러는 이렇게 반문한 적이 있다. "많은 사람들이 큰일을 이루지 못하는 것은 … 집중력이 부족해서가 아닌가? 일을 제때에 해내려면 만사를 제쳐 두고 그 일에만 사고를 집중하는 기술이 필요하다."[46] J. P. 모건은 장기적이고 체계적인 분석력은 부족했지만, 그와 같은 시대를 살았던 한 사람은 그를 이렇게 평했다. "모건의 주요한 정신적 자신이 하나 있다. 5분 동안 생각을 집중하는 힘이 뛰어나다."[47]

오늘의 리더들은 집중력을 배워야 한다. 현대의 문제와 기회와 도전은 복잡하여 쉽게 파악하거나 해결할 수 없기 때문이다. 1870년대 초에 존 록펠러는 뉴욕시의 스탠더드오일사(Standard Oil Co.) 정유소를 방문했다. 그가 유심히 보니 직원들이 5갤런들이 통에 수출용 등유를 채워 봉하면서 통마다 백랍을 40방울씩 떨어뜨렸다. 록펠러는 38방울로 줄여 보자고 했고, 몇 통이 새는 바람에 결국 한 통에 39방울로 결정했다. 이렇게 한 방울을 줄인 덕분에 회사는 첫해에 2천 5백 달러를 절감했고, 이후에 수출이 증가하면서 이 석유업자의 예리한 주의력 덕분에 상당한 재산을 모았다.[48] 리더에게 집중력이 있으면 상황을 정확히 평가할 수 있다. 조지 워싱턴은 "상황을 자신이 바라는 대로 보지 않고 있는 그대로 보았다. 그것이 그의 두드러진 장점이었다."[49]

따르는 사람들은 리더가 바라보는 데를 바라보게 되어 있다. 문제 해결이 리더의 관심사이면 조직도 문제 해결에 집중한다. 리더의 시선이 비전에 맞추어져 있으면 사람들도 그대로 따라간다. 그래서 리더는 조직의 가장 중요한 일이 무엇인지 분별해야 하며, 부수적인 일 때문에 삼천포로 빠져서는 안 된다. 토머스 제퍼슨은 미국의 형성기에 조지 워싱턴과 벤저민 프랭클린과 가까이서 일했다. 제퍼슨은 그 두 사람에 대해 이렇게 말했다. "난 둘 중 누구도 10분 이상 말하는 것을 보지 못했고, 문제 해결의 요지를 벗어나 딴 애기를 하는 것도 본 적이 없다. … 그들은 중요한 문제에 집중했다. 사소한 일들은 저절로 따라오리라는 것을 알았기 때문이다."[50]

훌륭한 리더십은 우연히 되는 게 아니라 목적을 품고 이루어 내는 결과다. 훌륭한 리더가 되려고 진지하게 노력하면 누구라도 어느 정도 리더십을 행사할 수 있다. 지금까지 살펴본 일곱 가지 지침을 부지런히 따르는 사람은 영향력 있는 영적 리더가 되는 길로 잘 가고 있는 것이다.

운동을 일으키는 리더가 되라

리더십에도 다양한 수준이 있다. 자녀를 이끌어 여러 발육 단계를 잘 통과하게 하는 엄마도 리더다. 리더의 장은 교회의 한 위원회, 회사의 한 부서, 군대의 한 대대, 정부의 한 기관 등 다양하다. 모든 리더십에 비슷한 점이 있지만 범위는 크게 다를 수 있다. 평범한 리더는 추종자를 이끈다. 훌륭한 리더는 리더를 이끈다. 비범한 리더는 운동(movement)을 이끈다. 오늘의 사회가 당면한 세계적 도전들을 감안할 때 점진적 변화만으로는 부족하다. 운동이 필요하다.

운동은 한 사람이나 조직보다 크다. 운동은 수많은 사람들에게 영향을 미치며 통제가 불가능하다. 말콤 글래드웰은 "티핑 포인트"(tipping point)라는 개념을 대중화시켰다. 그가 말하는 티핑 포인트란 '임계 질량의 순간, 한계점, 비등점'으로, 이 지점에 이르면 개념이나 제품이나 메시지나 행동이 하나의 운동으로 변한다.[51] 지금까지 지역적 현상이던 어떤 개념이나 행동이 훨씬 큰 무엇으로 탈바꿈하는 것이다. 맥스 드프리에 따르면 "운동이란 미래를 단지 경험하거나 견디는 게 아니라 창출해 낼 수 있다는 대중의 공감이자 집단의식이다."[52]

운동은 점진적으로 자라지 않고 기하급수적으로 커진다. 리더가 통제할 수 없을 만큼 빠른 속도로 팽창한다. 그래서 운동 속에서 리더십을 행사하려면 통제하려는 욕구를 기꺼이 버려야 한다. 이런 현상을 자동차나 컴퓨터 같은 세상 산업의 성장에서도 볼 수 있고, 인터넷이나 SNS가 전 세계적으로 확산한 데서도 볼 수 있다. 영적 각성 같은 신앙 운동도 국가와 대륙과 세계로 급속도로 퍼져 나가곤 했다.

영적 각성이 특히 더 폭발적인 이유는 단지 인간의 노력이 아니라 성령의 역동적 역사를 통해 일어나기 때문이다. 물론 모든 큰 부흥에는 리더들이 긴요하게 관여되어 있었다. 하지만 유능한 리더들의 노력만으로는 설명될 수 없는 훨씬 많은 일들이 벌어진 게 분명하다.

맨해튼 펄튼가의 노스더치교회는 1857년에 제러마이어 랜피어를 채용하여 회중의 전도를 이끌게 했다. 메트로폴리탄 뉴욕에는 하나님을 믿지 않거나 신앙에 냉담한 사람들이 가득했다. 대도시에 영향을 미치려던 몇 차례의 시도가 실패로 돌아가자 랜피어는 정오에 교회에서 기도회로 모이겠다고 광고했다. 1857년 9월 23일의 첫 모임에 나온 사람은 여섯 명뿐이었다. 둘째 주에는 20명, 그 다음 주에는 40명이 참석했다. 그러다 네 번째 주에 금융 시장이 처참하게 붕괴되었다. 기업들이 무더기로 파산하면서 수많은 사람들이 실직자로 내몰렸다.

그때부터 기도회는 매일의 행사로 바뀌었고, 머잖아 노스더치교회에 인파를 다 수용할 수 없어 다른 지역들로 퍼져 나갔다. 한때 맨해튼 도처의 수십 군데에서 기도회가 열렸고 참석 인원도 수천 명에 달했다. 랜피어는 계속 가담했으나 부흥 운동이 미국 전역으로 확산되면서 그의 이름은 사람들의 기억 속에서 점차 사라졌다.

이것이 불씨가 되어 결국 멀리 영국과 남아프리카공화국에까지 온 세상에 비슷한 부흥이 일어났다. 당시의 미국 인구 3천만 중 1백만이 불과 1년 만에 교회에 새로 나왔다. 부흥에 대한 유수한 권위자인 J. 에드윈 오어는 이 운동을 "세기의 사건"이라 표현했다.[53]

드프리의 말대로 문제는 "운동이 한낱 조직으로 쇠퇴하는 경향이 있다"는 것이다.[54] 흔히 운동은 수많은 사람들이 어떤 필요에 널리 공감하면서 출현한다. 사람들은 그 대의를 위해 의욕적으로 온 힘을 쏟아 붓는다. 함께 노력하는 사람들 사이에 연합과 목적의식이 있다. 하지만 운동에 합류하는 사람들이 늘어나면서 운동을 관리하고 통제하려는 시도가 시작된다. 직원들을 채용하고, 건물을 신축하고, 조직을 운영할 정강이 필요해진다. 그리하여 한때 급성장하던 역동적 현상이 제도화된다. 서서히 생명력을 잃고 관료주의에 빠진다.[55]

리더들은 본래 통제하려는 성향이 있다. 대다수 리더들의 생각은 조직을 관리하는 데서 벗어나지 못한다. 운동의 관점에서 생각하는 사람은 거의 없다. 세상은 점진적이고 계획적으로 성장하는 게 아니라 운동을 통해 변화된다. 지금도 세상은 첨단 기술, 철학, 의료, 연예 등의 분야에서 새로운 운동을 찾고 있다. 하나님은 세상을 변화시키실 통로가 될 사람을 찾고 계신다(대하 16:9 참조). 우리 시대는 하나님의 새로운 운동을 애타게 요구하고 있다. 문제는 이것이다. 하나님은 누구를 택하여 그 일을 시작하실 것인가?

영향력을 남용하지 말라

영향력이란 위력 있는 것이기에 엄청난 책임이 뒤따른다. 그래서 영향력의 관리는 리더에게 중대한 문제다. 방심한 리더에게 영향력은 사람들을 이용해 자신의 이기적 목적을 이루고 싶은 유혹으로 작용할 수 있다. 이기적 목적으로 사용된 영향력은 치사한 조작이나 정치적 계략과 다를 바 없다.

리더는 무심코 던진 말도 사람들이 심각하게 받아들일 수 있음을 알아야 한다. 다윗의 경우가 그랬다. 블레셋 군대가 베들레헴에 주둔하고 있을 때 다윗은 부하들과 함께 베들레헴 외곽에 진치고 있었다. 한순간 다윗은 지나가는 말투로 소원을 비쳤다. "베들레헴 성문 곁 우물 물을 누가 내게 마시게 할까"(삼하 23:15).

즉시 그의 충직한 세 용사가 우물로 달려갔다. 다윗의 용사들은 블레셋 사람의 군대와 충돌을 감내하고 우물에 이르렀다. 그들이 물을 떠서 돌아오자 다윗은 자신이 한 일에 경악했다. 그의 이기적 소원 때문에 충성스런 용사 셋이 목숨을 잃을 뻔했던 것이다. 다윗이 리더로서 자신의 영향력을 가볍게 여긴 결과였다.

리더의 도덕적 실패를 둘러싸고 많은 논란이 있다. 일각에서는 실패란 누구에게나 있는 법이며, 사생활의 실패는 행정 능력과 효율에 영향을 미치지 않는다고 주장한다. 그러나 리더가 도덕적 실패를 겪으면 그 파장은 엄청나다. 리더는 조직의 상징으로 신뢰의 구심점이기 때문이다. 믿지 못할 모습을 보인 리더는 사람들의 믿음과 확신을 무산시키는 것이다. 안심하고 리더를 믿을 수 있어야 한다.

리더의 실패는 파장이 크기 때문에 리더는 그만큼 책임도 크다. 하나님은 영적 리더십을 맡기실 때 영향력에 대한 청지기의 책임도 함께 맡기신다. 그래서 깊은 기도와 숙고 없이 리더십 직위를 수락해서는 안 된다. 현대 사회는 직권을 남용한 리더들의 끊임없는 스캔들로 비틀거리고 있다. 영향력을 남용하는 리더들 때문에 어느 때보다 리더를 믿지 않는 시대가 되었다.

사람들을 지도하는 일에는 무서운 책임이 뒤따른다(고후 5:9-11 참조). 실패하면 리더만 영향을 입는 것이 아니라 조직 안팎의 많은 사람들에게도 돌이킬 수 없는 해를 입힐 수 있다. 반면 영향력을 잘 행사하여 사람들이 하나님의 최선의 뜻을 이루게 하면 넘치는 기쁨을 맛볼 수 있다. 그때 리더의 모든 노력은 가치 있는 수고가 된다. 바울은 "이제 후로는 나를 위하여 의의 면류관이 예비되었으므로 주 곧 의로우신 재판장이 그 날에 내게 주실 것"(딤후 4:8)을 알았기에 리더로서 어떤 수고도 마다하지 않았다.

영적 리더십 노트

1 만일 하나님이 기도 생활만 보고 당신의 리더십에 복을 주신다면 어떤 결과가 예상되는가?

2 조직의 모든 사람이 당신을 본받았으면 좋겠는가? 당신이 일하는 습관을 구성원들이 어떻게 볼 것 같은가?

3 당신의 의사소통 기술을 평가해 보라. 어떻게 개선할 수 있겠는가? 자신의 설교나 발표를 녹음해 평가해 보겠는가? 의사소통이나 연설법에 대한 강좌를 들을 수 있는가? 훌륭한 리더는 배움을 멈추지 않는다. 의사소통처럼 중요한 분야에서는 더 말할 것도 없다.

4 당신은 아랫사람들을 섬긴다는 평판이 있는가? 아니면 그들에게 섬김을 요구하는 사람으로 알려져 있는가? 지금부터 그들을 섬기기 위해 당신이 할 수 있는 일을 한 가지만 꼽는다면 무엇인가? 그들을 배려하는 당신의 마음이 확연히 드러나는 일이라야 한다.

5 스스로 보기에 당신은 긍정적인 사람인가? 아니면 부정적인 태도 때문에 힘들어하는가? 당신을 만나는 사람들은 격려와 낙심과 무관심 중 무엇을 얻고 돌아가는가? 배우자와 두 명의 가까운 직장 동료에게 부탁하여 일주일 동안 당신이 말하고 이끄는 태도를 관찰해 달라고 하라. 그들의 눈에 비치는 당신의 모습이 뜻밖일 수도 있다. 당신이 늘 긍정적인 사람으로 보일 거라고 예단하지 말라.

6 당신이 아랫사람들을 격려하기 위해 할 수 있는 실제적인 일은 무엇인가? 구체적인 행동으로 최소한 다섯 가지를 정해 보라. 당신에게 격려가 될 만한 일을 생각해서는 안 된다. 사람들 각자의 독특한 성격 특성을 고려해야 한다. 어떻게 하면 상대방의 언어로 말하여 맞춤형으로 격려해 줄 수 있겠는가?

7 당신은 집중하고 있는가? 잠시 시간을 내서 현재 당신이 리더로서 신경 쓰는 일들을 모두 적어 보라. 그 목록을 평가해 보라. 가짓수가 얼마나 많은가? 종류는 얼마나 다양한가? 이로 미루어 당신의 집중도는 어떠한가? 어떻게 하면 당신의 주의력을 가장 중요한 일들로 좁힐 수 있을까?

8.
리더의
결정

언젠가 하나님 앞에서 책임진다는
인식 속에서 모든 결정을 내린다

THE LEADER'S
DECISION MAKING

1944년 6월 6일 새벽, 연합군 최고 사령관들이 리더를 중심으로 모였다. 5천 척의 증기선이 프랑스 해안 쪽으로 나아가고 있었다. 15만 6천 명이 넘는 병사들이 중무장된 해변을 습격할 준비를 하고 있었다. 그중 수천 명은 곧 목숨을 잃을 것이었다. 장차 이 사건은 사상 최악의 패전으로 기록될 수도 있고 가장 웅대한 작전으로 기록될 수도 있었다. 모든 것이 한 사람의 결정에 달려 있었다.

"좋다, 진격이다." 이 말로 드와이트 아이젠하워 장군은 노르망디 상륙에 돌입했다. 이로써 2차 세계대전은 결정적으로 형세가 뒤집혔고 아이젠하워는 미래의 자신의 입지를 굳혔다.[1]

결정을 내리는 일은 리더의 기본적 책임이다. 결정을 내리기 싫어하거나 그럴 능력이 없는 사람은 리더로 보기 어렵다. 자문을 받거나 아랫사람들의 합의를 구할 수도 있지만 결국 선택을 내려야 하는 것은 리더의 몫이다. 그것을 거부하는 리더는 리더십 역할을 포기하는 것이다.

사람들은 리더가 적시에 현명한 결정을 내릴 수 있는지 주목한다. 잘못된 결정에 대한 두려움이 리더십 스타일에 결정적 영향을 미치는 것은 실수에 대한 두려움 때문에 기동력을 잃는 경우다. 물론 모든 결정에는 결과가 따르며 리더는 자기 결정의 결과를 받아들일 각오가 돼 있어야 한다. 그것을 수용할 용기가 없는 자는 리더십 역할을 맡지 말아야 한다.

우유부단한 리더와 정반대로 결정이 지나치게 경솔한 리더도 있다. 결과를 심각히 고려하지 않고 가볍게 결론에 이르는 것이다. 결정이 악재로 드러나면 리더는 언제 그랬느냐는 듯 처음과 똑같이 무모한 다른 결정으로 바꾼다. 졸속으로 이어지는 이런 터무니없는 결정들은 서로 상충될 때가 많아 조직에 혼돈을 주며 사람들을 당황하게 한다. 그들은 조직이 다음에 어느 방향으로 갈지 몰라 혼란에 빠질 수밖에 없다. 결정은 조직의 효율성을 결정하는 시금석이다. 피터 드러커의 말처럼 "모든 결정은 수술과 같다. 시스템 내부로 파고들기 때문에 충격의 위험이 따른다."[2]

그래서 결정은 신중하고 조심스럽게 내려져야 한다.

결정을 내릴 때

리더의 결정 하나하나에는 조직은 물론 구성원들과 그 가족들에게 중대한 영향을 미칠 수 있는 잠재력이 들어 있다. 따라서 리더는 실수를 막아 주는 성경적 원리에 단단히 기초해 결정을 내리는 것이 매우 중요하다. 영적 리더가 결정을 내릴 때 따라야 할 원리를 살펴보자.

성령의 인도를 구하라

영적 리더는 결정을 내릴 때마다 두 가지 선택을 하는 셈이다. 첫째, 리더는 자기 통찰을 믿을 것인지, 하나님의 지혜를 믿을 것인지 선택한다. 둘째, 리더는 자신의 최종 결론, 즉 행동 노선을 선택한다. 사람은 본성상 하나님의 방식으로 일하지 않는다. 생각하는 방식이 하나님과 다르기 때문이다(시 118:8 참조).

세상의 결정 방식은 모든 증거를 저울질하고 장단점을 따져서 가장 사리에 맞는 노선을 택하는 것이다. 영적 리더가 이런 식으로 선택을 내린다면 조직을 하나님 뜻과 정반대로 이끌기 쉽다(잠 14:12 참조). 하나님은 사람들이 자기들 보기에 최선의 길로 행하는 것이 아니라, 당신이 보시는 최선의 길로 행하기 원하신다. 아무리 많은 논리와 지식을 동원해도 인간은 그 길을 찾을 수 없다. 하나님이 직접 계시해 주셔야 한다. 하나님의 생각과 마음을 구하는 이들에게 성령은 그분의 뜻을 보여 주시는데, 기도, 성경 말씀, 다른 사람, 환경 등 네 가지 통로를 통해 그 일을 하신다.

성령은 기도를 통해 인도하신다. 기도는 "너는 내게 부르짖으라 내가 네게 응답하겠고 네가 알지 못하는 크고 은밀한 일을 네게 보이리라"(렘 33:3)라고 약속하신 분과 리더를 이어 주는 고리다. 여기서 말하는 기도란 까다로운 청중 앞에서 중요한 내용을 발표하기 직전 황급히 읊조리는 그런 종류의 것이 아니다.

기도는 언제나 리더의 첫 번째 행동 노선이 돼야 한다. 영적 리더는 날마다 기도 시간을 내 자신이 내릴 모든 결정에 하나님의 인도를 구해야 한다. 상황에 부딪쳤을 때만 아니라 주어진 사실 앞에서도 그래야 한다. 기도 생활을 간과하는 것은 리더의 무모한 교만이다. 그것은 자기가 하나님 뜻을 이미 안다는 가정이기도 하고, 하다가 안 되면 맨 나중에 부르는 것이 하나님이라는 그릇된 인간적 사고이기도 하다.

하나님은 목사나 기독교 조직 리더만 기도를 통해 인도하시는 것이 아니다. 하나님은 크리스천 기업가와 정치가의 진실한 기도도 쾌히 응답해 주신다. 사람들은 세상적인 일과 영적인 일을 가르는 경향이 있지만 하나님은 그런 인위적 구분에 구속받지 않으신다. 그분은 교회와 마찬가지로 기업체에서도 능하신 분이다. 하나님의 지혜는 교회 일뿐만 아니라 기업 합병이나 투자, 직원 채용에도 똑같이 적용된다. 정치적 결정은 광범위한 영향을 미칠 수 있으므로 더욱 기도로 하나님의 인도를 구해야 한다.

사업상 막막해 보이는 도덕적 딜레마에 몰릴 때 하나님께 가장 큰 영광을 돌리는 선택을 가능케 하는 것도 기도다. 기도는 리더의 진실한 성품을 유지하면서 동시에 하나님을 높이는 해결책으로 인도해 준다. 기도 없는 리더는 나침반 없는 선장과 같다. 최선의 추측으로 방향을 정해도 바른 길로 가고 있는지 확신이 없지만, 기도를 통해서라면 만고불변의 하나님께 시선을 고정할 수 있다.

많은 리더들이 쓰러지며 뼈아프게 깨닫는 것은 자신이 하나님과의 관계를 무시했다는 사실이다. 책임 수행에 너무 몰두한 나머지 본의 아니게 주님과 보내는 시간이 점점 줄어들었다고 고백하는 리더들이 많다. 하나님과의 관계를 무시하는 중에도 중대한 결정을 연기할 여유가 없는 것이 인생 현실이다. 낭패한 리더들이 그 사실을 깨달았을 때는 이미 늦는다. 매일 일과에 바빠 영적인 삶을 간과하다가 하나님의 지혜가 절실히 필요한 중대 결정을 눈앞에 두고 그분의 음성을 알아들을 수 없다면 얼마나 서글픈 일인가. 그보다 더 가슴 아픈 것은 리더가 하나님을 떠나 그분의 인도를 놓치는 바람에 다른 사람들까지 혹독한 대가를 치러야 한다는 사실이다.

리더는 바쁘다. 생생한 기도 생활을 유지하기에는 하루 24시간이 모자란다. 다니엘은 정부의 막중한 책임을 맡았지만 하루에 적어도 세 차례 기도하는 습관을 들였다. 적들이 정치적 음모를 꾸며 그를 몰아내고 처형하려 했을 때 다니엘은 생사의 위기 앞에서 평소와 같이 기도했다. 다니엘의 상황은 암담해 보였으나 하나님은 그를 신실하게 인도하시고 지켜 주셨다. 적들을 이기게 하셨을 뿐 아니라 정부에서 더 돋보이는 존재가 되게 하셨다. 위기의 순간 다니엘은 하나님과의 깊은 관계에 굳게 의지했다. 다른 사람들이 그 자리에 있었다면 대부분 망했겠지만 다니엘은 위기를 이겨 냈다.

욥은 자식들과 건강과 모든 소유를 잃은 채 비극의 음침한 골짜기에 들어섰을 때에야 부랴부랴 하나님께 다가간 것이 아니다. 그 암담한 순간에 욥은 이미 하나님과 건강한 관계를 맺고 있었다. 아브라함이 외아들을 잃게 됐을 때, 한나가 간절히 자식을 바라면서도 얻을 수 없었을 때, 다윗이 아들의 모반에 부딪쳤을 때, 그들은 저마다 하나님의 위로를 구했고 평소에 맺은 그분과의 살아 있는 관계가 그들을 지탱해 주었다. 하나님과 동행하는 것은 이미 그들 생활 방식의 핵심이었다. 그래서 그들은 커다란 역경을 이겨 낼 수 있었다. 하나님을 무조건 믿을 수 있었기에 든든했던 것이다.

영적인 삶을 소홀히 했다가 어려운 상황을 당한 리더들도 결국 하나님께 돌이켰을 때, 하나님과의 관계를 회복시켜 주셨다. 그러나 이미 자신과 가정과 조직이 피나는 고생을 겪은 후다. 그들이 주님과 관계를 잘 가꾸어 처음부터 참사를 피했다면 얼마나 좋았을까. 훌륭한 리더는 조직에 어떤 우발적 상황이 닥쳐도 늘 대비할 줄 안다. 같은 논리로 리더는 내일의 요긴한 결정에 대비하여 오늘 하나님과 가까운 관계를 꾸준히 유지한다.

성령은 하나님 말씀을 통해 인도하신다. 하나님 말씀은 크리스천 삶의 다림줄이다. 사람들의 조언을 들을 때 리더는 그것을 하나님 말씀에 대비해 본다. 기도 중에 하나님이 뭔가 말씀하신다고 느껴질 때 리더는 그것을 그분의 기록된 말씀으로 확인한다. 그런데 많은 리더의 문제는 성경을 모른다는 것이다. 성경의 내용을 모르니 성경이 그들을 인도할 수 없다. 성경을 꾸준히 읽지 않으니 성경이 그들의 사고에 영향을 미칠 수 없다. 중대한 결정이 요구될 때 리더는 최선의 사리 판단을 내린 후 그것이 성경의 가르침에 어긋나지 않도록 요행을 바라는 수밖에 없다.

참된 영적 리더는 자신이 하나님께 철저히 의존할 수밖에 없음을 안다. 그래서 그들은 자신의 마음과 생각을 꾸준히 그분 말씀으로 채운다. 마음에 말씀이 가득할 때 리더는 어느새 성경적 원리를 따라 생각하게 된다. 어려운 상황이 생기면 성령이 심중에 적절한 말씀을 떠오르게 하시고, 결정을 내려야 할 때면 꼭 맞는 인도의 말씀을 기억나게 하신다.

성령은 다른 사람을 통해 인도하신다. 천재성과 우둔함의 차이는 천재성에는 한계가 있고 우둔함에는 없는 것이라고 한다. 잠언에는 우매한 선택에서 비롯되는 엄청난 고생과 함께 어리석은 결정을 막아주는 예방책도 많이 나온다. 그 예방책 중 하나는 지혜로운 자의 조언을 듣는 것이다. 성령이 리더의 결정을 인도하시는 세 번째 길은 다른 사람들을 통한 확인이다. 잠언은 다음과 같이 강조한다. "지략이 없으면 백성이 망하여도 지략이 많으면 평안을 누리느니라"(잠 11:14). "의논이 없으면 경영이 무너지고 지략이 많으면 경영이 성립하느니라"(잠 15:22).

이런 말씀의 정수는 두 가지 진리로 압축할 수 있다. 리더는 다방면의 경건한 상담역을 찾아야 한다는 것과, 리더는 조언자들에게 의견 개진의 재량을 주어야 한다는 것이다.

조언을 구하면 어리석은 결정을 막는 데 도움이 되지만 모든 상담역이 똑같이 지혜로운 것은 아니다. 훌륭한 리더는 자신의 상담역을 조심하여 선택한다. 성경은 여러 상담역을 구해 매번 한 사람의 실수를 되풀이하는 비참한 덫을 피하라고 권한다. 전문 분야가 다르기 때문에 리더에게는 다양한 관심 분야를 대변하는 상담역들이 필요하다. 워렌 베니스는 리처드 닉슨 대통령의 몰락이 다양한 측근에 자기를 닮은 사람들을 배치했기 때문이라고 지적했다. "그들이 대통령에게 한 모든 말은 그도 이미 알고 있는 것이라 하등 무용한 것이었다."[3]

훌륭한 상담역의 열쇠는 리더와 같은 의견으로 항상 그의 결정을 지지하는 것이 아니라, 다른 출처로는 알거나 인식하기 힘든 내용을 알려 주는 것이다.

리더는 함께 일하며 자기에게 조언을 베풀 자로 최선의 사람들을 찾아야 한다. 무엇보다 독자적 사고 능력이 있는 사람들이어야 한다. 그들은 리더가 식견이 부족한 전문 분야에 해박해야 한다. 또 지혜롭게 다른 사람들을 도왔다는 꾸준한 성공 이력이 있어야 한다. 이력을 보아 신빙성이 전혀 없는데도 자문역으로 두어서는 안 된다. 아울러 상황을 리더와 다른 시각으로 볼 수 있으면 좋다. 예를 들어 CEO가 이성적이고 인지적인 사고형 인물이라면, 정서적으로 사고하는 상담역을 곁에 두어 일관성 있게 논리적인 방향만 제시하는 것을 피할 수 있다. 훌륭한 리더는 중요한 결정을 내리기 전에 반드시 다양한 시각을 고루 듣는다.

또한 상담역들은 하나님과 가까이 동행하는 사람이어야 한다. 단지 기독교 신자라는 사실만으로는 충분하지 않다. 능력과 더불어 성숙한 신앙을 보여야 하는 것이다. 하나님께 향하지 않는 상담역은 자기 생각을 말할 수밖에 없다. 영적 리더에게는 하나님과 가까이 동행하면서 그분께 지혜를 얻는 상담역들이 필요하다. 성령으로 사고와 성품이 빚어진 경건한 상담역은 하나님을 결정의 기준으로 삼기에 커다란 이점이 있다.

모든 상황에서 크리스천의 조언을 구한다는 것은 분명 불가능한 일이며 좁은 전문 분야의 경우 특히 그렇다. 그런 경우 리더는 성품이 정직하고 진실한 사람들의 조언을 구해야 한다. 존 가드너는 "사랑 없이 비판하는 자들과 비판 없이 사랑하는 자들 틈에 있는 리더는 가련한 사람"⁴이라고 말했다. 리더가 몰락하는 원인 가운데 하나는 자존심 때문에 효율성을 잃는 것이다. 그들은 비판이라면 무조건 피한다. 그래서 자신에게 건강한 조언을 들려줄 현명한 상담역들을 물리치는 우를 범한다.

역사상 위대한 리더들은 조직 내에 다양성을 장려했다. 윈스턴 처칠과 마틴 루터 킹 주니어 같은 리더들은 그 강인한 성품에도 불구하고 아랫사람들에게 솔직한 의견을 당부했다. 그 의견이 자신과 다를지라도 그렇게 하도록 했다. 나폴레옹은 휘하 장군들 간의 변론을 환영했다. 빌리 그레이엄은 사람마다 솔직히 의견을 털어놓을 수 있도록 조직 분위기를 가꾸었다. 해리 트루먼은 다양한 사람들을 불러모아 결정 사안에 대해 다양한 시각을 듣곤 했다. 위대한 리더들은 위대한 사람들을 찾아 그 통찰을 배움으로써 위대해진 것이다(잠 11:14 참조).

흔히 비극은 사전에 경고해 주는 사람이 없어서가 아니라 리더가 자기 뜻과 같은 상담역들의 말만 골라 듣기 때문에 생긴다. 이런 문제는 이견을 소화할 줄 모르는 리더의 정서 불안에 뿌리를 두고 있다. 유다 왕에게는 하나님의 메시지를 직접 전해 줄 예레미야 선지자가 있었다. 그러나 왕은 그의 말을 들으려 하지 않았다. 선지자의 말처럼 상황이 나쁘다고 믿지 않았다. 예레미야의 경고를 한사코 귀담아듣지 않은 결과, 이 고집스런 왕은 결국 바벨론 사람들에게 잡혀 소경이 되고 포로로 끌려가 생을 마감하게 된다. 현명한 상담역들을 택해 성경 말씀에 기초한 조언을 받고도 그것을 무시하면 어리석은 짓이다.

성령은 환경을 통해 인도하신다. 리더는 결코 환경의 피해자나 볼모가 아니다. 현명한 리더는 자신의 경험 속에서 하나님의 활동을 살핀다.

하나님은 환경을 통해서도 분명한 메시지를 보내신다. 공항에서 누군가와 우연히 마주친 일, 우편으로 배달된 뜻밖의 수표, 예상 못한 전화 통화 등을 자신이 하고 있는 기도와 읽고 있는 성경 말씀에 비추어 검토해 보라. '우연의 일치'가 하나님의 기도 응답이 아닌지 면밀히 평가하는 것이다. 영적 리더는 상황에 낙심하지 않는다. 상황을 통해 배울 뿐이다. 삶의 환경과 사건을 통해 하나님이 당신의 뜻 안으로 그를 인도해 가시기 때문이다.

배우려는 자세를 가지라

성령님은 하나님의 인도를 구하는 리더에게 그분 뜻을 보여 주시지만 그때부터 하나님의 인도에 적절히 반응하는 것은 리더의 몫이다. 리더의 현명한 결정에 중요한 부분은 배우려는 자세다. 배울 마음이 없는 리더가 현명한 조언을 구할 리 만무하다. 배우려는 자세가 없는 리더는 자기 계획에 어긋나는 말을 일체 못하게 의도적이든 비의도적이든 다른 사람들의 입을 막는다.

리더는 묘한 질문을 함으로써 타인이 의견을 내놓는 것을 방해할 수 있다. 예컨대 "이 일을 문제 삼을 사람은 아무도 없지요?"는 사실상 질문이 아니라 단정이다. 혼자 말을 독점하는 것도 토의를 보기 좋게 막는 또 다른 방법이다. 시종 자기 제안의 장점을 내세우며 열변을 토하는 리더는 사실 타인들의 반론 제기 의사를 깨끗이 짓밟는 것이다. 진정 피드백을 원하는 리더라면 상대에게 충분한 기회를 주기 마련이다.

그런가 하면 리더는 방어적인 자세로 사람들의 피드백을 저지할 수 있다. 누군가 질문을 던지거나 이견을 제시할 때 리더는 즉각 자기 입장을 옹호하지 않도록 조심해야 한다. 방어적인 리더는 아무것도 배우지 못한다. 경청하는 리더만이 늘 배우며 성장한다. 사도 야고보는 "사람마다 듣기는 속히 하고 말하기는 더디 하며 성내기도 더디 하라"(약 1:19)고 지혜롭게 경고했다.

자기 입장을 방어하는 일에만 급급해서는 리더는 아무것도 배우지 못한다. 비평을 감정적으로 받아들이거나 즉각 방어로 맞서는 리더는 말로는 아무리 피드백을 원한다 해도 실제로는 거기에 마음이 열려 있지 않음을 드러내는 셈이다. 윈스턴 처칠은 강인한 성품에도 불구하고 비평을 아주 겸손히 받아들였다. 자존심에 눈멀어 최선의 행동 노선을 놓치기에는 자신의 책임이 너무 막중함을 잘 알았던 것이다.

훌륭한 리더는 최선을 다해 협력자들의 토의와 건설적 피드백을 장려한다. 아무도 질문이나 제안을 내놓지 않으면 혹여 자신이 이견이 존중되지 않는 분위기를 만들지 않았는지 살펴보라. 물론 괜히 부정적 사고나 분열을 일으키는 사고를 조장할 필요는 없지만 자신의 회의 주재 방식이 은연중 중요한 피드백을 방해하지 않는지 유의해야 한다.

쿠제스와 포스너는 리더들에게 자신과 다른 의견을 들어보라고 권한다. 그들이 인용한 연구에 따르면 두 번째 제시된 해결책이 처음 제시된 의견보다 오히려 나은 경우가 3분의 2에 달한다.[5] 현명한 리더는 아랫사람들의 의견 수렴이 가치 있는 일임을 잘 알기에 조직 내 누구나 자유롭게 의견을 개진할 수 있는 분위기를 조성한다.

조직의 역사를 숙지하라

신임 리더가 가능한 한 임지에 도착하기 전에 해야 할 일은 조직의 역사를 공부하는 것이다. 이것은 어느 조직에나 중요하지만 교회, 기독교

학교, 자선 단체 등 영적 조직의 경우에 특히 필수적이다. 조직에서 새 리더를 세우는 이유는 많은 경우 새로운 초점이 필요하기 때문이다. 그러나 현명한 리더는 조직이 어떻게 현재의 자리까지 왔는지 파악하기도 전에 당장 새 방향으로 뛰어드는 충동을 억제한다.

성경의 리더들은 자신이 현장에 등장하기 전부터 하나님이 해 오신 일을 깊이 인식하며 행동했다. 이삭은 자기를 인도하시는 하나님이 아버지 아브라함도 인도하셨음을 알았다(창 26:24 참조). 야곱은 자신의 하나님이 '아브라함과 이삭의 하나님'(창 35:12 참조)이셨음을 알았다. 요셉은 자기 인생을 향한 하나님의 역사가 조상 '아브라함과 이삭과 야곱'(창 48:15 참조)을 통해 해 오신 일을 바탕으로 했음을 알았다. 하나님이 모세에게 이스라엘 백성을 구해 내라고 명하셨을 때 모세는 하나님이 갑자기 새 일을 시작하신 것이 아님을 알았다(출 3:15 참조).

성경의 리더들은 끊임없이 굵직한 영적 사건들을 결정의 준거로 삼았다. 그들은 하나님이 언제나 이전에 하신 일을 바탕으로 새 일을 세우심을 알았다. 그러나 현대 리더들은 그것을 모를 때가 많다. 요즘 리더들은 임지에 도착해 이삿짐을 풀 때 하나님의 계획도 함께 푼다고 생각하는 경우가 많다.

하나님은 진공 상태에서 일하시지 않는다. 그분은 시간을 시작하신 이후로 줄곧 당신의 계획을 펼쳐 오셨다. 리더가 오기 전에도 조직에는 긴 역사가 있었다. 리더가 마치 이력도 역사도 없는 조직인 양 결정을 내린다면 그것은 잘못이다. 세상의 많은 유명 리더들이 역사를 열심히 공부한 것은 우연이 아니다. 윈스턴 처칠은 근실한 역사학자였다. 로버트 리는 군 역사를 탐독했다. 나폴레옹은 역사에 대한 의욕이 가시지 않았다. 이 리더들은 자신의 삶을 고립된 존재가 아니라 세계사 사슬의 한 고리로 보았다.

영적 리더의 삶에는 하나님이 그 조직을 이끌도록 맡기신 특정 시기에 대한 목표가 있으며 그 목표는 그분의 더 큰 계획의 일부이다. 영적 리더는 더 큰 책임감으로 그 사실을 인식해야 한다. 따라서 신임 리더는 자신에게 맡겨진 교회나 조직에서 이루어진 하나님의 이전 활동의 증거를 최대한 빨리 찾아야 한다. 예컨대 신임 목사가 이전 회의록을 쭉 읽으면서 교인들이 현시점까지 어떻게 하나님의 인도를 느꼈는지 살펴보는 것이다. 오래된 교인들과 대화하거나 교회 역사를 읽어 보는 것은 지금까지 하나님이 교회를 어떻게 인도해 오셨는지 파악하는 데 도움이 된다.

그런 행동에는 지금껏 교회에서 이루어진 모든 일을 새 목사가 경솔하게 팽개치지 않는다는 것을 교인들에게 보여 주는 의미도 있다. 여러 가지 이유로 인해 목사들은 새 상황에 들어가 즉각 변화를 일으켜야 한다고 생각하는 경우가 많다. 기울어 가는 교회에 초빙되어 뭔가 새로운 활력의 인상을 주고 싶을 때 특히 그렇다.

때로는 단지 차별화 자체를 위해 전임자와 다른 식으로 사역하려 하는 신임 목사도 있다. 이들은 자신의 계획이 하나님이 이미 해 오신 모든 일과 어떻게 맞아떨어질지 생각조차 해 보지 않고 교회의 계획과 방향을 미리 정해 임지에 부임한다. 하나님이 새 리더를 통해 교인들을 중대한 변화로 인도하시지 않는다는 말이 아니다. 사실 하나님은 정확히 그런 변화를 위해 새 리더를 오게 하셨을 수도 있다. 그러나 교회 리더는 모든 변혁이 하나님의 계획을 따라 바른 이유로 진행되도록 주의해야 한다.

많은 신임 리더들은 무의식중에 자신도 전임자 못지않게 유능함을 입증해야 한다고 느낄 수 있다. 전임자가 자기보다 경륜이 많고 사람들의 깊은 존망을 받은 경우 특히 그렇다. 리더는 자존심 때문에 정서 불안에 빠지지 않도록 마음을 잘 지켜야 한다. 그런 불안 때문에 자칫 전임자들이 시작한 훌륭한 일들을 백지화할 수 있다. 물론 전임자가 후임자의 업무 방식을 지시해서는 안 되지만 전임자는 새 리더가 미래를 향한 하나님 뜻을 분별하는 데 도움이 될 소중한 역사와 지혜를 전해 줄 수 있다.

하나님이 사람과 조직을 이끄시는 방식에는 뜻이 있으며 점진적 특성이 있다. 새 리더가 올 때마다 하나님 마음이 바뀌는 것이 아니다. 하나님은 새 리더가 왔다고 해서 이전에 하신 모든 말씀을 폐하시지 않는다. 리더는 세월과 함께 오고가지만 하나님의 계획과 목표와 임재는 영원히 남는다. 현명한 리더는 하나님의 전체 계획에서 자신이 차지하는 자리를 안다. 그리고 자기 과시의 유혹이 되는 이기적이고 경건치 못한 동기를 모두 버리고 하나님 계획에 만족한다.

《하나님을 경험하는 삶》에는 크리스천 개개인이 하나님의 인도를 분별할 수 있는 영적 흔적에 관한 얘기가 나온다.[6] 하나님이 삶의 분명한 방향을 보여 주신 사건들을 기록하는 것이다. 하나님의 일하심을 되돌아봄으로써 우리는 일정한 틀을 볼 수 있으며 하나님의 전체적 방향을 느낄 수 있다.

영적 흔적을 찾는 연습은 조직을 이끄는 데도 적용이 가능하다. 결정을 내리고 조직의 방향을 구할 때 리더는 하나님의 활동으로 느껴지는 모든 사건을 유심히 살펴보면서 조직의 역사를 검토해야 한다. 이것은 새로운 결정이 과거 하나님의 인도와 일치하는지 알아보는 데 도움이 된다. 과거에 하나님이 어떻게 인도해 오셨는지 알면 리더는 결정에 확신을 얻게 된다. 지금까지 하나님이 조직을 향해 말씀해 오신 모든 내용과 완전히 어굿나 보이는 결정이라면 조심스레 재고하는 것이 현명하다.

계획하라

장기 계획은 리더의 필수 역할이다. 필 로젠츠바이크는 전략을 리더의 주요 역할 중 하나로 꼽았다.[7] 그에 따르면 조직의 차이는 전략에서 나온다. 계획이 있는 조직은 자원을 효율적으로 동원하여 목표를 달성하고, 예상되는 도전을 극복할 수 있다. 그러나 로젠츠바이크도 인정하듯이 "전략에는 늘 위험이 따른다. 우리의 선택이 어떤 결과를 낳을지 모르기 때문이다."[8]

영적 리더에게 관건은 장기 계획에서 하나님이 하시는 역할에 있다. 많은 경우 기독교 조직의 기획 과정은 대개 기도로 시작된다. 이어 참석자들이 난상 토론을 벌이는데, 이때 "나쁜 아이디어란 없다"고 참석자들을 잘못 부추길 때가 많다. 일단 여러 아이디어를 내서 정리하고 분류하고 우선순위를 정하고 나면 장기 계획이 정식으로 수립된다. 대개 하나님께 그 계획에 복 주시기를 구하는 마침 기도가 뒤따른다. 이후 5-10년 동안 그 계획이 조직의 지침 문건이 된다.

이런 접근은 몇 가지 문제가 있다. 첫째로, 급변하는 현실 때문에 장기 계획에는 위험이 내포되어 있다. 상황이 급반전할 수 있으므로 계획을 수시로 수정하지 않으면 금세 사문화되고 만다. 둘째로, 위에 말한 기획 과정에는 잘못된 전제가 깔려 있다. 회의를 기도로 시작했기 때문에 이후에 어떤 계획이 수립되더라도 그것이 하나님께로부터 왔다고 생각하는 것이다.

사실 기독교 조직은 상징적인 시작 기도와 마침 기도만 제외하고는 세상 조직과 똑같은 기획 절차를 따를 때가 많다. 어느 조직이든 계획이 필요한 것은 사실이지만, 하나님은 자신이 시작하신 일에 한해서만 반드시 복 주시고 지속하시고 완수하신다(사 46:9-11 참조). 기독교 조직은 장기 계획에 이끌리지 않고 하나님의 인도에 따르도록 각별히 신중을 기해야 한다. 장기 계획은 신성불가침의 영역이 아니다. 우리가 아무리 좋은 계획을 내놓아도 전능하신 하나님은 언제든지 그것을 고치거나 버리실 권한이 있다.

하나님 앞에서 책임지라

대중 매체는 유명한 리더들과 명사들의 도덕적 감시인 노릇을 한다. 수십 년 전만 해도 정치가들과 유명 인사들은 언론과 무언의 관계를 즐겼다. 언론은 그들의 사생활을 대중의 감시에서 막아 주었다. 지금은 그렇지 않다. 명사의 도덕적 실패는 시시콜콜 내막까지 온 세상에 밝혀진다. 사소한 흠까지 흉한 모습으로 세상에 노출된다는 두려움 때문에 정계 입문을 포기한 사람들도 있다. 자신의 삶이 곡해의 소지를 안은 채 대중 앞에 적나라하게 드러난다는 것은 설령 숨길 것이 전혀 없는 사람들이라도 당혹스런 일이다.

영적 리더도 대중 매체의 감시의 눈에 그대로 노출돼 있다. 사실 언론은 크리스천의 실패를 폭로하는 데 유난히 쾌감을 느낀다. 그러나 영적 리더는 공적 책임을 피해서는 안 된다. 권한과 영향력 남용의 유혹에 대한 예방책으로 오히려 반겨야 한다. 그것은 여론이나 법규에 대한 책임 때문만 아니라 하나님이 항상 자기 생각과 행동을 보고 평가하고 계시며 언젠가 자기 모든 일을 전능하신 하나님께 고할 날이 있음을 알기 때문이다(욥 7:17-18 참조). 잠언 기자는 "여호와를 경외함으로 말미암아 악에서 떠나게 되느니라"(잠 16:6)라고 했다.

역사상 가장 위대한 성도 가운데 하나라는 사도 바울의 영적 이력서는 길고 화려하다. 그는 로마 제국 전역에 교회를 개척했고 왕들에게 신앙을 증거했고 놀라운 기적을 행했다. 크리스천들 사이에서 존경받는 리더였고 성령이 감동하신 그의 글들은 신약 성경의 대부분을 차지하고 있다.

그러나 바울은 그런 위업을 이루었다고 해서 하나님의 다른 종들이 지는 책임을 면할 수 없음을 잘 알았다. "그런즉 우리는 몸으로 있든지 떠나든지 주를 기쁘시게 하는 자가 되기를 힘쓰노라 이는 우리가 다 반드시 그리스도의 심판대 앞에 나타나게 되어 각각 선악간에 그 몸으로 행한 것을 따라 받으려 함이라 우리는 주의 두려우심을 알므로 사람들을 권면하거니와 우리가 하나님 앞에 알리어졌으니 또 너희의 양심에도 알리어지기를 바라노라"(고후 5:9-11).

바울에 따르면 심판 날 그리스도 앞에 설 자는 비신자들만이 아니다. 모든 사람이 그분께 자기 삶을 고해야 한다. 바울은 그리스도와 깊은 관계를 누렸지만 자신이 섬기는 두려우신 하나님의 위엄도 알았다. 그리스도의 이름으로 죽은 자를 다시 살린 적도 있는 바울이지만 부활하신 그리스도 앞에 서서 자신의 행동을 낱낱이 고한다고 생각하면 두렵고 떨린다는 것이다.

공적인 노출에 대한 두려움 이상으로 이런 무서운 자각이 있기에 참된 영적 리더는 가족과 대중 앞에서 진실한 성품으로 행할 수 있다. 영적 리더는 언젠가 하나님 앞에 책임진다는 인식 속에 모든 결정을 내려야 한다. 기독교 조직의 리더가 조직이 믿음의 발걸음을 내딛도록 인도하지 않는다면 결국 자신의 불신 행위를 하나님 앞에서 책임져야 한다. 크리스천 CEO가 직원들을 혹사시킨다면 언젠가 그 행동을 의로우신 영원한 재판장께 설명해야 한다.

하나님의 인도에 순종하기만 했더라면 능히 할 수 있는 일을 그냥 지나칠 때 영적 리더는 책임을 져야 한다(약 4:17 참조). 이것을 알기에 결정을 내리는 것은, 관할 이사회보다 영적 리더에게 훨씬 막중한 일이다.

결정을 내린 후

리더에게 결정은 중요한 일이지만 아직 과정의 절반에 지나지 않는다. 남은 절반은 결정에 따라 사는 것이다. 결정 자체는 차라리 쉬울 수도 있다. 어려운 일은 결정을 밀고 나가며 결과를 받아들이는 것이다. 거듭 번복되거나 취소되는 졸속 결정이라면 당연히 아무런 도움이 못 된다. 결정을 내린 후 따라야 할 행동 지침을 살펴보자.

결과를 받아들이라

결과가 없다면 결정을 내리는 일이 한결 쉽겠지만 모든 결정에는 불가피한 결과가 따르기 마련이다. 적시의 훌륭한 결정 하나가 리더의 명성을 굳혀 주기도 하고, 잘못된 결정 하나에 다년간의 고된 노력이 무색해질 수 있다. 잘못을 고치지 않을 때 특히 그렇다. 이렇듯 결정에는 직업의 성패를 가름하는 영향력이 잠재돼 있다. 결정이 리더십 역할의 핵심이 되는 이유도 거기 있다.

해리 트루먼은 결단력으로 인해 위대한 리더로 평가받는다. 그러나 그가 더욱 위대한 것은 자신이 내린 결정의 결과를 받아들이려는 자세다. "모든 책임은 내가 진다"는 트루먼의 유명한 말 속에 리더로서 결정의 결과를 회피하지 않겠다는 그의 신념이 잘 반영돼 있다. 트루먼은 대통령 재임 기간 중 거듭 이 철학의 모본을 보였다.

진정한 리더와 감투만 구하는 자는 바로 여기서 구별된다. 리더의 결정에 부정적 결과가 따를 때 참된 리더는 아랫사람들 탓으로 돌리지 않는다. 아랫사람들에게 피해가 가지 않게 한다. 참된 리더는 자기 결정의 결과를 받아들인다.

실수를 인정하라

리더는 많은 결정을 내리기 때문에 그만큼 실수를 범하기 쉽다. 게다가 다수를 대표하기 때문에 리더의 행동 결과는 그만큼 넓은 범위로 퍼진다. 그러나 대다수 실수는 본질상 구제 불능이 아니며 오히려 리더에게 가장 귀한 성장의 기회가 될 수 있다. 성공은 중독성이 있어 쉽게 리더의 눈을 멀게 하고 자신의 단점을 보지 못하게 하지만, 실수는 리더의 부족한 부분을 드러내 준다. 리더가 성공하는 이유는 한 번도 판단 착오가 없어서가 아니라 끊임없이 실수에서 배웠기 때문이다. 한 번의 실수는 개인적 성장과 향후 성공의 촉매제가 될 수 있다. 그러나 같은 실수가 되풀이되면 변명의 여지가 없다.

실수를 인정할 줄 모르는 사람은 리더가 될 자격이 없다. 실수는 불가피한 것이다. 참 리더는 그 사실을 알기에 기죽지 않는다. 실수가 없는 리더는 아무것도 시도하지 않은 것이다. 그 자체가 실수다. 실수는 위장된 기회일 때가 많다. 실수라는 기회를 통해 사람들은 리더가 완벽하지 않지만 정직하다는 것을 알 수 있다.

사람들이 리더에게 바라는 가장 중요한 자질로 늘 빠지지 않는 것은 무오성이 아니라 정직성이다. 실패는 하나님이 사람을 키우시는 방편의 일환이다. 실수를 범한 영적 리더는 우선 하나님께 고백하여 용서를 받은 뒤 믿음으로 전진해야 한다. 실수란 겁내고 무서워할 것이 아니라 그저 학습 도구가 돼야 한다. 실수를 철저히 분석하면 이후 비슷한 상황에 더 잘 대비하게 된다.

뿐만 아니라 리더가 아랫사람들 앞에 실수를 인정하는 것은 조직의 실수 처리 방식을 예시할 수 있는 좋은 기회다. 리더가 선뜻 자기 실수를 인정하고 거기서 배워 더 효율적으로 업무를 수행한다면 사람들도 비난의 두려움 없이 실수할 수 있다. 실수한다고 사람이 패자가 되는 것은 아니다. 실수란 사건이지 품성의 문제가 아니다. 오히려 실수를 은폐하거나 실수에 대한 책임을 거부하는 것이 품성의 문제다.

결정을 밀고 나가라

주도면밀하게 결정하는 리더라면 결정 후 흔들리지 않는다. 결정을 꿋꿋이 밀고 나가는 자신감과 능력이 있다고 해서 다 완고한 독재자는 아니다. 이것은 훌륭한 리더십의 한 특성이다. 견해가 다른 사람을 만날 때마다 수시로 마음이 바뀌는 리더를 따르기란 괴로운 일이다. 자기 리더가 어제와 같은 방향으로 계속 가고 있는지, 아니면 다시 마음을 바꿨는지 알 길이 없기 때문이다.

물론 상황에 심각한 변화가 있거나 현재의 방법이 틀렸음을 드러내는 새로운 정보가 밝혀질 경우, 리더는 결정을 조정해야 하지만 그런 시나리오는 대개 예외적인 경우다. 리더의 마음이 수시로 변하는 것은 그에게 분명한 방향 감각이 없거나, 새로운 모험 쪽으로 관심이 바뀌었기 때문인 경우가 훨씬 많다. 그런 동요는 조직의 사기에 큰 해를 끼친다.

리더가 우유부단하지 않으려면 물론 처음부터 신중히 바른 결정을 내려야 한다. 하나님이 말씀하시는 때를 식별하는 법을 배울 수 있다면 우유부단해질 필요가 없다. 놀랍게도 많은 영적 리더들이 자기 삶이나 조직을 향한 하나님의 뜻을 어떻게 이해해야 하는지 모른다. 하나님의 음성을 듣는 것에 관해 말로는 구구절절 늘어놓지만 실상은 모르는 것이다.

성경에는 하나님이 당신의 사람들에게 말씀하시며 결정을 인도하시는 방식이 확실히 나와 있다. 그러나 하나님의 인도를 믿지 않는다는 것을 행동으로 보여 주는 리더들이 얼마나 많은가. 기도 흉내만 낸 뒤 비신자와 똑같은 방식으로 장단점을 나열해 그것을 바탕으로 결정하는 것이다. 하나님은 리더가 중요한 결정의 파장을 숙고할 때 그 사고를 인도하신다. 그러나 리더가 하나님 뜻을 분별한다는 것은 단지 장단점을 비교하는 문제가 아니라 인격적인 하나님과 관계를 맺는 문제다. 그분은 당신께 속한 사람들을 얼마든지 즐거이 인도해 주시는 분이다.

리더의 우유부단함은 사람들을 너무 의식해서일 수 있다. 사람을 기쁘게 하는 것이 영적 리더의 동인이 돼서는 안 된다. 리더의 결정은 사람들을 움직이는 결과를 낳지만 영적 리더의 궁극적 관심은 인간이 아니라 하나님을 기쁘시게 하는 것이어야 한다. 영적 성숙도가 하나님이 조직에 주시는 말씀에 반응할 정도의 수준이 못 되는 사람들도 있을 수 있다. 리더는 그들에게 하나님의 지시에 응답하는 법을 깨우쳐 줄 필요가 있으나 그렇다고 조직을 그들 수준에 맞춰서는 안 된다. 훌륭한 리더는 연약한 구성원들을 버리지 않지만 그렇다고 조직을 그들에 맞춰 하향 조정하지 않는다.

예수님은 유다를 버리시지 않았지만 유다가 그분을 곁길로 유인해 사명을 저버리게 하도록 두시지 않았다. 아이들이 너무 힘들어하면 어른들은 아이들을 길가에 버리지 않지만 그렇다고 아이들에게 선두를 맡기지도 않는다. 노련한 리더는 리더십의 이 절묘한 균형에서 진가를 발휘한다.

조직에 대한 방향 감각이 분명할 때 리더는 지나가는 유행을 쫓아다니지 않는다. 리더가 자기 조직을 향한 하나님의 계획과 목표를 알면 결정을 내리기가 한결 단순해진다. 새로운 기회가 생기면 리더는 스스로 묻는다. '이 기회가 우리를 하나님이 인도하고 계신 곳에 가까워지게 할까, 아니면 오히려 방해가 될까?'

리더에게 하나님이 주신 비전이 없으면 모든 대안이 똑같이 매력 있어 보인다. 선과 악 가운데 하나를 택하는 일이야 누구나 할 수 있지만 똑같이 선한 두 개의 대안 중 하나를 택하는 것은 어느 쪽이 하나님이 주신 비전과 합치되는지 모르는 리더에게 좌절을 안겨줄 수 있다. 항상 주저하는 리더는 자기 갈 길을 모르고 있다는 뜻이다.

그런가 하면 단순히 용기가 없어 뜻을 고수하거나 인기 없는 결정을 내리지 못하는 리더들이 있다. 이런 리더는 어려운 문제가 사라지기를 바라며 일을 연기할 때가 많은데, 안타깝게도 시간과 함께 사라지는 것은 어려움이 아니라 기회일 때가 많다. 저항이나 반대에 맞서 결정을 밀고 나가려면 용기가 필요하다. 구하는 자에게 용기를 주신다는 하나님의 약속이 있기에 영적 리더는 용기가 부족할 수 없다(사 41:10 참조).

여호사밧은 격동의 난세에 작은 나라를 다스린 경건한 왕이었다. 모압과 암몬과 마온 군대가 예루살렘으로 곧 쳐들어온다는 보고를 접했을 때 여호사밧은 자기 나라에 침략자를 물리칠 자원이 없음을 알았다. 당시에 통용되던 관습은 화친을 청하여 적국이 요구하는 조건을 그대로 수락하는 것이었다. 왕은 자신이 결정을 잘못하면 수많은 백성들이 고생하고 죽는 것은 물론이고 자신의 통치와 목숨까지 끝날 수 있음을 알았다. 여호사밧은 하나님의 인도를 구했다. 그는 이렇게 부르짖었다. "우리 하나님이여 그들을 징벌하지 아니하시나이까 우리를 치러 오는 이 큰 무리를 우리가 대적할 능력이 없고 어떻게 할 줄도 알지 못하옵고 오직 주만 바라보나이다 하고 유다 모든 사람들이 그들의 아내와 자녀와 어린이와 더불어 여호와 앞에 섰더라"(대하 20:12-13).

그러자 하나님은 선지자 야하시엘을 통해 이렇게 대답하셨다. "이 큰 무리로 말미암아 두려워하거나 놀라지 말라 이 전쟁은 너희에게 속한 것이 아니요 하나님께 속한 것이니라"(대하 20:15).

속수무책인 적의 도전 앞에서도 여호사밧은 하나님이 주신 말씀으로 용기를 얻었다. 왕은 노래하는 자들에게 도시를 떠나 군대 앞에서 행하여 싸움터로 향하도록 명했다. 믿을 수 없는 조치였다. 일찍이 전쟁터에 나가는 백성에게 이런 변칙적 명령을 내린 왕은 없었다. 왕이 이렇게 어렵고 희한한 결정을 내릴 수 있었던 유일한 근거는 하나님 말씀이 가져다준 용기였다. 여호사밧 군대가 적진에 이르자 적들은 이미 흥분하여 자기들끼리 살육한 후였다. 적병의 시체들이 온 땅에 널려 있었다. 이미 하나님을 찬양하고 있던 이스라엘 백성들의 노래에 갑절로 힘이 더해졌다.

영적 리더십의 핵심 원리는 하나님을 믿는 것이다. 하나님이 주신 말씀을 알고 자기 조직에 대한 하나님의 목표를 분명히 파악한 리더는 남들이 동의하든 말든 결연한 리더십으로 밀고 나갈 수 있다. 하나님이 동의하시는 한 리더는 전진해야 한다.

리더에게는 결정을 피할 수 없는 순간이 온다. 하나님의 인도를 구하여 성경 말씀과 기도와 다른 사람들의 조언과 환경 평가를 통해 확인한 후라면, 관련 정보와 믿을 만한 조언자들의 자문을 구한 후라면, 이제는 성령의 인도에 따라 결정을 내려야 할 순간이다. 더 미룬다면 그것은 리더십을 포기하는 것이다.

결정력을 키우는 법

결정을 두고 고민하는 리더는 구체적 조치를 취함으로써 그것을 해결할 수 있다. 매번 엉뚱한 결정을 내리는 경우든, 우유부단한 경우든 리더는 이 문제를 결코 간과해서는 안 된다. 결정 기술을 높이기 위해 리더가 취할 수 있는 조처는 다음과 같다.

자신의 결정을 평가하라

BC 49년에 줄리어스 시저는 당대의 가장 중대한 결정을 앞두고 루비콘 강가에 서 있었다. 로마 원로원은 그에게 골 지방의 총독직을 사임하고, 9개 군단의 지휘권을 내려놓고, 로마로 귀환할 것을 명했다. 로마에서 그는 법정에 소환되어 권력 남용에 대해 재판을 받게 되어 있었다. 시저가 명령을 어기고 이탈리아로 진군한다면 내전이 벌어져 수많은 인명이 살상되고 주변 세계가 혼란에 빠질 것이었다.

그는 이렇게 토로했다. "강을 건너지 않으면 나만 불운을 당하면 되지만 강을 건너면 모든 사람에게 불운이 닥친다."[9] 시저는 자기가 원칙에 충실하거나 훌륭한 대의를 옹호하고 있노라고 자신이나 남들을 속일 수 없었다.

유명한 웅변가 키케로는 "이 대의에 없는 것은 대의뿐이다"라고 지적했다.[10] 분명히 시저는 남들에게 엄청난 희생을 입히면서까지 자신의 사리(私利)를 좇는 쪽을 택했다. "주사위는 던져졌다"라는 시저의 전설적 결론은 수많은 사람의 죽음과 공화정의 몰락과 어마어마한 재산 피해를 불렀다. 결국 자신도 암살당하고 말았다. 모든 결정에는 결과가 따른다. 그래서 리더는 자신이 내리는 결정의 성격과 횟수를 세심히 평가해야 한다.

리더는 자신의 결정이 남들을 배려한 결과라는 주관적 확신에 빠질 수 있다. 몰락한 기업 CEO들 중 다수는 회계 장부를 조작하거나 공금을 유용하면서 그것이 선하고 숭고한 결정이라 믿었다. 목사들도 교인의 절반을 쫓아내거나 충성된 교역자를 즉석에서 해고하면서 그것이 교회를 가장 위하는 길이라고 스스로를 속였다. 이런 리더들은 자신의 결정은 물론 배후의 동기와 의도까지 정직하게 잘 따져 보아야 한다.

너무 많은 결정에 짓눌리는 것도 판단 착오의 한 원인일 수 있다. 과다한 결정에 둘러싸인 리더는 타인에게 위임해야 할 일들까지 책임을 떠맡고 있는 경우이기 쉽다. 특정한 결정의 책임을 누군가에게 위임했다면 현명한 리더는 그 문제에 지나치게 관여하지 않는다.

훌륭한 리더는 일상적인 일일랑 다른 사람들에게 이양하고 결코 위임할 수 없는 중대한 문제에 시간을 집중한다. 리더는 조직의 가장 중요한 결정만을 위해 스스로 자제해야 한다.

하나님과의 관계를 가꾸라

영적 리더가 결정을 못 내려 고생할 때는 즉시 하나님과의 관계를 점검해 봐야 한다. 하나님은 그들을 인도해 주기 원하시고 의사소통에 온전히 능하시다. 리더가 하나님의 음성을 듣지 못한다면 그 이유를 찾아 낼 필요가 있다. 하나님의 음성을 식별하는 법을 정말 알고 있는가? 인정하기 싫지만, 목사들과 영적 리더들도 하나님이 말씀하시는 것을 잘 모를 수 있다.

그러면 그들은 일단 가장 사리에 맞아 보이는 방향을 택한 뒤 실수라면 막아 달라고 하나님께 기도하기 일쑤다.

리더는 하나님이 원하시는 내용을 분명히 알 때까지 하나님과 단둘이 서두르지 않고 방해받지 않는 시간을 가져야 한다. 하나님을 바라보는 것은 수동적인 일이 아니다. 그때야말로 리더의 삶이 가장 처절하게 아프지만 그만큼 믿음이 커지는 때다. 현대 리더들은 끊임없이 움직이는 것이 생산적이라 생각하도록 사회화되었다. 한 시간이나 하루나 길게는 일주일까지라도 조용히 물러나 있을 필요성에 대해 익숙하지 않을 수 있다. 그러나 결정 시초부터 하나님과 충분한 시간을 함께 보내면, 결정을 내린 후 두고두고 뼈아픈 후회를 하지 않아도 된다(시 19:13 참조).

르호보암은 남부럽지 않은 자리를 물려받았다. 이스라엘 역사상 가장 부유한 왕인 이름난 아버지 솔로몬을 이어 왕좌에 오른 것이다. 그러나 왕국을 물려받자마자 르호보암은 중대한 결정에 부딪쳤다. 백성들이 선왕이 부과했던 무거운 세금을 완화해 줄 것을 청한 것이다. 르호보암에게는 두 부류의 조언자들이 있었다. 하나는 자기처럼 야심찬 젊은이들이었고 또 하나는 아버지 시대의 현명한 모사들이었다. 젊은 참모들은 엄하게 대처할 것을 권한 반면, 노련한 모사들은 관대한 조치를 권했다. 르호보암은 친구들의 말을 들었고 그리하여 나라가 둘로 갈라졌다(왕상 12:1-17 참조).

조언자가 한 부류도 아니고 두 부류나 있던 리더 밑에서 이스라엘 모든 왕을 통틀어 가장 심각한 과오가 발생한 것이다. 어디가 잘못된 것일까? 왜 르호보암은 현명치 못한 세상적 조언에 솔깃했던 것일까? 단순히 그가 젊었기에 젊은 참모들의 말이 더 와 닿았던 것일까? 아니다. 성경은 "르호보암이 악을 행하였으니 이는 그가 여호와를 구하는 마음을 굳게 하지 아니함이었더라"(대하 12:14)라고 말한다.

르호보암은 하나님의 길에 익숙지 않았다. 평소 하나님과의 관계를 가꾸지 않았기 때문이다. 나라를 보전할 수 있는 지혜롭고 경건한 조언을 받고도 그는 그것이 하나님께 온 충고인지 알지 못했다. 리더가 하나님과 바른 관계를 맺고 있지 않을 때 정치, 기업, 종교 분야를 막론하고 그의 모든 결정은 허튼 충고에 쉬 넘어갈 수 있다.

하나님의 비전을 구하라

결정 문제로 고생하는 리더는 조직을 이끌어 갈 방향에 대한 분명한 그림이 없어 고전하는 것일 수 있다. 하나님의 인도하심에 대한 방향성 없이 그저 하루하루 근근이 조직을 유지하는 리더가 얼마나 많은지 놀랄 정도다. 모든 결정은 목적지를 향한 걸음이기 때문에 자기가 어디로 가는지 모르는 리더는 결정을 내릴 때 우왕좌왕할 수밖에 없다. 조직의 목표를 모른다면 걸음을 멈추고 하나님의 인도를 구해야 한다. 엉뚱한 방향으로 큰 진전을 이루는 것은 무의미한 일이다.

하나님께 비전을 받은 리더는 결정의 근거가 될 방향 감각이 분명하다. 그러면 잘못된 대안들은 저절로 배제된다. 하나님이 주신 조직의 목표에 명백히 반대되거나 어긋나기 때문이다.

하나님의 지혜를 구하라

누구라도 우유부단해질 정도로 복잡한 것이 오늘의 세상이다. 리더의 일이 세월과 함께 쉬워진 것은 아니지만 하나님은 지금도 바른 결정에 필요한 지혜를 공급해 주신다. 솔로몬의 아버지 다윗이 죽음을 앞두었을 무럼 나라는 정치적 음모로 들끓었다.

다윗은 솔로몬을 후계자로 삼고자 했지만 솔로몬의 이복 형 아도니야는 스스로 왕좌를 노리고 후원 세력을 얻으려 정치적 책략을 꾸미고 있었다. 대제사장 아비아달도, 군대장관 요압도 아도니야의 왕위 다툼에 한패가 되었다. 결국 솔로몬이 왕위에 올라 자신의 리더십 유지에 남다른 지혜가 필요함을 인식한 것도 어쩌면 그런 강적들이 있었기 때문인지 모른다. 하나님이 그에게 소원을 물으시자 솔로몬은 부도 아니고 장수도 아니고 안전도 아닌 오직 지혜를 구했다(왕상 3:9 참조).

하나님은 지금도 리더들에게 당신의 지혜를 구하라 하신다(약 1:5 참조). 정치적 음모는 하나님께 새삼스런 일이 아니다. 역사가 시작된 이래 하나님은 당신의 사람들을 도우셔서 과격한 로비와 속임수와 뇌물과 거짓 고소와 온갖 죄악 된 행동을 이겨 내게 하셨다. 그런 하나님이 지금도 리더들을 돕기 위해 대기하고 계신다. 구하는 리더에게 하나님은 당신의 지혜를 주신다.

결정은 불길한 임무가 아니다. 하나님은 사람들에게 훌륭한 선택에 필요한 모든 것을 공급해 오셨다. 리더의 결정에 너무도 많은 것이 달려 있기에 리더는 반드시 하나님이 주시는 모든 자원을 활용해야 한다. 그래야 조직을 현명하게 이끌 수 있으며, 무엇보다 사람들을 하나님의 일로 이끌어 줄 수 있다.

영적 리더십 노트

1 당신이 리더의 자리에서 가장 최근에 내렸던 다섯 가지 큰 결정을 꼽아 보라. 결정의 질을 따져 보라. 좋은 결정이었는가? 혹시 나중에 고쳐야 했는가? 그중 나중에 후회한 결정은 없는가? 다섯 번 모두 하나님의 지혜를 구했는가?

2 당신의 결정 과정을 어떻게 개선할 수 있겠는가? 중요한 결정을 내릴 때 시간을 더 충분히 들일 필요가 있는가? 결정을 앞두고 어떻게 하나님의 지혜를 구하겠는가?

3 당신의 조언자들의 인품을 평가해 보라. 서슴없이 당신에게 직언해 주는 정직한 조언자들이 있는가? 다양한 전문 분야에 여러 조언자들을 두고 있는가? 조언의 질을 높이기 위해 새로 영입할 상담역이 있다면 누구인가?

4 당신이 리더의 자리에서 정례적으로 내리는 결정이 몇이나 되는지 세어 보라. 그 결정을 다 당신이 해야 하는가? 그중 다른 사람에게 위임할 수 있는 것은 무엇인가?

5 당신의 조직을 하나님이 인도하고 계시다는 확신이 있는가? 만일 그렇다면 그것이 당신의 결정에 어떤 도움이 되는가? 만일 그렇지 못하다면 다음번 중요한 결정을 내리기 전에 시간을 내서 하나님이 인도하신다는 확신을 얻으라.

9.
리더의
시간

먼저 해야 할 일을
먼저 한다

THE LEADER'S
SCHEDULE

해리 트루먼은 대통령 재임 후반기에 시간을 더욱 의식하며 살았다. 해가 갈수록 백악관 인사들은 대통령 집무실 책상 위에 시계가 점점 많아지는 것을 보았다. 제각각 시간을 가리키는 시계들이 트루먼을 바라보며 쭉 늘어서 있었다. 많은 위대한 리더들과 마찬가지로 트루먼도 시간이 소중한 자원임을 알았다.

리더의 효율성은 시간 관리 능력에 비례한다. 아무리 재능이 뛰어난 리더라도 시간을 허투루 보내면 고생을 면할 수 없다. 훌륭한 리더는 시간이 얼마나 소중한지 잘 안다. 또 영적 리더는 하나님이 주신 시간의 분량이 그분이 맡기신 일을 수행하는 데 충분함을 안다. 성공적 리더십의 열쇠는 인생에 없는 시간을 만들어 내거나 하루 일과에 더 많은 활동을 집어넣는 것이 아니라 하나님의 계획을 고수하는 것이다.

과학자들은 시간을 절약해 주는 갖가지 현대 문명의 이기 덕분에 근로자들이 충분한 자유 시간을 가질 수 있으리라 예상한 바 있다. 그러나 시간을 절약해 주는 신상품들이 쏟아져 나와도 삶은 더 바빠지고 스트레스는 더욱 커지고 있다.

〈유에스 뉴스 앤드 월드 리포트〉(*U. S. News & World Report*)는 미국 봉급 생활자들의 주당 근무시간이 1977년 43시간에서 1997년 47시간으로 늘어났다고 발표했다. 미국인들은 악착같이 일하기로 유명한 일본인보다 연간 2주나 더 일하고 있으며 유럽인보다는 10주나 더 일한다.[1]

쿠제스와 포스너는 현대 관리직 격무의 특성상 평균 경영 간부가 단일 업무에 방해받지 않고 쏟을 수 있는 시간은 9분밖에 되지 않는다고 말했다.[2] 시간 제약이 그렇게 심하기에 간부들의 시간 관리 방식은 절대적으로 중요하다. 사실 시간 관리라는 말은 어폐가 있다. 리더가 아무리 관리하려 애써도 시간은 초 단위, 분 단위, 시 단위로 유유히 흐르기 때문이다. 하나님이 시간을 끝내시고 인류 전체를 영원에 들게 하실 정점을 향해 시간은 가차 없이 제 길을 가고 있다.

리더가 관리할 수 있는 것은 자기 자신이다. 시간에 대한 외부의 엄청난 중압에도 불구하고 초 단위, 분 단위, 시 단위로 일하는 방식을 선택하는 것은 리더 자신이기 때문이다. 훌륭한 리더십은 주어진 시간에 대한 최선의 선택에 달려 있다.

새 역사를 창출해 내는 리더나 비효율적이고 비생산적인 리더나 시간의 분량은 똑같다. 수면과 음식, 운동과 집안일 따위로 제약을 받기는 마찬가지다. 재정적인 문제와 예기치 못한 상황 등 압력에 부딪치는 것도 비슷하다.

다만 차이는 이렇다. 현명한 리더는 인생의 이런저런 요구가 자신의 일정이나 우선순위를 좌우하게 두지 않는 반면, 어리석은 리더는 주변의 엉뚱한 압력과 유혹에 무릎 꿇기 때문에 하나님이 자신에게 뜻하신 모든 일을 절대 이루지 못한다. 위대한 리더는 분주한 삶이나 방대한 책임에 말려들어 허둥대지 않고 오히려 세심하고 결연한 노력으로 자기 일정을 다스린다.

시간을 주도하는 비결

피터 드러커의 책 《피터 드러커의 자기 경영 노트》(*The Effective Executive*, 한국경제신문사 역간)에는 리더의 시간 사용에 대해 유익한 내용이 많이 담겨 있다. 특히 그는 "훌륭한 경영 간부는 업무로 시작하지 않고 시간으로 시작한다."[3]고 말했다.

리더가 시간에 비해 절대적으로 일이 많은 것은 흔히 있는 통상적 현상이다. 과거 시간 관리 전문가들은 리더가 하루 일과에 더 많은 활동을 집어넣을 수 있는 방법을 고심했다. 이미 빡빡한 스케줄에 활동을 하나 더 끼워 넣는 기술을 알려 준 셈이다. 출장길에 오르는 사람이 바지 하나를 더 넣으려고 터질 듯한 짐가방을 엉덩이로 짓누르는 모양과 같았다.

이런 방식에 익숙한 리더들은 대개 더 많은 회의에 참석하고, 더 많은 편지를 쓰고, 더 많은 프로젝트를 마칠 수 있었다. 그러나 업무 하나가 늦어지거나 비행기를 한번 놓치거나 빡빡한 스케줄에 감기라도 걸리면 모든 것이 사상누각처럼 무너져 내리곤 했다. 이런 리더는 엄청난 양의 일을 끝내고 퇴근하면, 탈진 상태로 자신이 괴력을 다해 애쓴다고 뭐가 달라지기나 할까 하는 의구심을 떨치지 못한다.

이렇게 단순히 하루에 더 많은 업무를 끼워 넣는 것은 일정 관리의 해답이 못 된다. 해답은 바른 일을 하는 것이다. 다시 말해 엉뚱한 일을 능률적으로 하는 것보다 꼭 해야 할 일을 제대로 하는 것이 중요하다. 다음 원리를 실천함으로써 리더는 시간의 노예가 되는 것을 피할 수 있다.

하나님 뜻을 구하라

한번은 왕의 최고 대신인 토머스 모어가 미사를 드리고 있는데 헨리

8세가 그를 즉시 오라고 불렀다. 그가 가지 않자 몇 차례 더 급히 전갈이 왔다. 결국 모어는 '더 높으신 왕'께 경의를 표한 후에야 가겠노라고 군주에게 답을 보냈다.[4]

리더는 자신이 타인들의 계획에 둘러싸여 있다는 사실을 인식할 필요가 있다. 리더 자신의 계획 외에 별도로 존재하는 수많은 계획들은 겹치는 것도 하나 없다. 이 사회도, 가족들도 각기 바라는 계획이 있다. 직원들은 언제나 특정 요구 사항이 있다. 고객과 경쟁 회사도 요구할 것이 있다.

리더에게 특정 헌신을 요구하는 이런 주체들은 저마다 동기도 다르다. 가족들은 리더를 사랑하기에 함께 시간을 보내기 원한다. 직원들의 생계는 리더의 실적과 직결된다. 대부분 사람들은 자기네 프로그램이나 행사를 성공으로 이끌기 위해 리더를 개입시키려 한다. 리더가 관여하면 일이 된다는 것을 알고 그러는 것이다.

현명한 리더는 자신의 시간을 차지하려는 모든 사람의 욕망을 전부 채워 줄 수 없음을 안다. 그래서 성취해야 할 가장 중요한 활동과 프로젝트에 자신을 투자한다. 즉 그들은 하나님 뜻을 구한다.

하나님께는 각 사람을 향한 계획이 있다. 그 사람에게 꼭 맞는 계획이다. 사람들과 달리 하나님은 한 사람 앞에 감당 못할 일들을 쌓아 두시지 않는다. 절대 사람의 역량을 초과해 기진맥진 상태로 탈진시키지 않으신다. 하나님은 절대 사람들에게 당신이 주신 힘과 능력 이상의 일을 요구하시지 않는다.

그렇다면 과중한 업무로 고생하는 이들이 그토록 많은 것은 왜일까? 크리스천 리더들이 과로에 시달려 탈진하는 까닭은 무엇인가? 하나님 책임인가? 아니다. 사람들이 과다한 책임과 헌신에 짓눌려 있는 것은 자기 계획을 따라 움직이기 때문이다. 목회자들은 특히 자신이 해서는 안 될 일까지 책임을 떠맡기 일쑤다. 사역에 끝이란 없기 때문이다. 언제나 더 전화를 걸어야 하고, 성경도 더 연구해야 하고, 심방도 더 가야 하고, 기도도 더 해야 한다. 리더가 과로를 벗어나는 열쇠는 현재의 책임을 낱낱이 살펴보면서 하나님이 맡기시지 않은 일까지 떠맡지는 않았는지 따져 보는 것이다.

사도 바울은 초대 교회 성도들에게 가르쳤다. "너희가 어떻게 행할지를 자세히 주의하여 지혜 없는 자 같이 하지 말고 오직 지혜 있는 자같이 하여 세월을 아끼라 때가 악하니라 그러므로 어리석은 자가 되지 말고 오직 주의 뜻이 무엇인가 이해하라"(엡 5:15-17).

예수님은 최고의 리더였다. 역사상 그분처럼 주변에서 많은 요구를 받은 분도 없다. 예수님의 제자들은 그분의 시간 투자에 대해 제각각 의견이 달랐다(눅 9:12, 33; 마 10:13, 37 참조). 종교 지도자들도 예수님에 대한 구상이 있었다(마 12:38; 눅 13:14 참조). 병들고 가난하고 굶주린 자들도 예수님이 하루 일과를 어떻게 보내셔야 하는지 분명한 기준이 있었다(막 1:37; 눅 18:35-43; 요 6:15 참조). 예수님의 가족들도 그분이 하실 일에 대해 의견을 내놓았다. 예수님이 한곳에 머물며 자신들을 가르쳐 주시기를 바란 사람들이 있는가 하면, 예수님과 함께 다니고 싶어 한 사람도 있었다(막 5:18 참조). 사탄은 예수님을 아버지 뜻에서 곁길로 이탈시키려 했다.

예수님은 언제나 사람들을 도울 기회에 둘러싸여 계셨다. 그런데도 그분이 가장 중요한 일, 즉 하나님 뜻을 따르는 데서 결코 초점을 잃지 않았던 것은 오직 매순간 끊임없이 아버지 뜻을 구했기 때문이다.

예수님은 왜 일찍 일어나 기도하셨을까? 아버지와 친밀한 관계를 유지하는 것이야말로 가장 중요한 일임을 아셨기 때문이다. 예수님은 왜 간혹 무리를 피하여 제자들을 가르치셨을까? 제자들을 훈련하는 일이 중요함을 아셨기 때문이다. 예수님은 왜 삭개오나 우물가의 여인처럼 버림받은 자나 죄인들과 어울리셨을까? 자신이 영적으로 가난한 자들을 위해 이 땅에 오셨음을 아셨기 때문이다. 예수님은 왜 베다니의 마리아, 마르다, 나사로 같은 친구들과 함께 시간을 보내셨을까? 친밀한 친구들이 있으면 좋다는 것을 아셨기 때문이다. 예수님은 아버지와 친밀한 관계를 누리셨기에 아버지가 중요하게 여기시는 것이 무엇인지 아셨다. 그래서 어디에 어떻게 시간을 투자해야 할지도 아셨다.

리더가 일단 하나님 뜻을 분명히 알면 시간을 투자하는 방식을 결정하는 일은 훨씬 쉬워진다. 하나님이 한동안 현 조직에 남아 있을 것을 확실히 보여 주셨다면 새 일자리 제안이 들어와도 몇 주씩 고민하며 기도할 필요가 없다. 십대 자녀가 힘겨운 시기를 보내는 동안 가족들과 가까이 지낼 것을 분명히 일러주시면 리더는 당분간 장거리 출장을 자제해야 한다. 리더가 하나님의 활동을 보고 자신을 향한 초청으로 인식할 때 결정은 한결 간단해진다.

리더가 스케줄에 통제력을 잃는 것은 하나님 뜻을 이해하지 못할 때다. 그러면 다른 일을 떠맡을 기회가 생길 때마다 거절하기 힘들어진다. 괜히 거절했다 실수하는 것은 아닌지 자신이 없기 때문이다.

마땅히 이런 질문을 던져야 한다. '하나님 뜻은 무엇인가? 그분 뜻에 비추어 중요한 일은 무엇인가? 그분이 내게 하라고 하시는 일은 무엇인가?' 그런 다음 가장 중요한 일에 시간을 투자하고 그다지 중요하지 않은 일들은 걸러 내야 한다.

따로 우선순위를 정하지 않는다면 리더는 본래 목적에 어긋난 일에 과도한 시간을 쓰고 말 것이다. 하나님 뜻을 아는 것은 영적 리더로서 반드시 갖추어야 할 요소다.

거절하라

2차 세계대전 중 조지 마셜 장군이 훌륭한 리더로 떠오른 것은 중요한 일과 중요하지 않은 일을 가릴 줄 아는 능력 때문이다. 마셜은 언제나 중대한 이슈에 시간을 투자했다. 리더의 하루 일정에는 주로 두 가지 일, 즉 자신이 하기로 선택한 일과 하지 않기로 선택한 일이 나타난다. 한 가지 일을 하겠다는 결정은 동시에 다른 여러 일들을 하지 않겠다는 선택이기 때문이다.

리더들이 거절을 어렵게 느끼는 이유는 대체로 '메시아 콤플렉스' 때문이기 쉽다. 자신이 개입해야만 성공을 보장할 수 있다고 쉽게 믿는 것이다. 따라서 그들은 자신이 최대한 많은 일에 관여해야 할 것 같은 강박관념을 느낀다. 그래서 조직에서 수행 중인 모든 사업의 성공을 보장하기 위해 이 모임에서 저 모임으로, 이 약속에서 저 약속으로 뛰어다닌다.

이런 리더는 자신의 성공이 개인적으로 얼마나 많은 일을 해냈느냐가 아니라 리더십 역할을 얼마나 현명하게 수행했느냐에 달려 있음을 깨달아야 한다. 새로운 책임을 떠맡기 전에 '하룻밤 자며 생각하는' 것은 현명한 원칙이다. 당장 그 순간에는 그럴듯해 보이는 일도 일단 전체 그림에 비추어 보면 중요도가 떨어질 수 있기 때문이다.

자기가 아니면 조직이 돌아갈 수 없다는 초라한 자존감 때문에 많은 리더들이 거절에 애를 먹는다. 여기저기서 자기를 요구하고 달력에 갈 곳과 할 일이 넘쳐난다는 사실에 비로소 자부심을 느끼는 것이다. 바빠질수록 자기가 없으면 안 된다는 생각이 들고, 이번에 거절했다가 다음번에 아쉬워질까 봐 거절하지도 못한다. 이번 프로젝트에 개입하지 않았다가 다음 업무 진행에 내 조언이 반영되지 않으면 어떻게 하나? 그래서 이 지친 열성파들은 다음 회의로 무거운 발걸음을 옮긴다.

반면 건강한 리더는 자신에게 다가오는 많은 기회를 정중하게 꾸준히 거절한다. 수락할 때보다 거절할 때가 훨씬 많다. 프로젝트 관여를 거절한다고 해서 그 활동을 참여 가치가 없는 일로 비하하는 것이 아니다. 거절이란 단순히 리더가 유한한 인간이며 따라서 시간 사용에 선택이 불가피함을 인정하는 방식일 뿐이다.

바쁜 스케줄에 파묻힌 리더는 마땅히 거절해야 할 때 거절하지 못한 자다. 간단하다. 하나님은 인간에게 감당 못할 만큼 많은 일을 주시지 않는다. 다만 인간이 마땅히 거절할 책임까지 떠맡고 있는 것뿐이다.

짐이 과중한 리더는 자기가 어떻게 그렇게 바빠졌는지 전혀 모를 때가 많다. 어쩌다 보니 그 상태에 휘말렸다는 식이다. 문제는 리더들이 한 가지 일만 더 맡자는 유혹에 넘어갈 때가 많다는 것이다. 그것이 거절보다 쉬워 보이기 때문이다. "결과를 보고 싶거든 바쁜 사람한테 맡기라"는 속담은 사실이다.

바쁜 사람들은 흔히 '어차피 주말에 집에서 작업해야 할 상황인데 하나쯤이야 더 끼워 넣을 수 있겠지'라고 생각한다. 빡빡한 삶에 무리하게 일을 하나 더 끼워 넣으려는 사이 점점 책임이 쌓인다. 스케줄이 너무 벅차다면 '현재 내 스케줄에 있는 일들 중 거절하거나 위임했어야 하는 일은 무엇일까?' 자문해야 한다.

업무란 리더의 삶에 마치 잡초처럼 쑥쑥 고개를 내민다. 처음에는 별로 눈길을 끌지 않을 만큼 드문드문해 보여도 잡초는 점차 번식하고 퍼져 나가 온 정원을 삼킬 듯 위협하는 지경에 이른다. 처음에 상대를 기분 좋게 해 주려고 맡았던 일도 갈수록 많은 시간을 요구한다. 그래서 리더는 날마다 하늘 아버지를 만나며 계획을 정해야 한다. 하나님이 계획 하신 일들이 쑥쑥 자랄 수 있도록 과잉 활동의 잡초를 뽑아내야 한다.

리더는 자신의 책임량을 해마다 검토하는 것이 현명하다. 예컨대 이렇게 자문해야 한다. '내년에도 이 위원회에서 일하는 것이 여전히 유익한가? 내년에도 내가 이 프로젝트의 책임을 맡을 필요가 있는가, 아니면 내가 기여할 몫은 이미 다한 것인가? 작년에 이미 성취해서 올해 다시 맡을 필요가 없는 일은 무엇인가?'

이런 질문을 통해 리더는 자신의 주요 목적에서 벗어나는 활동과 책임을 스케줄에서 가지치기 할 수 있다.

건강한 일상을 가꾸라

리더에게 일상이란 마치 어린아이가 브로콜리를 먹는 것과 같다. 즐겁지는 않지만 꼭 필요한 일인 것이다. 현명한 리더는 일상에 얽매이지 않으려 극단으로 치닫기보다 오히려 일상을 활용해 우선순위를 확실히 지킨다. 드러커는 일상이 "이전에 천재에 가까운 사람들이나 할 수 있던 일을 판단력 없는 미숙한 사람들도 할 수 있게 한다"[5]고 말했다.

일상을 따를 때 사람들은 만사에 종종걸음 치지 않고 한결같은 속도로 일할 수 있다. 드러커는 "훌륭한 리더는 뛰는 대신 무난한 속도를 정해 놓고 계속 꾸준히 걷는다"[6]고 말했다. 인생은 단거리 경주가 아니라 마라톤

이기 때문이다.

일상을 존중하는 리더는 가장 중요한 책임을 반드시 일정표에 미리 적어 둔다. 즉흥적 행사에 응하며 쾌감을 느끼는 리더들은 매일의 시간표에 얽매이지 않는 데서 오는 자유를 탐하지만, 이것은 오히려 자유가 아닌 속박을 가져다준다. 내 시간 계획을 내가 짜지 않으면 누군가 다른 사람이 짜게 돼 있다. 내 스케줄은 수시로 걸려 오는 전화나 사무실에 들르는 사람에 의해 정해질 것이다. 일정에 없이 불쑥 리더의 시간을 빼앗는 사람들의 관심은 대개 중요한 일이 아니라 주변적인 일이다. 리더는 주변 사람들의 기분에 무조건 끌려 다닐 것이 아니라 자기 역할의 중대 과제를 파악하여 그 일정을 달력에 표시해 두어야 한다. 후자가 진정한 자기 관리다.

답답하게 다람쥐 쳇바퀴 신세가 될까 두려워 일상 관리를 꺼리는 경향이 있는데, 사실 일상은 주인만큼이나 독특한 개성을 띨 수 있다. 일상의 틀이 엄격할 때 성과가 오르는 사람들이 있었다. 예를 들어, 처칠은 매일 오후 낮잠 시간을 포함해 매주 똑같은 스케줄을 꼼꼼히 지켰다. 처칠은 낮잠을 잠으로써 남들이 자는 밤늦은 조용한 시간에 보고서를 검토하며 다음 날을 준비할 수 있었다. 아침이면 그는 이미 상황 파악을 다 해 두고 하루의 사건을 맞이할 준비가 돼 있었다. 처칠은 자신이 이 특이한 일상을 따름으로써 훨씬 생산적이 되었다고 고백했다.

역사상 위대한 리더들 중에는 아침에 일찍 일어난 사람들이 많다. 남들이 아직 자는 시간에 그들은 하루를 내다보고 보고서를 읽으며 행동 노선을 구상했다. 그렇다고 그들이 꼭 남들보다 잠을 적게 잤다는 것은 아니다. 다만 그들은 자신에게 가장 효율적인 방식으로 일정을 정한 것이다.

예수님의 삶은 날마다 돌발 상황을 맞았던 것처럼 보이지만 그분도 흔들리지 않는 일상의 지배를 받으셨다. 성경은 예수님이 늦은 밤과 이른 아침에 습관적으로 기도하셨음을 보여 준다(눅 6:12; 21:37; 22:39; 막 1:35 참조). 리더는 자신의 특정한 책임과 건강 상태에 맞게 일상을 정해야 하지만, 하늘 아버지와 단둘이 보내는 시간을 규칙적으로 일정에 넣는 것은 필수적이고도 가장 중요한 일이다. 단순히 기회가 될 때마다 잠깐 하나님을 찾으려고 한다면 분주한 리더는 결코 하나님과의 시간을 보내지 못한다. 그런 기회는 거의 오지 않는다.

영적 리더는 예수님이 하신 것처럼 규칙적으로 하나님을 만날 시간을 정해 두어야 한다. 예수님은 아버지와 규칙적 만남을 습관으로 삼으셨기에 한 번도 그날 벌어질 일에 무방비 상태이셨던 적이 없다. 아무리 다양한 일이 벌어져도 마찬가지였다. 복음서에는 예수님이 급히 서두르거나 스트레스에 시달리는 모습이 전혀 나오지 않는다. 막중한 압박에도 불구하고 예수님은 당황하거나 일정에 쫓기는 인상을 보이신 적이 없다. 해내야 할 중요한 일들이 예수님처럼 많았던 분도 없었건만 그분은 사역 기간 내내 평온함을 보이셨다. 이유가 무엇일까? 자기 삶의 일정을 세심히 아버지께 맡겼기 때문이다.

"계획에 실패하는 것은 실패를 계획하는 것이다"라는 격언이 있다. 자기 삶의 중요한 책임을 일상의 일정에 넣지 않는 것은 언제나 책임을 무시하겠다는 계획과 같다. 일상은 시간을 절약해 준다. 습관처럼 아침에 맨 먼저 하나님을 만나는 리더는 아침마다 무슨 일부터 해야 할지 고민하며 시간을 축내지 않는다. 그것은 일정에 이미 정해져 있는 일이다. 일상이 있는 리더는 사소한 돌발적인 일에 말려들지 않는다. 간부들과 회의를 규칙적으로 정해 두면 중요한 회의를 덜 중요한 활동에 빼앗기지 않아도 된다.

또 규칙적인 일상은 스케줄이 균형을 잃지 않도록 해 준다. 리더의 시간을 한정 없이 요구하는 활동들이 있다. 사람은 본래 만족이 적은 일은 가급적 피하고 즐거운 활동에 시간을 쏟고 싶은 법이다. 다양한 활동을 일정에 세심히 정해 둠으로써 리더는 폭넓은 범주의 책임을 확실히 고루 감당할 수 있다.

끝으로 중요한 단서가 있다. 규칙적인 일상이 리더에게 큰 자유를 가져다줄 수 있는데도 거기에 지나치게 집착하면 일상은 엄한 고집불통 주인이 될 수 있다. 영적 리더는 하나님이 언제고 원하실 때 자신의 스케줄에 끼어드실 권리가 있음을 기억해야 한다. 일상을 침범하는 것들을 조심해야 하지만 하나님의 개입은 환영해야 한다.

리더가 자신의 일상에 당신의 계획을 끼워 넣으시려는 하나님께 저항한다면 자칫 스케줄을 우상화할 위험이 있다. 하나님은 가장 꼼꼼한 리더의 삶의 틀보다도 위에 계시다. 처음에 방해처럼 보이는 것이 실은 하나님의 초청일 수도 있다. 현명한 리더는 하나님의 활동에 주목하며 그 활동이 나타날 때 알아본다.

위임하라

리더의 업무량은 타인에게 업무를 위임할 수 있는 능력에 정비례한다. 위임을 꺼리는 리더는 자신의 생산성을 자기 혼자 성취할 수 있는 일의 분량으로 제한하는 것이다. 위임하는 리더가 달성할 수 있는 생산성은 무한하다. 위임하지 않으면 리더는 자기 조직의 생산성을 리더 개인의 체력과 창의력과 지식의 수준으로 묶어 두는 것이다. 성경에서 위임에 있어 가장 유명한 예는 모세의 사역에서 찾을 수 있다.

모세는 국가 리더였다. 백성들 사이에 그의 위상은 타의 추종을 불허했다. 모세가 하나님과 대면하여 말한다는 것을 모르는 사람이 없었다. 분쟁이 생길 때마다 백성들은 자연히 모세가 문제를 해결해 주기를 원했다. 그 결과는? 유명 리더를 만나기 위해 사람들이 장사진을 치며 자기 차례를 기다렸다(출 18:13-26 참조).

아침부터 밤까지 모세는 다른 사람들이 쉽게 대신 처리할 수 있는 사무를 직접 처리했다. 장인 이드로가 개입하고 나서야 모세는 자기 책임을 대폭 다른 사람들에게 위임했다. 모세는 가장 어려운 사건만 처리하고 일상 업무의 결정은 아랫사람들에게 맡긴 것이다. 모세는 행정적 짐을 크게 덜었고 백성들의 민원은 훨씬 신속하고 효율성 있게 처리됐다. 자신에게 능력이 있기에 자기가 해야 한다는 생각, 그것이 모세의 실수였다.

리더는 '이것이 나 말고 다른 사람이 할 수 있는 일은 아닌가?' 하고 끊임없이 자문해야 한다. 자신이 성취하는 일의 분량뿐 아니라 주변 사람들이 이루는 일의 분량도 리더의 기쁨이 되어야 한다. 리더가 위임해서는 안 되는 일들은 하나님의 음성을 듣고 조직을 그분 뜻대로 이끄는 것이다. 업무 수행을 위해 사람들을 준비시키는 것도 리더 고유의 책임이다. 이런 중요한 책임에 주력할 시간을 내기 위해 리더는 할 수 있는 한 모든 것을 위임해야 한다.

리더가 위임하지 못하는 이유는 많다. 업무를 자기처럼 잘할 수 있는 사람이 아무도 없다고 생각하는 완벽주의자거나, 업무를 맡기기 위해 남들을 준비시키기보다 차라리 직접 처리하는 쪽을 택하는 업무 지향적인 경우다. 남들에게 일을 시키는 것이 불편하고 미안해서 자기가 직접 하는 쪽을 덜 번거롭게 느끼기도 한다. 그런가 하면 리더가 매사를 정리 정돈하지 못해서 시킬 사람을 찾기에 너무 늦은 경우도 있다.

위임을 꺼리는 이유가 무엇이든 리더는 위임이야말로 리더십 기술의 압권임을 알아야 한다. 위임은 리더가 시간을 활용할 수 있는 가장 현명한 방법이다.

집중하라

집중할 줄 모르는 리더는 쓸데없는 방해와 지엽적인 일에 휘둘린다. 피터 드러커는 리더의 시간이 조각조각 나뉘면 안 된다고 경고한다. 즉 15분 내에 끝날 수 있는 리더의 일은 대부분 다른 사람에게 위임해도 되는 일이다. 리더가 반드시 다루어야 할 조직의 미래와 가치관, 인력 모집과 훈련 등 중요한 문제는 15분 자투리 시간에 아무렇게나 끼워 넣을 수 있는 성질이 아니다.

리더는 중대한 문제를 심사숙고하기 위해 충분한 시간을 확보해야 한다. 매일을 15분 단위로 쪼개는 리더는 필시 남에게 위임해야 할 일만 붙들고 있기 십상이다. 리더는 조직의 중대 이슈만을 집중적으로 깊이 생각할 수 있는 한두 시간 단위를 일정에 넣어야 한다. 예를 들어 리더에게는 날마다 기도 시간이 필요하지만 가끔씩 온종일 기도하는 날도 필요하다. 아버지와 함께 보내는 시간이라도 똑같은 것은 아니다.

영적 리더는 허겁지겁 급히 하나님의 임재에 드나들 수 없다. 하나님은 삶에 대한 당신의 가장 심오한 진리와 깊은 통찰을 편리한 15분 할당제로 배급하시지 않는다.

훌륭한 리더는 핵심 간부들과도 충분한 시간을 일정에 잡아 둔다. 이 시대 이슈들은 고작 15분간 집중해서 이해할 수 있는 성격의 것들이 아니다. 때문에 리더는 마땅히 간부들에게 충분한 기획 시간을 꾸준히 제공해야 한다. 많은 조직들이 참신하고 혁신적이고 과감한 아이디어를 내놓지 못하는 것은 리더가 아랫사람들에게 그런 시간을 충분히 배정하지 않았기 때문이다. 위대한 통찰은 촉박한 사고에서 나오지 않는다.

여기서 관리자와 리더의 차이를 볼 수 있다. 관리자는 대개 조직의 기계적 기능이 원활하게 돌아가게 하는 단조로운 일과에 매달린다. 하지만 리더는 이따금씩 일상적 운영에서 한걸음 물러서서 조직의 본분과 미래 등 보다 넓은 이슈들에 대해 바른 시각을 구한다.

또 관리자는 일이 어떻게 돌아가는지에 책임이 있지만, 리더는 그 일을 왜 하는지도 생각하면서 그것을 끊임없이 사람들에게 전달해야 한다. 전략적 사고가 조직의 성공과 실패를 가른다는 것은 세상 저자들도 지적하는 바다.

스튜어트 웰즈는 이렇게 말한다. "이런 실패가 어떻게 발생했는가? 그들은 과도한 정부 규제의 희생자가 아니다. 부당한 외국 경쟁사의 희생자도 아니다. 노조의 희생자도 아니다. 이런 식의 집단적 푸념은 참 피곤한 일이다. 그것은 그들의 운명이나 팔자가 아니다. 원인은 아주 간단하다. 그들의 사고가 뒤졌던 것이다. 그들이 실패하는 사이 남들은 성공했다. 그들은 자신의 사고방식이라는 그 한 가지의 희생자일 뿐이다."[7]

리더는 핵심 직원들과 자원 봉사자들에게 질적인 시간을 투자해야 한다. 그들과의 짧은 만남들은 인간적 접촉을 유지하는 데 분명 도움이 되겠지만 대부분의 경우 그것은 단지 상징적인 것이다. 질적인 일대일 만남을 대치할 수 있는 것은 없다. 리더가 사람들을 진정 이해하고 감사를 전하려 한다면 가끔씩 15분 이상의 시간을 내야 한다.

훌륭한 리더는 사람들에게 투자할 시간을 적어도 1시간 이상 꾸준히 떼어 놓고, 관계 구축을 위해 아침과 점심 식사 때 사람들과 만난다. 현명한 리더는 사람에게는 물론 업무에도 충분한 시간을 할애할 수 있도록 시간을 큰 단위로 나눈다. 드러커는 "성공에 '비결'이 있다면 그것은 집중력이다. 성공하는 리더는 가장 중요한 일을 가장 먼저 하며 한 번에 한 가지 일만 한다"[8]고 결론지었다.

집중은 실용적이기도 하다. 마땅히 할 일이 무엇인지 시간을 내서 신중히 숙고하는 리더는 나중에 불필요한 실수를 범한 후 과거를 더듬느라 소중한 시간을 낭비하지 않아도 된다. 처음부터 꼭 필요한 시간을 들여 집중하면 나중에 시간을 절약할 수 있다. 다시 말해, 미리 생각해 두면 그만큼 보상이 따른다.

반드시 확보해야 할 시간

워렌 베니스는 "난 고위직 사람들이 엉뚱한 일을 훌륭히 해내는 것을 많이 보았다"[9]고 말했다. 리더가 스스로 던져야 할 질문은 '난 바쁜가?'가 아니라 '난 올바른 일로 바쁜가?'다. 그럴듯한 일들이 뻔뻔하게도 가장 중요한 일을 은근슬쩍 몰아낸다. 부주의한 리더는 심각한 일이 덜 중요한 일로 대치됐다는 사실조차 감지하지 못할 수 있다. 그들은 계속 같은 시간에 출근해 온종일 바쁘겠지만 자신의 수고에 대해 뭔가 공허하고 부질없다는 기분을 떨치지 못할 것이다. 자신이 그토록 많은 일을 하는데도 조직이 눈에 띄게 달라지지 않기 때문이다.

일정에 관한 한 리더십 이론은 양극단을 오가는 경향이 있다. 옛날에는 리더들이 의무적으로 건강과 가정을 희생하며 과중한 업무량을 소화해 내곤 했다. 교회 리더들도 가정과 개인적 필요를 무시한 채 더 고귀한 소명에 충실하여 하나님을 섬겼다. 그러다 CEO들의 결혼이 파경을 맞고 사역자들의 자녀가 신앙을 버리자, 이에 대한 반응으로 리더들은 자신의 삶에 '균형'이 필요함을 역설했다. 새로운 시간 관리 도구들이 개발되었다. 덕분에 바쁜 리더들도 일터에서 너무 많은 시간을 보내지 않고 배우자, 자녀, 운동, 경건 생활, 여가 등에 골고루 시간을 할애하게 되었다.

하지만 문제가 있다. 균형 잡힌 사람들은 세상을 변화시키지 못한다. 그들은 건강과 가정생활을 보호하는 데 급급한 나머지 회사나 교회나 세상에 거의 아무런 영향도 미치지 못할 수 있다. 그렇다고 리더가 가정이나 건강을 무시해야 한다는 말은 아니다. 하지만 야근을 한 번도 하지 않고, 자녀의 운동 시합을 하나도 놓치지 않고, 러닝머신을 하루도 빼먹지 않는 식으로 완벽한 균형을 추구하다 보면 그것이 무서운 감독관이 되어 리더의 가장 큰 영향력을 앗아 갈 수 있다.

예수께서 균형 잡힌 삶을 사셨다고 말한다면 그것은 억지다. 그럼에도 그분은 아버지께서 주신 일을 다 이루셨다(요 17:4 참조). 예수님은 너무 바빠 음식과 잠을 걸러야 하신 적도 있지만, 한적한 곳으로 피하여 제자들과 함께 쉬신 적도 있다(마 14:13 참조). 예수님의 경우 비결은 집중이었다. 그분은 아버지께서 주신 무슨 활동을 하실 때든 전심을 다해 집중하셨다.

리더는 직장에 있을 때는 수행 중인 업무에 혼신을 다해야 한다. 동료와 함께 점심식사를 할 때는 그 만남에 온전히 충실해야 한다. 아침에 하나님과 함께 시간을 보낼 때는 모든 방해거리를 치우고 일심으로 하나님을 바라보아야 한다. 가족끼리 여행을 가거나 하루 휴가를 내서 배우자와 함께 있을 때는 거기에 집중해야 한다. 일 때문에 방해받지 않도록 자신을 지켜야 한다.

하루 단위로 균형을 이루기는 힘들다. 균형은 하루나 한 주보다 더 장기간에 걸쳐 관리하는 게 더 낫다. 하나님이 주신 각각의 업무나 만남에 집중한다면 반드시 하나님이 당신의 삶과 모든 맡은 일과 관계에 건강을 유지시켜 주실 것이다. 리더가 날마다 삶의 각 중요한 영역에 똑같은 시간을 할애할 수는 없다. 하지만 훌륭한 리더라면 직장 업무 외에도 다음과 같은 삶의 영역에 충분한 시간을 세심히 확보한다.

하나님과 충분히 함께하는 시간

영적 리더는 하나님과의 관계를 무시하면 영적 권위를 잃고 만다는 것을 안다. 하나님의 임재 가운데 보내는 시간은 절대 낭비가 아니다. 영적 리더가 하는 모든 일은 하나님과의 관계에서 흘러나와야 한다. 조직을 향한 리더의 비전도 하나님에게서 온다. 리더의 하루 일정도 하나님에게서 온다. 하나님은 조직의 가치관을 정하시고, 리더의 인선을 인도하신다. 따라서 하나님과 교제하지 않는 영적 리더는 자기 조직을 위험에 빠뜨리는 것이다.

안타깝게도 대다수 리더는 하나님과 보내야 할 시간을 여러 활동에 빼앗기기 쉽다. 하늘 아버지와 서두르지 않고 질적인 시간을 보내기보다는, 급히 큐티 책을 대강 읽고 하나님께 다급하게 한마디 기도하고서 부리나케 그날의 첫 회의로 달려간다. 하나님은 우롱 당하시지 않는다. 사람은 심은 대로 거둘 것이다(갈 6:7 참조). 자기 힘과 지혜로 일하려 하는 리더는 고작 자기 힘과 지혜로 이룰 수 있는 결과만을 이룰 것이다. 대신 하나님을 바라는 리더는 하나님이 하실 수 있는 일을 볼 것이다.

문제는 대다수 리더가 급하다는 것이다. 그들의 달력은 약속으로 빼곡히 들어차 있다. 그들은 스케줄에 뒤쳐지지 않으려고 버둥거린다. 따라서 리더의 사고방식이 중요하다. 하나님과 보내는 시간을 근사한 종교적 발상을 얻는 기회 정도로 여겨서는 안 된다. 그 시간을 우주의 창조주와 만나는 중대한 시간으로 생각하고, 일과가 아무리 바빠도 그 시간을 철석같이 지켜야 한다.

사울은 하나님의 일정을 서둘러 앞지르다 일대 몰락을 맞았다(삼상 13:5-14 참조). 이스라엘 백성은 길갈에서 얄미운 블레셋 군대와 맞서 있었다. 적은 거대한 보병 부대와 함께 병거 3만과 마병 6천을 동원했다. 하나님은 사무엘이 도착해 여호와께 제사를 드릴 때까지 전투에 나서지 말라고 사울에게 명하셨다. 이레를 기다리는 사이 사울의 상황은 급속히 악화됐다. 병사들은 적의 위세에 겁을 먹고 흩어지기 시작했다.

사울은 하나님이 자기 군대에게 능력을 주시기 원했지만 그것을 받기까지 충분히 기다릴 만큼의 참을성은 없었다. 그래서 그는 직접 제사를 드렸다. 사무엘이 즉시 도착해 교만한 왕을 꾸짖었다. 사울은 그날 전투에 이겼으나 그 부족한 인내심 때문에 결국 왕위는 물론 자기 목숨마저 잃게 된다. 사건의 전말을 다 아는 현대인은 사울의 어리석음을 책망할 여유가 있을 것이다. 그러나 영적 리더는 사울의 실수에서 배워야 한다.

기도 시간의 필요성에 대놓고 의문을 제기할 영적 리더는 거의 없을 것이다. 그러나 그들의 생활 방식을 보면 하나님과의 교제에 많은 시간을 보내지 않고 있음을 알 수 있다. 하나님은 그분의 진리를 인간 기준에 맞춰 계시하시는 것이 아니라 그분의 기준에 따라 알려 주신다. 자칭 영적 리더들은 하나님이 말씀하실 마음도 차오르기 전에 후딱 그분의 임재에 들어갔다 나올 때가 너무 많다. 현명한 영적 리더는 자신이 확실히 하나님의 음성을 듣고 그분 뜻을 알게 될 때까지 충분히 기도한다.

한 CEO는 자신이 너무 바쁘고 스케줄이 빡빡해 주님과 제대로 조용한 시간을 보낼 수 없다며 안타까워했다. 우리는 그에게 시간을 내 보라고 도전했고 그는 해 보겠다고 약속했다. 한 달 후 그는 아침 기상 시간을 점점 앞당겨 마침내 하나님과 서두르지 않고 충분한 시간을 갖게 됐다. 그의 자명종은 날마다 새벽 4시 반에 울린다. 하나님이 그를 구체적으로 인도해 주셨으며 그것은 회사 운영에도 큰 도움이 됐다. 시간을 아까워하지 않고 하나님과 함께 보낼 때 오히려 남은 하루가 더 효율적이 되어 사실상 시간을 절약한 것이다.

열쇠는 '리더가 하나님과 시간을 보내는가'가 아니라 '그 시간이 하나님이 하실 말씀을 다 하실 수 있을 만큼 충분한가'다(사 64:4 참조). 시간을 더 드리면 하나님이 더 많이 말씀하시지 않겠는가.

가족과 보내는 시간

리더들에 대한 가장 큰 비난 중 하나는 그들이 일의 성공에 매달리느라 가정을 저버린다는 것이다. 리더는 조직을 이끄는 일에 치중하느라 가장 중요한 관계를 무시하기 쉽다. 조직의 궁극적 책임을 지고 있다 보니 느긋하게 쉬면서 가족들에게 집중하기 어려운 것이다. 직장에 있지 않은 시간에도 마찬가지다. 안타깝게도 기독교 사역자들 중에는 주님을 섬기려면 마땅히 그래야 한다면서 가정에 소홀한 경우도 있다.

하지만 리 아이아코카는 리더가 맡은 책임이 많을수록 가족들이 고생한다는 통념에 이의를 제기했다. 그는 "회사 내에서 직위가 높을수록 그만큼 가족을 소홀히 해야 한다고 생각하는 이들이 있지만 절대 그렇지 않다! 사실 고위직 사람들이야말로 아내와 자녀들과 충분한 시간을 보낼 재량과 유연성이 있다"[10]고 말했다.

아이아코카의 말이 맞다. 활용할 마음만 있다면 리더야말로 스케줄에 재량과 유연성이 더 많다. 다만 리더는 가족들과 보낼 시간을 찾는 데 창의성을 발휘해야 한다. 예컨대 목사는 대부분 저녁 시간이 바쁘므로 아침에 집에 머물면서 가족들과 식사도 함께하고 아이들 등교하는 모습도 지켜볼 수 있다. 아울러 아내와는 물론 자녀와 일대일로 특별한 점심 데이트를 계획할 수도 있다.

리더의 압박감은 흔히 조직에서 오는 것이 아니라 자기 내면에서 온다. 언제나 직위가 리더에게 과도한 짐을 지우는 것은 아니다. 집에 있어야 할 시간에도 계속 사무실에서 일해야 한다는 리더 자신의 강박관념이 오히려 짐이 되는 것이다. 자신이 게으르거나 일의 중압을 감당할 수 없는 자로 비칠까 두려워 집에 있기를 꺼리기도 한다. 이런 리더는 우선순위를 정하고 그것을 지키기 위해 필요한 모든 조처를 취해야 한다.

똑똑한 리더는 가족들과 꾸준히 알찬 시간을 보낸다. 그들은 의도적으로 배우자와 데이트할 시간을 계획한다. 아이들의 특별한 행사에도 참석할 수 있도록 미리 달력에 표시해 두며 아무것에도 그 자리를 내주지 않는다. 그들은 가정의 프라이버시를 지키며, 가능한 집에 일을 가져오지 않는다.

현명한 리더는 식사 때 가족들과 함께 집에 있으려 애쓰며, 특별한 날 가족들과 알찬 시간을 보내고 있을 때 불쑥 전화가 걸려 와도 거뜬히 무시할 줄 안다. 전화벨 소리를 가족과의 시간보다 우선시하지 않는다.

해리 트루먼은 미국 대통령 역할에도 불구하고 자신에게 가장 중요한 것을 결코 잊지 않았다. 베스 트루먼은 인생에서 가장 기억에 남는 것이 무엇이냐는 질문에 이렇게 답했다. "해리와 저는 연인과 부부로 40년 넘게 지내 왔어요. 어디를 가든 손만 내밀면 남편이 곁에 있다가 제 손을 잡아 주었지요."[11]

역사상 가장 중대한 고비에 미국 대통령직을 맡았으면서도 트루먼은 삶에서 가장 중요한 관계와 본분 면에서 흔들리지 않았다.

지각이 있는 리더는 인생에 일보다 더 중요한 것이 있음을 안다. 새 일자리를 찾아 면접에 응할 때 영적 리더는 가정에 대한 회사의 시각을 알아보기 위해 진지한 질문을 던진다. 현명한 리더는 십대 아들이 자신과 대화를 거부하거나 딸이 마약 중독에 빠진다면 자신의 모든 승진과 출세는 아무것도 아님을 안다. 아내와 아이들을 위해 자신이 집에 있어야 함을 알기에 출장이 많은 고수익 일을 사양하는 슬기로운 리더들이 많다.

책임이 늘면 그만큼 격무에 시달리느라 가정생활이 축날 것을 알기에 승진을 거부한 리더들도 있다. 크리스천으로서 자신의 신앙과 타협해야 할 강한 부담이 따르기 때문에 승진을 반납하는 리더들도 있다. 이들은 출세나 위신보다 중요한 것이 있음을 아는 리더들이다. 그래서 그들은 자기 삶에 가장 중요한 것을 지키고 가꾸는 쪽으로 스케줄을 관리한다.

건강 관리에 투자하는 시간

조직을 튼튼하고 건강하고 활기차게 만들기 위해 리더 역할을 하면서 자기 몸은 체중 초과, 이상 체형, 탈진, 질병 등 취약한 상태로 방치하는 리더들이 있다. 이들은 조직의 활성화에 전력 질주하느라 자신의 건강을 유지하는 데 사용할 에너지는 전혀 없다고 하소연한다.

리처드 스웬슨 박사는 《여유》(*Margin*, 부글북스 역간)에서 아주 단순한 주제를 다룬다. 누구에게나 뻔할 정도로 단순한데도 대다수 리더들이 깨닫지 못하는 것이다. 그의 명제는, 인간에게 한계가 있다는 것이다. 재정이든 시간이든 잠이든 정신 건강이든 자신의 감당 능력의 한계를 벗어날 때 인간은 큰 위험을 자초한다. 정비 없이 계속 전속력으로 달리는 차처럼 인체도 계속 극한으로 밀어붙이면 고장 나게 돼 있다.

의사인 스웬슨은 인간이란 뜻밖의 위기나 기회에 대비해 삶에 여유(여백)를 두어야 한다고 강조했다. 그의 공식은 "힘-짐=여백"이다.[12]

여백이란 인간이 건강을 지키기 위해 여유분으로 유지하는 시간과 돈과 에너지와 정서적 힘을 말한다. 장기적으로 수면이 부족할 때 인체는 고생하게 돼 있다. 인간이란 취미, 우정, 휴가, 웃음 등을 통해 정서적으로 회복하지 않고 무한정 정서적 소모를 감행해서는 안 된다. 매달 마지막 한 푼까지 남김없이 쓰는 사람들은 재정적 파탄을 맞는 것처럼, 돌발적 사태의 여지를 전혀 남겨 두지 않고 스케줄을 꽉 채우는 사람들은 위기를 자초하는 것이다.

자신의 연간 스케줄에 느긋한 휴가 시간을 절대 안배하지 않는 리더는 침몰을 피할 수 없다. 그러나 여백 없이 살아가는 리더들이 놀랄 정도로 많다. 그들은 한가하거나 비생산적인 상태를 견딜 수 없어 한다. 그들에게 달력의 빈자리는 새 프로젝트를 떠맡을 이상적 공간으로 다가온다.

하나님은 그렇게 설계하신 적이 없다. 태초부터 하나님은 휴식의 필요성을 강조하셨다(창 2:2-3 참조). 예수님도 당신께 휴식과 고독이 필요함을 아셨다. 하루 종일 무리를 섬긴 후 예수님과 제자들은 일부러 휴식을 찾았다(막 6:45 참조). 지상 사역의 마지막 한 주가 시작될 때 예수님은 좋은 친구 나사로, 마르다, 마리아의 대접을 쾌히 받으셨다(요 12:1-3 참조). 체포되어 십자가에 달리시던 그 최후의 밤에도 그분은 마지막 한차례 가련한 무리들에게 설교하실 수도 있었지만, 오히려 가까운 친구들과 친밀한 저녁 식사를 택하셨다(눅 22:7-13 참조).

리더가 건강 관리에 시간을 내는 것은 실제적이기도 하다. 체중이 과다한 리더는 더 쉽게 피로를 느낀다. 먹는 것이 부실하거나 잠이 부족하거나 운동하지 않는 사람들은 더 자주 병에 걸린다. 건강하지 못한 사람은 건강한 사람이 성취할 수 있는 만큼의 에너지와 기력이 없다. 리더가 체력 단련에 강박적으로 얽매일 필요는 없지만 건강 문제를 무시하는 리더는 결국 장기적으로 덜 효율적인 길을 택하는 것이다. 건강 관리에 실패하는 리더는 리더십이 조기에 끝나는 위험을 맞게 된다.

또 건강한 리더는 유머 감각이 정신 건강에 필수임을 안다. 리더는 조직의 긍정적, 낙관적 분위기가 궁극적으로 자기 책임임을 알아야 한다. 사람들이 자기 밑에서 즐겁게 일하기를 원한다면 리더는 일터에 기쁨의 기류를 조성해야 한다.

이와 관련해 쿠제스와 포스너는 "재미형 리더"라는 공식 용어까지 만들어 냈다. 이들은 재미와 생산성의 관계를 보여 주는 실험 결과까지 제시한다.[13] 열심히 일하고 생산성을 높이되 재미있게 하는 것은 얼마든지 가능한 일이다. 리더가 출근이 즐거워야 한다면 그 밑에서 일하는 사람들도 마찬가지다(잠 15:13; 17:22 참조).

사람에게 지혜롭게 투자하는 시간

리더 주변에는 대개 사람들이 있다. 리더는 사람들과 같이 있는 시간을 즐기는 경향이 있다. 에이브러햄 링컨은 하루의 대부분을 백악관에서 사람들을 접견하며 보냈다. 제임스 답슨과 빌리 그레이엄 같은 영적 리더는 사역의 중심에 다른 경건한 사람들을 끌어들였다. 혼자 일하기를 좋아하거나 대인관계가 어려운 사람은 리더십 역할에 적합하지 않을 수 있다.

높은 자리에 있는 사람들도 추종자가 없으면 리더가 아니다. 큰 조직을 움직이는 관리자는 될 수 있을지 모르지만 리더는 아니다. 리더가 되려면 사람에게 시간을 투자해야 한다. 업무가 폭주하는 리더들에게 이것은 어려운 일이다. 그들은 사람을 일의 본질이라기보다 오히려 방해거리로 보려는 유혹에 쉽게 빠질 수 있다. 하지만 리더의 일이란 결국 사람을 대하는 일이다. 자신이 이끄는 조직이 작은 교회든 대기업이든 진정한 리더는 우선순위 목록에 사람을 높이 둔다.

쿠제스와 포스너는 《격려의 힘》에서 세상 기업체에서도 리더가 사람들을 인정하고 격려하고 감사를 표하는 것이 중요하다고 주장한다. 하지만 조사 결과, 다년간 직원들과 함께 일하고서도 그들의 삶에 대해 거의 아는 것이 없는 리더들이 의외로 많았다고 한다.[14]

현대 리더십 이론의 인기 있는 가르침으로 '파레토 원리', 혹은 '20 대 80 원리'라는 것이 있다. 이 이론에 따르면 대체로 조직 내 20퍼센트의 사람이 결과의 80퍼센트를 산출한다. 따라서 리더가 시간의 80퍼센트는 업무의 80퍼센트를 수행하는 20퍼센트 사람에게 투자해야 한다는 주장이다. 대다수 리더십 원리와 마찬가지로 파레토 원리는 많은 조직에서 실제로 증명

되는 바다. 다만 적용할 때는 주의를 기울여야 한다.

리더가 모든 사람에게 똑같이 시간을 투자하는 것보다 일부 사람에게 집중적으로 시간을 투자할 때 훨씬 큰 결과를 낳는 것은 사실이다. 배우려는 마음으로 조직을 위해 열심히 일하는 사람들은 리더의 주목을 받아 마땅하다. 나아가 그런 사람들을 밀어 주면 개인과 조직 모두에 유익하다. 리더가 배움에 의욕과 열의가 있는 사람들에게 투자하면 그것은 그들이 자신의 잠재력을 최대로 발휘하여 탁월해질 수 있는 기회가 된다. 하나님이 뜻하신 바를 성취하는 사람들은 조직 내 다른 사람들에게 감화를 줄 수도 있다.

때로 목사들은 신앙 성장에 열의가 있는 교인들을 제자로 훈련해 교회에 훨씬 큰 도움을 줄 수 있다는 것을 알면서도 현세적이거나 냉담한 교인들을 살려 보려 열매도 없이 많은 시간을 투자할 때가 있다. 리더는 조직에서 의욕 없는 구성원을 전체의 기준으로 삼아서는 안 된다. 오히려 리더는 배우려는 사람들을 도와 최고 경지에 이르게 함으로써 조직 내 다른 사람들도 기대와 가능성을 보게 해 줘야 한다. 아울러 현명한 리더는 성장하는 사람들과 격려가 필요한 사람들을 서로 연결시킨다. 조직의 힘이란 모든 구성원이 자기 몫을 제대로 해내는 데 달려 있음을 알기 때문이다(엡 4:16 참조)

성경에는 예수님이 소수의 택한 자들로 초점을 좁히신 예가 많이 나온다. 물론 예수님은 무리에게 깊은 가르침을 주신 적도 있지만, 보통은 열두 제자를 따로 데리고 가서서 무리에게 주시지 않은 신령한 가르침을 주시곤 했다(마 10장, 13:10-17; 막 7:17-23 참조). 그런가 하면 예수님은 열두 제자 중에서도 핵심 측근인 베드로와 야고보와 요한을 따로 만나서 영적인 문제로 더 깊이 들어가신 적도 있다(눅 9:28; 마 26:37-38 참조). 예수님은 한 명의 제자에게 시간을 투자하신 때도 있다(요 20:27; 21:15-19 참조).

예수님은 인생을 바꿔 놓는 신령한 진리를 왜 일부 사람에게만 주셨을까? 당신의 가르침을 남들보다 달게 받아들이고 그대로 행하는 사람들이 있음을 아셨기 때문이다. 깊은 진리를 깨달을 준비가 남들보다 잘돼 있는 자들이 있었던 것이다. 열두 제자 같은 소그룹에 투자하심으로써 예수님은 베드로 같은 사람들이 강력한 리더가 될 그날을 준비하셨다. 예수님이 베드로를 리더로 키우는 데 시간을 들이셨기에 베드로는 장차 많은 사람들에게 영향을 미쳐 그리스도의 제자로 삼을 수 있었다.

사람들에게 많은 시간을 투자했다가 그들이 본분을 다할 의사도 능력도 없는 것을 보고 좌절을 맛보는 리더들이 많이 있다. 리더가 의욕이 없고 저항이 센 구성원들을 키우려 헛수고하는 사이, 열심히 일하는 구성원들은 뒷전으로 밀려나는데도 말이다.

그러나 20 대 80 원리를 잘못 적용하면 자칫 위험할 수 있다. 영적 리더에게 핵심이 되는 것은 일이 아니라 사람이다. 영적 리더의 근본 역할은 단순히 일을 이루는 것이 아니라 사람들을 현재의 자리에서 하나님이 원하시는 자리로 데려가는 것이다. 이 사명을 완수하려면 사람들의 삶에서 하나님이 일하시는 부분을 보고 하나님의 활동에 동참해야 한다.

하지만 하나님께 냉담하거나 반항하는 사람의 태도를 바꾸기 위해 리더가 할 수 있는 일은 거의 없다. 하나님 뜻을 행하기 거부하는 사람들에게 리더가 계속 많은 시간을 투자한다면, 삶 속에 하나님의 역사가 보이는 사람들의 성장을 돕는 데 쓸 시간과 에너지를 놓치는 것이다. 연약한 구성원에 대한 하나님의 관심의 정도는 사람이 단정할 수 없는 것이기에 리더는 자신의 일정을 반드시 하나님께 드려야 한다. 그들에게 20퍼센트의 시간이나마 투자하며 그들이 긍정적 반응을 보여 성장하는 사람들의 대열에 가담할 때까지 지켜보는 것이다.

리더는 절대 사람을 포기하지 않는다. 다만 성장하는 생산적인 사람들과 그렇지 못한 사람들을 가려 시간을 지혜롭게 투자할 뿐이다.

시간 도둑을 잡으라

존 록펠러는 평소에 약속 시간을 칼같이 지켰다. 그는 "누구도 쓸데없이 남의 시간을 빼앗을 권리가 없다"고 단언했다.[15] 하나님은 한 시간에도 많은 일을 이루실 수 있다. 그것을 경험한 영적 리더는 좀처럼 소중한 분초를 낭비하지 않는다. 한가한 잡담과 시시한 일들로 시간을 헤프게 낭비하는 사람은 시간의 가치를 잘 모르는 게 분명하다.

시간을 최대한 선용하는 것 외에도 영적 리더는 시간을 축내는 요인들을 아예 없애 버린다. 수많은 토의와 활동과 회의는 리더의 값진 시간을 잡아먹을 뿐이다. 리더가 유혹에 져서 사소한 일에 시간을 투자할 때마다 그만큼 본질적인 일로부터 멀어져 있다는 증거다. 예컨대 클레이 셔키의 지적대로 미국인들은 매년 2천억 시간을 텔레비전 앞에서 보낸다.[16] 그는 그 엄청난 "인지 잉여"를 더 지혜롭게 투자하면 깜짝 놀랄 결과를 낼 수 있다고 역설했다. 시간을 잡아먹는 방해거리는 얼마든지 많지만 그중 가장 악명 높은 범인을 몇 가지만 꼽자면 다음과 같다.

신기술의 노예가 되지 말라

기술은 리더의 일을 몰라보게 향상시켜 시간을 '절감해 준다. 그러나 기술은 교활한 시간 도둑이 될 수도 있다. 신기술은 발전 속도가 하도 빨라 따라잡을 수 있는 사람이 별로 없다. 시간을 절약할 수 있는 프로그램과 장치들이 쏟아져 나오지만 그냥 읽어만 보는 데도 몇 주씩 걸린다. 실제로 날마다 주변적인 일로 컴퓨터 앞에서 시간을 허비하는 사람들이 있다. 문제는 컴퓨터가 일의 도구만 아니라 오락의 도구도 될 수 있으며 그 차이를 구분하지 못하는 사람들이 있다는 것이다.

멋진 인용구, 유머, 임박한 위기나 새로 유행하는 컴퓨터 바이러스에 대한 최신 정보 따위를 쉴 새 없이 보내는 열성파 인터넷 도사를 누구나 한 명쯤은 알고 있을 것이다. 친구와 동료들에게 기쁨을 퍼뜨리는 것이야 좋은 일이지만 그렇잖아도 할 일이 많은데 시시한 얘기를 찾아 인터넷을 뒤지느라 하루에 몇 시간씩 허비할 일인가. 그동안 관심 부족으로 조직이 약해짐은 물론이다. 신기술은 분명 조직에 필요하지만 현명한 리더는 신제품 활용에 들이는 시간을 잠재적 효율성과 비교해 따져 볼 줄 안다.

리더는 비생산적 시간 낭비에 파묻혀 있을 정도로 기술에 매료되는 것을 삼가야 한다. 기술을 피하라는 것이 아니다. 그것은 시야가 짧고 어리석은 처사다. 다만 기술이 자신을 다스리게 두지 말고 스스로 기술을 다스려라. 최신 사이버 동향을 살피느라 아까운 시간을 낭비할 것이 아니라 기술의 유익한 면을 건지는 법을 배워야 한다.

인력을 잘 활용하라

직원을 적게 두는 리더는 결국 자기 시간을 다른 일에 내주게 된다.

물론 그 다른 일도 중요하겠지만 그 때문에 리더 고유의 일을 제대로 할 수 없다면 문제다. 대다수 리더의 경우 가장 요긴한 직원은 행정 비서다. 리더가 15분 이내에 끝낼 수 있는 활동 중에는 비서가 쉽게 처리할 수 있는 일이 높은 비율을 차지한다.

리더가 하루 중 많은 시간을 창의적 사고와 기획과 문제 해결에 할애하기 원한다면 주변에 자잘한 행정 업무를 처리해 줄 사람이 있어야 한다. 비서가 더 훌륭하게 해낼 수 있는데도 약속 정하는 일이며 출장 숙박 예약 따위를 자신이 직접 하는 리더들이 있다. 훌륭한 리더는 모든 업무를 '다른 사람이 할 수 있는 일인가?'라는 질문에 비춰 본다. 리더의 책상에는 쉬지 않고 일이 쌓인다. 따라서 리더는 쉬지 않고 일을 위임해야 한다.

결국 조직에 직원이 모자라면 사람들의 부담이 과해지고 조직이 잠재력을 마음껏 발휘하지 못한다. 리더는 예산 제약을 고려하지 않고 아무렇게나 직원을 늘려서는 안 되지만, 조직의 최대 효율성을 따져서 사명을 감당할 수 있는 훈련받은 인력을 확보하는 일에 힘써야 한다.

잡담을 줄이라

잡담은 가장 흔한 시간 낭비 요인이다. 가장 피하기 힘든 것이기도 하다. 리더들은 동료들과 어울릴 수 없을 만큼 바쁘다는 인상을 주고 싶어 하지 않기 때문이다. 사실 대다수 리더들은 사람들을 좋아하며 진심으로 그들을 만나 시간을 보내고 싶어 한다.

그러나 점심 시간에 커피를 나누며 시작된 대화가 리더의 아까운 한 시간을 차지하거나, 사무실 복도에서 현지 스포츠 팀에 대해 나누는 한담이 중대한 이슈에 집중할 리더의 가용 시간을 삼켜 버리게 두어서는 안 된다. 리더가 사람들과 절대 긴 대화를 나눠서는 안 된다는 얘기가 아니다.

민감한 리더는 중요한 문제에 관한 대화라면 기꺼이 시간을 낸다. 업무와 관련된 문제일 수도 있고 직원의 사생활일 수도 있다. 때로 날씨에 대한 얘기가 알맹이 있고 중요한 대화로 이어지는 경우도 있다. 지각이 있는 리더는 직원들이 속에 할 얘기가 있을 때와 그저 잡담으로 그칠 때를 대개 구분한다. 분명 대화를 통해 정보를 나누고 삶을 치유하며 서로 격려할 수 있다.

하지만 대화는 소중한 시간을 앗아 갈 수도 있다. 그 시간에 다른 일을 하는 편이 더 좋을 수 있다. 리더는 사람들과 친밀하게 대화하는 것과 시간을 앗아 가는 장황한 잡담에 가담하는 것의 차이를 알아야 한다.

지나가는 사람마다 말을 걸며 일터를 배회하는 사람은 자신이 중요한 일을 하지 않고 있다는 분명한 메시지를 보내는 것이다. 리더는 유쾌한 대화 상대가 될 필요가 있지만 가장 중요한 일에 하루를 투자하겠다는 결연한 의지가 있어야 한다. 잡담이 계속될 때 훌륭한 리더는 적절한 순간 양해를 구하고 그곳을 빠져나와 일로 복귀할 줄 안다.

또한 효율적인 리더는 최선을 다해 의사소통을 간단명료하게 한다. 그들의 문서는 간결하다. 전화를 걸 때도 용건이 명확하다. 그들은 시간뿐 아니라 말도 중요하게 여긴다.

취미 생활을 점검하라

취미 생활은 스트레스를 해소하고 정서적 건강을 회복시키는 건전하고 고마운 출구다. 건강 관리의 일환이 될 수도 있다. 흔히 골프 같은 취미를 고객이나 동료들과 사교의 장으로 활용할 수 있다. 여기서도 중요한 것은 리더가 가정과 일을 소홀히 할 정도로 취미에 홀딱 빠지지 말아야 한다는 것이다. 중요한 관계와 활동에 해를 끼칠 정도로 취미 생활이 시간을 장악한다면 그것은 이미 취미의 제 기능을 잃은 것이다.

똑똑한 리더는 취미의 유익한 면만 건진다. 골프나 조깅을 좋아한다면 고객이나 직장 동료를 초대해 함께하면 좋다. 스키, 등산, 캠핑 등 가족 야외 나들이로 이어질 수 있는 취미도 많이 있다. 이 경우 휴식과 운동을 가족과 보내는 알찬 시간으로 연계시킬 수 있다. 다른 많은 부분들과 마찬가지로 여기서도 핵심은 균형이다.

리더는 한 가지 중요한 일을 하느라 본의 아니게 다른 일을 간과하지 않도록 세심히 살펴야 한다. 취미도 없고 여가에 흥미도 없다면 자신이 너무 열심히 일해 왔고 쉴 줄 모른다는 경고로 받아들여야 한다. 반대라면 자신이 여가에 과도하게 투자하는 재정과 시간을 재평가하며 취미가 가정과 일과 우선순위에 미치는 역효과를 인식해야 한다. 취미도 장단점이 있다. 결국 모든 것은 바른 선택으로 귀결된다.

정리에 힘쓰라

정리가 부족하면 낭패를 볼 수 있다. 리더는 정리하지 않고 지내서는 안 된다. 자기 시간뿐 아니라 직원들과 고객들의 소중한 시간까지 낭비하는 처사이기 때문이다. 정리를 잘하는 리더는 일정표를 늘 정확하게 새로 다듬어 과도한 업무 수락을 피한다. 나아가 그들은 유능한 행정 비서에게 그 일을 맡긴다. 그들은 일을 마칠 수 있는 충분한 시간을 확보하기 위해 지금 위임할 일은 없는지 늘 달력을 살핀다. 그들은 약속 시간을 정확히 지킨다. 다른 사람들의 시간을 낭비하는 과오를 범하지 않기 위해 회의는 정시에 시작한다.

현명한 리더는 잘못 둔 정보를 찾느라 시간을 허비하지 않기 위해 효과적인 기록 관리 시스템을 도입한다. 여기서도 유능한 비서가 최대의 자원이다. 훌륭한 리더는 자기가 다루기 원하는 의제를 가지고 회의실에 들어선다. 남들을 조종하기 위해서가 아니라 일의 효율성을 위해서다. 적절한 경우 그 의제를 다른 사람들에게도 미리 주어 회의를 준비하게 한다.

숙련된 리더는 행정 일을 한 번에 끝낸다. 기독교 조직 리더는 전문직 중 가장 정리가 부족한 축에 든다. 거기에는 이유가 있다. 그들은 대부분 리더십에 재능이 있다고 느껴서가 아니라 하나님을 사랑하고 사람들을 사랑해서 사역의 길에 들어섰다. 그러나 막상 교회나 종교 단체에서 직위를 갖게 된 그들은 자신의 일차적 소명이 리더 일임을 알고 당황한다. 안타깝게도 그들은 행정을 지긋지긋하게 싫어한다. 그 일을 하다 보면 정작 자기가 하고 싶은 일, 즉 사람들과 함께 시간 보내는 일을 할 수 없기 때문이다.

그들이 만일 자기가 좋아하는 일에만 에너지를 쏟는다면, 자신과 조직을 제대로 정리하는 일은 딴전이 되고 말 것이다. 이들은 쌓이는 행정 업무에 지치고 낙심한다. 그러나 도움이 코앞에 있다. 리더가 사람을 물색할 만큼만 정리를 잘하는 사람이라면 기쁨으로 그를 도와줄 유능한 사람들은 얼마든지 많이 있다.

병원 심방으로 한 사람의 삶을 밝게 해 줄 수는 있어도 회의를 주도할 때면 괴로울 정도로 지루해지는 사역자들이 있다. 토의에 방향 감각이나 목표 의식이 없기 때문이다. 이런 리더는 탁월한 전도자일지 몰라도 조직의 당면 과제들을 모르거나 대비가 안 돼 있어 늘 사람들을 좌절에 빠뜨린다.

해답은 이런 리더들이 사임하고 병원 원목이나 순회 전도자가 되는 것이 아니다. 대부분의 경우 그들은 공동 목표를 위해 조직에 질서를 잡는 것이 고귀한 사역임을 단순히 깨닫기만 하면 된다. 행정은 중요한 사역이다. 행정에 수완이 없는 리더는 유능한 행정가를 물색하거나 직접 행정 훈련을 받으라. 리더는 유능한 직원을 활용할 필요가 있다. 다시 말하지만 리더는 위임해야 한다.

리더가 자신을 정리하는 수고를 감행한다면 영적 리더로서 오래오래 생산적 사역을 즐기게 될 것이다. 짐이 꽉 들어찬 옷장을 정리하여 잡동사니를 치우고 나면 실제 옷을 걸 수 있는 공간이 의외로 넓어진다. 정리도 리더에게 비슷한 유익을 준다. 일단 관리하기 쉽게 시간을 구분하고 불필요한 일들을 제거하고 나면 리더는 하나님이 맡기신 일을 이루기에 하루 시간이 충분하다는 것을 깨달을 것이다.

자투리 시간을 잘 쓰라

왜 어떤 리더는 성취하는 것이 훨씬 많을까? 임기 중 중요한 일을 전혀 이루지 못하는 리더도 있는데, 왜 어떤 사람은 활동도 많이 하고 일마다 진척을 경험하는 것일까? 물론 많은 이유가 있겠지만 그중 한 가지 요인은 자투리 시간 활용이다.

바쁜 리더들에게는 자투리 시간이라는 개념 자체가 꿈처럼 보일 수 있다. 그러나 실은 대다수 사람들에게 자투리 시간이 있으나 본인이 인식하지 못할 뿐이다. 훌륭한 리더는 자투리 시간들을 놓치지 않는다. 평범한 리더는 쓸데없는 욕구 불만으로 그 시간을 낭비해도, 훌륭한 리더는 '유비

무환'이라는 보이스카우트 모토를 엄수한다.

대부분의 리더는 자신의 리더십을 키워 주고 요긴한 지식을 줄 수 있는 책을 몇 권 정도 알고 있다. 책 읽을 시간이 없다고 불평하는 리더와 달리 자기 분야의 새로운 변화에 늘 부응하는 리더는 뜻밖의 자유 시간을 포착해 책을 읽는다. 조찬 회의로 식당에서 누구를 만날 때 준비된 리더는 책을 한 권 들고 간다. 교통 체증으로 상대가 늦어져 15분쯤 기다려야 할 때 그는 책을 읽는다. 생산적 리더는 공항에서 마중할 사람이 늦을 수도 있는데 대비해 읽을거리를 가지고 간다. 해리 트루먼의 딸 마가렛 트루먼은 아버지가 자투리 시간에 손에서 책을 놓은 것을 한 번도 본 적이 없었다고 했다.

부득이 기다려야 할 상황을 위해 미리 준비하면 두 가지 유익이 있다. 첫째, 갑자기 책을 읽거나 업무 관련 자료를 검토할 수 있는 시간이 생긴다. 둘째, 기다림이 짜증스럽거나 스트레스가 쌓이지 않는다. 비행기를 타면 몇 시간 방해받지 않는 시간이 생긴다. 준비된 사람은 그 시간에 많은 일을 이룰 수 있다. 그럴 때 노트북 컴퓨터는 아주 요긴하다. 준비된 리더는 이메일에 답장을 보내거나 임박한 회의 자료를 미리 검토할 수 있다. 책을 한 권 읽을 수도 있다.

준비되지 않은 리더는 기내 잡지를 뒤적이거나 삼류 기내 영화를 보거나 창밖의 구름을 내다보는 동안, 미리 계획한 리더는 서너 시간의 비행 시간에 유익한 책을 몇 장 읽고 이메일 답장을 보내고 일정을 검토할 수 있다.

여기서 요지를 오해하면 안 된다. 때로 기내에서 낮잠을 자는 것이 가장 현명한 경우도 있다. 그날 저녁 예정된 중요한 회의에 개운한 몸으로 갈 필요가 있기 때문이다. 그런가 하면 하나님이 리더에게 책을 내려놓고 옆

자리 사람에게 복음을 전하라고 말씀하실 수도 있다. 요지는 그 시간에 무슨 일을 하느냐가 아니라 그 시간을 어떻게 보낼 것인지 미리 계획해야 한다는 것이다.

TV 보는 시간을 줄이면 독서나 운동, 가족과 교제하는 시간으로 소중히 보낼 수 있다. 출퇴근길 차 안에서 보내는 시간이 많으면 유익한 강연이나 설교를 듣거나 기도할 수 있다. 부득이한 자투리 시간을 창의적으로 활용하는 리더는 중요한 일을 할 시간이 얼마든지 남아 있음을 알고 놀라며 흐뭇해할 것이다.

크리스천 작가 엘턴 트루블러드가 어떤 신학교를 방문했을 때였다. 한 학생이 그에게 사교 클럽에 가 본 적이 있느냐고 물었다. 그는 "남들이 클럽에 가는 사이에 전 책을 썼습니다"라고 겸손히 대답했다. 사람들이 클럽에 다니는 것을 폄하하는 것은 아니지만, 그는 시간을 투자하는 방법에 선택을 내릴 수밖에 없었다는 것이다. 한 가지 일을 선택하면 다른 활동은 일정에서 제외돼야 함을 그는 알았다. 트루블러드는 책 쓰는 쪽을 택했고, 수십 년이 지난 지금 그때 그의 수고로 인해 많은 사람들이 복을 받고 있다.

다시 한 번 강조하지만, 리더의 일정은 하나님의 인도에 따라 어느 누구도 아닌 리더 자신이 정해야 한다. 리더는 하나님 뜻을 알아야 하며 그것을 바탕으로 자신의 우선순위를 정해야 한다. 그러려면 자기 삶에 가장 중요한 것을 파악해야 하고 우선순위가 하나도 간과되지 않도록 일정을 짜야 한다.

정리된 상태를 유지하는 것은 신중하고도 지속적인 과정이다. 정리가 없으면 한 달은 질서 있게 지내고 다음 달은 사소한 일들로 일정이 넘쳐날 수 있다.

현명한 리더는 자신의 일정에서 그런 불필요한 일들을 꾸준히 가지치기한다. 그들은 위임하는 법을 배우며 거절하는 법을 배운다. 그들은 시간을 구속하는 법을 배운다(엡 5:16 참조). 위대한 리더는 자신의 삶이 의미 있는 삶이 되도록 시간을 지혜롭게 사용한다.

영적 리더십 노트

1 다음 각 영역에서 당신이 얼마나 효율적으로 시간을 사용하는지 1부터 10까지 중에서 점수를 매겨 보라. 10이 가장 높은 점수다.

_____ 공부하는 시간

_____ 회의 시간

_____ 근무 시간

_____ 아침식사 회의, 점심식사 회의, 저녁식사 회의

_____ 휴무일

_____ 휴가

_____ 퇴근 후 집에서 보내는 저녁 시간

_____ 출장

_____ 핵심 요원들을 의도적으로 세워 주고, 키우고, 격려하는 시간

2 　당신이 시간을 낭비하는 가장 큰 이유를 세 가지만 꼽아 보라. 그 시간을 건
　질 수 있는 방법들을 적어 보라.

3 　당신의 일정에서 낭비되는 자투리 시간을 되찾을 수 있는 세 가지 방법은 무
　엇인가?

4 　신기술은 당신이 시간을 절약하는 데 어떤 도움을 줄 수 있는가?

5 　어떻게 하면 인력을 더 잘 활용하여 시간을 아낄 수 있겠는가?

10.
리더와
변화

안주하지 말라,
변화하지 않으면 망한다

LEADERSHIP
& CHANGE

모든 것이 늘 똑같다면 리더십이 훨씬 쉬울 것이다. 하지만 존 코터의 말대로 "변화야말로 리더십의 본분이다."[1] 문제는 리더가 성공적으로 변화를 주도할 것이냐, 아니면 그 자리에서 변화에 짓눌릴 것이냐에 있다. 소심한 사람은 조직에서 변화를 주도할 수 없다. 리더는 명쾌한 사고, 간절한 기도, 깊은 지혜를 갖추어야 한다. 변화가 그토록 어려운 이유는 사람들이 본능적으로 변화에 저항하기 때문이다. 그 이유는 여러 가지가 있지만 그중 몇 가지만 꼽자면 다음과 같다.

첫째, 사람들은 자신의 변화를 싫어한다. 공포의 왕 헨리 8세가 차고 있던 사슬의 금패에는 이런 글이 새겨져 있었다. "내 생각을 바꾸느니 차라리 죽겠다."[2] 헨리의 딸 엘리자베스 여왕에 대해 프랜시스 베이컨 경은 "여왕은 평화를 사랑하고 변화를 싫어했다"고 말했다.[3] 조직에 변화를 이루기가 어려운 이유는 사람들에게 그들 자신의 변화를 설득해야 하기 때문이다. 로버트 퀸은 "조직의 변화는 늘 개인의 변화에서 시작한다"고 했다.[4]

조직이 발전하려면 사람들이 이전의 태도와 행동과 자리와 안락을 일부 버려야 한다. 그런데 그것을 버리거나 조정하기가 쉽지 않다. 사람들이 변화에 그토록 완강히 저항하는 이유는 사랑하는 조직의 변화를 차마볼 수 없어서가 아니라 조직을 위해 자신을 조정할 마음이 없기 때문이다.

둘째, 사람들은 변화를 따라가기 힘들어한다. 변화를 위협으로 느낄수 있다. 변화가 워낙 빨라 이해하거나 통제할 수 없다고 느껴지기 때문이다. 첨단 기술의 귀재들도 최신 통신기기와 사무용품을 늘 따라잡기가 버겁다.《초우량 기업의 조건》,《성공하는 기업들의 8가지 습관》,《좋은 기업을 넘어 위대한 기업으로》 등에서 언급한 일류 기업들이 있다. 이런 회사들도 책의 초판에는 세계 일류로 꼽혔지만 재판이 인쇄되기 전에 이미 내리막길로 접어들 수 있다. 마찬가지로 어떤 교회들은 지금이 1955년이기만 하다면 철저히 시의성 있게 지역사회와 접촉하고 있을 것이다. 하지만 세월이 흐르고 사회는 변했으나 교회는 적시에 중대한 조정을 하지 못했다.

셋째, 사람들은 현상 유지를 선호한다. 우리가 아는 어떤 백인 교회는 몇 년째 퇴보하고 있었다. 히스패닉들이 그 지역으로 대거 이주해 오면서 교회가 그들로 둘러싸였다. 교회의 남은 지도자들은 근처에 있는 다른 백인 교회 목사를 만나 조언을 구했다. 목사는 세 가지 방법 중 하나를 권했다. 하나는 히스패닉 목사를 따로 채용하여 의지적으로 지역사회에 맞게 교회를 쇄신하는 방법, 다른 하나는 히스패닉 교회에 건물을 내주고 양쪽이 하나로 합쳐 더욱 강건한 교회를 세우는 방법, 마지막으로 아무런 조치도 취하지 않아 결국 소멸하는 방법이다.

2주 후에 대표 지도자는 교회가 소멸을 택했다는 괴로운 결과를 발표했다. 놀랍게도 이 땅에는 시대에 부응하기보다 세상과 격리되어 퇴보를 자초하는 교회들이 널려 있다. 이런 무기력한 교회들은 '신실한 남은 자'에 대한 성경말씀을 주장하면서 변화보다 순교를 내세운다. 마찬가지로 한때 활기가 넘치던 많은 조직들이 성장의 열정을 잃고 쇠퇴기에 들어선다. 그런데도 그들은 뭔가를 조정하기보다 불가피한 종말을 맞이한다.

넷째, 사람들은 순진하게 상황이 호전되기를 바란다. '진정한 정책'이란 상황을 내가 바라는 대로 보는 게 아니라 있는 그대로 보는 것이다. 마이클 젠킨스와 데보라 젠킨스의 말처럼 "모든 리더에게 이상주의는 무익하다. 이상주의는 리더가 넘볼 수 없는 사치다."[5] 보시디와 차란은 "대부분의 기업은 현실을 잘 직시하지 않는다"고 냉정하게 결론지었다.[6] 물론 리더십에 낙천성도 필요하지만 이런 고지식함은 다른 문제다. 많은 기관들은 경제 불황이 끝나거나 지역의 변화가 가라앉거나 여름철만 지나면 상황이 호전될 거라고 막연히 가정한다. 하지만 아무런 조치도 취하지 않는 것은 결코 효과적인 전략이 아니다.

다섯째, 사람들은 변화의 필요성을 보지 못한다. 어떤 사람들은 천성적으로 긍정적 관점이 강해서 좀처럼 자기 조직의 문제점을 볼 줄 모른다. 나(리처드)의 한 친척이 고등학교 때 중간고사에서 0점을 받은 적이 있었다. 그녀는 상황을 긍정적으로 보려고 어깨를 으쓱이며 이렇게 웃어넘겼다. "시험을 안 본 것보다는 낫잖아!" 낙천성이 현실과 동떨어져 있으면 리더들의 입에서 이런 말이 나올 수 있다. "성장이 둔해졌을지 모르지만 그래도 약간은 성장하고 있다!"

물론 회사가 조금만 하강세로 돌아서도 매번 당황하여 쩔쩔맨다면 어리석은 일이다. 하지만 소를 잃고 나서야 뒤늦게 외양간을 고친다면 그 또한 무모한 일이다. 고든 설리번과 마이클 하퍼의 책 《장군의 경영학》(Hope Is Not a Method, 창작시대 역간)에 보면 미 육군 지도자들은 걸프전에서 대승을 거둔 뒤 전술 개편이 절실히 필요함을 깨달았다.[7] 새로 떠오르는 교전 추세 때문에 현행 방법이 다분히 한물갔음을 인식했던 것이다. 미래의 도전에 대비하려면 군의 변화가 필수였다.

조직이 현재 잘하고 있다 해도 리더들은 거기에만 치중하여 만족해서는 안 된다. 변화의 필요성을 보여 주는 각종 지표와 추세를 늘 살펴야 한다. 호주의 한 교단 지도자가 우리에게 해 준 이야기가 있다. 이 교단은 몇 년째 큰 호황을 누렸다. 산하 교회마다 시설도 좋았고 급성장은 아닐지라도 해마다 조금씩 성장했다. 하지만 전국 인구조사를 보면 교회에 꾸준히 출석하는 국민의 비율이 현저히 낮아지고 있었다. 조국이 영적 파멸로 치닫는 현실을 무시한 채 자신의 성공적 리더십에 취해 있을 수는 없었다. 그것이 어리석은 일임을 그는 알았다. 현명한 리더들은 변화의 필요성을 분별할 때 긍정적 지표만 보지 않고 모든 중요한 지표를 함께 본다.

여섯째, 사람들은 조직을 변화에 동원하기 힘들다고 믿는다. 많은 조직의 사람들이 개혁의 필요성은 알고 있다. 하지만 그 일이 워낙 엄청나서 시도조차 엄두를 내지 못한다. 디트리히 본회퍼가 열네 살 때 장차 사역자와 신학자가 될 뜻을 밝히자 그의 아버지와 형들은 난색을 표했다. 그처럼 똑똑한 사람이 "초라하고 나약하고 재미없고 시시한 부르주아 조직"에 인생을 허비할 수는 없다는 것이었다. 디트리히는 이렇게만 대답했다. "그렇다면 제가 그 조직을 개혁하면 되겠군요!"[8]

조직이 변하기를 바란다면

변화는 참된 리더를 가리는 리트머스 시험지다. 건강한 조직에서 리더를 구하는 광고를 내면 대개 지원자가 몰려든다. 하지만 진정한 리더는 조직을 꼭 필요한 변화로 이끌려는 의향과 열정이 있다. 조직이 장차 잘되려면 변화가 필요하다. 많은 사람들이 변화를 꺼려도 리더는 묵묵히 밀고 나가야 한다. 그래야 조직을 성공리에 미래로 이끌 수 있다. 조직의 변화를 이루려면 영적 리더들은 다음 일곱 가지를 실천해야 한다.

하나님의 인도를 구하라

사람들의 삶은 소중하다. 그들에게 쓸데없이 변화의 불편을 겪게 하는 것은 잘못이다. 어떤 리더들은 잘못된 이유에서 조직의 변화에 착수하려 한다. 새로 부임한 리더가 자신의 리더십을 정당화하려고 대대적인 변화를 꾀한다면 이는 동기가 잘못된 것이다. 또한 정서적 불안 때문에 전임자의 흔적을 완전히 지우려는 리더도 있다.

한 목사는 전임자가 남긴 유산에 괜히 위압감을 느꼈다. 이전의 사역자는 장기간 재임하며 교인들의 사랑을 받았다. 교회 로비에 걸린 전임자의 사진, 다른 베테랑 교역자들, 심지어 전임자가 고른 본당의 독특한 색깔까지도 이 신임 목사에게는 아직 자신에게 '실권'이 없다는 의미로 다가왔다. 그래서 그는 전임자의 흔적을 일부러 다 없애 버렸다. 그래도 문제가 풀리지 않자 그는 교회를 신축하여 이전하자고 했다. 교인들은 반발했다. 결국 그는 사랑받던 전임자의 망령에 시달리지 않아도 되는 다른 교회로 옮기는 수밖에 없다.

자신의 족적을 남기기 위해 조직을 확장하고 변화시키려는 것도 그와 똑같이 부당한 동기다. 리더가 자신의 명예나 이력이나 이득을 쌓고자 변화에 착수한다면 사람들은 변화하려는 시도를 수용하고 지지할 당위성을 느끼지 못한다.

참된 영적 리더들은 하나님의 계획에 따라 움직인다. 변화에 돌입하기 전에 하나님의 인도를 구한다. 그들은 아무리 의도가 선해도 하나님의 감화와 능력이 없다면 그분의 목적을 이룰 수 없음을 안다. 예수께서 권고하신 대로 리더들은 큰 사업에 착수하기 전에 대가를 따져 보아야 한다(눅 12:28-32 참조). 변화를 위한 변화는 경솔한 리더에게 재앙을 부를 수 있다.

리더는 조직에 수술을 단행하기 전에 변화의 필요성을 절실히 깨닫고 어떤 방향으로 변화를 이끌어 갈 것인지 확실한 목표를 세워야 한다. 변화에는 늘 대가가 따른다. 리더가 하나님의 감화와 인도도 없이 그냥 행동에 나서면 사람들의 희생이 허사가 된다.

조직의 문화를 파악하라

마이클 진킨스와 데보라 진킨스는 "리더십은 늘 특정한 시간과 공간, 즉 특정한 문화에 기반을 두고 있다"고 역설했다.[9] 더 직설적으로 그들은 "리더십은 개인의 이해관계가 충돌하는 교차점에서 발생한다"고 했다.[10]

변화를 시도할 때야말로 리더들이 조직의 문화에 민감해야 할 때다. 존 코터는 문화를 "일단의 사람들이 공유하는 가치관과 행동 규범"이라 정의했다.[11] 키스 맥팔랜드는 단체의 문화를 "회사의 성품"이자 "행동화된 가치관"이라 정의했다.[12] 단체의 문화는 '평소에 우리가 일하는 방식'으로서, 반드시 선하거나 온전하거나 효과적이거나 기독교적이지는 않다. 그냥 특정한 조직에서 사용하는 업무 방식일 뿐이다.

로버트 퀸은 "조직의 문화는 고안되는 게 아니라 자연스럽게 진화하는 경향이 있다"고 했다.[13] 문화에는 가치가 포함된다. 가치는 한 조직에서 중시하고 보상하는 것들이다. 문화에는 실세도 포함된다. 일을 처리하려면 실세의 결재가 꼭 필요하다. 문화에는 전통도 포함된다. 전통이란 여태까지 일해 온 방식에 대한 조직의 기억과 또한 조직의 영웅들을 말한다.

문화는 정관을 바꾼다고 해서 달라지는 게 아니다. 백년도 더 된 예배당에서 목사가 임의로 회중석을 없앨 수는 있지만, 그런다고 교회 운영 방식에 대한 사람들의 관점을 변화시킨 것은 아니다. 변화를 일으키려면 사람들의 사고와 가치관을 바꾸어 주어야 하는데 그것은 쉬운 일이 아니다.

어떤 CEO들은 늘 지뢰밭을 밟는 심정이다. 필요한 변화를 시도할 때마다 조직의 뿌리 깊은 문화와 충돌하기 때문이다. 어느 목사가 청빙 받은 남부의 한 교회는 전통과 유서가 깊은 곳이었다. 그가 듣기로 교인들은 젊은층 가정을 끌어들이기 원했고 지역사회를 더 잘 복음화하고 싶었다. 그래서 그는 교인들을 믿고 열심히 변화에 착수했다. 하지만 교인들은 본능적으로 저항하며 그의 노력을 막았다. 교회를 일정한 방식으로 유지한 지 워낙 오래되어 아무래도 사람들이 현 상태를 거스를 수 없었던 것이다. 그들은 진심으로 다른 결과를 원했지만 그것을 이루는 데 필요한 변화를 감수할 마음은 없었다.

요시야 왕의 이야기는 성경에서 문화 변혁을 시도한 대표적 사례다. 요시야의 아버지는 유다 왕국 역사상 가장 악한 왕이었다. 므낫세 왕은 우상을 숭배하는 주변 국가들에서 가장 패역하고 가증스러운 것들을 들여와 그것을 백성에게 강요했다. 바알의 제단들을 지었고 심령술과 복술과 요술을 조장했다. 이방 신들의 제단을 만들어 성전 안에 두기까지 했고, 자기에게 반대하는 사람들을 가차 없이 죽였다(왕하 21:1-18 참조).

비참하게도 므낫세의 재위 기간은 55년으로 어떤 왕보다도 길었다. 악한 왕이 반세기가 넘도록 사회를 최악의 구렁텅이에 빠뜨렸다. 그러다 아들 요시야가 여덟 살 나이에 왕위에 올랐다. 백성들은 이미 성경에 무지해졌고 성전은 너무 부정하고 더럽혀져 사용할 수 없었다. 요시야는 결국 대대적이고 광범위한 개혁을 단행했다. 우상에게 바친 제단들과 신전들을 헐었고 우상숭배와 악한 행위를 부추긴 사람들을 처형했다. 또한 백성들에게 회개하고 하나님께 돌아올 것을 촉구했다(왕하 22:1-25 참조).

요시야처럼 전심으로 하나님께 돌아온 왕은 일찍이 없었다(왕하 23:25

참조). 그런데도 하나님은 여전히 그 백성을 심판하셨다. 그분이 선언하셨듯이 사회가 너무 악해져 요시야처럼 절대 권력을 지닌 의로운 왕조차도 악한 문화를 개혁할 수 없었다(왕하 23:26-27 참조). 요시야는 나라에서 악을 없애려고 그토록 애를 썼지만 그런 용감한 노력에도 불구하고 그의 아들들과 손자까지도 오히려 악을 받아들였다(왕하 23:32, 37; 24:9 참조).

그것이 문화의 위력이다. 요시야는 반대 세력을 죽일 권세가 있었고 예레미야 같은 의로운 선지자의 응원도 받았다. 하지만 그런 왕도 자기 시대의 악한 문화를 고칠 수 없었다. 그만큼 조직의 문화를 가볍게 취급해서는 안 된다.

대개 사람들은 다른 조직으로 옮길 때 이전 조직의 문화적 기류를 가지고 온다. 그것이 새 조직을 풍요롭게 할 수도 있지만 부정적 영향을 미칠 수도 있다. 예를 들어 교회 개척자는 핵심 멤버들을 모아 새 교회를 세우고 독특한 방식으로 사역에 접근한다. 하지만 그중 일부는 어쩔 수 없이 본능적으로 이전의 사역 방식으로 돌아갈 수밖에 없다. "이전 교회에서는 늘 그렇게 했다"는 게 그들의 주문(呪文)이 된다.

이전 교회에서 부정적 경험이 있었던 사람들은 새 교회에 불신과 경계심을 가져올 수 있다. 반대로 이전 교회의 목사가 훌륭했다면 사람들은 새 목사에게도 비슷한 기대를 품을 것이다. 그러므로 새 조직의 리더들은 자신이 세우려는 문화에 초점을 맞출 뿐 아니라 사람들이 이전 조직에서 가져오는 문화에도 깨어 있어야 한다.

마이클 거버는 창업 회사들을 향해 가능하면 경력이 없는 사람들을 채용하라고까지 조언했다. 그러면 기업이 목표하는 가치관을 그들에게 처음부터 훈련할 수 있다. 이전에 일하던 회사의 가치관과 경영 방식으로 생

각이 어지럽혀 있어서는 안 된다.[14]

목적지를 명확히 제시하라

변화는 스트레스를 가져다주기 때문에 사람들은 변화가 왜 필요한지 명확히 이해해야 한다. 존 코터는 비전을 "미래상"으로 규정한 뒤 "사람들이 그 미래를 창출하려 애써야 하는 이유가 명시적으로든 암시적으로든 뒤따라야 한다"고 했다.[15]

영적 리더들은 비전을 스스로 지어내는 게 아니다. 그러나 일단 하나님이 비전을 계시해 주시면 그것을 명확하고 자신감 있고 설득력 있게 전달해야 한다. 하나님은 약속의 땅을 "젖과 꿀이 흐르는"(출 3:8) 곳이라 표현하셨다. 이 그림 같은 표현에는 기대를 부풀리는 진리들이 암시되어 있다. 흐른다는 말은 풍성하다는 뜻이다. 평화로이 풀을 뜯는 살진 소들이 땅에 가득하다는 뜻이다. 당시에 꿀은 진귀한 물건이었다. 역시 근근이 살아가는 삶이 아니라 풍성함을 상징한다. 이스라엘 백성이 통과 중이던 황량하고 건조한 사막과 하나님이 약속하신 땅이 그 이상 대조적일 수 없었다.

코터는 거기서 더 나아가 리더들이 비전을 5분 내에 효과적으로 제시할 수 있어야 한다고 했다.[16] 리더들은 조직의 비전을 60분씩 설명할 시간이 거의 없다. 따라서 요점을 간단명료하게 설명할 수 있어야 한다. 대니얼 골먼은 설득력 있는 이유만 내놓는다면 누구나 변화할 능력과 의향이 있다고 역설했다.[17]

리더가 청중을 잘 고려하면 비전을 간명하고 설득력 있는 그림 언어에 담을 수 있다. 사람들에게 구체적으로 가닿을 수 있도록 비전을 잘 간추려야 한다. 예컨대 하나님이 교회 지도자에게 교회가 변화되어 젊은이들을 제대로 섬겨야 한다는 부담을 주신다고 하자. 이때 목사가 교회의 '연령층을 확대하자'든지 '차세대를 품자'고 도전하면 장년층 교인들은 아무런 반응도 없을 수 있다.

하지만 목사가 장년층 교인들을 만나 그들의 손자손녀들이 본당에 즐거이 함께 앉은 그림을 제시해 주면 그들은 생각보다 훨씬 더 변화의 의지를 보일 수 있다. 현명한 리더들은 변화가 이루어진 뒤의 모습을 사람들에게 이해시킨다. 그러면 그 비전이 그들 개개인에게 매력 있게 느껴진다. 현 상태를 어서 벗어나고 싶어 조바심이 날 수도 있다.

긴박감을 심어 주라

변화에 대해 말하는 것을 곧 변화의 시행으로 착각하는 조직들이 많이 있다. 사실은 두려움과 안일이라는 막강한 세력이 조직을 속여, 행동은 간데 없이 끝없는 회의(會議)와 변론의 수렁에 빠뜨릴 수 있다. 그 결과 결정적 변화의 노력에 투입해야 할 소중한 시간과 에너지가 낭비된다.

한니발은 거대한 로마 군에 맞서고자 병력을 준비할 때 부하들을 이렇게 독려했다. "이제 더 이상 말은 필요 없고 행동만 남았소."[18] 마찬가지로 존 애덤스가 미국 국조들의 장황한 변론과 연설을 설명하자 아내 애비게일은 이렇게 재촉했다. "그럴듯한 말은 너무 많은데 그에 상응하는 행동은 너무 적습니다."[19]

사람들이 시간의 긴박성과 눈앞의 기회에 신속히 부응해야 할 필요성을 이해하지 못하면, 때로 엄청난 기회를 날려버릴 수 있다. '카르페 디엠'이라는 말처럼 바로 오늘을 붙잡아야 한다.

존 코터에 따르면 그동안 변화를 이루려는 사람들이 범한 가장 큰 오류는 단연 이것이다. 그들은 "충분히 많은 사람들에게 충분히 깊은 긴박감을 심어 주지 못했다. 새로운 방향으로 힘들게 도약하려면 그런 준비 과정이 필요하다."[20]

어느 조직에나 대체로 리더를 믿고 변화를 받아들이는 사람들이 있다. 심지어 행동의 필요성을 리더보다 먼저 보는 사람들도 있다. 반면에 조그만 변화라도 불편해하는 사람들이 있다. 그들은 자신이 희생해야 한다면 본능적으로 변화를 꺼린다. 절대적으로 필요해질 때까지 변화를 받아들이지 않는다. 그래서 코터의 말처럼 리더는 미지의 세계로 나아가는 것보다 현상 유지가 결국은 더 불편하다는 것을 사람들에게 깨우쳐 줘야 한다.[21]

리더는 자신의 눈에 뭔가가 보인다 해서 반드시 모든 사람에게도 훤히 보이는 것은 아님을 알아야 한다. 리더들은 남보다 유리한 위치에 있으며 일반인들이 모르는 자료를 접할 수 있다. 많은 경우에 리더십이란 다른 사람들이 보고 이해할 수 있도록 리더가 상황의 실태를 설명해 주는 일이다. 관리자가 하는 일은 고충을 덜어 주는 것이다. 작고 점진적인 변화를 통해 기존 절차가 계속 원활하게 돌아가게 하는 것이다. 하지만 지도자는 전체 그림을 보면서 한동안 불편할지라도 굵직한 변화에 착수한다. 그래야 조직이 앞으로도 계속 번창할 수 있다.

모세가 하나님의 인도로 이스라엘 백성에게 한 일이 바로 그것이다. 하나님과 함께 전진하려면 변화가 필요했으나 히브리인들은 그것을 싫어했다. 모세는 그들을 이끌어 현 상태의 고통을 충분히 경험하게 했다. 광야에서 40년 동안 방황하고 나니 다른 어느 것도 그 자리에 있는 것보다는 나아 보였다. 그전까지만 해도 이스라엘 백성은 이집트로 돌아가거나 광야에 눌러앉는 등 다른 대안이 있다고 생각했다.

하지만 세월이 가면서 약속의 땅에 들어가는 일이 얼마나 긴박한지 깨달았다. 여호수아가 물려받은 백성은 하나님이 무엇을 명하시든 즉각 순종해야 한다는 긴박감이 있었다. 그 결과 그들은 무적의 존재가 되었다.

지지자들을 확보하라

변화에 착수하는 것은 만만한 일이 아니므로 리더들은 대의를 함께 지지할 사람들을 확보해야 한다. 밀실에서 작당이나 뒷거래를 한다는 뜻이 아니다. 다만 리더는 사람들이 변화를 수용하는 정도와 고통을 감내하는 수준을 알아야 한다. 리더가 전반적 저항에 부딪칠 거라면 새로운 아이디어를 제시해 봐야 부질없는 짓이다. 마찬가지로 조직의 핵심 결정권자들이 변화에 반대한다면 리더는 먼저 그 사람들부터 끌어들이려 노력해야 한다. 나머지 모두의 마음을 얻는 일은 그 다음이다.

받아들일 준비도 되지 않은 사람들에게 열정만 가지고 변화를 강요하다가 졸지에 리더가 사임해야 하는 경우가 너무 많다. 리더가 자신의 가치관에 충실한 것은 물론 중요하다. 하지만 영적 리더의 가장 중요한 역할은 사람들을 지금의 자리에서 하나님이 원하시는 자리로 데려가는 것이다. 리더는 사람들이 자신에게 반항하거나 신임 투표를 유보하거나 자신을 해고하고 싶게 만들어서는 안 된다. 그런 궁지를 자초하는 리더는 조직에 무익하다. 스티븐 샘플은 이렇게 조언했다. "당신의 핵심 가치관을 밝히거나 광고하는 것은 괜찮다. 하지만 당신의 사지(死地)를 만방에 알리는 것은 조심해야 한다."[22] 마찬가지로 마이클 진킨스와 데보라 진킨스도 예리하게 지적했다. "순교자들은 감화력이 클지는 몰라도 장기적으로 조직을 이끄는 일에는 숙맥이다."[23]

어떤 리더들은 스스로를 달갑지 않은 메시지를 전해야 하는 예언자로 자처한다. 그래서 꼭 필요한 일을 선포하다가 박해받고 심지어 해고를 당하기도 한다. 이런 리더들은 인기 없는 메시지를 전하다가 연신 거부당하는 것이 자신의 소명이라는 착각 속에서 이 자리 저 자리를 전전한다. 아무리 숭고해 보일지라도 그것은 리더십이 아니다. 리더는 그저 나쁜 소식을 전한 뒤 이를 악물고 그 뒷감당을 해내는 사람이 아니다. 리더는 사람들을 이끌어 나가는 사람이다.

존 코터는 리더들이 "충분히 강력한 선두 동맹"을 만들어야 한다고 권고한다.[24] 핵심 리더들이 변화의 필요성을 확신하지 못한다면 일반 구성원들도 그것을 받아들이지 않을 것이다. 리더는 광야에서 외치는 고독한 소리가 되어서는 안 된다. 존경받는 동료들이 곁에서 리더의 행동 방침을 인정해 줄 때 리더의 신임은 더 두터워지는 법이다.

리더들이 그렇게 하는 이유는 과두정치를 펴거나 사람들을 조종하기 위해서가 아니라 더 많은 사람들에게 변화의 필요성을 확신시켜 그들의 참여를 확보하기 위해서다. 어쨌든 리더가 폭넓은 수용과 지지를 얻으려면 자신의 메시지를 리더팀에게만 아니라 전체 조직에까지 제시해야 한다. 미국 대통령을 지낸 마틴 밴 뷰런은 이렇게 말했다. "세상에 큰 변화를 이룬 사람들은 결코 참모의 마음을 얻어 성공한 게 아니라 늘 대중을 끌어들여 성공했다. 전자는 음모를 동원하여 부수적 결과만을 낳지만 후자는 여론에 호소하여 온 우주를 변화시킨다."[25]

에이브러햄 링컨과 프랭클린 루스벨트 같은 미국 대통령들이 훌륭한 지도자로 추앙받는 이유는 그들이 국민 대다수가 따를 수 없을 정도로 너무 앞서가지 않았기 때문이다. 링컨은 남북전쟁이 터지자마자 노예해방을 선언한 게 아니다. 전쟁 초기였다면 북부의 많은 사람들이 그 대의를 지지하지 않았을 것이다. 링컨은 여론이 수용할 준비가 될 때까지 기다렸다가 노예해방을 선언했다. 그의 전기 작가는 이렇게 썼다. "링컨은 민주주의 사회에서 리더의 가장 큰 도전이 여론을 형성하는 일임을 알고 있었다."[26]

링컨 자신도 "그러므로 여론을 형성하는 사람이 법령을 제정하거나 담화를 발표하는 사람보다 더 깊은 영향을 미친다"고 말했다.[27] 마찬가지로 프랭클린 루스벨트도 미국이 나치 독일에 맞서 전쟁에 합류해야 함을 알았지만, 또한 분리주의적 사고를 지닌 대중이 당장은 그것을 꺼린다는 사실도 인식하고 있었다. 준비되지도 않은 나라를 너무 성급히 몰아갔다면 루스벨트는 선거에 크게 패했을 것이고, 그 결과 일선에서 밀려나 더 이상 리더십을 발휘할 수 없었을 것이다.

루스벨트는 서서히 여론을 형성한 뒤, 깨어난 여론이 허락하는 만큼만 앞으로 나아갔다. 그의 전기 작가는 이렇게 썼다. "그는 절묘하고도 단호한 과정에 착수했다. 대외 정책에서 여론을 앞서가다가 조금 물러나 여론을 끌어당긴 뒤 다시 앞서가곤 했다."[28] 루스벨트 자신도 "지도자가 뒤를 돌아보았을 때 아무도 따르는 사람이 없다면 그것은 비참한 일이다"라고 말한 바 있다.[29] 현명한 리더는 전진할 때 반드시 사람들을 함께 데려간다.

리더의 실책을 보여 주는 전형적인 예가 있다. 모세는 중대한 변화에 착수하기 전에 미리 지지를 확보하지 못했다. 성경에 밝혀진 내용 이상으로 무리하게 추측해서는 안 되겠지만, 모세가 시도한 변화는 거기에 동조하지 않은 열 명의 영향력 있는 사람들 때문에 좌초한 것으로 보인다. 당시에 모세는 백성에게 안전지대를 떠나서 중무장한 강적에 맞설 것을 요구했다. 그들은 광야에서 행복하지 않았지만 그래도 전진의 대가가 너무 커 보였다. 그래서 모세는 열두 지파에서 각각 리더를 하나씩 뽑았다(민 13:2 참조). 이들은 이스라엘의 핵심 리더들이었다.

물론 우리가 잘 아는 이야기다. 모세는 다른 리더들과 동역하는 재주가 별로 없었다(출 18장 참조). 사실 모세는 열두 정탐 보고를 자신이 먼저 듣고 미리 문제를 처리했어야 했다. 그냥 모든 백성 앞에 보고하게 하는 게 아니었다. 핵심 리더들의 대다수가 준비되기도 전에 모세가 전진을 시도하는 바람에 계획이 무산되고 말았다.

아무리 재능이 뛰어난 리더도 다른 사람들의 도움과 협력이 없이는 조직을 이끌어 나갈 수 없다. 한니발은 훌륭한 장군이었지만 그도 당대 최고 수준의 기병대장인 마하르발의 도움을 받았다.[30] 엘리자베스 1세 여왕은 오랜 태평성대를 구가했지만 충직하고 기민한 윌리엄 세실 경이 40년 이상 여왕을 보좌했다. 엘리자베스는 그를 얼마나 의지했던지 그가 노년에 기력을 잃고 귀까지 먹었을 때도 은퇴를 허락하지 않았다.[31]

시저와 나폴레옹과 웰링턴과 말보로 같은 사령관들도 자신의 뜻대로 따라 준 부관들을 믿고 의지했다. 리더 주변에 변화를 지지하는 사람들이 있으면 그만큼 리더가 전체 구성원들의 신임을 얻기가 훨씬 쉽다. 그리하여 결국 목표를 달성하기도 훨씬 쉽다.

지원을 아끼지 말라

변화를 시행하려면 감동적 연설만이 아니라 훨씬 많은 것이 필요하다. 리더들은 필요한 자원을 공급하여 변화의 성취를 가능하게 해야 한다. 그 방법으로 다음 다섯 가지를 꼽을 수 있다.

첫째로, 변화의 노력을 계속 격려해 준다. 말과 관심, 또 함께 있어 줌으로써 그렇게 한다. 리더는 이번 일이 끝날 때까지 자신이 동행할 것을 사람들에게 분명히 알려 주어야 한다. 테리 피어스의 말마따나 "당신의 메시지에 필요한 것은 아이디어만이 아니라 당신의 삶이다."[32] 변화에는 값비싼 대가가 따른다. 그러므로 리더는 그 과정에 임하는 사람들을 항상 열정적이고 의지적으로 격려해 주어야 한다.

리더가 변화를 발표해 놓고 그 과정에서 멀찍이 떨어져 있으면 이는 다른 사람들 역시 전폭적으로 투자하지 않아도 된다는 묵인과 같다. 사람들을 결속시키는 연설만이 격려는 아니다. 진행 사항을 점검하고, 사기가 떨어질 때 북돋아 주고, 필요에 따라 무엇이든 조정하는 것도 다 격려에 해당한다.

둘째로, 변화를 뒷받침하는 이야기를 들려준다. 변화의 이유에 대한 이야기들과 변화를 낳는 사람들의 사례를 말해 준다. 변화가 다 이루어지면 조직이 어떤 모습이 될지도 이야기로 들려준다. 스티븐 데닝은 *The Secret Language of Leadership*(리더의 비밀 언어)에서 이야기야말로 조직의 변화에 막강한 추진력을 더해 줄 수 있다고 했다.[33] 그에 따르면 많은 사람들이 이야기로 생각하기 때문에 시청각 도구로 데이터를 잔뜩 제시하는 쪽보다 오히려 이야기가 변화의 필요성을 증명하는 데 더 효과적일 수 있다.

데닝은 또 이렇게 말했다. "내러티브로 생각하고 내러티브로 결정하는 사람들에게 추상적 표현으로 말하는 것은 두뇌 속의 둥그런 구멍에 분석적 사고라는 네모꼴 말뚝을 박는 것과 같다."[34]

예수께서 비유로 생각하신 것처럼 조직에 중대한 변화를 이루려는 사람들도 이야기로 생각해야 한다.

셋째로, 변화에 필요한 각종 자원을 공급한다. 조직의 노력이 인력이나 예산이나 관심이 부족해서 무산되는 경우가 많다. 리더가 일만 맡겨 놓고 필요한 자원을 공급하지 않으면 따르는 사람들의 사기가 떨어진다. 변화를 이끌도록 맡겼으면 리더는 반드시 그들에게 그 일을 완수하는 데 필요한 자금과 인력과 장비를 대 주어야 한다.

데닝의 말처럼 "리더들은 근본적 변화를 제안할 때 자신이 사람들에게 요구하는 것이 무엇인지 과소평가하는 경우가 많다."[35] 예리한 리더는 노력의 대가를 감안하고 충분한 자원을 배정하여 꼭 일이 이루어지게 한다.

넷째로, 반대하는 사람들에게 대처해야 한다. 변화의 유익에도 불구하고 무조건 안 된다고 우기는 사람들이 있는데, 존 코터는 그들을 "반골"이라 표현했다.[36] 이들은 단순한 회의론자가 아니다. 회의론자에게는 변화의 필요성을 설득하면 된다. 반골은 작심하고 변화에 반대하는 사람들, 새로운 방향이나 노력이라면 무조건 방해하는 사람들이다.

리더는 이렇게 고집스레 변화에 저항하는 사람들이 조직의 방향을 주도하도록 그냥 두어서는 안 된다. 이런 반대 세력에 맞닥뜨리면 리더는 더 폭넓은 합의에 도달할 때까지 노력을 미루고 싶어질 수 있다. 하지만 그거야말로 반대 세력이 원하는 일이다. 자기들이 주도권을 가로챌 수 있기 때문이다. 리더가 반대 세력에 대항할 마음이 없으면 일반 구성원들은 그것을 보고 이 변화가 중요하지 않다고 단정하게 된다. 그래서 그들도 더 이상 지지하지 않는다.

이와 관련하여 한 가지 중요한 것은 만장일치의 문제다. 전진하기 전에 리더팀으로부터 일률적 지지를 얻는 것은 늘 좋은 일이지만, 늘 가능한 일은 아니다. 어떤 리더들은 투표에서 만장일치의 찬성을 얻지 못했다는 이유로 꼭 필요한 변화를 연기하거나 포기한다. 물론 하나님은 리더팀의 마음을 변화시켜 연합을 이루어 주실 수 있다. 하지만 때로는 작심하고 무조건 변화에 저항하는 사람들도 있다. 만장일치를 중시하는 팀에 그런 사람들이 있으면 사실상 그들이 전체 과정을 지배하게 된다. 팀의 가장 영적이지 못한 사람에게 거부권을 주면 장기간 일이 늦춰지고, 심지어 좌절을 부를 수 있다.

개혁에는 반대가 따를 수밖에 없다. 그래서 리더는 지지자들을 보호하며, 반대자들이 조직의 방향을 주도하거나 진척을 막도록 그냥 두지 않는다. 대다수가 전진할 준비가 되어 있다면, 걸림돌을 극복하고 그들을 앞으로 이끄는 것이 리더의 책임이다.

존 코터는 비판 세력에 맞설 때일수록 단기적 승리들이 특히 중요하다고 했다.[37] 변화에 저항하는 사람들은 변화를 위해 치러야 할 대가와 부정적인 결과들을 부각시킨다. 그러므로 리더는 시행 중인 변화가 낳을 긍정적 결과를 수시로 알려야 한다. 리더는 추진력의 중요성을 알고 있으므로 변화 과정의 작은 성공들을 꾸준히 부각시켜야 한다.

다섯째로, 변화를 낳는 사람들에게 보상해 준다. 반대하는 사람들에게 대항하듯이 리더는 땀 흘리며 변화를 낳는 사람들에게는 보상해 준다. 변화에는 대가가 따른다. 그러므로 조직의 유익을 위해 희생하는 사람들은 마땅히 그 노력에 대해 주목과 칭찬과 보상을 받아야 한다. 리더가 변화를 이루는 사람들을 지원하지 않거나 심지어 자신이 비판당할 때 그들을 희생양으로 삼으면, 머잖아 그를 위해 희생하려는 사람이 아무도 없게 될 것이다.

끝까지 완수하라

니콜로 마키아벨리는 "대중은 본질상 변덕스럽다. 대중을 설득하기는 쉽지만 그 상태로 유지하기는 어렵다"고 빈정대듯 말했다.[38] 리더가 끝까지 완수하지 않아 요긴한 변화가 수포로 돌아간 예가 많이 있다. 코터의 말대로 "작은 승리를 축하하는 것은 좋지만 섣불리 승전가부터 부르면 파국을 맞을 수 있다."[39]

모세는 백성을 이끌어 이집트의 참담한 열 가지 재앙을 통과했고, 갈라진 홍해를 건넜고, 이집트 군대의 멸망을 보았고, 아말렉을 무찔렀고, 두려운 시내 산 정상에서 하나님의 율법을 받았다. 하지만 모세는 최종 목표를 완수하는 데까지는 이르지 못했다. 백성을 이끌고 약속의 땅에 들어가지 못한 것이다.

훌륭한 리더들은 단지 조직의 비전을 설정하거나 리더팀의 찬성표를 얻어 내거나 전체 구성원에게 대의를 호소하는 데서 그치지 않는다. 그들은 변화를 온전히 이루어 조직의 문화 속에 배어들 때까지 계속 밀고 나간다. 보시디와 차란은 조직이 성공하는 데 결여된 부분은 "실행"이라고 역설했다. 그들은 "자기 회사가 잘 돌아가고 있다고 스스로 속아 착각하는 리더들이 너무 많다"고 했다.[40] 현명한 리더는 목표한 변화가 조직 내에서 확실히 이루어질 때까지는 온전히 성공한 게 아님을 안다.

훌륭한 리더들은 하나님의 인도를 받아 조직을 더 좋게 만든다. 약한 단체를 강하게 만든다. 변화가 늘 쉽지만은 않다. 변화 때문에 많은 지도자들이 일자리를 잃었다. 하지만 지도자들은 급변하는 세상 속에 살고 있으므로 자신의 조직에 변화를 시행할 줄 알아야 한다. 선택의 여지가 없다. 변화하지 않으면 망한다. 리더들은 기도와 실력과 지혜와 기술로 변화의 주역이 되라.

영적 리더십 노트

1 당신이 그동안 조직에 도입한 변화의 노력은 하나님의 감화로 된 것인가? 그것을 보여 주는 증거는 무엇인가?

2 당신이 조직에 변화를 이루려 했던 마지막 두 가지 시도의 성과를 평가해 보라. 어떻게 되었는가? 성공이라 할 수 있는가? 어떻게 하면 더 잘할 수 있었겠는가?

3 사람들을 변화로 이끌 때 당신이 부딪치는 가장 큰 도전은 무엇인가? 이 도전을 극복하기 위해 당신이 취할 수 있는 조치는 무엇인가? 필요한 도움은 무엇인가?

4 당신은 변화의 과정 동안 사람들을 지도하는 일을 얼마나 잘하는가? 그 과정에 임하는 사람들을 어떻게 더 격려할 수 있겠는가?

5 하나님이 반대 세력을 통해 당신에게 말씀하시는지 알려면, 변화의 시도에 대한 저항을 잘 분석해 보아야 한다. 당신은 그 일을 어떻게 하고 있는가?

6 변화를 완전히 이룰 때까지 계속 밀고 나가는 부분에서 여태까지 당신의 이력은 어떤가? 개선할 점은 무엇인가?

11.
리더와
팀

**'사명 중심'으로
팀을 유지한다**

BULIDING
EFFECTIVE TEAMS

1860년에 미국은 노예 문제로 먹구름에 휩싸여 당장이라도 전쟁이 터질 것 같은 상황이었다. 신생 공화당은 무명의 에이브러햄 링컨을 당의 첫 대통령 후보로 선출했다. 링컨에게 패한 세 남자는 링컨보다 월등히 더 대통령 자격을 갖춘 인물들이었다. 뉴욕 주의 상원의원이자 뛰어난 웅변가인 윌리엄 H. 수어드는 공화당 실세였고, 새먼 P. 체이스는 오하이오 주지사로 영향력을 떨쳤고, 에드워드 베이츠는 미주리 주 출신의 유력한 정치가였다. 이 야심가들이 링컨의 내각을 구성하게 된다. 기디언 웰스와 몽고메리 블레어와 에드워드 스탠턴도 마찬가지였다.

도리스 컨스 굿윈은 이렇게 썼다. "이 행정부의 모든 각료는 지명도나 학력이나 정치 경력 면에서 링컨보다 뛰어났다. 스프링필드 시골 출신의 무명 변호사는 내각에 배치된 그들에게 가려질 수도 있었다."

그럼에도 미국 역사가 바닥으로 치닫던 동안 이 특이한 팀이 괴력을 발휘하여 공화당은 살아남았고 링컨은 미국 최초의 현대 대통령이라는 평판을 얻었다.

아무리 탁월한 리더도 다른 유능한 사람들의 수고를 떠나서는 비중 있는 일을 해낼 수 없다. 고독한 지도자라는 말은 그 자체로 모순이다. 역사의 가장 유명한 지도자들은 다른 사람들의 재능과 희생과 수고를 극대화하고 배가할 줄 알았다. 웰링턴 공작을 워털루에서 나폴레옹을 무찌른 일로 영원히 기억하겠지만, 그의 성공은 충직한 부관들의 엄청난 희생 덕분이었다. 워털루 전투가 끝나자 웰링턴은 불후의 승리에 도취되어 축제를 벌인 게 아니라 다시 돌아올 수 없는 많은 장교들을 위해 식탁을 베풀고 거기서 저녁을 먹었다. 몇 시간 후에 존 흄 박사가 들어와 이번 대접전 중에 부상했거나 사망한 장교들의 명단을 간략히 보고했다.

내가 들어가니 그는 앉은 자세를 똑바로 하며 내게 손을 내밀었다. 얼굴은 전날의 흙먼지와 땀으로 범벅되어 있었다. 난 그의 손을 맞잡고 고든의 전사(戰死)를 비롯하여 사상자 현황을 아는 대로 보고했다. 그는 크게 상심했다. 어느새 내 손에 그의 눈물이 뚝 떨어졌다. 얼굴을 보니 흙먼지를 덮어쓴 뺨의 주름 속으로 눈물 방울이 줄을 잇고 있었다. 그는 왼손으로 얼른 눈물을 훔친 뒤 감정에 겨워 떨리는 목소리로 말했다. "전쟁에 패하지 않은 것은 감사한 일이오만, 전쟁에 이기고 이렇게 많은 친구를 잃는 것보다 더 고통스러운 일은 필시 없을 것이오."[2]

웰링턴이 "패전 다음으로 가장 비참한 일은 승전이다"라고 결론지은 것은 아마 용감한 장교들을 잃은 고통 때문이었을 것이다.[3] 그는 국가 최고 훈장을 받고 결국 수상의 자리에 올랐지만, 자신의 영광과 명예가 영국 최고의 수많은 젊은이들의 목숨을 주고 산 것임을 늘 잊지 않았다.

마찬가지로 로버트 리도 용감하고 똑똑한 장군으로 알려져 있지만 스톤월 잭슨에게 크게 의지했다. 리의 혁혁한 승전들 가운데 일부는 잭슨의 공이 컸다. 리는 잭슨에 대해 이렇게 말했다. "이런 부관은 일찍이 세상에 없었다. … 내가 구상을 밝히기만 하면, 그는 불가능한 일만 아니면 다 해낸다. 굳이 감시할 필요도 없다. 나침반의 바늘이 정북을 가리키듯이 그도 정확히 내 뜻을 시행한다."[4]

잭슨이 부상으로 왼팔을 잃었다는 말을 듣고 리는 "그는 왼팔을 잃었지만 난 오른팔을 잃었다"고 말하며 아파했다.[5] 리는 잭슨이 계속 곁에 있어 진격을 이끌 수 있었다면 결정적인 게티즈버그 전투도 이길 수 있었다고 늘 힘주어 말했다.[6] 역사의 가장 훌륭한 리더들은 자신이 다른 사람들에게 의존하고 있음을 인정했다.

리더팀은 리더 자신의 반사체다. 정예 리더팀을 만드는 리더들은 다음 여섯 가지 일을 한다.

역동적 문화를 개발한다

알렉산더나 시저나 패튼 같은 장군 밑에서 승전한 군대의 단결심을 공부하거나 스탠더드오일이나 마이크로소프트처럼 전성기에 대성공을 이룬 회사들의 기업 문화를 분석해 보면 공통점이 있다. 활력과 자신감과 창의력 면에서 단연 적군 내지 경쟁 회사를 앞질렀다는 것이다. 이렇게 재기와 신바람이 넘치는 단체 정신은 여러 가지 원인에서 비롯된다. 하지만 일단 그것이 존재하면 팀은 최상의 일을 해낸다.

열심히 일하며 문제를 해결하는 역동적이고 창의적인 팀을 만들려면 우선 제대로 된 사람들을 채용해야 한다. 리먼과 펜택은 "당신의 사람들이야말로 당신의 경쟁력을 높여 주는 가장 큰 강점이다"라고 했다.[7] 짐 콜린스는 "'사람들이 당신의 가장 중요한 자산이다'라는 옛말은 틀렸다. 가장 중요한 자산은 사람들이 아니라 제대로 된 사람들이다"라고 토를 달았다.[8]

탁월한 팀을 만들려면 리더들은 의지적으로 자기 조직에 최고의 사람들을 채용하거나 발굴해야 한다. 에드워드 롤러 3세는 "최고의 직원들을 영입하거나 잡아 두지 못하는" 경영자들을 회사가 해고해야 된다고 역설했다.[9] 케빈 맥팔랜드에 따르면 성공한 회사들은 "됨됨이를 보고 채용했고 재능은 차차 훈련시켰다."[10] 그는 또 성공한 창업 회사들이 예비 직원을 면접할 때는 면접관들이 지원자의 성품에 집중했다고 지적했다.

면접관들은 "지원자의 세계관에서 그의 성품을 볼 수 있다"고 가정했다.[11] 맥팔랜드는 "약진하는 회사들은 일단 성품이 좋은 사람들을 채용하려 힘쓴다. 그러면 업무 실적은 저절로 해결되는 경향이 있다"고 결론지었다.[12] 예비 직원을 면접하는 열쇠는 앞으로 무엇을 하겠느냐는 질문이 아니라 지금까지 무엇을 했느냐는 질문이다. 가상적 상황에서 무엇을 할 것인지는 누구나 말할 수 있다. 하지만 미래의 행동을 예측하는 가장 확실한 방법은 이전의 상황들 속에서 지원자가 어떻게 했는지 알아보는 것이다.

마찬가지로 직원을 모집하는 사람들은 지원자의 정직성을 파악해야 한다. 그것을 파악하는 한 가지 방법은 후보자에게 실패의 경험과 그때 자신이 보였던 반응을 물어보는 것이다. 지원자가 과거에 실패한 경험이 없다고 한다면 정직하지 않은 것이다. 면접을 받는 사람은 실수를 나눔으로써 정직성과 겸손을 함께 내보인다. 둘 다 신입사원의 중요한 성품이다. 세스 고딘은 "놀라운 사람들을 채용하여 재량을 부여하면 그들이 놀라운 일을 해낸다"고 결론지었다.[13]

도전적 사명을 수행하려면 팀을 엄선해야 한다. 레위기에 보면 하나님은 자신을 섬길 일꾼들을 찾으실 때 높은 기준을 적용하셨다. 미디안으로부터 이스라엘을 구원하실 때도 그분은 많은 인원수에 의지하신 게 아니라 팀을 엄선하셨다(삿 7장 참조). 다윗은 위대한 군 지도자였지만 실전에서

검증된 일단의 용사들이 무적 군대의 핵심을 이루었다(삼하 23:8-39 참조). 초
대 교회에서는 감독과 집사 등 리더들을 엄격한 기준에 맞춰 선출했다(딤전
3:1-13 참조). 예수님도 열두 제자를 뽑으실 때 밤새도록 기도하신 후에 아버
지께서 주시는 사람들을 택하셨다(눅 6:12; 요 17:6 참조). 제자들은 평범한 직
업에 종사하던 사람들이었으나 성품 때문에 비범한 사도들로 빚어질 수 있
었다.

많은 조직들이 채용할 때 주의를 기울이지 않는 과실을 범한다. 무조
건 최선의 지원자를 뽑는 게 늘 지혜로운 일은 아니다. 적임자를 발굴할 때
까지 충원을 미루는 편이 더 현명할 수 있다. 많은 리더들이 뒤늦게 깨닫고
후회했듯이 성급하게 엉뚱한 사람을 채용하느니 차라리 공석을 견디는 편
이 더 낫다. 짐 콜린스는 조직들에게 기업 문화를 모르거나 거부하는 외부
인을 채용하지 말라고 조언한다.[14] "사람이 첫째고, 업무는 다음이다"가 콜
린스의 지론이다.[15]

탁월한 조직을 짓는 벽돌은 탁월한 인력이다. 그런 인력을 영입하려
면 리더의 감화력이 탁월해야 한다. 호레이스 월폴은 윌리엄 피트 1세 경
에게 "장관이 훌륭한 행동을 이끌어내려면 자신부터 훌륭한 장관이 되어야
한다"고 말했다.[16]

일부 조직들이 출중한 인재를 영입하지 못하는 이유는 리더가 출중
하지 못해서다. 고딘은 "미래의 조직들은 똑똑하고 신속하고 유연한 사명
의 사람들로 가득 찰 것이다. 문제는 그러려면 리더가 필요하다는 것이다"
라고 지적했다.[17] 대체로 실력자들은 어차피 갈 곳이 많다. 연봉과 수당은
어느 조직으로 갈 것인지를 선택하는 데 단지 하나의 요인일 뿐이다. 사람
들은 뭔가 가치 있는 일에 삶을 바치기 원한다. 쿠제스와 포스너의 말처럼

"사람들은 업무에 헌신하지 않고 대의에 헌신한다. 소중한 가치들이 헌신의 불을 지핀다."[18] 리더의 목적과 경영이 평범하면 그를 따르는 사람들도 평범할 수밖에 없다.

리더들은 필요하다면 어떤 대가를 무릅쓰고라도 팀에 최고의 사람들을 영입해야 한다. 공격적인 연봉이나 작업 환경을 제시해야 할 수도 있다. 투자할 가치가 있는 대의는 물론이고, 그들에게 도전과 보람이 될 만한 일을 주어야 한다. 아울러 리더들은 자신의 편견이나 선입관에서 벗어나 참신하고 창의적인 방법으로 인력을 모집해야 할 수도 있다.

존 록펠러는 자신의 성공 비결을 "다른 사람들을 신임하는 마음과 날 신임하게 만드는 능력"에 돌렸다.[19] 한번은 록펠러의 스탠더드오일이 법정에서 패소한 적이 있다. 록펠러는 즉시 상대측 변호사에게 연락해 이렇게 말했다. "클라인 씨 … 우리에게 멋있게 한 방 먹였소. 이제부터 우리 회사에 와서 일해 주시오."[20]

마찬가지로 에이브러햄 링컨도 이전의 정적들과 비판자들이 해당 업무에 최고 적임자라고 판단되면 그들을 영입했다. 그 결과 이 리더들은 무적의 팀이 되었다. 최고의 리더들은 늘 팀에 합류시킬 출중한 인재를 찾는다.

다양성을 극대화한다

리더가 자신과 똑같이 보고 똑같이 행동하는 사람들만 고용한다면 그것은 지혜롭지 못한 일이다. 복잡하고 다양한 세상에서 성공하려면 팀 안에 아주 다양한 관점과 재능이 공존해야 한다. 쿠제스와 포스너가 인용한 연구에 보면, 문제를 해결할 때 동질적 집단이 이질적 집단보다 잘못된 결론에 도달할 가능성이 높다. 하지만 그런 오류에도 불구하고 동질적 집단은 자신들의 결론에 더 자신감을 갖는 경향이 있다.[21] 현실을 똑같은 관점에서 보는 그룹은 다양성을 갖춘 그룹보다 당연히 훨씬 빨리 합의에 도달한다.

하지만 만장일치나 합의 도달이 반드시 팀의 가장 중요한 목표는 아니다. 중요한 것은 최선의 해결책을 찾아내는 일이다. 그러려면 충분한 토의와 때로는 논쟁도 필요하다. 그것이 가능하려면 리더가 의도적으로 다양한 사람들을 영입하여 함께 일해야 한다. 기독교 단체들은 종종 연합을 최고의 덕목으로 착각한다. 하지만 그것 때문에 사람들이 차마 의문을 제기하지 못하거나 검증되지 않은 가정을 따져 보지 못한다면, 그 모임은 연합을 유지하다 결국 망할 수 있다.

'주의 일'을 하면서 아무도 불화하거나 부정적인 인상을 주지 않으려는 바람에 엄청난 오류를 저지른 기독교 사역단체들이 많이 있다. 연합이 가장 극명하게 드러나는 때는 다양한 사람들이 정직하고 용감하게 각자의 의문점을 표출하면서도 동료 팀원들과 조직의 목표에 계속 헌신할 때다.

역사적으로 훌륭한 팀들에는 개성이 강한 사람들이 고루 포진해 있었다. 예수님의 열두 제자를 생각해 보라. 외향적인 베드로는 늘 불쑥 말부터 내뱉은 반면 젊고 자상한 요한은 거기에 균형을 잡아 주었다(요 13:24 참조). 비관적인 도마(요 11:16; 20:24-28 참조), 붙임성이 좋은 안드레(요 6:8-9; 12:20-22 참조), 멸시받던 세리 출신의 마태(막 2:13-17 참조)도 그 그룹에 속해 있었다. 열심당원 시몬은 반체제적인 반면 나다나엘은 정직하다는 평을 들었다(요 1:47 참조). 하나님이 잡동사니 팀을 택하여 시작하신 운동이 지금까지 2천 년이 넘도록 계속되고 있다.

성분이 다양한 팀을 이끌려면 최고의 친화력을 지닌 강력한 리더가 필요하다. 말보로 공작은 10년 동안 외국 땅에서 세계 최강의 세력에 맞서 다국적 동맹군을 이끌었으나 용케 그들을 무적의 병력으로 융합시켰다. 말보로의 성공은 다분히 사람들과 더불어 일하는 능력에서 비롯되었다. 그는 "부탁을 거절할 때도 부탁을 들어주는 사람보다 더 은혜가 넘쳤다"고 한다.[22]

리더가 팀을 만들 때는 적어도 세 부분에서 팀원들의 다양성이 나타나야 한다.

관점의 다양성

승리하는 팀은 의도적으로 성별, 성격, 민족, 학력 등이 다양한 사람들을 모은다. 그러니 자연히 관점이 다양해질 수밖에 없다. 모교에서 자신의 복제품 같은 사람들만 채용하거나 모두의 사고를 획일적으로 만들어 버리면 불화와 갈등은 피할 수 있을지 모른다. 하지만 로널드 하이페츠의 말대로 "관점의 충돌이 없는 사회는 문제 환경을 검토할 때 제한된 부분밖에 볼 수 없다. 따라서 맹점에 휘둘릴 수밖에 없다."[23] 오늘의 조직들은 맹점을 허용할 여유가 없다.

나(리처드)는 신학교 총장으로 있을 때 중요한 교훈을 배웠다. 교수회의 때마다 새로운 제안에 선뜻 찬성하지 않는 교수가 있었다. 많은 변화가 필요한 때였으므로 다른 교수들에게는 그것이 답답하게 느껴질 수 있었다. 그 교수는 학생들과 교직원들과 후원자들이 혁신을 어떻게 생각할지에 대해 계속 의문을 제기했는데, 그것이 다른 교수들에게는 불필요한 기우처럼 보였다.

그러던 중 성격검사를 통해 그 한 교수만 빼고 나머지는 모두 업무 중심의 인지적 성격임이 밝혀졌다. 신중한 그 교수만은 사람 중심의 정서적 성격이었다. 그뿐 아니라 대부분의 교수들이 같은 학교에서 박사학위를 받았다. 물론 그 한 교수는 다른 데서 공부했다. 교수진은 너무 동질성이 강했다. 모든 교수들이 똑똑하여 비판적 사고에 능했다. 하지만 서로 비슷한 관점 때문에 그들은 위험하게 외부와 단절되어 있었다. 유독 그 한 교수만 팀과 '안 맞는' 것처럼 보였지만, 오히려 그런 그가 성취 중심적 사람들 일색인 곳에서 아주 요긴한 견제의 목소리가 되어 주었다.

패트릭 렌시오니는 리더 회의가 매번 토론은 별로 없이 만장일치로 진행된다면 그 회의는 건강하지 못하다고 말했다. 《회의가 살아야 회사가 산다》(*Death by meeting : a leadership fable about solving the most painful*, 황금가지 역간)와 《탁월한 조직이 빠지기 쉬운 5가지 함정 탈출법》(*Overcoming the five dysfunctions of a team*, 다산북스 역간)에서 그는 사안마다 열띤 토론을 벌일 것을 권장한다. 리더팀에서 모든 대안과 잠재적 문제를 파헤치고 다루어야 한다는 것이다. 이전에 함께 성공을 경험했던 그룹에게는 이런 역동이 특히 어려울 수 있다.

데이비드 도드리치와 피터 카이로는 이렇게 경고했다. "오늘의 리더들은 문제와 기회를 참신한 관점으로 보도록 자신을 훈련해야 한다. 이것은 어려운 일이다. 인간은 비슷한 상황에서 이미 통했던 방법을 되풀이하려는 본능이 있기 때문이다. 과거에 성공한 방법이나 현재의 자기 입장을 두고 다른 대안을 생각한다는 것은 도전이다."[24] 리더는 갖가지 참신한 시각을 갖춘 다양성 있는 팀을 만들어야 한다. 그래야 이전에 성공했던 전통적 패러다임에 갇히지 않을 수 있다.

친화력이 좋은 리더는 왕성한 토론을 장려하고 부추기면서도 토론 중에 통제력을 잃거나 막말을 묵과하지 않는다. 보시디와 차란은 이렇게 말했다. "진정한 리더만이 누구나 답해야 할 까다로운 질문을 던질 수 있고, 정보의 토의를 통해 올바른 협상에 이르는 과정을 지휘할 수 있다. … 진정한 리더만이 조직에 대화의 기류를 조성할 수 있다. 대화는 문화의 핵심이자 업무의 기본 단위다. 조직이 얼마나 잘 돌아갈지는 사람들이 서로 어떻게 대화하느냐에 전적으로 달려 있다."[25]

효율적인 팀을 원하는 리더는 회의 중에 발언을 독점하지 않는다. 오히려 생생하고 광범위한 열띤 토론을 장려하여 폭넓은 대안과 숨어 있는 함정을 찾아낸다. 그리하여 당면한 도전에 대한 최선의 대응책을 도출해낸다. 제한된 시야를 가진 리더보다 전체를 넓게 보는 리더가 항상 더 유리하다.

재능의 다양성

팀이란 일을 해내려고 존재한다. 팻 맥밀런의 결론처럼 "일이 없으면 팀도 없다."[26] 한 분야에 고도로 집중된 일이라면 몇 가지 재능만 있어도 되겠지만, 일반적으로 효율적인 팀은 다양한 실력을 갖추고 있어야 한다. 예리한 리더는 팀원들의 재능과 기술을 온전히 개발하고 활용한다. 팀원들에게 조직의 유익을 위해 자기만의 재능을 발휘할 기회를 주지 않는다면, 아무리 고도로 숙련된 사람들의 팀도 자원 낭비에 지나지 않는다. 그런 맥락에서 리더가 알아야 할 것이 있다. 어느 한 환경에서 고전하는 팀원도 다른 환경에서는 빛을 발할 수 있다는 것이다.

영국의 윌리엄 피트 1세는 7년 전쟁 동안 전시의 장관으로 봉직하며 전국적 지도자로 두각을 드러냈다. 하지만 나중에 수상직에 올랐을 때는 "전시의 위대한 장관이 평시에는 형편없는 수상으로 금세 판명 났다."[27] 피트의 과단성은 위기 시에는 꼭 필요한 것이었지만 오히려 그 성격 때문에 한 비평가는 그를 "원칙적으로는 자유의 동지지만 기질상으로는 폭군"이라 평했다.[28]

피트는 무대 중심에 서기를 좋아했고 매사에 자신의 뜻을 관철시켜야 직성이 풀렸다. 다른 사람들의 반대 의견을 들을 줄 몰랐다. 그의 전기 작가는 이런 결론을 내렸다. "피트의 공적 이미지가 그렇다 보니 그의 주변에는 건설적 성취에 도움이 될 동료나 동지보다는 벡포드처럼 고분고분 찬동하는 부류만 모여들었다."[29] 사실 피트는 "사람들의 재능을 이끌어 내 그 유익을 누리는 데 전혀 무능했다."[30] 그의 성공은 자신의 재주와 에너지에서 온 것이지 동료들의 재능과 실력을 모아 이룬 결과가 아니다.

마찬가지로 올리버 크롬웰도 청교도 부대를 이끌고 싸움터에 있을 때는 무적의 존재였다. 하지만 그의 전기 작가는 다른 면도 지적했다.

올리버 크롬웰은 정치가로서는 비참했다. 그는 타고난 성격과 과단성과 순발력으로 전쟁 중에 부상한 인물이다. 그런 자질과 능력으로 위기 상황에서 적을 섬멸할 수 있었다. 하지만 오리무중 속 같은 정치판에서는 그것이 통하지 않는다. … 문제는 그런 뛰어난 적응력이 점차 매력을 잃었을 뿐 아니라 장기적으로 효율마저 떨어졌다는 것이다. 평시에 승리를 얻으려면 밀턴의 상관인 그에게 필요했던 것은 인내심, 운영의 묘, 자제력, 치밀함이었다.[31]

조지 패튼 장군도 전쟁터만 벗어나면 늘 말썽을 일으켰다. 노르망디 침공이 있기 전에 아이젠하워 장군은 실책만 연발하는 패튼을 강등시켜야 한다는 중압감을 느꼈다. 하지만 그도 전쟁터에서만은 패튼의 실력이 필요함을 인정했다. 그래서 징벌을 받은 이 지휘관에게 마지막 기사회생의 기회를 주면서 이렇게 말했다. "자네는 우리에게 승리를 안겨 줄 빚을 졌네. … 그 빚을 갚게. 그러면 세상이 날 현명한 사람으로 보아 줄 걸세."[32]

과연 패튼은 특유의 공격적 재능으로 아이젠하워에게 승리를 안겨 주었고, 아이젠하워는 결국 미국 대통령으로 도약했다. 리더는 사람들의 재능과 기술을 파악하여 최대한 적재적소에 선용할 줄 알아야 한다.

지식의 다양성

지식은 팀을 뽑을 때 아주 중요한 요소다. 리더는 자신에게 없는 전문 지식을 갖춘 사람들을 선발해야 한다. 팀원들이 리더에게 리더가 이미 알고 있는 내용밖에 말해 주지 못한다면 그런 팀원들은 있으나 마나다. 현대의 리더는 자기 분야에 정통한 직원들을 거느려야 한다. 박식한 직원들을 끌어들여 그들에게 마음껏 실력을 발휘할 기회를 주어야 한다. 그것을 하나의 문화로 만들어야 한다.

리더는 또한 주변에 배치한 전문가들의 조언에 기꺼이 귀를 기울여야 한다. 줄리어스 시저가 암살당한 격동의 난세에 마크 안토니, 브루투스, 키케로, 카시우스 같은 똑똑한 권력자들이 모두 제국의 권좌를 노리고 있었다. 시저가 후계자로 지명한 옥타비아누스는 십대의 나이에 군 경험이나 정치 권력이 없었고 정치적 음모도 거의 몰랐다. 그 역시 로마의 또 하나의 정치적 사상사가 될 것이 뻔해 보였다. 하지만 그의 전기 작가의 말대로

"그에게는 가장 본질적인 정치 실력이 있었으니 곧 좋은 조언을 듣는 능력이었다."[33] 결국 옥타비아누스는 그 자질 덕분에 노련한 라이벌들을 제치고 로마의 초대 황제가 되었다.

자기 사람들을 사랑한다

세스 고딘의 말대로 사람들은 일하는 게 즐거울 때 더 좋은 성과를 낸다.[34] 그럴 때 그들은 자신의 희망과 꿈과 자존감과 실력을 리더의 손에 맡긴다. 무시당하거나 이용당하는 직원들은 결코 창의적 돌파구를 열지 못한다. 그런 돌파구는 배려와 자극과 지원이 있는 환경에서만 가능하다. 맥스 드프리는 조직보다 공동체가 훨씬 생산성이 높다고 했다.[35] 리더는 공동체 의식을 장려할 책임이 있다. 그러기 위해 보시디와 차란은 리더가 자기 시간의 최소한 40퍼센트를 자신의 사람들과 함께 보내야 한다고 말했다.[36]

짐 콜린스가 탁월한 회사들을 연구한 결과, 최고의 회사에서 일하는 사람들은 평생의 우정을 맺고 유지하는 경향이 있었다.[37] 일의 목표가 보람되고 지도자의 관심이 느껴지면 동료 직원들 사이에 유대감이 형성된다. 지도자의 관심에는 진정성이 있어야 한다. 천편일률적인 크리스마스카드나 사내용 메모지 정도로는 지도자의 진정한 관심을 대신할 수 없다.

넬슨 장군은 나일 강 전투 중에 유산탄에 맞아 쓰러졌다. 부하들이 그를 치료하려고 아래층 갑판으로 옮기자 그는 손짓으로 의사를 물리치며 말했다. "내 용감한 동지들과 함께 내 차례를 기다리겠소."[38] 부하들을 향한 넬슨의 진정한 배려와 겸손은 그들 사이에 전설이 되었고, 거기에 감복한 그들은 그를 위해 초인적 위업을 달성했다.

1915년에 인듀어런스 호라는 배가 남극 해안의 빙원에 갇혀 침몰했다. 선장 어니스트 셰클턴과 일행은 빙산뿐인 바다에서 9개월을 버텼다. 결국 셰클턴은 두 사람을 데리고 작은 보트를 저어 죽음의 악천후를 뚫고 1,100킬로미터를 가서 도움을 구했다. 승무원 전원을 무사히 귀국시킨 역사상 가장 위대한 구조 작업의 하나였다. 그의 전기 작가는 이렇게 썼다. "셰클턴이 그들을 모두 구하리라는 것을 아무도 의심하지 않았다. 그 책임감이 그를 성공으로 이끌었다. 자신이 사람들에게 꼭 필요한 존재라는 인식 때문에 살아남은 셈이다."[39]

위대한 지도자들은 어떤 수고도 마다하지 않고 자기 사람들을 보호한다. 예수님은 삯꾼과 도둑과 선한 목자의 차이를 설명하셨다. 그분의 말씀대로 삯꾼은 조금만 힘든 일이 생겨도 자신에게 맡겨진 양을 버린다(요 10:12-13 참조). 도둑은 양의 곁에 남아 있지만 순전히 양을 희생시켜 개인적인 이득을 챙기기 위해서다(요 10:10 참조). 반면에 선한 목자는 양들을 위하여 목숨을 버린다(요 10:11 참조). 훌륭한 리더는 함께 일하는 사람들에게 신뢰와 배려의 환경을 조성해 준다.

초점을 유지한다

사명이 명확하고 일의 초점이 잡혀 있을 때 팀은 최고의 기량을 발휘한다. 팻 맥밀런은 "팀이 성공하기 위해서는 반드시 설득력 있는 공동의 목적이 필요하다. 팀원마다 그 목적에 맞추어져 있으면 팀이 위력을 발휘한다"고 역설했다.[40] 목표를 놓치는 팀은 고전한다. 팀을 사명 중심으로 유지하는 것이 리더의 책임이다.

팀은 여러 좋은 일에 너무 몰두한 나머지 정작 본질적인 일에는 시간을 충분히 쏟지 못할 수 있다. 아무리 역동적으로 출발한 조직도 쉽게 관료주의에 빠질 수 있다. 그러면 근본 목표의 달성보다 온갖 정책과 절차와 회의가 모두의 일을 지배하게 된다. 사람은 누구나 자신의 일이 중요하며 조직의 성공에 꼭 필요하다고 믿기 원한다.

하지만 실제로 관료주의는 대부분의 사람들에게 잡무나 주변적인 일을 시키고 소수의 사람들에게만 핵심 사명이나 중요한 일을 맡긴다. 세스 고딘은 "자신의 일을 변호하며 시간을 다 보내는 사람들이 많다"고 지적했다.[41] 리더나 간부의 스케줄이 바쁘다고 해서 조직에 꼭 필요한 일을 하고 있는 것은 아니다. 조직의 올바른 우선순위에 대한 생각은 팀원마다 다르다. 하지만 효율적인 팀은 끝까지 사명에서 이탈하지 않고 철저히 우선순위를 사수한다. 리더는 팀의 초점을 유지하면서 수시로 목표를 말해 주어야 한다.

내부의 과도한 충돌은 리더에게 팀이 초점을 잃었음을 알리는 경고등이다. 활발한 토론은 건강한 것이다. 하지만 끝없는 말싸움과 인신공격과 방해는 팀을 무력하게 만든다.

1957년에 존 디펜베이커는 22년 만에 처음으로 캐나다 보수당으로 정권을 교체했다. 이듬해의 선거에서 그는 수상으로 재선되었고 보수당은 208석을 얻어 49석의 자유당을 초토화시켰다.[42] 캐나다 선거 역사상 가장 큰 승리였다.

이제 디펜베이커는 자신이 시끄럽게 요구했던 많은 변화를 수행할 명백한 사명이 있었다. 캐나다의 선거인단은 그를 신질서를 이루어 낼 전사로 보았다. 하지만 디펜베이커는 권력을 잡는 데는 능했지만 권력을 행사할 줄은 몰랐다. 과단성이 부족한 그는 내각의 장관들의 믿음을 저버린 채 공약을 철회하곤 했다. 자신의 내각조차 다스릴 줄 모르는 그에게 장관들은 결국 반기를 들었다. 그는 1963년의 선거에 패했는데 그전의 10개월 동안 17명의 장관들이 그의 내각을 떠났다.[43] 디펜베이커는 평소 국회에서 보여 주던 열정적 연설과 토론에도 불구하고 1963년에 쓸쓸히 권좌에서 물러났다. 말만 거창하고 행동이 따르지 않는 그에게 대중이 넌더리를 냈던 것이다.

문제는 유능한 인력이 없어서가 아니었다. 디펜베이커의 동료들은 똑똑한 실력자들이었다. 보수당이 몰락한 것은 리더가 팀의 초점을 유지하여 한 방향으로 전진하게 하는 능력이 없었기 때문이다.

팀이 초점을 잃었음을 알리는 세 번째 증상은 팀원들이 조직의 목표 달성보다 자신의 지위와 보수와 특전에 집착하는 것이다. 높은 자리에 오르고 싶은 마음은 새삼스러운 게 아니다. 요한과 야고보는 예수님의 나라에서 가장 탐나는 두 자리를 구했다(막 10:35-45 참조). 승진하고 싶고 높은 연봉에 끌리는 것은 누구나 당연한 일이다. 하지만 조직의 실적이 계속 부진한데도 거기에는 별로 관심이 없고 거창한 직함과 큰 사무실과 직책 수당에 마음이 팔려 있다면, 사람들이 일의 목적을 잃어버린 것이다.

건강한 소통을 장려한다

한때 활발하고 융통성 있던 많은 운동들이 결국 제도화되고 관료화되어 뒷전으로 밀려났다. 처음에 아무리 평등하게 시작했더라도 모든 조직에는 결국 위계가 생겨난다. 과거에는 위계가 필요했다. CEO들이 수많은 직원들을 직접 상대할 수 없었기 때문이다. 바쁜 리더들은 그저 수치적인 보고만 직접 받았고, 전체 구성원에게 정보를 하달하는 것은 간부들의 책임이었다.

이런 방식은 수많은 문제를 일으켰다. 우선 쿠제스와 포스너의 지적대로 "서열이 높아질수록 리더는 피드백을 구하는 경우가 드물다. 리더는 부하들이 어떻게 하고 있는지는 알려 하면서 자신의 업무 능력에 대한 피드백은 거의 구하지 않는다."[44] 위계가 가파르고 복잡할수록 리더에게 상달되는 피드백은 그만큼 더 희석된다.

마찬가지로 정보가 위에서 아래로 내려올 때도 층층이 관료적 절차를 거치는 사이에 중요한 부분을 일부러 빼놓는 경우가 많다. 중간 관리자들은 아랫사람들에게 많은 정보가 필요 없다고 생각할 수도 있고, 일부 사실을 감추어 둠으로써 자신의 유리한 입장을 지키고 싶을 수도 있다. 워렌 베니스는 "신뢰가 손이라면 위계는 의수(義手)다"라고 표현했다.[45]

정보는 곧 힘이다. 활용할 수 있는 정보가 많을수록 당신의 조직은 그만큼 힘이 강해진다. 현대의 조직을 움직이는 것은 정보다. 하지만 임원들의 위계와 층별 사무실은 조직의 에너지를 소진시키는 경향이 있다.

정말 팀원들에게 정보를 실시간에 제공하고 싶다면, 현대 리더들은 주로 세 가지 도구를 활용할 수 있다. 바로 첨단 기술과 건물 구조와 회의다.

첨단 기술

요즘은 직원들이 전 세계에 흩어져 있어도 인터넷 덕분에 어디서나 정보를 접할 수 있다. 외국 대리점도 회사 전산망을 통해 본사로부터 관련 정보를 즉각 입수할 수 있다. 수많은 통신기기가 있어 지구상 곳곳의 사람들 간에 전략 회의도 가능해졌다. 이메일과 웹 세미나를 활용해 정보를 적시에 유포할 수도 있다.

건물 구조

조직의 물리적 배치는 팀의 효율성을 크게 향상시킬 수도 있고 저하시킬 수도 있다. 작업 현장에서 멀리 떨어져 있는 대형 중역실은 아무리 엘리베이터로 금방이면 간다 해도 그보다 훨씬 더 거리감을 유발할 수 있다.

내(리처드)가 신학교 총장으로 있을 때 처음에는 교수들과 직원들이 전부 한 건물에서 일했다. 그러다 두 번째 학사 동을 더 크게 증축해 교수진은 새 건물로 옮기고 교무과는 그대로 남았다. 두 건물은 지붕과 창이 달린 멋진 복도로 연결되어 있었고 조금만 걸으면 오갈 수 있는 거리였다. 그런데도 교수들의 불평이 들려왔다. 교무과에서 돌아가는 일이 멀게 느껴진다는 것이었다. 이전처럼 그들은 언제라도 총장과 교무과의 도움을 받을 수 있었다. 하지만 복도라는 물리적 벽이 팀의 역동을 바꾸어 놓았다.

우리가 아는 어느 건축 회사는 팀워크와 상호 협력을 매우 중시했다. 이 가치를 살리고자 그들은 시설을 색다르게 설계했다. 사무실을 모두 없애고 널따란 작업 공간에 칸막이 책상들만 비치한 것이다. 모두가 하나의 큰 방에서 함께 일하자 정보 교환과 창의적 난상토론에 큰 진전이 나타났다. 심지어 사장도 구석 사장실에서 나와 일부러 칸막이 책상으로 들어갔다. 직원들의 일에 더 많이 동참하기 위해서였다. 이런 배치가 어느 조직에나 똑같이 잘 통하지는 않겠지만, 그래도 현명한 리더는 어떻게든 조직의 시설을 통해 팀워크와 소통을 높인다.

회의

첨단 기술 덕분에 조직에 꼭 필요한 회의 횟수가 줄기는 했지만 그 래도 직원들과 얼굴을 맞대는 만남은 계속 필요하다. 리더는 다양한 기회 를 살려 자신의 사람들을 중요한 정보에 뒤처지지 않게 해 준다. 팀의 정례 회의와 사원들의 정기 연수는 물론 일과를 시작하기 전에 5분간 서서 하는 간단한 브리핑도 정보를 전달하기에 좋은 기회다. 자유 토론이나 회식석상 의 회의도 리더에게 효과적인 소통의 도구가 될 수 있다.

문제를 해결하며 역동적이고 창의적인 일을 해내려면 팀에 신속 정 확하고 실속 있는 정보가 필요하다. 그 정보를 확실히 얻게 해 주는 것이 리더의 역할이다.

자기 사람들의 성장을 돕는다

대체로 사람들은 자신의 삶을 통해 세상이 달라지고 있다고 믿기 원 한다. 그들이 원하는 것은 단지 일을 통해 먹고사는 정도가 아니다. 다른 조직에서 더 좋은 보수를 받을 수 있는데도 굳이 월급이나 특전이 그보다 못한 곳에서 일하는 사람들이 있다. 그 이유가 무엇인가? 그 일을 통해 비 록 손에 잡히지는 않지만 기쁨이나 보람처럼 더 중요한 유익을 얻기 때문 이다. 또는 자신이 더 나은 사회에 기여하고 있다고 느끼기 때문이다.

짐 콜린스는 리더들이 최고의 직원들에게 맡겨야 할 것은 가장 큰 문 제가 아니라 가장 큰 기회라고 조언한다.[46] 나아가 그는 "문제를 관리하면 좋은 기업에 머물지만 위대한 기업이 되려면 기회를 살리는 길밖에 없다" 고 했다.[47] 현명한 리더는 직원들에게 도전적인 일을 맡긴다. 그래야 그들이 늘 활력을 유지하며 개인적으로나 업무 면에서 성장할 수 있다. 사람들이 당신의 리더십 밑에서 성장하지 않는다면 당신이 그들에게 제대로 투자하고 있지 않은 것이다.

내(리처드)가 총장으로 있던 학교에 한 학장이 있었다. 어느 날, 큰 선교 단체에서 이 학장에게 유럽으로 이주하여 광범위한 유럽 사역을 이끌어 달라고 초빙했다. 이 학장은 처음에 교수로 들어왔으나 단기간 내에 리더십 자질을 보여 학장으로 승진했다. 선교 단체는 그의 탁월한 리더십을 눈여겨보고 그를 그 직위 최고 적임자로 꼽았다. 하지만 휴가까지 내 가며 그 일을 알아보러 간다는 것이 그에게는 마뜩찮게 느껴졌다. 그래도 나는 그에게 다음 몇 가지를 강조했다.

(1)그 학장은 업무 실력이 아주 뛰어나므로 다른 기관들에서 그를 탐내는 것은 당연한 일이다. (2)나는 직원들이 최고 잠재력을 발휘하도록 도와야 할 책임감을 느꼈는데, 그러다 보면 직원들이 경우에 따라 다른 기관으로 옮겨야 할 수도 있다. (3)내가 귀히 여기는 학장의 앞길을 막고 싶지 않았다. (4)마지막이자 가장 중요하게, 나는 하나님과 동행하는 그 학장을 신뢰했고 그가 하나님의 인도에 따라 정직하게 행동할 것을 알았다.

학장은 정말 유럽에까지 다녀왔으나 이번 이동이 하나님의 인도라는 느낌이 없었다. 나로서는 다행이었다. 이 글을 쓰는 현재까지 그 학장은 신학교에서 탁월하게 일을 계속하고 있다.

리더는 자신의 사람들에게 진정한 관심을 품는 것 외에도 또 알아야 할 것이 있다. 팀원들의 리더십이 자라면 그만큼 조직이 성공할 수 있는 역량도 높아진다는 것이다. 지혜로운 리더는 직원들이 업무 면에서 건강하게 성장할 수 있도록 늘 거기에 예산을 투입한다. 또한 직업적 성장에 도움이 될 만한 세미나나 프로그램에 참여할 것을 그들에게 독려한다.

리더가 사람들의 개인적, 직업적 성장을 독려하려면 실패까지도 다 받아 줄 수 있어야 한다. 뭔가를 시도하여 때로 실패할 수 있는 재량을 팀원들에게 주어야 한다. 리더가 그렇게 해 줄 때 그들은 자신의 실수를 거울과 디딤돌로 삼아 개인적 성장을 이룰 수 있다.

예수님은 평범한 어부들에게 그분의 제자가 되어 세상을 변화시킬 수 있는 놀라운 기회를 주셨다. 한낱 어부였던 베드로는 덤으로 열두 제자의 수석 대변인이 되는 기회까지 얻었다. 하지만 결정적인 순간에 그는 주님을 부인했다. 그 치욕스러운 일이 있은 뒤로 그는 자신에게 훌륭한 리더의 자질이 없다고 결론지었을 것이다. 그는 고기잡이로 돌아갔다(요 21:3 참조). 어쩌면 이전의 소명을 버렸는지도 모른다. 적어도 자기가 여전히 잘할 수 있는 일을 시도한 것만은 분명하다.

그러나 베드로와 동료들은 밤새도록 그물질을 했지만 고기를 하나도 잡지 못했다. 또 실패였다. 이때 예수님은 어떻게 하셨던가? 우선 그분은 낙심에 빠진 제자들에게 성공의 경험을 허락하셨다. 배 맞은편에 그물을 내리라고 지시하신 것이다. 그러자 고기가 하도 많이 걸려 그물을 끌어올릴 수 없을 정도였다. 그 다음에 예수님은 의기소침한 제자 베드로와 구속(救贖)의 대화를 나누셨다.

그분은 그에게 충성을 다짐하라고 하지 않으셨다. 그거라면 그가 이전에 아주 자신만만하게 했던 일이다. 대신 예수님은 그에게 사랑을 고백하게 하셨다. 늘 남에게 잘 보이려던 그에게 문제의 정곡을 찌르신 것이다. 그날 예수님과 헤어질 때 베드로는 그분이 자기를 버리지 않으셨음을 알았다. 그는 새로운 사명을 받았고(요 21:15-17 참조) 초대 교회의 강력한 지도자가 되었다. 그가 다시 주님을 부인했다는 기록은 어디에도 없다.

현대의 조직이 위대해지려면 실수를 통해 성숙해 가도록 사람들을 키워 주어야 한다. BP사의 탐사생산부에 한 팀장이 있었다. 그는 심해에 새로운 생산 기지를 개발하여 건설하는 일을 맡았는데 예산이 12억 달러에 달하는 도전적 사업이었다. 그때는 2010년에 멕시코 만에 기름이 대량으로 유출되기 이전이었다. 일정이 빠듯하고 기술이 부족하여 사업의 전반적 성공이 매우 불투명했다. 그는 잘해 보려고 치밀한 모험을 감행했지만 여러 실수와 기한 초과와 기타 이슈가 복잡하게 뒤얽혀(그중 다수는 이 리더의 직속 권한 밖이었다) 결국 사업은 실패로 돌아갔다. 예산이 몽땅 날아갔다.

팀장은 부끄럽고 면목이 없어 CEO에게 직접 사직서를 제출했다. CEO의 반응은 뜻밖이었다. "무슨 말도 안 되는 소리요! 내가 지금까지 12억 달러를 투자하여 최고의 리더 중 하날 훈련시켰는데 여기서 그만두겠다는 거요? 어서 나가 일이나 하시오!"

팀장이 탐사생산부 직원들에게 신임을 잃었으므로 CEO는 지혜롭게 그를 다른 부서로 옮겨 새로 시작하게 해 주었다. 새 직책에서 성공한 이 리더는 결국 다시 탐사생산부로 돌아와 그 분야에서 큰 성공을 거두었다.

사람들에게서 최고의 역량을 이끌어 내 주는 리더에게는 가장 탁월한 사람들이 찾아와 오래도록 떠나지 않는다. 성공한 리더의 확실한 지표 하나는 부하 직원들의 일관되고 일치된 증언이다. 그들은 그 리더 밑에서 일하는 동안 자신이 배우고 성장한 것을 늘 고마워한다.

개인적 성장은 리더 혼자서도 착수할 수 있다. 하지만 조직을 변화시키고 키우려면 다른 사람들에게 의존해야 한다. 운동을 출범시키려면 리더가 수많은 사람들과 연대해야 한다. 위대한 지도자는 팀을 만들어 자신의 노력을 배가한다. 똑똑한 개인보다 숙련된 팀이 훨씬 많은 일을 이룰 수 있다. 복잡하게 급변하는 오늘의 세상에서 성공의 열쇠는 다양성과 실력과 융통성과 창의력을 갖춘 팀을 만드는 것이다. 또한 사명을 추구하는 과정에서 성장하고 실패할 수 있는 재량을 주어야 한다. 이것이 리더의 최고 우선순위 가운데 하나가 되어야 한다.

영적 리더십 노트

1 함께 일할 최고의 사람들을 영입하기 어떤 일을 하고 있는가?

2 당신 팀에서 일하는 사람들이 받는 특별한 혜택은 월급 외에 무엇이 있는가?

3 당신은 간부나 팀원을 얼마나 자주 잃고 있는가? 당신과 함께 일하던 사람들이 떠나기로 결정하는 이유를 분석해 본 적이 있는가?

4 팀의 효율성을 높이기 위해 당신이 할 수 있는 일을 구체적으로 세 가지만 꼽아 보라.

5 당신은 조직 내 최고 실력자들을 어떻게 대하는가? 그들에게 도전적인 일을 주는가? 새로운 지식과 기술을 배워 성장하도록 그들을 돕고 있는가?

6 당신 조직의 실력자들이 다른 조직으로부터 리더 자리를 제의받는 경우가 얼마나 자주 있는가? 당신은 리더를 길러 내는 사람으로 알려져 있는가?

12.
리더의
함정

유혹을 대비해
예방책을 마련해 둔다

★ 10대 함정: 교만, 성적인 죄, 냉소, 탐욕, 나태, 과민성, 영적 무기력, 가정 소홀, 행정 부주의, 장기 집권

THE LEADER'S
PITFALLS

해마다 수많은 리더들이 경솔하고 미련한 선택으로 자신의 직업과 조직과 가정을 파탄으로 몰아넣고 있다. 명예가 실추되고 평판이 나빠진 굴욕적인 리더의 행렬이 대중 매체에 끝없이 이어지면서 사회의 환멸은 갈수록 더해 간다.

승승장구 가도를 달리는 리더들이 있는가 하면, 장래가 촉망됐으나 결국 무너져 잊히고 마는 리더들이 생기는 까닭은 무엇일까? 물론 그들도 실패를 작정하고 시작한 것은 아니다. 그러나 안타깝게도 대개 그들의 실패는 쉽게 피할 수 있었던 실수에서 비롯되기 마련이다. 영적 리더를 실패하게 만드는 가장 흔한 열 가지 함정을 살펴보자.

교만

교만은 리더에게 최악의 적이라 할 수 있다. 수많은 사람이 교만으로 몰락했다. 교만은 살며시 기어들어 리더의 삶을 파멸로 몰아넣을 수 있다. 따라서 조심하지 않는 리더에게 교만은 위험천만이다. 끈질기게 달라붙어 끝내 자기 죄의 비참한 결과를 보지 못하게 할 것이다.

교만은 멋있는 표현으로 포장되거나 여러 위장된 형태로 나타날 수 있다. 확연히 눈에 띄는 것도 있고 좀 더 미묘한 것도 있지만 리더의 성공에 치명적 독소가 되기는 모두 마찬가지다.

남의 공로를 가로챘는가

쿠제스와 포스너는 직원들이 회사를 그만두는 가장 보편적 이유는 리더가 직원들의 노력을 충분히 인정·칭찬해 주지 않기 때문이라고 말한다.[1] 조직을 위해 열심히 일해 봐야 성공의 공로가 리더 몫으로만 돌아온다면 아랫사람들로서는 사기가 떨어질 수밖에 없다. 진정한 리더는 조직의 부족한 실적을 자기 책임으로 돌린다. 아울러 현명한 리더는 당연히 아랫사람들의 수고를 조직이 성공한 핵심 요인으로 인정한다. 리더는 금전적 보상 면에서 마음만큼 재량을 발휘할 수는 없어도 직원들을 향한 칭찬과 감사에는 얼마든지 후할 수 있다.

그러나 교만은 리더를 유혹해 조직이 성공한 공로를 혼자 독식하게 한다. 교만한 리더는 남의 이목을 끌기 위해 자신이 개입한 부분을 확대하고 타인들의 수고는 최대한 축소한다. 잠언 기자는 "타인이 너를 칭찬하게 하고 네 입으로는 하지 말며 외인이 너를 칭찬하게 하고 네 입술로는 하지 말지니라"(잠 27:2)고 권하건만, 몇몇 리더들은 남들이 자기 수고를 칭찬해 줄 때까지 기다릴 수 없어 스스로 떠벌리고 다닌다. 대화든 공식석상이든 그들은 자신의 최신 업적을 늘어놓기 바쁘다.

세상 리더들도 교만하면 꼴불견이지만 영적 리더가 교만하면 특히 더 불쾌감을 준다. 교만한 크리스천 리더는 아랫사람들이 한 일뿐 아니라 하나님이 이루신 일의 공로까지 가로챈다. 영적 리더는 하나님의 종이건만 교만한 리더는 거꾸로 하나님이 자기 종인 것처럼 행동한다. 하나님이 자신의 이기적인 기도를 들어주고 허황된 계획에 복 주셔야 할 의무라도 있는 것처럼 말이다.

회사가 재정적으로 성공하면 교만한 영적 리더는 하나님의 인도와 보호를 높이는 것이 아니라 자신의 뛰어난 사업 수완과 관리 기술에서 성공 요인을 찾는다. 조직의 성장을 자신의 활달한 성격이나 설득력 있는 비전, 마케팅 능력 따위로 돌린다. 그들은 하나님보다 자신에게 이목을 집중시킨다.

정치 지도자들은 하나님의 영광과 주권을 침범하면 재앙을 부를 수 있음을 알아야 한다. 자존심이 하늘 높은 줄 몰랐던 바벨론 왕 느부갓네살은 그 진리를 어렵게 배웠다. "열두 달이 지난 후에 내가 바벨론 왕궁 지붕에서 거닐새 나 왕이 말하여 이르되 이 큰 바벨론은 내가 능력과 권세로 건설하여 나의 도성으로 삼고 이것으로 내 위엄의 영광을 나타낸 것이 아니냐 하였더니 이 말이 아직도 나 왕의 입에 있을 때에 하늘에서 소리가 내려 이르되 느부갓네살 왕아 네게 말하노니 나라의 왕위가 네게서 떠났느니라"(단 4:29-31).

하나님은 세상 만국의 통치자시다. 그분만이 인간에게 통치권을 부여하신다. 아무리 정치 감각이 있고 인기가 높은 정치가라 해도 궁극적으로 하나님이 허락해 주셔야만 다스릴 수 있음을 알아야 한다. 하나님은 그분의 영광을 지키신다. 하나님은 교만을 싫어하신다(잠 6:16-17 참조). 하나님이 하신 일의 공로를 뻔뻔스레 가로채는 사람은 전능하신 하나님께 대드는 것이다. 조직의 성공을 계속 자기 실적으로 내세우는 리더는 하나님께 그분자신을 낮추시라고 청하는 것과 같다. 하나님을 승리의 근원으로 인정하지 않음으로써 하나님에게서 사람들을 훔치고 어리석게도 추종자들을 동원해 엉뚱한 대상을 칭찬하게 만드는 것이다. 이런 리더십은 성경적 원리에 상충되는 것이며, 교회와 기업체와 궁극적으로 국가에 해악으로 작용한다.

1948년 대통령 선거 때, 해리 트루먼은 재선에 도전했다. 당선이 확실한 후보는 뉴욕 주지사인 공화당의 토머스 듀이였다. 그는 뉴욕 주 역사상 최대 기록인 70만 표 차로 주지사에 오른 바 있다. 듀이는 1944년 대통령 선거에서 프랭클린 루스벨트에게 졌지만 1916년 이래 가장 근소한 표 차이였다.

그는 이번만은 자기가 트루먼을 누르리라 강하게 확신했다. 트루먼은 루스벨트가 재임 중 죽었다는 이유만으로 대통령 자리에 오르지 않았는가. 나라의 내로라하는 정치부 기자 50명에게 물은 결과, 전원 듀이의 승리를 예측했다. 현직 대통령의 유세보다 듀이의 선거운동을 열렬히 보도한 기자들이 두 배는 되었다. 그들은 자신이 미국의 차기 대통령을 따르고 있는 줄 알았던 것이다.

듀이는 자신감이 넘쳤다. 그는 트루먼을 멸시했다. 트루먼은 대학도 나오지 못했고, 자신과 비교도 안 될 만큼 교양 없고 평범한 사람이었다. 듀이야말로 "그 자리에 당당히 앉을 수 있는 유일한 인물"[2]로 통했다. 능력과 자질 면에서 자신만만했던 듀이는 볼품없는 상대를 당연히 무시했던 것이다. 선거 다음날 아침, 〈시카고 트리뷴〉(*Chicago Tribune*)은 결과가 다 밝혀지기도 전에 성급히 듀이의 승리를 결론짓고는 '듀이, 트루먼을 누르다'라는 헤드라인을 뽑았다. 그때 미국 선거 역사상 유례없는 역전극이 벌어졌다.

유권자들은 압도적으로 당선될 만한 후보 듀이를 제치고 트루먼을 택했다. 듀이 진영은 충격에 휩싸였다. 생각할 수도 없는 일이 벌어진 것이다. 듀이는 자신을 과대평가한 나머지 상대를 턱없이 과소평가했다. 트루먼 정부에서 국무부 장관을 지낸 딘 애치슨은 트루먼의 성공 비결을 한마디로 이렇게 말했다. "그에게는 리더의 최대 걸림돌인 교만이 없었다. 그와

그의 일 사이에는 한 번도 자존심이 끼어든 적이 없었다."³

배우려 들지 않았는가

교만은 리더의 사고를 닫아 버린다. 조직의 성공이 전적으로 자기 덕이라고 믿는 리더는 자기처럼 조직을 잘 운영할 수 있는 사람은 아무도 없다는 위험한 착각에 빠진다. 교만 때문에 성공에 필요한 깊은 통찰을 지닌 사람이 자신밖에 없다고 믿는 것이다. 그래서 주변의 현명한 조언에 귀를 막는다. 그로써 교만한 리더는 자신의 의견을 즉각 받아들이지 않으면 용납하지 못한다. 막강한 잠재력을 지닌 기회들을 스스로 걷어차 버린다. 배우려는 마음이 없기 때문이다.

아합 왕은 똑똑한 행정가였고 유능한 군 사령관이었다. 단 한 가지 치명적 결점이 있었는데, 경건한 조언을 우습게 알았다는 점이다. 그가 경건한 왕 여호사밧에게 동맹군을 결성해 아람을 치자고 했을 때 여호사밧은 우선 선지자들의 충고를 들어 보자고 제의했다. 아합은 자신의 잔꾀와 군 경험만으로 충분하다고 생각했지만 그래도 의로운 동료의 비위를 맞추려고 선지자들을 불렀다. 아합 휘하 400명 선지자의 수장격인 시드기야는 아합이 듣고 싶어 하는 대로 순순히 압승을 예언했다.

하지만 여기에 만족하지 않은 여호사밧은 여호와의 선지자 미가야의 예언을 듣자고 했다. 아합은 "그는 내게 대하여 좋은 일로는 예언하지 아니하고 항상 나쁜 일로만 예언하기로 내가 그를 미워하나이다"(대하 18:7)라며 난색을 표했다. 과연 미가야는 아합 군대의 패주와 아합의 죽음을 예언했다. 하나님은 아합이 자기 계획을 밀고 나가면 목숨을 잃을 것이라고 당신의 선지자를 통해 중히 경고하셨다.

이에 대해 아합은 어떤 반응을 보였는가? 그는 고집 센 선지자를 옥에 가둔 뒤 전쟁터로 나갔다. 현명한 조언도 교만한 아합에게는 '소 귀에 경 읽기'였고 그 결과 아합은 곧 의미 없는 싸움터에서 비참한 죽음을 맞는다(대하 18장 참조).

교만은 아합처럼 똑똑한 리더를 경건한 사람의 지혜를 통해 주어지는 하나님의 인도에서 등 돌리게 만든다. 아무리 재능이 뛰어나고 머리가 좋은 리더라도 배우려는 마음이 없으면 실패는 기정사실이다.

훌륭한 영적 리더들에게 한 가지 공통점이 있다면 그것은 배우려는 마음이다. "여호와를 경외하는 것이 지식의 근본이거늘 미련한 자는 지혜와 훈계를 멸시하느니라 … 곧 지혜가 네 마음에 들어가며 지식이 네 영혼을 즐겁게 할 것이요 근신이 너를 지키며 명철이 너를 보호하여"(잠 1:7; 2:10-11).

내 힘으로 다 된다고 생각하는가

시어도어 루스벨트 전기에서 H. W. 브랜즈는 루스벨트의 초기 정치 행적에 대해 이렇게 말한다. "루스벨트가 자기 동지로 삼았어야 할 사람을 오히려 물리친 것은 그때가 마지막이 아니었다. 이미 초창기부터 그는 자기중심성을 보였고 그 때문에 자신과 경쟁의 위치에 있는 거의 모든 이를 항상 헐뜯을 수밖에 없었다."[4]

역사가들은 루스벨트를 미국의 가장 훌륭한 대통령 가운데 하나로 꼽지만 유감스럽게도 그는 자기 생각만이 언제나 옳고 정당하며 자기를 반대하는 자들은 부정하고 악하다고 생각하는 성향이 있었다. 그 때문에 루스벨트는 자신의 친구가 될 법한 동료 정치가들과 후원자들을 멀리했다.

자기 견해만 옳다는 이 외곬의 확신은 후에 재선에 실패하는 중대한 요인이 됐다.

역사에는 한순간 성공의 정상에 섰다가 다음 순간 비참한 실패의 쓰레기더미로 곤두박질친 사람들의 예가 수없이 많다. 오늘 장안에 평판이 자자하던 기업가가 내일 형사 기소로 물의를 빚는다. '올해의 감독상'을 받았던 감독이 이번 시즌에 해임되어 도중하차한다. 첫 임기 때 권력의 정점에 올랐던 정치가가 다음 임기 때 직위에서 쫓겨난다. 이번 주 대형 교회의 선도 위치에 섰던 목사가 다음 주에 불명예 퇴진한다.

교만에 눈멀어 자신이 전적으로 하나님의 은혜와 사람들의 지원에 의존하고 있다는 사실을 망각한 리더는 결국 낮아지게 되어 있다. 사울 왕이 하나님을 이용하려다 낮아진 것처럼, 하나님의 은혜와 무관한 듯 행동하는 리더를 하나님은 반드시 낮추신다(삼상 13:13-14 참조).

사울처럼 교만한 리더와는 반대로 D. L. 무디 같은 영적 리더는 자신의 성공이 어디에서 오는지 확실히 알았다. 조니 배서 아저씨로 알려진 전도자는 무디를 만난 자리에서 "하나님이 수많은 사람들을 그리스도께 돌아오게 하는 데 사용하신 분을 이렇게 만나게 돼 정말 기쁩니다"라고 말했다. 그러자 무디는 몸을 구부려 흙 한 줌을 집어 올렸다. 손가락 사이로 흙을 날려 보내면서 무디는 이렇게 고백했다. "하나님이 쓰신다는 것을 빼고는 D. L. 무디도 이 흙에 지나지 않습니다."[5]

구름 같은 청중에게 설교하며 국제적 명성을 얻었지만 무디는 그 모든 것이 그리스도에게서 온 것임을 결코 잊지 않았다.

교만은 성공한 리더를 노린다. 마음만 먹으면 못 이룰 일이 없을 만큼 자신의 재능과 지혜와 카리스마가 충분하다고 믿게 만든다. 교만한 리더는 하나님 말씀에 열성적으로 순종하지 않아도 된다고 생각한다. 리더는 최대 강점 분야로 보이는 곳에서 가장 취약하다. 맥스 드프리는 "리더는 강한 부분에서 실은 약하며 성공의 정점에서 가장 실패하기 쉽다"[6]고 경고한다. 맞는 말이다. 인간은 가장 높은 곳에서 가장 빨리 추락하는 법이다. 현명한 영적 리더는 하나님의 은혜와 축복과 임재를 절대 당연시하지 않는다. 최고의 성공을 누릴 때 자신을 넘어뜨릴 교만을 가장 경계한다.

유럽을 휩쓸며 혁혁한 전공을 세운 나폴레옹은 거뜬히 유럽을 정복할 수 있다고 믿었다. 러시아 침공에 나섰을 때 그는 자신감에 넘쳐 적국의 기후와 지형을 연구하지 않았다. 병사들을 러시아 동절기 혹한의 날씨에 대비시키지 않았던 것이다. 나폴레옹은 자기 능력에 자만한 나머지 즉각적 압승 외에 다른 가능성은 생각조차 못했다.

그 맹목적 교만 때문에 수많은 병사가 목숨을 잃었고 나폴레옹 제국은 몰락의 길로 기울었다. 오랜 세월 후 똑같이 자만심에 눈먼 아돌프 히틀러가 역시나 동절기에 러시아로 병력을 투입했다가 앞서 나폴레옹이 당했던 완패를 답습하고 말았다. 역사에서 전혀 배우지 않았던 것이다.

젊은 리더들은 아직 경험을 통해 배운 바가 없기에 자신만 믿는 덫에 빠지기 쉽다. 그러나 마땅히 물정을 알 만한 나이 든 리더들도 자만의 함정에 빠지기 쉽기는 마찬가지다. 이미 성공의 이력이 있는 만큼 남의 조언과 지원 없이도 잘 이끌 수 있다고 믿기 때문이다. 이들은 특히 젊고 경험이 적은 동료들의 제안을 곧잘 묵살한다. 그 결과 아랫사람들과 멀어지고 현실 상황에 어두워진다.

영적 리더는 특히 하나님의 축복을 악용하지 않도록 조심해야 한다. 교만한 성향과 하나님과의 친밀한 동행은 상극이다. 삼손은 적을 물리치고도 남을 만큼 막강한 힘과 능력을 지닌 전사였다. 그 힘을 당연시한 것이 그의 실수였다. 삼손은 자기 맘대로 살면서도 하나님이 은혜로 주신 강건한 힘을 지킬 수 있다고 생각했다. 그가 하나님의 명백한 말씀을 무시하고 그분과 관계를 소홀히 하자 하나님은 그의 힘을 가져가셨다. 전에 늘 하나님 앞에서 하던 일을 자기 힘으로 하려 했을 때 삼손은 굴욕적 참패를 당했다(삿 16:15-21 참조). 현명한 리더는 그리스도와의 친밀한 관계를 떠나서는 아무 일도 할 수 없음을 언제나 인식한다(요 15:5 참조).

사람을 불쌍히 여기는 마음이 없는가

하나님은 아랫사람들을 자신이 돌볼 양 떼로 보지 않고 강탈의 대상으로 본 영적 리더들을 선지자 에스겔을 통해 책망하셨다(겔 34:1-10 참조). 이 자칭 영적 리더들은 이득을 챙기기 위해 자리를 지켰다. 백성들은 착취당해 흩어지고 있건만 이들은 오직 자기 안일과 이득에만 관심이 있었다.

리더십은 귀한 소명이다. 그것은 하나님이 주신 특권이다. 리더는 따르는 이들의 삶을 풍요롭게 해 줄 기회와 그럴 수 있는 영향력을 함께 받았다. 그러나 조직을 잘되게 하려는 열정을 잃고 대신 자신이 얻을 것에만 한눈팔면 더는 참된 리더가 아니다. 그런 리더는 우월감에 빠져 사람들을 조직이라는 기계의 한낱 부품으로 간주한다. 자신만이 조직에서 무엇이든 얻을 수 있는 자격이 있다고 생각한다.

리더의 삶에 교만이 뿌리내린 걸 알려 주는 확실한 징표는 아랫사람들을 더 이상 불쌍히 여기지 않는 것이다. 리더가 아랫사람들의 고생에 무심하다면 그것은 교만으로 마음이 둔해졌다는 뜻이다. 직원들에게는 재정 삭감과 고통 분담을 요구하면서 자신은 계속 알짜배기 혜택을 고루 누린다면 리더십의 권위를 잃을 수밖에 없다. 자신의 사사로운 업적에 매달리느라 다른 사람들의 필요를 팽개치는 리더는 리더십의 소명에 합당치 못한 자다.

교인이 아파하는데도 마음이 동하지 않거나 양 떼 가운데 하나가 낙오하는데도 득실을 따지는 목사는 영적 리더십의 특권을 남용하는 것이다. 그들은 로마 황제 네로나 프랑스 왕비 마리 앙투아네트와 다를 바가 없다. 전설에 의하면 로마가 불타는 동안 네로는 음악을 즐겼다고 한다. 앙투아네트는 프랑스 농부들에게 빵이 없다는 소식을 듣고는 "그럼 케이크를 먹게 하라"고 응수했다고 한다. 역사는 이런 매정한 리더들이 결국 몰락하는 것을 보여 준다.

리더가 사람들을 향해 마땅히 품어야 할 긍휼의 마음은 사도 바울에게서 배울 수 있다. 어려움이 많던 고린도 교회를 향해 그는 이렇게 썼다. "날마다 내 속에 눌리는 일이 있으니 곧 모든 교회를 위하여 염려하는 것이라 누가 약하면 내가 약하지 아니하며 누가 실족하게 되면 내가 애타지 아니하더냐"(고후 11:28-29).

참 리더는 따르는 이들을 돌봐야 할 책임을 결코 잊지 않는다.

교만하면 넘어지기 쉽다

교만은 죄다. 죄가 하는 일을 교만도 한다. 사람을 파멸시키는 것이다. 교만을 처리하지 않고 그냥 두는 리더는 결국 모든 것을 잃는다. 관계와 신뢰는 물론, 궁극적으로 리더 자리마저 잃는다.

잠언 기자는 지혜롭게도 "교만은 패망의 선봉이요 거만한 마음은 넘어짐의 앞잡이"(잠 16:18)라고 경고한다. 성경은 "하나님이 교만한 자를 물리치시고 겸손한 자에게 은혜를 주신다"(약 4:6)고 가르친다. 예수님도 "무릇 자기를 높이는 자는 낮아지고 자기를 낮추는 자는 높아지리라"(눅 18:14)고 하셨다.

교만한 사람은 스스로 하나님의 적이 된다. 아무리 자만심이 강해도 이 사실 하나만으로 정신을 번쩍 차려야 할 것이다.

성적인 죄

교만이 리더의 가장 교활한 함정이라면 성적인 죄는 가장 악명 높은 함정이다. 대중 매체는 성적 유혹에 넘어간 리더들의 현란한 몰락을 시시콜콜 들추어낸다. 성적인 죄에는 직업과 가정과 명예를 단 한 방에 날려 버릴 수 있는 흉악한 위력이 있다. 결과가 그렇게 치명적이다 보니 리더들이 세심히 성적 유혹을 피할 것이라 생각할 만도 하다. 그러나 해마다 끝없이 이어지는 섹스 스캔들에 사회는 몸을 움츠린다. 리더는 자기 삶에 적극적 예방책을 세워 이 함정을 피해야 한다.

책임 감시자를 두라

화재경보기를 구입할 시점은 불이 나고서가 아니라 집을 건축할 때다. 책임 감시자 친구를 확보할 시점은 성적 유혹이 사납게 맹위를 떨칠 때가 아니라 첫 불꽃이 일 때다. 리더에게는 서로 투명하게 내보일 수 있고 자신의 책임을 감시해 줄 수 있는 절친한 친구가 필요하다.

성적 불륜으로 이름을 더럽힌 리더들 중에는 주변에 사람은 많아도 친구는 없었다고 시인하는 경우가 비일비재하다. 아니, 그럴 만한 사람이 없었다기보다 일단 죄에 빠져들기 시작하자 그런 도움이 될 만한 사람들을 일부러 피했다는 것이 그들의 고백이다. 지혜로운 리더는 직접 나서서 적어도 두 명의 책임 감시자를 확보한 뒤 그들에게 자신의 도덕적 순결을 꾸준히 물을 수 있는 재량을 준다.

자신의 경고에 귀 기울이라

리더는 자신의 경고를 들어야 한다. 넘어진 목사치고 교인들에게 성적 부도덕의 위험을 경고해 보지 않은 사람은 없을 것이다. 도덕적 실패는 넘어진 자에게 정보가 부족해서 일어난 일이 아니다. 영적 리더는 성적인 죄가 무엇이며 그 결과가 어떤지 뻔히 안다. 사실 그들은 불륜의 늪이나 기타 성적인 죄에 빠진 사람들을 상담해 준 적도 있다.

그러나 리더는 스스로에게 속아 자신의 상황만은 다르다고 믿는다. 그들은 대개 부도덕의 비참한 결과를 직접 목격했으면서도 자기 죄에 눈멀어 자멸로 치닫는 현실을 보지 못한다(잠 14:12 참조). 영적 리더는 아랫사람들 못지않게 자신도 도덕적 실패에 면역성이 없음을 알아야 한다. 그래서 자신이 남들에게 들려주는 그 지혜를 자신에게도 적용해야 한다.

결과를 생각하라

현명한 리더는 성적인 죄를 범할 경우 뒤따를 결과에 대해 깊이 생각한다. 남들을 탈선시킨 그 위험도 자기만은 예외라는 태도를 경계하고, 자기 죄가 배우자와 자녀들, 하나님 이름에 남길 추함을 깊이 새긴다. 죄를 짓기 전 원래 자리를 되찾는 데 걸릴 기나긴 회복 과정도 충분히 생각한다. 실제로 그 자리로 돌아가는 길은 사실상 없음도 안다. 용서받을 수는 있으나 죄가 남긴 아픈 흔적은 없앨 수 없는 것이다. 한 번의 부주의한 이기적 결정이 자신의 일과 명예와 우정과 가족을 앗아 갈 수 있고 하나님과의 관계에도 심각한 피해를 입힐 수 있다는 사실을 환기한다.

똑똑한 리더는 늘 성적인 죄의 비참한 여파를 생각하는 습관을 기른다. 그러면 성적인 죄의 치명적 결과에 대한 생생한 인식으로 무장하게 되어 막상 유혹이 닥쳐도 죄의 배반에 무고한 희생자가 되지 않는다(잠 7:24-27 참조).

건강한 습관을 기르라

신중한 리더는 자신을 성적 유혹에서 지키기 위해 구체적 방안을 세운다. 빌리 그레이엄은 몇몇 동료 전도자들이 성적인 죄를 범하는 것을 보고 그저 조심해야겠다는 다짐으로 끝내지 않았다. 그는 자신과 사역 팀이 성적 유혹은 물론 타협의 기미마저 아예 피할 수 있도록 구체적 예방책을 수립했다.

예컨대 그는 아내가 아닌 바에야 여자와 단둘이 만나거나 돌아다니거나 식사하지 않는다는 원칙을 정했다. 아울러 그 원칙을 지키는지 감시해 줄 친구들도 몇몇 두었다. 이런 예방책을 지나친 것으로 느끼는 사람도 있겠지만 그런 노력이 있었기에 빌리 그레이엄은 반세기 넘도록 스캔들 없이 리더 사역을 수행할 수 있었다.

기혼자라면 배우자의 도움으로 성적인 죄를 경계할 수 있다. 현명한 리더는 배우자의 우려와 경고를 심각하게 받아들인다. 또 경건한 리더는 불가피한 유혹에 약해지지 않도록 부부 관계를 잘 가꾼다. 출장이 잦은 리더라면 사랑하는 이들이 집에서 자신을 기다리고 있다는 표시로 호텔 방에 배우자와 자녀들의 사진을 놓아둘 것이다.

현명한 리더는 이성과 사이에 오해를 살 만한 일이 생기지 않도록 비서에게도 미리 도움을 청한다. 부정의 기미마저 없애기 위해 사무실 문에 작은 창을 다는 것도 좋다.

기도하고, 기도를 부탁하라

아무리 많은 예방책을 의도적으로 실천해도 성적 유혹은 복병처럼 도사리고 있다가 불시에 덮칠 수 있다. 이를 위한 가장 실제적 조치는 자신을 흠 없이 지켜 달라고 하나님께 기도하는 것이다. 우리는 뜻밖의 사건을 미처 모를 수 있지만 하나님은 절대 그렇지 않다. 도덕적 순결을 간절히 구하는 리더에게 하나님은 은혜와 보호의 울타리를 둘러쳐 주신다.

리더는 배우자에게도 기도를 부탁해야 한다. 그러면 어디에서 어떤 상황에 처해도 배우자가 자신을 위해 하나님께 중보하고 있음을 기억할 수 있다. 궁극적으로 우리는 성적인 죄의 피해자가 아니다. 죄란 '빠지는' 것이 아니라 심은 대로 거두는 것이다(갈 6:7 참조).

유혹은 온다. 하나님과의 관계를 소홀히 하고 자기 삶에 예방책을 세우지 않는 리더는 유혹에 질 수밖에 없다. 성적인 죄의 비극은 참담하지만 얼마든지 피할 수 있다. "슬기로운 자는 자기의 행동을 삼가느니라"(잠 14:15).

냉소

리더십은 사람을 다루는 일이다. 사람은 언제나 실망을 주는 법이다.

장기간 리더 자리에 있었다면 누구나 부정직한 사람, 게으른 사람, 무능한 사람을 대했을 것이다. 부당한 비난도 피할 수 없다. 욕설을 퍼붓거나 동기를 의심하고 비판하는 사람들을 만나기 마련이다. 이런 경험이 조금이라도 있다면 리더의 마음은 강퍅해지고 냉소적이 될 소지가 있다. 하지만 환경과 달리 마음의 태도는 전적으로 자신의 통제 하에 있다. 긍정적 태도를 포기한다면 기껏 보통 수준의 리더일 뿐이다.

리더가 조직의 문제점과 약점에만 초점을 맞춘다면 사람들의 관심도 항상 그 부위로 쏠리게 되어 있다. 부정적인 것에만 집중하면 힘겨운 도전을 극복하는 데 필요한 열정과 낙관적 태도를 잃고 만다. 부정적 리더는 결국 부정적 조직을 낳고, 냉소적 리더는 냉소적 추종자들을 키운다. 남을 비난만 하는 리더는 아랫사람들에게 비난의 본을 보이는 셈이다. 사람을 믿지 않는 리더 밑에서 잠재력을 실현할 수 있는 사람이 어디 있겠는가. 리더는 절대 냉소적 태도에 빠져서는 안 된다.

자신이 과거에 비난을 받았거나 실패한 경험이 있는 리더는 쉽게 회의적이 되고, 또 정직한 주변 사람을 보면서 냉소적이 될 수 있다. 냉소적인 리더는 한 사람이 게을러도 모든 사람을 게으름뱅이로 취급하며, 프로젝트 하나가 실패하면 위험이 따르는 모든 시도에 몸을 사린다.

나이 든 리더들은 더욱 냉소에 빠지기 쉽다. 젊은 날의 열정이 사라진 그들의 소위 '경험에서 나온 현실론'은 사실상 세월과 함께 곪아 온 냉소적 태도에 다름 아니다.

냉소적 태도가 감지된다면 그것이 업무 효율과 건강마저 해치기 전에 즉각 고쳐야 한다. 영적 리더의 냉소적 태도는 두말할 것도 없이 그의 마음이 하나님에게서 멀어졌다는 뜻이다. 또 약속을 이루시는 하나님의 능력을 믿지 못한다는 증거다. 하나님께 돌아오겠다는 의지적 결단이 있어야만 형편없는 리더로 전락하지 않을 수 있다. 크리스천 리더가 미래에 대해 긍정적이고 낙관적 태도를 가져야 할 이유는 얼마든지 있다. 그들은 만왕의 왕을 섬기는 자들이 아닌가.

탐욕

언제나 그렇듯이 돈은 리더의 삶에 좋을 수도 있고 나쁠 수도 있다. 리더십 직위에는 대개 큰 물질적 보상이 따른다. 두둑한 수입 자체가 나쁜 것은 아니지만 거기에 무조건 집착하는 것은 잘못이다. 물질적 소유의 유혹에 빠져 어리석은 결정을 내린 리더들이 얼마나 많은지 모른다. 돈을 많이 벌수록 더 성공한 사람이라는 세상 기준에 맞춰 물질적 성공을 위해 거의 모든 것을 희생하다시피 하는 사람들이 있다.

리 아이아코카의 말에 그런 풍조가 잘 압축되어 있다. "난 높은 연봉을 받는다는 사실에 조금도 양심의 가책을 느껴 본 적이 없다. 난 소비가 많은 사람은 아니지만 높은 연봉으로 대표되는 성취를 귀하게 느낀다. 사람들은 왜 사장이 되려 할까? 그 일이 좋아서? 그럴 수도 있겠지만 일은 사람을 늙고 지치게 할 수도 있다. 그런데도 그들은 왜 그렇게 열심히 일할까? '보라. 난 꼭대기까지 올라왔다. 뭔가 이루었다'라고 말하고 싶어서가 아닐까?"[7]

아이아코카는 자신이 포드와 크라이슬러에서 승진 사다리를 오르려 분투하는 사이 병약한 아내 메리가 큰 대가를 치러야 했다고 털어놓았다. 메리의 첫 심장 발작은 아이아코카가 사내 세력 다툼에서 밀려나 포드에서 해임된 직후에 일어났다. 아이아코카는 "아내의 건강이 악화된 것은 매번 내가 포드나 크라이슬러에서 심한 스트레스를 겪고 난 후였다"[8]라고 말했다. 전 세계 CEO들이 부러워하는 아이아코카의 성공에는 이렇듯 큰 대가가 따랐다.

부와 소유에 대한 욕망은 영적 리더를 파멸로 몰아넣을 수 있다. 부를 중시하는 사람은 가정에 고난을 몰고 오든 말든 일단 수입이 많은 일자리를 찾을 것이다. 목사들도 사례비가 많은 교회에 유혹을 느낄 수 있다. 가족들이 지금 교회 환경에 만족함에도 불구하고 말이다. 사실 이런 개탄이 어색하지 않을 정도다. "하나님이 목사들을 수입이 적은 교회로 부르시는 경우는 한 번도 없고 항상 수입이 더 많은 교회로만 부르시는 것 같으니 왜 그럴까?"

물욕이 많은 리더는 비윤리적 행동에도 가책을 느끼지 않는다. 짐 배커는 조직의 재정 규모가 천문학적 숫자에 달하자 양심이 마비되었다. 가난한 집에서 고생하며 자란 배커에게 성공은 꿈에도 몰랐던 부를 안겨 주었다. 사역이 번창하자 그는 조직의 성공이 주로 자기 덕이라는 논리로 점점 사치를 정당화했다.

배커는 열심히 일했고 그 수고로 많은 사람들의 삶이 좋은 쪽으로 변화되고 있으니 그가 물질적 호사를 누리는 것쯤이야 정당하지 않은가? 지출이 커질수록 배커는 사치 성향을 유지하기 위해 갈수록 공격적인 모금 방식을 고안해 내지 않을 수 없었다. 사력을 다해 모금 액수를 높이려다 보니 윤리적 선이나 심지어 법의 선을 넘는 것은 시간문제였다.

크리스천은 돈이 최고가 아니라고 배운다. 인생에서 가장 중요한 것은 하나님 뜻에 순종하는 것이기 때문이다. 현명한 리더는 돈의 노예가 되지 않고 오히려 돈을 사용해 하나님께 영광을 돌린다. 제너럴모터스사의 성공한 CEO 알프레드 슬로운은 회사를 일으켜 큰돈을 벌자 생의 후반에 는 재산을 가치 있는 일에 기부했다. 다이너마이트를 발명한 알프레드 노 벨은 자기 재산을 세계 평화 촉진과 과학 증진을 위해 내놓았다. 현명한 리 더는 성공의 척도가 통장 잔고가 아니라 삶의 질임을 안다. 그래서 가장 영 원하고 만족스런 보상을 주는 일에 자기 삶을 투자한다.

나태

이 시대 난제들은 대개 창의적 학습과 사고를 통해 해결이 가능하다. 문제 해결은 리더십의 필수 기능이므로 리더는 지적인 부분을 채우기 위해 늘 공부해야 한다. 훌륭한 리더는 배움에 끝이 없다. 그들은 현명한 사람들 곁을 떠나지 않는다. 자신의 사고를 넓혀 줄 책과 기사, 위대한 인물과 사 상가들의 전기를 읽는다. 시중에 범람하는 간편 요약의 대중 서적만 골라 읽는 대신 자신의 생각에 도전을 가하고 참신한 통찰을 줄 수 있는 저자들 을 찾는다. 리더에게 최근 무슨 책을 읽었는지 물어보라. 진정한 리더라면 현재 익히고 있는 내용을 금방 말해 줄 것이다.

또 영적 리더는 늘 자신이 읽는 내용을 성경의 영원한 지혜에 비추어 평가한다. 아울러 성령의 인도를 받아 생각하며, 사회의 최신 유행이 아니 라 하나님의 영원한 진리를 자기 생각의 기초로 삼는다.

위대한 리더는 항상 더 나은 리더가 되는 길을 배운다. 존 코터는 "우 리는 이자율 7퍼센트와 4퍼센트인 예금통장의 차이를 잘 모른다. 비율 계 산법의 학습 효과를 과소평가하기 때문이다"[9]라고 말했다. 배움과 변화에 대한 각오는 리더십 능력을 높인다. 일자리를 얻기 위해 교육 받는 것으로는 부족하다. 단지 일자리를 지키기 위해서도 평생 학습이 필요하다. 박사 학위는 미지의 세계로 이어지는 다리 역할을 해 준다.

일부 근속 직원들이 일터에서 밀려나는 것은 나이와 전혀 무관한 일로, 배우려는 자세가 없기 때문이다. 10년 전에 통하던 방법이 지금 효과가 있을 수 없다. 계속 자라지 않는 리더는 결국 한물간 기술의 소유자가 되고 만다. 드프리에 따르면 리더란 뭔가 배움으로 변화에 대처하는 사람이다.[10]

리더는 독서할 뿐 아니라 사고하는 사람이다. 참된 리더는 주변 사건들을 충분히 생각하고 소화한다. 회의가 실속 없이 끝나면 무심히 다음번 회의로 달려가는 것이 아니라 회의에 생산성이 없었던 이유를 천천히 따져 보고 다음번에는 다르게 할 수 있는 방법을 궁리한다.

지지부진한 직원이 있으면 무턱대고 해고하거나 짜증만 내지 않는다. 그 직원이 힘들어하는 원인을 충분히 헤아려 본다. '맞는 부서에 잘 배치했는가? 적절한 훈련과 준비를 거쳤는가? 최신 정보를 공급하는가? 그의 소관이 아닌 다른 요인들이 있는가?' 성급히 결론짓는 대신 사실을 정리하고 상황의 진상을 밝히는 것이다.

영적 리더는 하나님과 의미 있는 시간을 보내며 조직의 상태를 바로 알기 위해 그분의 인도를 구한다. 성숙한 리더는 칭찬이나 비난을 당장 받아들이거나 항변하지 않는다. 오히려 칭찬이나 비난의 내용을 되새겨 더 성숙한 리더로 자라 간다. 그래서 때로 리더에게 닥치는 뜻밖의 어려운 상황에서 하나님이 깨우치시는 신중한 묵상으로 상황을 다스릴 줄 안다.

예수님도 제자들에게 상황의 의미를 깨닫도록 가르치신 예가 있다. 누가복음에서 열두 제자는 언제나처럼 주변에 펼쳐진 사건들의 전말을 깨우치지 못한다. 예수님이 그들에게 귀신을 쫓아내고 병을 고치는 권세를 주시자(눅 9:1 참조) 제자들은 놀라운 기적을 체험하고 목격했다. 하지만 흥분에 겨워 성공을 보고했던 제자들은 금세 무지의 상태로 돌아갔다. 수많은 배고픈 무리를 보고 무리를 보내야 한다고 건의했던 것이다(눅 9:12 참조). 그렇게 많은 사람을 도저히 먹일 수 없었기 때문이다.

제자들이 이제까지 예수님이 보이신 능력을 깊이 생각했다면 무리를 먹이는 것이 예수님께 어려운 일이 아님을 알았을 것이다. 한편 예수님이 기적으로 무리를 먹이신 후에도 제자들은 또 방향 감각을 잃고 만다.

예수님은 5천 명을 먹이신 직후 제자들을 배에 태워 갈릴리 바다 건너편 벳새다로 보내신다(막 6:45 참조). 폭풍이 불어닥치자 제자들은 겁에 질렸다. 귀신을 쫓아낼 권세를 받았고, 바로 얼마 전까지 실제로 사람에게서 귀신을 쫓아냈으며, 5천 명과 그 가족들을 먹이신 하나님의 능력을 방금 전 목격한 그들이 폭풍에 벌벌 떤 것이다. 왜? 그들은 과거의 사건을 충분히 생각하지 않았기에 현재의 도전에 준비돼 있지 않았다.

성경은 "이는 그들이 그 떡 떼시던 일을 깨닫지 못하고 도리어 그 마음이 둔하여졌음이러라"(막 6:52)라고 지적한다. 이전의 실패를 충분히 되새기고 거기서 배우지 않았기에 제자들은 새로운 도전에 부딪칠 때마다 계속 실패했다. 예수님은 눈앞의 사건과 교훈을 깨닫기에 더딘 그들을 꾸짖으셨다(눅 9:41 참조).

어떻게 놀라운 기적을 목격하고 심오한 가르침을 듣고도 자라지 않을 수 있을까? 머리가 둔해서였을까? 물론 아니다. 문제는 그들이 각 사건을 묵상하여 자기 삶에 적용할 진리를 찾지 않은 채 그저 활동만 쫓아다닌 데 있다. 경험을 통해 배우지 못하고 믿음이 자라지 않다 보니 그들은 효율성이 없었다. 제자들은 예수님이 승천하신 후에야 체험을 깊이 생각하는 법을 배웠다.

사도행전에 보면 베드로를 비롯한 제자들이 유다가 주님을 배반했다는 충격적 실체를 이해하는 차원까지 자랐음을 알 수 있다(행 1:15-17 참조). 일단 체험을 통해 의미를 파악하게 되자 제자들은 최악의 핍박에도 굴하지 않고 하나님 뜻을 성취했다.

성공의 절정에서 D. L. 무디는 자신의 고갈된 상태를 깨달았다. 그는 영국과 미국에서 아주 성공리에 전도 운동을 이끌고 있었고 당대 가장 유명한 종교 지도자 대열에 서 있었다. 그러나 그는 영적·지적으로 양분이 딸렸다. 계속 설교만 했지 배운 것이 없었기 때문이다. 무디의 전기 작가 존 폴락은 "미국 내 영향력이 최고조에 달한 순간 그는 영적 파산의 위험에 직면했다"[11]고 썼다. 무디는 자신이 알고 있는 것을 모두 설교했기에 더는 새롭게 말할 것이 없었다. 무디는 "교육 부족은 언제나 내게 불리한 조건이다. 난 죽는 날까지 그것 때문에 애먹을 것이다"[12]라고 고백했다.

노스필드로 이사한 무디는 하나님 말씀에서 새롭고 참신한 통찰을 얻었다고 느껴질 때까지 공부에만 전념한 채 집회의 초빙을 수락하지 않았다. 그는 매일 오전 6시간 연구를 비롯해 엄격한 일정을 세우고 지켰다. 다시 순회 설교를 시작한 후에도 무디는 작은 서재를 가지고 다녔다. 책임져야 할 사람들과 일이 자신을 요구함에도 불구하고 계속 배우지 않고는 훌륭한 영적 리더가 될 수 없음을 분명히 알았기 때문이다.

현명한 리더는 공부는 물론 자기 삶에서 일어나는 사건들을 통해서도 배운다. 큰 사건이 일어나면 그것을 충분히 생각하고 그 경험에서 배운다. 위대한 리더는 사고하는 자다. 바울의 표현대로 마음을 새롭게 함으로 변화되는 자다(롬 12:2). 학습과 평가를 멈추지 않기에 그의 성장도 멈추지 않을 것이다.

과민성

비판을 소화하지 못하는 사람은 리더십을 넘보지 말 일이다. 비판받고 욕 듣고 동기를 의심받는 것은 불쾌하지만 리더십의 불가피한 단면이다. 위대한 리더라도 비판을 피할 수는 없다. 사실 위대한 리더일수록 가장 매서운 비판을 당한다. 과단성 있는 행동을 취하면 반사적 조치라 비난받고, 조심스레 행동을 삼가면 기껏 우유부단하다는 말을 듣는다. 어떤 행동을 취하든 비난이 불가피하기에 리더의 선택은 그만두든지, 하나님이 입증해 주시리라 믿고 옳다고 생각하는 길로 밀고 나가든지 둘 중 하나다.

조나단 에드워즈는 18세기 미국의 가장 총명한 사상가로 손꼽힌다. 유명한 노스앰턴회중교회 목사인 그는 일차 대각성 운동의 중심인물로, 서방 세계 전역에서 그의 많은 저작을 연구했다. 당대 최고의 설교자 조지 윗필드 같은 사람도 먼 길을 마다 않고 찾아와 신학을 논할 정도였지만, 그도 비난을 면할 수는 없었다. 에드워즈가 교인들의 진정한 회심 여부를 확인하려 하자 불만을 품은 일부 교인들이 비방 운동을 벌인 것이다. 결국 에드워즈는 자신 덕택에 유명해진 교회에서 물러나 스톡브리지라는 변두리 작은 교회 목사가 됐다.[13] 미국 역사상 가장 위대한 신학 지성인이자 경건한 목사가 심술궂게 험담하는 자들의 격렬한 비난에 밀려 교회에서 쫓겨난 것이다.

비판 한마디에 열 마디 지지의 말을 듣는다면 그중 어떤 소리가 더 크게 울릴까? 물론 비판의 소리다. 대체로 비판은 칭찬보다 더 영향력이 크다. 실제로 폭넓은 인기에도 불구하고 몇몇 비판자들을 못 견디고 사임한 리더들이 많이 있다. 안타깝게도 소수의 부정적 태도가 대다수의 열정적 지지를 상쇄하도록 내버려 두는 것이다.

건설적 비판은 오히려 리더에게 유익하다. 리더는 그런 반응을 고맙게 받아들이는 정도가 아니라 적극적으로 요구해야 한다. 하지만 중상과 험담 앞에서는 아무리 용감한 리더라도 사기가 꺾일 수밖에 없다. 대부분 리더들은 바른 일을 행하고 싶은 열망이 있고 사람들이 자신을 좋아하고 인정해 주기를 바란다. 늘 동기를 의심받고 행동에 의심을 산다면 기쁨은 사라지고, 자신의 소명이 그런 고통을 감당할 가치가 있는지 회의에 빠지고 만다. 가장 충실한 친구의 칭찬도 간헐적인 데 비해 적들은 새는 수도꼭지처럼 쉴 새 없이 불쾌감을 표출하는 법이다.

그렇다면 리더는 적대적 비판자들의 근거 없는 원한에 어떻게 반응해야 할까? 첫째, 리더는 정직하게 자기 마음을 살펴 비판이 정말 근거 없는 것인지 확인해야 한다. 힘든 일일 것이다. 그러나 설사 부당한 욕을 들을 때라도 뭔가를 배울 수 있으므로 하나님과 사람 앞에서 온전한 태도로 비판에 직면해야 한다. 결국 가장 중요한 것은 사람의 인정이 아니라 하나님의 인정이기 때문이다.

둘째, 분명 하나님께 순종했다면 리더는 자기 변호의 욕망을 버려야 한다. 리더의 안전은 하나님의 인정에 있다. 하나님은 다음과 같이 약속하신다. "너를 치려고 제조된 모든 연장이 쓸모가 없을 것이라 일어나 너를 대적하여 송사하는 모든 혀는 네게 정죄를 당하리니 이는 여호와의 종들의 기업이요 이는 그들이 내게서 얻은 공의니라 여호와의 말씀이니라"(사

54:17).

진실은 시간이 지나면 저절로 밝혀지기 마련이다. 현명한 리더는 자기 동기의 순수성과 행동의 입증을 하나님께 맡긴다.

조나단 에드워즈의 결백은 결국 비판자들을 통해 드러났다. 그를 가장 심하게 대적하던 몇몇이 경건한 목사를 대적한 자신들의 죄를 공개적으로 고백했다. 마침내 프린스턴대학교는 에드워즈를 총장으로 추대했다. 18세기 가장 영향력 있는 미국인으로 꼽히는 에드워즈에 비해 그의 비판자들은 반역 행위 외에 이렇다 할 기록을 남기지 못했다. 오스왈드 샌더스 말대로 "대개 대중은 리더를 알아보지 못하다가 그가 죽은 후에야 살아생전 그에게 던졌던 돌로 기념비를 쌓는다."[14]

참된 리더는 자신의 인기보다 바른 일을 행하는 데 더 관심이 있다. 그 바른 일이 인기와 무관할 때도 있지만 험담하는 세력에 끌려 다니느라 하나님 뜻을 저버리지 않는다. 비판은 미성숙하고 내면이 불안한 자에게나 위력을 발한다. 하나님 뜻을 분명히 아는 리더는 남들이 오해하거나 악의에 찬 적들이 훼방을 일삼아도 흔들리지 않는다.

정치꾼은 개인적 신념과 무관하게 다수의 환심을 사기 위해 일하지만 바른 정치가는 친구와 후원자, 심지어 지위를 잃는다 해도 옳은 길을 지킨다. 추종자들 틈에서 합의를 이루어 내는 것이 궁극의 목표가 아니기 때문이다.

다수결도 마찬가지다. 영적 정치가는 사람들의 중론에 이끌리지 않고 하나님 말씀에 따른다. 사람보다 하나님을 훨씬 두려워하기 때문이다. 비판을 면하려는 마음이 동기가 된다면 그는 리더십에 합당치 않은 사람이다. 참된 영적 리더는 하나님 뜻을 구한 뒤 치우침 없이 그 길을 따른다.

영적 리더는 비판을 바른 시각으로 보아야 한다. 비판은 만드시 있다. 또 마음에 상처도 남긴다. 그러나 리더는 비판 때문에 자신을 향한 하나님의 소명에서 벗어나서는 안 된다. 그만두려는 유혹에 굴복하기 전에 하나님이 맡기신 일을 다시금 되새겨야 한다. 방해나 고생이나 희생이 아무리 커도 그것이 인생을 향한 하나님의 소명을 없이하지는 못한다.

많은 목사들이 "가족들까지 이런 비난을 당하게 할 수는 없습니다"라고 말한다. 맞는 말이다. 리더는 힘써 가족을 보호해야 한다. 그러나 그는 또 알아야 한다. 비판받는다고 해서 하나님 뜻 밖에 있는 것은 아님을 말이다. 오히려 정반대일 수 있다. 예수님은 "내가 너희에게 종이 주인보다 더 크지 못하다 한 말을 기억하라 사람들이 나를 박해하였은즉 너희도 박해할 것이요 내 말을 지켰은즉 너희 말도 지킬 것이라"(요 15:20)라고 말씀하셨다.

하나님 뜻 밖에 살면서 칭찬 듣는 것보다 하나님 뜻 안에서 비난 듣는 편이 훨씬 안전하다. 남들이 방해한다고 당장 소명을 버리는 리더는 자신을 향한 하나님 뜻을 확실히 모르는 것이다. 정확히 하나님의 명을 행하고 있는 리더라면 아무리 심한 적대에 부딪쳐도 그 일을 두고 다른 일을 찾지 않는다.

영적 무기력

리더는 다분히 행동파다. 리더의 역할은 일이 되게 하는 것이다. 그래서 일을 이루려는 열정 때문에 하나님을 만나는 '수동적' 일을 밀쳐 둘지도 모른다. 대다수 영적 리더는 하나님과 교제를 우선순위로 꼽을 것이다. 적어도 그래야 한다는 것을 안다.

그러나 많은 일에 관여하고 많은 사람을 이끌다 보면 본의 아니게 영적 삶을 비중이 적은 자리로 몰아내게 된다. 중요한 회의가 있을 경우 자기 마음이 하나님 앞에서 옳은지 확인하는 것보다는 발표 내용을 다듬는 쪽이 더 실속 있어 보일 것이다.

읽어야 할 서류가 많다면 효율적 시간 관리라는 미명하에 '이번만' 성경 읽기를 빼먹고 싶을 수 있다. 그런 사고방식에 빠지기 쉬운 것은 목사들도 마찬가지다. 하나님과의 만남에 소홀해질 수 있는 위험은 그들의 경우 훨씬 미묘하다. 설교 준비, 상담, 기타 사역으로 언제나 성경이 펼쳐져 있기 때문이다. 조심하지 않으면 성경을 하나님의 살아 있는 말씀이 아니라 교과서로 보게 될 것이다. 하나님과 개인적 대화는 공적인 기도 생활로 때우면서 말이다.

분주한 일상 때문에 그리스도와 만나는 시간을 뒷전으로 밀쳐 두는 리더는 자신의 생명선을 스스로 잘라 내는 것이다. 수많은 성취를 이루면서 동시에 고생을 부르는 격이다. 무엇보다 인간관계에 손상을 입는다. 그들은 하나님이 원하시는 배우자, 부모, 자녀, 친구가 되지 못한다. 시간은 한두 시간 벌었을지 몰라도 우선순위가 어긋나 있으므로 무엇을 하든 전도서 기자의 말대로 "바람을 잡으려는 것"(전 1:14)이 된다. 그리스도를 떠난 삶은 무의미하다. 현명한 리더는 절대 그것을 잊지 않는다(마 6:33 참조).

영적 리더는 계획성 없는 사람이 아니다. 의도를 갖고 행하는 자다. 업무상 중요한 회의를 철저히 계획하는 것처럼 창조주의 음성을 듣는 영적인 시간도 면밀히 계획해야 한다. 신앙생활이 무미건조해진 경우 몇 가지 실제적 조치를 취해 보자. 우선 하나님과 보내려고 떼어 놓은 시간을 평가해야 한다. 시간은 충분한가? 너무 짧지 않은가? 그 시간에 외부로부터 방해를 받지 않는가? 시간이나 장소를 바꾸면 성경 공부와 묵상과 기도에 더 도움이 되지 않을까? 말씀을 공부하는 방식은 어떻게 해야 유익할까?

성경을 다른 번역본으로 읽으면 낯익은 구절이 참신하게 다가오며 새로운 시각을 줄 수도 있다. 묵상집은 말씀을 깊고 새로운 방식으로 보게 해 줄 것이다. 오스왈드 챔버스의《주님은 나의 최고봉》(*My Utmost for His Highest*, 토기장이 역간)은 오랜 세월 영적 리더들의 애독서였다. 우리가 쓴 매일 묵상집《매일 아침 하나님을 경험하는 삶 365》(*Experiencing God Day-by-Day*, 두란노 역간)[15]도 많은 이들에게 도전을 준다. 자신의 매일 신앙 여정을 기록하는 것도 좋은 방법이다. 서두르지 않고 하나님과 함께 보내는 시간은 귀하다. 그 자리를 대신할 수 있는 것은 아무것도 없다. 그것을 우선순위로 지키는 데 따르는 노력은 그만한 가치가 있다.

하나님과 든든한 관계를 맺으면 리더에게 수많은 유익을 가져다준다. 우선 리더는 하나님이 자신에게 말씀하시는 때를 분명히 알 수 있다. 리더가 건강하지 못한 습관에 노출되면 하나님의 강한 말씀이 그를 지키신다. 중요한 결정을 내릴 때면 하나님이 최선의 방향으로 그를 인도하신다.

세상 기준에 타협하라는 압력과 비난을 받을 때면 하나님이 내적 힘과 굳은 의지를 주셔서 믿음을 견고케 하신다. 전능하신 하나님과 든든한 관계를 가꾸어야만 거리낌 없이 하나님이 주시는 확신을 따르며 자신의 수고를 통해 하나님께 영광을 돌릴 수 있다.

가정 소홀

시어도어 루스벨트는 자유분방한 딸 앨리스를 왜 좀 더 강하게 단속하지 않느냐는 질문에 이렇게 답했다. "난 미국 대통령 노릇을 하거나 앨리스를 챙기거나 둘 중 하나만 할 수 있지 둘 다 할 수는 없다."[16]

많은 리더들에게 이것은 딜레마다. 영향력과 책임이 따르는 리더들은 일터와 가정 사이에서 균형을 이루기 위해 고심할 때가 많다. 빌리 그레이엄도 난감한 경험이 있었다. 1949년 로스앤젤레스 전도 집회가 8주째 접어들 무렵이었다. 처형 부부가 아기를 안고 찾아왔다. 빌리 그레이엄이 웬 아기냐고 물은 그 아기는 자기 딸 앤이었다. 집을 떠난 지 하도 오래 돼 자기 딸조차 알아보지 못했던 것이다. 그날 밤 잠결에 울며 칭얼대던 어린 앤은 아버지도, 어머니도 아닌 이모를 찾았다.[17]

자서전에서 그레이엄은 인생을 다시 살 수 있다면 여행을 줄이겠다고 고백했다. 심지어 그동안의 여행이 전부 불가피한 것은 아니었다고 시인했다.[18] 그레이엄의 사역 윤리나 경건함은 아무도 흠잡을 수 없을 테니, 이런 난감한 경험은 리더 모두에게 교훈이 될 만하다.

넬슨 만델라는 흑인 해방을 위해 자신의 모든 것을 희생했다. 만델라는 결국 목표를 이루었고 그 공로로 노벨 평화상을 받았으며 흑인의 참정권이 허용된 최초의 선거에서 남아프리카공화국 대통령으로 당선되었다. 그러나 만델라는 두 번의 이혼을 겪었고 오랜 세월 감옥에서 지내면서 자녀들과 연락도 하지 못했다. 만델라는 두 번 다 아내를 사랑했지만 늘 일이 우선되는 바람에 파국을 맞았다고 고백했다.

로널드 레이건 대통령은 수차례 국제 분쟁을 중재했고 미·소 관계에 큰 진전을 이루었다. 그러나 그 최상의 외교술도 대통령 재임 기간 중 딸 패티에게는 통하지 않았다.

리더는 리더십의 책임과 가정에 대한 헌신 사이에 균형을 이루어야 한다. 가정을 완전히 희생하게 되면 공적으로 거둔 큰 성공에도 불구하고 사적으로 엄청난 시련을 당하게 된다. 현명한 리더는 일의 중압감으로부터 가정을 지키기 위해 노력한다. 직장에서 통하는 우선순위 원리를 가장 중요한 사람들에게 적용하지 못해서야 되겠는가. 성실한 리더는 하나님이 주신 가정에 대한 책임을 심각하게 받아들인다. 그들이 뭔가를 한다면 하나님과 가족을 사랑하기 때문이다.

리더는 가정의 중요한 본분인 자녀 교육에 대해서도 잘 알아야 한다 (신 6:4-9 참조). 특히 리더의 자녀는 차세대 리더를 대표할 수 있다. 부모보다 더 큰 영향을 세상에 미칠 수 있는 잠재력이 있다. 현명한 리더는 자녀를 크리스천으로, 차세대 리더로 키우는 일이 얼마나 중요한지 잘 안다. 생일, 기념일 등 중요한 날을 미리 달력에 표시해 두는 것도 방법이다. 출장이 잦다면 가족들과 함께 갈 수 있는 방법을 모색해야 한다.

리더는 일과 가정을 경쟁상대로 만들 것이 아니라 일이 가족에게 복이 될 수 있는 창의적인 방법을 강구해야 한다. 하나님은 가정을 중시하신다. 그러니 하나님께 도움을 구하면 반드시 도움을 얻을 것이다.

행정 부주의

리더는 본질상 꿈꾸는 자다. 그들은 조직의 방향과 비전에 집중한 나머지 실제 그 목적지에 도달하는 조직을 만드는 데는 소홀할 수 있다. 이를테면 국토 순회에 나선 사람이 꼭 붙들고 있는 지도 덕에 자신의 위치는 정확히 알아도 정작 연료와 오일을 살피는 데는 소홀한 것과 같다. 계기판에 경고등이 깜박거리고 후드 밑에서 이상한 소리가 나는데도 그는 목적지에

도착하는 데만 급급하다. 그러면 결국 목적지 근처에는 가지도 못하고 오도 가도 못하는 신세가 될 수 있다. 큰 그림에 몰두하느라 세부 사항을 무시했기 때문이다. 세부 사항 하나만 빠져도 미래 계획은 궤도를 벗어날 수 있다.

현명한 리더는 조직의 궁극적 가치가 비전 문구나 규정집, 장기 계획이나 핵심 가치에 있지 않고 사람에 있음을 안다. 조직의 배후 동력은 사람이기에 리더는 계속 사람들에게 업무를 위임하면서 그들의 태도와 효율성과 관심사를 꾸준히 살펴야 한다. 그것이 조직의 최대 잠재력을 발휘할 수 있는 길이다.

큰 조직의 CEO는 직접 모든 직원을 선발하거나 훈련하지 않는다. 하지만 조직에 충분한 인력을 확보하고, 구성원을 적절히 훈련시키고, 조직에 자원을 공급하는 일은 결국 그의 책임이다. 리더는 조직의 방향과 진척 상황을 사람들에게 꾸준히 알리고, 조직의 가치관을 명확히 설명하여 그 신념에 맞는 행동을 하도록 이끌어야 한다. 그것을 못하는 리더는 아랫사람들이 어쩌다 조직의 본 목적에서 벗어나도 그들을 탓할 수 없다.

조직의 내부 붕괴를 막으려면, 리더는 최소한 두 가지 일에 능해야 한다. 바로 갈등 해결과 의사소통이다.

조직이 건강한지 평가하려면 최고 리더가 일반 사원들의 고충을 아는 데 걸리는 시간을 재 보면 된다. 리더가 큰 이슈에 신나게 주력하느라 하부의 고충이 몇 주고 몇 달이고 불거지게 방치한다면 조직은 위기에 부딪칠 수밖에 없다. 행정상의 사소한 결함으로 그쳐야 할 문제가 큰 위기로 악화되는 것이다. 훌륭한 리더는 적극적 문제 해결자로 정평이 나기 마련이다. 무능한 리더는 심기가 불편하거나 불만이 생기는 것을 피하지만, 훌륭한 리더는 정면으로 부딪친다.

사실 갈등을 끄집어내기 좋아하는 사람은 별로 없다. 그러나 오늘 덮어 둔 문제 하나가 내일 눈덩이처럼 불어난다는 것을 알아야 한다. 조직 내 문제나 갈등은 즉각 신속히 부딪쳐 해결하는 것이 언제나 최선이다.

영적 리더는 '갈등 관리'뿐 아니라 갈등 해결에 힘쓴다. 다양한 개성과 아이디어는 분명 건강한 조직의 징표지만 끝없는 불화 속에서는 생명력을 잃는다. 리더는 사람들 간의 갈등을 신속히 조정하여 아까운 에너지와 시간을 불필요한 문제로 허비하게 두지 말아야 한다.

한편 적시에 이루어지는 분명한 의사소통은 성공적인 조직 관리에 필수다. 아랫사람들과 소통하지 않는 리더는 어느 날 문득 명색이 리더이면서도 사실상 조직에 관해 모르는 것 투성이임을 깨달을 것이다. 그들이 당연시해 온 충성은 더 이상 존재하지 않고, 아랫사람들과 공유하고 있다고 믿어 온 가치관도 거부된다. 조직을 움직이려는 방향성 있는 시도는 단호한 저항에 부딪칠 것이다.

리더는 조직의 징후에 세심한 관심을 기울여 사소한 갈등을 제때 해결해야 한다. 예수님 역시 제자들이 교정이 필요할 때마다 즉시, 단호하게 대처하셨다. 제자들이 자기 사명을 오해하거나 회의나 두려움에 빠져 가치관이 흔들릴 때 예수님은 언제나 신속히 지적하시며 사명을 되찾게 도와주셨다.

조직 내 효율적인 의사소통을 가로막는 최대 장애물은 리더의 책상이다. 훌륭한 리더는 중요한 업무를 책상에 쌓아 두지 않는다. 잘 정리하지 못하는 리더의 책상에 묶여 있는 중요한 결정이나 서류 하나 때문에 큰 조직이 사실상 마비되는 경우가 비일비재하다. 결정적 정보가 일상적 문서와 소지품 더미에 묻혀 있는 바람에 중대한 결정이 미뤄지기도 한다.

중요한 일이 방치된다는 것은 리더가 조직의 업무 흐름을 무시한다는 분명한 신호다. 리더는 중요한 일을 신속 정확히 처리한다는 평판을 얻을 필요가 있다. 리더의 반응이 느리면 사람들이 리더를 기다리는 사이 전 조직이 지연되기 때문이다.

아울러 훌륭한 리더는 핵심 간부들을 세워 매일 조직 운영을 감독하게 한다. 리더가 출타하거나 휴가를 갈 때마다 조직이 마비되지 않도록 말이다. 독불장군이 이끄는 조직은 리더가 사무실을 비울 때마다 속도가 더뎌지거나 아예 멈춰 버리지만, 관리가 잘되는 조직은 리더가 없어도 원활히 돌아간다.

현명한 리더는 간부 사원을 개발하고 훈련하는 데 투자를 아끼지 않는다. 조직의 흐름을 유심히 감독하고 유지하며, 자신이 없을 때도 흐름이 원활하도록 조직을 건강하게 유지하면, 항상 귀에 전화기를 달고 있지 않아도 업무를 잘 수행할 수 있다. 이런 리더는 일 걱정을 하지 않고도 집에서나 휴가 중에 즐겁게 시간을 보낼 수 있다.

장기 집권

"남들이 지겨워할 때 떠나는 것보다 아쉬워할 때 떠나는 것이 낫다." 훌륭한 리더는 이 금언에 따른다. 숙련된 설교자는 30분이 지나도 핵심을 밝히지 못할 경우 차라리 교인들을 집으로 보내 점심이나 먹게 하는 편이 낫다는 것을 안다. 탁월한 강사들은 청중의 특권을 절대 짓밟지 않는다. 지혜로운 리더는 새 리더에게 자리를 내주고 우아하게 떠날 때를 안다.

그러나 어이없게도 효율성이 다한 후에도 직위에 연연함으로써 어렵게 쌓은 자신의 업적과 기여도를 갉아먹는 리더들이 많이 있다. 해리 트루먼은 인간에게 부여되는 역사적 평가가 죽음과 관계있음을 확인시켜 준다. 존 F. 케네디나 마틴 루터 킹 주니어 같은 이들은 사회에 큰 기여를 했음은 물론 극적인 죽음으로 더욱 불멸의 존재가 되었다.

하워드 가드너는 "거의 모든 리더가 과도히 욕심을 부리다 결국 자신의 생애에 흠집을 낸다"[19]고 말했다. 가드너는 이렇게 결론을 내렸다. "사실 업적이 많은 리더일수록 부담도 크다. 큰 업적은 큰 반향을 일으키기 때문이다. 결국 자신의 업적에 심한 반론을 자초하거나 아예 완전히 망쳐 버리는 불미스러움을 겪지 않은 사람은 대체로 젊은 나이에 요절한 훌륭한 리더들뿐이다."[20]

리더의 약점은 자신의 정체성을 직위와 연결시켜 본다는 것이다. 조직의 대표라는 직위에 따르는 신망과 영향력을 흠모한 결과, 조직에 변화가 필요함을 만인이 절감하고 있는데도 직위 이양을 꺼리곤 한다. 자신이 더는 이전처럼 훌륭히 제 역할을 수행해 낼 수 없다는 현실을 보지 못하는 것이다. 지금껏 잘해 왔기에 여전히 자신이 그 자리에 최고 적임자라고 생각한다. 이런 리더들은 여태껏 자신이 조직에 끼친 긍정적 기여마저 까먹을 소지가 다분하다. 차세대 리더에게 자리를 내주지 않고 한사코 비켜서지 않음으로써 오히려 조직의 발목을 잡는 것이다.

과거에 조직을 훌륭히 이끌어 온 연로한 리더가 자신의 한계를 드러낸 지 오래 됐는데도 집요하게 리더 자리를 고수하려는 모습은 정말 가슴 아픈 일이다. 아무리 거창하게 이유를 둘러대도 이것은 리더의 이기적 단면을 드러낼 뿐이다. 그들은 오직 조직이 잘되기만 바랄 뿐이라며 열변을

토할 것이다. 어쩌면 그 심정은 사실일 수 있다. 그러나 그들이 직위에 따르는 특권과 힘과 재정적 혜택을 포기하고 싶지 않은 것도 분명 사실이다.

영적 리더는 조직에 대한 자신의 기여가 끝나는 시점을 분별한다. 그 시점에서 리더십 권한을 다음 세대에 멋지게 넘겨준다.

그렇다면 리더는 어떻게 그 시점을 분별할까? 자신이 떠나야 할 때에 관해 하나님의 지혜를 구하면 그분이 친히 인도해 주신다. 조직의 실적이 분명한 메시지가 될 수도 있다. 조직이 고전을 면치 못할 때, 경쟁사에 계속 뒤질 때, 새로운 아이디어가 전혀 나오지 않을 때, 핵심 요원들이 떠날 때, 만성 사기 저하에 시달릴 때, 미래에 대한 밝은 기대가 없을 때, 이 모두가 뭔가 변화가 필요하다는 신호다. 리더에게 극적 전환이 필요하든, 아니면 능력 있는 새 리더가 들어설 때가 된 것이다.

오스왈드 샌더스는 "아무리 의도가 좋다 해도 연로한 사람이 직위를 양도하지 않고 그 허약한 손으로 권력을 쥐겠다고 고집할 때 조직의 진보는 몇 년이고 지체된다"[21]고 말했다.

성경에 나오는 장기 집권 리더의 대표적 예는 히스기야 왕이다. 히스기야는 유다의 선하고 의로운 왕이었다. 성경은 그의 통치를 높이 평가한다. "히스기야가 이스라엘 하나님 여호와를 의지하였는데 그의 전후 유다 여러 왕 중에 그러한 자가 없었으니"(왕하 18:5).

14년을 다스린 후 히스기야는 불치병에 걸렸다. 선지자 이사야는 왕이 하나님 뜻에 따라 곧 죽을 것이니 집안을 정리하라고 한다. 그러자 히스기야는 통곡하며 살려 달라고 기도했다. 하나님은 그의 요구를 들으시고 생명을 15년 연장해 주겠다고 약속하셨다.

히스기야가 처음부터 하나님 뜻을 받아들였다면 그의 통치에 오점이 남지 않았을 것이다. 연장된 재임 기간에 그는 두 가지 결정적인 실책을 범했다. 먼저 바벨론 사자들이 찾아왔을 때 쓸데없이 나라의 보물을 다 보여주었다. 이 어리석고 경솔한 행동은 두고두고 후임 왕들을 괴롭히게 된다. 결국 바벨론 군대가 강제로 유다의 보물들을 탈취해 간 것이다.

또 히스기야는 수명이 연장된 덕분에 므낫세라는 아들을 낳았으나 안타깝게도 하나님을 경외하는 자로 키우지 못했다. 히스기야의 죽음과 함께 유다에는 역사상 가장 길고도 악랄한 므낫세 왕의 통치가 시작되었고, 므낫세의 통치가 끝날 즈음 유다의 부도덕과 우상 숭배는 하나님이 국가적 심판을 거두실 수 없을 만큼 패역한 지경에 이른다. 하나님의 본래 계획을 벗어나 리더십 기간을 연장함으로써 히스기야는 확실한 망국의 씨앗을 심었던 것이다.

한편 시어도어 루스벨트는 참 수수께끼 같은 인물이다. 미국 역사상 최고 득표율로 대통령에 당선된 그는 국가를 이끌어야 할 막중한 사명이 자신에게 맡겨졌음을 절감했지만 중임까지만 출마하기로 약속하고 3선 출마는 사양했다. 대신 자신의 동료이자 친구인 하워드 태프트를 공화당 후보로 적극 밀기로 했다. 그러나 머잖아 루스벨트는 후계자에 대한 꿈을 버렸다. 태프트의 정치 역량이 루스벨트의 양에 차지 않았던 것이다. 게다가 루스벨트는 자신의 3선 출마를 원하는 사람들의 지지를 저버리기가 너무 어려웠다.

결국 루스벨트는 1912년 미국 대통령 선거에 무소속으로 출마해 민주당 후보는 물론, 자신의 친구인 공화당 후보 하워드 태프트를 상대로 싸웠다. 덕분에 공화당 표가 갈렸고 루스벨트는 태프트보다 많은 표를 얻었지만 결국 둘 다 민주당 후보 우드로 윌슨에게 졌다. 태프트와 루스벨트의

표를 합하면 민주당 후보를 능히 이길 수 있었으나 표가 양분되는 바람에 놓친 것이다.

루스벨트가 출마로 이룬 것이라고는 고작 자신의 절친한 친구에게 피해를 입힌 것, 자기 정당을 갈라놓은 것, 16년 만에 공화당에 패배를 안긴 것이었다. 이 모두가 그가 직위에서 물러나 차세대 리더를 밀어주지 않은 데서 비롯된 비참한 결과였다.

나이 든 리더는 차세대 리더를 잘 축복하지 못하는 경향이 있다. 또 젊은 리더들이 너무 순진하거나 과격하거나 경험이 없어 리더 직분을 수행할 수 없다며 가로막을 때가 많다. 그들은 기술 변화를 가치관의 변화로 잘못 해석한다. 사실 성경적 원리와 가치관은 절대 바뀌지 않지만 한 세대에 적합했던 방식이 다음 세대에는 쓸모없거나 오히려 역효과를 낼 수 있다.

예컨대 조직이 회의에 할당해야 할 시간은 기술 발전에 힘입어 명확한 의사소통을 통해 절감할 수 있다. 그러나 주례 회의에 익숙한 나이 든 리더는 월례 회의를 선호하는 젊은 리더를 보며 의사소통이 어려워진다고 우려한다. 실은 젊은 리더도 전임자 못지않게 의사소통을 중시하고 다만 신기술 통신 장비를 활용하여 효율성을 높이는 중인데도 말이다.

나이 든 리더는 차세대 리더가 자기만의 리더십 방식을 개발하도록 용납하고, 차세대 리더는 이전 세대 리더들을 존중하여 하나님의 인도를 구해야 한다. 나이 든 리더는 차세대 리더에게 최고의 지지자가 돼주어야 한다. 후임자를 간섭하고 비판하는 일을 각별히 삼간다면 그들은 차세대 리더에게 값진 지혜와 경험을 제공할 수 있다.

많은 리더들이 비판적 태도로 인해 후임자의 마음을 얻지 못한 채 차세대에게 조언할 기회를 잃고 있다. 이것은 어마어마한 낭비이자 가치 있는 경력을 서글프게 마감하는 길이다. 현명한 리더는 후임자에게 자신의 편견을 강요하지 않고, 오히려 젊은 동료의 성취에 후한 인정과 격려를 베푼다.

영적 리더는 자신의 특권보다 조직의 유익을 앞세우기에 자신이 계속 리더로 있는 것이 조직에 유익한지 해로운지 하나님께 묻는다. 자신이 조직을 위해 할 수 있는 가장 유익한 일이 사임이라면, 인정하고 싶지는 않지만 조직과 사람들을 진정 아끼기에 조직을 훌륭히 이끌 수 없는 시점까지 월급을 챙기려 들지 않는다.

똑똑한 리더는 조직의 징표를 읽고 떠날 때를 안다. 그들은 인생의 만족의 근원을 하나님께 두기에 비록 직위에서는 은퇴해도 소명에는 은퇴가 없음을 잘 안다. 끊임없이 배우며 자라기로 헌신한 리더는 직위에 악착같이 매달리는 대신 하나님이 새로운 도전을 예비해 두셨음을 믿고 다음번 과제를 준비한다.

함정을 피하는 길

리더에게 실패와 불명예를 안겨 줄 수 있는 함정을 피하는 길은 그런 함정에 대한 건강한 인식을 키우는 것이다. 또 유혹이 오거나 갈팡질팡할 때를 대비해 예방책을 미리 마련해 두는 것이 좋다.

무엇보다 다음 세 가지 사실을 잊지 말라. 첫째, 조직의 생명은 생산성이 아니라 사람이다. 둘째, 난 이 조직에 없어서는 안 될 존재가 아니다. 셋째, 내가 조직을 위해 할 수 있는 가장 훌륭하고 유익한 일은 하나님과 친밀하고 생생한 관계를 유지하는 것이다.

기업의 효율성과 신앙을 하나로 통합하는 일은 리더의 필수 항목이다. 우리는 북미 전역의 성공한 크리스천 기업 리더들과 함께 모여 옳은 길을 걷도록 서로 격려한다. 서로를 위해 기도하며 중대한 결정에 대해 조언한다. 서로 격려하고 책임지기 위해 소그룹을 형성하기도 한다.

우리 부자(父子)는 매달 한 번씩 기업, 법률, 의료계 리더들을 만나 새벽 성경 공부를 인도한다. 전문직 리더들이 일터에서 부딪치는 이슈들을 함께 토의하는 이 성경 공부를 녹음해 전 세계로 전한다. 현재 북미 여러 도시에서 이런 식의 성경 공부가 생겨 영적 리더들에게 삶의 모든 영역에 대한 실제적, 성경적 도움을 주고 있다. 또 목사들과 함께 매달 모여 기도하고 격려하며 하나님이 원하시는 리더가 되기 위해 서로의 진보를 나눈다.

세심한 노력과 훌륭한 계획, 또 간절한 기도가 있다면 리더는 리더십을 해치거나 사생활을 위협할 수 있는 함정에 빠지지 않는다. 많은 리더들이 이 사실에 주목하여 서로를 격려하고 도울 수 있는 소그룹 모임을 갖고 있다. 아직 그런 모임에 참여하고 있지 않다면 속마음을 털어놓을 수 있는 3-5명의 경건한 사람들을 찾으라고 권하고 싶다. 물론 동성이어야 하고 배우자는 제외해야 한다.

개인적으로, 또는 소그룹으로 토의해 볼 만한 것을 소개하면 다음과 같다.

1. 최소한 한 명이라도 다른 리더와 함께 정기적으로 기도하는가?
2. 개인적 고민을 솔직히 털어놓을 수 있는 다른 리더들이 있는가?
3. 끝까지 하나님 뜻을 따르도록 날 견제해 줄 사람이 있는가?
4. 신실한 부부 관계를 지키기 위한 예방책은 무엇인가?

5. 어떻게 하나님 말씀을 공부하며 삶에 적용하고 있는가?

6. 하나님과의 시간을 지키기 위해 최선을 다하고 있는가?

7. 마지막으로 하나님 음성을 분명히 들은 것은 언제인가? 그 음성에 어떻게 반응했는가?

8. 내 행동에 의문의 여지가 있다고 느낄 때, 그 부분에 대해 이의를 제기해 줄 사람이 있는가?

9. 성령의 열매가 자라고 있는가?(갈 5:22-23 참조) 갈수록 예수님을 닮아 가고 있는가?

영적 리더십 노트

1 당신은 교만해지지 않으려고 어떤 노력을 하는가?

2 성적인 죄에서 자신을 보호하기 위해 당신이 하고 있는 있을 네 가지만 꼽아 보라.

3 당신은 낙천적인 쪽인가 냉소적인 쪽인가? 부정적인 태도로부터 자신을 지키기 위해 당신이 할 수 있는 일 두 가지는 무엇인가?

4 당신은 월급과 보수에 지나치게 신경을 쓰는가? 돈과 재물을 얼마나 쉽게 남에게 베풀 수 있는가?

5 머리를 녹슬지 않게 하려고 당신이 하고 있는 일 세 가지는 무엇인가? 최근에 읽은 책을 세 권만 꼽아 보라. 가치와 깊이와 통찰력을 기준으로 그 책들을 평가해 보라.

6 당신은 비판과 이견에 너무 예민한가? 반대하는 사람들에게 나쁜 마음을 품는가? 비판자들 때문에 기쁨을 잃는가? 당신의 리더십을 이끄는 것은 비판을 피하기인가 옳은 일을 행하기인가? 그 증거는 무엇인가?

7 영적 삶을 활기차고 참신하게 유지하기 위해 당신이 하는 일을 세 가지만 꼽아 보라. 예컨대 당신은 다양한 성경 역본들을 활용하는가? 말씀 묵상을 돕는 책들과 실제적 방법들을 활용하는가?

8 당신은 가정생활을 어떻게 지키고 있는가? 가족들이 당신의 가장 좋은 사고력과 에너지와 창의력의 혜택을 누리고 있는가? 가정생활을 보강하기 위해 당신이 할 수 있는 일 두세 가지를 써 보라.

9 당신이 리더로서 현재 자리에 있은 지 얼마나 되었는가? 혹시 다른 일로 옮겨야 할 때가 되었다는 징후가 있는가? 하나님이 지금의 자리에서 당신의 삶을 계속 효율적으로 사용하고 계시다는 분명한 증거는 무엇인가? 하나님이 떠나라고 하시면 당신은 떠날 수 있겠는가?

13.
리더의
보상

리더의 상급은
하나님이 책임지신다

THE LEADER'S
REWARD

리더십의 책임이나 자질을 다루는 책은 많지만 리더의 보상에 대한 언급은 별로 없다. 현재 중대한 시련을 맞아 고생하는 리더나, 남들이 알아주지 않는다고 느끼는 리더들도 리더십의 보상을 생각하면 새로운 각오를 다질 수 있을 것이다. 리더는 사사로운 득을 위해서가 아니라 순수하게 책임을 다해야 하지만 동시에 독특한 보상을 얻을 기회가 있음도 인식하면 좋겠다.

보상 중에서 가장 확실하고 가시적인 것은 돈이다. 리더십 직위는 대개 아랫사람들보다 수입이 많다. 단지 이것 때문에 높은 자리를 탐내는 자들도 있다. 그러나 리더가 감수해야 할 무거운 짐과 부담을 두둑한 은행 잔고가 보상해 줄 수 있는 것은 아니다.

리더십에는 덜 가시적이지만 비슷한 매력을 지닌 두 번째 보상이 따른다. 바로 권력이다. 리더에게는 환경을 통제하고 바꿀 재량이 주어진다. 사람들은 리더의 의견에 바짝 주목하고, 자신들의 활동과 프로젝트를 리더가 지지해 주기 원하며, 갖은 미사여구로 리더의 비위를 맞추려 할 수 있다. 리더십의 이런 측면이 사람들을 중독시키기도 한다. 남들이 자신의 의견을 존중해 줄 때 기분이 들뜨고 많은 청중에게 자기 견해를 피력할 기회가 반갑지 않겠는가.

하지만 그런 영향력에는 대가가 따른다. 책임과 의무가 따른다. 높은 기대와 책임 등 영향력의 대가는 절대 만만치 않기 때문에 굳이 그 대가를 치를 마음이 없는 사람도 있을 정도다. 특히 성품의 영향력과 달리 직위의 영향력은 한시적이다. 직위가 끝날 때 영향력도 사라진다.

세 번째 눈에 띄는 리더십의 보상은 명예다. 리더는 대개 귀한 대우를 받는다. 세상이 지위에 얹어 내민 명예라는 프리미엄은 인간의 자아를 부추겨 내면에 도사린 죄악을 들춰내지만, 그것은 아침 안개처럼 찰나와 같다. 그래서 명예는 보상보다 오히려 제약이 될 수도 있다. 명예에는 주변 시선의 감시가 따르기 때문이다. 대중의 값싼 찬사를 얻는 대신 사생활을 잃을 때가 얼마나 많은가. 아무리 바르게 사는 사람일지라도 자신의 모든 것이 관찰과 평가의 대상이 된다는 것은 숨 막히는 일이다. 명예는 달고도 쓴 보상이다.

다행히 리더십의 수고를 가치 있게 해 주는 보다 고상한 보상들이 있다. 이런 보상이 있기에 리더는 수고의 결실을 누리며 깊은 만족감을 경험할 수 있다. 하나님의 기준에 따라 사람들을 이끌 때 기대되는 의미 있는 보상은 다음과 같다.

영적 보상

사도 바울은 생애 끝에 이렇게 말했다. "나는 선한 싸움을 싸우고 나의 달려갈 길을 마치고 믿음을 지켰으니 이제 후로는 나를 위하여 의의 면류관이 예비되었으므로 주 곧 의로우신 재판장이 그 날에 내게 주실 것이며 내게만 아니라 주의 나타나심을 사모하는 모든 자에게도니라"(딤후 4:7-8). 자신의 역할을 잘 수행한 영적 리더는 하나님의 인정과 소명의 성취라는 보상을 기대할 수 있다.

하나님이 인정해 주신다

전능하신 하나님이 내가 살아온 삶을 기뻐하신다는 사실을 알 때의 감격, 그것을 따를 수 있는 보상은 아무것도 없다. 현세에서 하나님의 인정과 기뻐하심을 느끼고 내세에 그분의 영원한 보상을 기대하는 것이야말로 값으로 따질 수 없는 귀한 상이다. 어떤 보물과도 견줄 수 없다.

성경에는 바른 삶으로 하나님의 복을 받은 사람들이 수없이 나온다. 사업가 욥은 지상의 의로운 삶으로 천상의 하나님께 영광을 돌렸다(욥 1:8; 2:3 참조). 정부 관리 다니엘은 왕궁에서의 순전한 품행으로 천국 궁정에서 큰 은총을 입었다(단 9:23 참조). 제사장의 아내 엘리사벳은 "하나님 앞에 의인"으로 하나님께 은총을 입었다(눅 1:6, 25 참조). 젊은 여인 마리아도 도덕적 순결로 하나님의 칭찬을 입었다(눅 1:28 참조). 예수님은 하늘 아버지를 어찌나 기쁘시게 했던지 아버지는 "너는 내 사랑하는 아들이라 내가 너를 기뻐하노라"(눅 3:22)라고 선포하셨다.

예수님은 제자들의 삶이 하나님을 영화롭게 하면 천국에서는 물론 이생에서도 풍성한 보상을 받을 것이라 약속하셨다(눅 18:28-30 참조). 바울은 그리스도의 심판이라는 준엄한 현실을 늘 의식하며 살았기에 당당히 죽음을 맞이할 수 있었다. 또 세상의 명예란 하나님을 기쁘시게 하는 삶에 비할 바 못 된다는 것을 알았다. 바울은 양쪽 모두 경험했기에 분명히 차이를 알 수 있었다.

비신자들은 아무리 큰 업적을 남겼어도 불안과 두려움으로 죽음을 맞는다. 하지만 크리스천은 죽음 이후에 하나님의 영원한 임재를 확신하기에 평안하다. 윈스턴 처칠은 20세기 리더 중에서도 가장 자신감 있고 겁 없는 리더였다. 그는 맹위를 떨친 나치 히틀러 도당에 겁내지 않고 맞섰다.

위대한 생애 말년에 그는 농담조로 "나는 날 지은 자를 만날 준비가 돼 있다. 문제는 날 지은 자가 날 만날 준비가 됐는가다"[1]라고 말했다.

그러나 이런 허세에도 불구하고 영원으로 들어서는 죽음의 자리에서 처칠이 마지막 남긴 말은 "희망이 없다"였다. 이 노장은 인도에서 사나운 파탄인과 싸웠고, 수단에서 310명의 기병으로 3천 명이 넘는 회교 광신자들 속으로 용감히 돌진했다. 남아프리카공화국에서 보어인에게 포로로 잡혔다 탈출했고, 1차 세계대전 중 최전방에서 영국군을 지휘했다. 적의 탄환도 겁내지 않던 그는 "총에 맞고도 말짱한 것보다 신나는 일은 없다"[2]고 너스레를 떨었다. 그런 그가 당당히 맞설 수 없었던 유일한 적은 죽음과 그 너머의 불확실한 세계였다.

처칠의 마지막 순간을 영적 리더 D. L. 무디와 비교해 보라. 죽음을 앞둔 62세의 무디는 "어느 날 당신들은 무디가 죽었다는 신문 기사를 보게 될 것이오. 한마디도 믿지 마시오. 그 순간 난 지금보다 더 생동할 것이오"[3]라고 말했다. 4개월 후 무디는 죽어 가며 이렇게 말했다. "이 땅은 물러가고 천국이 내 앞에 열린다. … 이것이 죽음이라면 죽음은 달콤하다. 하나님이 날 부르고 계시니 가야 한다. 날 붙잡지 말라! … 아픔도 없고 골짜기도 없고 그저 기쁨뿐이다."[4]

인생의 목표를 성취했다면 죽을 때 약간 위안이 될 것이다. 그러나 하나님의 부르심에 순종하며 산 것보다 더 큰 만족이 있을까? 하나님과의 관계를 가꾸는 일에 삶을 투자했다면, 두려움 없이 죽음을 맞을 것이다. 그리스도에 순종했기에, 날 반기는 천국과 상이 기다리고 있음을 아는 것이야말로 크리스천은 물론 리더들에게 가장 값진 보상이다.

소명을 이룬다

개인적 목표를 다 이루고 부를 축적했어도 인생이 끝날 때는 그것이 작은 위안밖에 주지 못한다. 하지만 평생 하나님의 부르심에 순종했다면 그보다 나은 만족이 있을까? 평생을 투자하여 하늘의 하나님과의 관계를 가꾸었다면 두려움 없이 죽음을 맞이할 수 있다. 그보다 더 큰 위안이 있을 까? 이 땅이 쇠할 때 하늘이 당신을 영접할 것을 안다면 그것이 최고의 상 이다.

성경은 다윗 왕이 "당시에 하나님의 뜻을 따라 섬기다가 잠들어 그 조상들과 함께 묻혀"(행 13:36)라고 기록한다. 다윗은 완벽한 인간이 아니지 만 하나님은 그를 쓰셔서 천국의 뜻을 이루셨다는 것이다. 하나님이 각 사 람을 향해 두신 뜻을 이루는 것보다 귀한 야망은 없다.

하나님은 몇몇 사람들을 리더로서 당신을 섬기도록 부르신다(엡 4:11 참조). 리더 자리로 부르신 하나님은 그들을 또한 리더로 빚으신다. 그들이 다른 일을 한다면 그것은 하나님의 뜻 이하의 일에 삶을 투자하는 것이다. 하나님의 뜻을 거부하는 자는 하나님이 예비하신 것을 절대 맛볼 수 없다.

사도 바울은 "푯대를 향하여 그리스도 예수 안에서 하나님이 위에서 부르신 부름의 상을 위하여 달려가노라"(빌 3:14)고 말했다. 바울의 야망은 흔들림 없이 하나님 뜻을 따르는 것이었다. 자신을 향한 하나님 뜻을 받아 들여 전심으로 그것을 좇는 자는 사도 바울처럼 "하늘에서 보이신 것을 내 가 거스르지 아니하고"(행 26:19)라 고백할 수 있다.

자신의 잠재력을 온전히 실현했을 때 놀라운 만족감이 따른다. 예수 님은 삶을 마치실 때 하늘 아버지께 "아버지께서 내게 하라고 주신 일을 내 가 이루어 아버지를 이 세상에서 영화롭게 하였사오니"(요 17:4)라고 기도

하셨다. 갈보리 십자가에 달려 마지막 숨을 쉬시기 전 그분의 입에서는 "다 이루었다"(요 19:30)는 승리의 외침이 터져 나왔다. 예수님은 "나는 끝났다" 고 하시지 않았다. 역사상 가장 어려운 사명을 받으신 그분은 마지막 순간 까지 순종하셨다.

리더십은 폭넓은 범위를 총칭하는 광의의 개념이다. 작은 단위든 영 향력이 큰 자리든 모두 리더십이다. 자리가 크든 작든 리더로 부름 받은 자 가 하나님 뜻에 복종하지 않는다면 그것은 삶을 허송하는 것이요 잠재력을 낭비하는 것이다.

하나님이 자신을 리더로 부르신 줄 알면서도 멈칫한다면, 그것은 현 재의 안정된 자리를 떠나고 싶지 않아서거나, 리더십에 불가피한 비판이 두려워서거나, 자신의 능력에 회의가 들어서일 수 있다. 하지만 결국 하나 님의 충분한 공급을 의심한다는 뜻이다. 하나님이 키우시도록 자신을 내드 린다면 그분의 인도함대로 감히 생각지도 못했던 일을 할 수 있다. 하나님 뜻대로 사는 삶보다 더 보람된 것은 없다.

관계의 보상

로마 황제 티베리우스는 백성의 애정에는 관심이 없이 오직 존경받 을 욕심만 부렸다.[5] 그 결과 그가 죽었을 때 제국 전역에 걸쳐 그의 영혼이 지옥에서 고통당하기를 비는 기도가 공공연히 드려졌다.[6] 반면에 드와이트 아이젠하워의 전기 작가는 "그를 아는 사람은 거의 모두가 그를 엄청나게 좋아했다"고 적었다.[7] 아이젠하워는 충직한 동지들의 무리에 둘러싸여 있 었는데, 그들은 대통령이라는 권력자의 친구이자 측근이라 하여 특혜를 누

리려 한 적이 한 번도 없었다.[8]

훌륭한 리더는 평생 관계의 세 가지 주요 영역을 가꾸고 누린다. 그것은 바로 가정과 동료와 친구다.

가족

리더의 참모습을 알고 싶다면 가족들에게 물어보라. 온전한 리더는 일터에 자신의 최선을 내주고 가족들에게는 정서적 · 신체적 찌꺼기를 내놓는 자가 아니다. 직장에서는 너그럽고 늘 앞장서 희생하면서도 집에만 오면 성질 급한 폭군처럼 행동하는 리더는 성품이 온전치 못한 자다.

많은 리더들의 문제는 정서적 · 신체적 에너지의 최대 용량을 직장 프로젝트에 쏟아 부었다가 퇴근해 가족들을 대할 때쯤이면 에너지가 고갈된다는 것이다. 직장에서 복잡한 문제를 잘도 해결하는 그들은 아주 단순한 집안 문제도 처리할 여력이 없다.

인간의 시간과 에너지는 한정돼 있다. 페이스를 조절하지 않고 모든 자원을 어느 한쪽에 쏟아 붓는다면 아무리 하나님을 사랑하고 가족을 사랑한다고 주장해도 소용없다. 성실한 리더는 자신의 우선순위를 알고 그에 맞게 삶을 조절한다.

성품이 온전한 리더는 직장에서처럼 가정을 이끄는 데도 분명한 목적이 있다. 그들은 리더로서 자신의 최대 업적이 가정에서 이뤄져야 함을 안다. 직장 문제는 물론 가정 문제 해결에도 열심이다. 직장에서 활기차고 예의 바른 태도로 인정받는다면 가정에서는 더욱 그렇다. 직장 동료들을 존중한다면 배우자와 자녀들에게는 더욱 극진하다.

참된 영적 리더는 집에서나 직장에서나 늘 사랑과 인내와 친절로 행한다. 그가 영웅이라 불리는 것은 사람들 앞에서 놀라운 공을 쌓아서가 아니라 일과를 마친 후 사랑하는 가족들에게 돌아갈 수 있기 때문이다.

한창 사역에서 성공을 구가할 무렵 D. L. 무디는 사생활에 위기를 맞았다. 그의 설교 사역은 큰 성공을 거두었고 그는 교회와 출판사 외에도 학교를 세 군데나 세웠다. 그런데도 그는 실패한 기분이었다. 예일대학교에 입학한 맏아들 윌이 신앙을 버렸던 것이다. 아들에게 보낸 편지에서 무디는 "내가 가장 부끄러운 것은 아무리 남들한테 설교를 잘해도 정작 내가 전하는 복음을 내 아들이 믿지 않는다는 것이다"[9]라고 썼다.

가장 사랑하는 가족들마저 뜻대로 안 되자 사역의 성공도 별 의미가 없었다. 다행히 윌은 결국 예수님께 돌아와 아버지의 사역에 동참했다. 무디의 기쁨은 이루 말할 수 없었다.

참된 영적 리더는 가족들을 현재의 자리에서 하나님이 원하시는 자리로 데려간다. 조직의 성장을 보는 것도 기쁨이지만 가족의 성장과 성숙을 보는 기쁨은 그보다 더하다. 하나님은 가정을 이끄는 원리를 분명히 밝혀 주셨다(엡 5:22-6:4 참조). 동요 없이 하나님의 지침을 따르는 자는 리더십의 가장 중요한 영역인 가정에서도 성공을 맛볼 것이다(잠 22:6 참조). 그 결과 영적 리더는 세대가 바뀌어도 계속 하나님 뜻을 수행할 '경건한 자녀'를 남기게 된다(신 6:4-9; 말 2:11-15 참조).

가족 관계는 가장 큰 기쁨의 원천인 동시에 가장 깊은 슬픔의 원천이기도 하다. 물론 그것은 가족 관계를 어떻게 가꾸느냐에 달린 문제다. 조직의 목표를 달성하는 일에 몰두한 나머지 가정을 소홀히 했다면 겉으로 보이는 성공과 상관없이 가정에서 처절한 실패를 겪게 된다.

목회자 수련회에서 이를 증거하는 슬픈 간증을 들은 적이 있다. 한 잘

생긴 젊은 목사가 대여섯 명의 사람들과 함께 교회를 개척했다. 5년 만에 교회는 급성장해 교인이 800명을 넘었다. 교회 성장학적 측면에서 볼 때 그는 성공했다. 하지만 그의 간증에는 눈물이 있다. 처음 교회 개척을 고민할 때 아내는 이렇게 말하며 말렸다. "저는 당신을 알아요. 당신은 뭐든 했다 하면 완전히 빠지는 사람이지요. 당신은 당신 전부를 교회에 걸 테고 그렇게 되면 우리 가족은 당신을 잃고 말 거예요."

젊은 목사는 가정을 중시하는 사람이었기에 그런 가능성을 강력히 부인했다. 자신과 가정 사이에 아무것도 끼어들지 못하게 할 참이었다. 하지만 결국 아내 말은 옳았다. 아내는 아이들과 함께 다른 길로 갈 테니 혼자 교회와 함께 갈 길을 가라고 말했다. 교회 성장을 위해 그는 가장 소중한 것을 희생한 셈이다. 이 목사는 한때 아내와 자녀들과 누렸던 친밀한 관계를 다시 얻을 수만 있다면 모든 '성공'을 잃어도 아깝지 않다고 말했다.

다윗 왕도 비슷한 고뇌를 겪었다. 장군이요 왕이요 최고 행정가로 그의 리더십은 탁월했다. 그러나 그의 혁혁한 공적은 가정에서 실패로 빛이 바랬다. 다윗의 아내 미갈은 하나님을 찬양하는 그를 비웃었다(삼하 6:20-23 참조). 다윗은 휘하 용사의 아내를 범하고 부하를 사지로 몰았다(삼하 11장 참조). 다윗의 아들 암논은 이복누이 다말을 강간했다(삼하 13:1-22 참조). 다윗의 아들 압살롬은 암논을 죽이고 아버지를 모반해 내전을 일으켰다(삼하 15-18장 참조). 다윗이 임종을 앞둔 시점에도 아들 아도니야는 아버지의 왕위를 노려 음모를 꾸몄다(왕상 1:5-53 참조).

불륜 관계로 태어난 다윗의 아들 솔로몬은 이방 여자들의 꼬임에 빠져 마음을 돌이키고 하나님을 떠났다(왕상 11:1-8 참조). 다윗의 손자 르호보암은 미련하게도 어리석은 조언을 듣고 할아버지 다윗 대로부터 물려받은 나라를 분단시켰다(왕상 12:1-15 참조). 가정의 리더 역할을 감당하지 못했기에 다윗은 국가를 훌륭히 통치한 데 대해 마땅히 누렸어야 할 기쁨을 크게 상실했을 뿐 아니라, 그의 업적의 상당 부분은 수포로 돌아갔다.

현명한 리더는 가족과의 관계를 소중히 여긴다. 세상이 어지럽게 돌아가도 그들은 가정에서 위안을 얻는다. 현명한 리더는 경건한 리더십 기술을 부지런히 가정에 적용한다. 그래서 조직을 움직여 하나님 뜻을 이루는 것처럼 가정을 향한 하나님의 계획을 구한다. 또 조직의 리더로서 실력을 평가하는 것처럼 사랑하는 부모요 신실한 배우자로서 자신의 모습을 돌아본다. 물론 조직을 이끄는 일에 최선을 다하는 것처럼 가정에서도 최고의 역할 모델이 되고자 노력한다. 가정을 이끄는 것도 저절로 되지 않는다. 가족들로 예수님을 닮게 하려면 기도와 의식적 선택과 성실한 노력이 필요하다.

가정에 대한 리더십의 보상은 수고한 노력에 비례해 돌아온다. 가족들이 순전함을 지키며 하나님을 섬길 때 리더에게는 기쁨과 만족이라는 풍성한 배당금이 돌아온다. 직장을 은퇴한 후에도 가정만은 계속 만족감의 깊은 원천이 될 것이다. 일반적으로 가정을 잘 이끌면 자녀들이 즐거이 하나님을 따르게 된다. 즉 가정을 지혜롭게 이끄는 자는 귀한 유산을 물려주는 첫 세대가 될 수 있다. 이를 통해 리더십의 유산은 계속 이어질 것이다.

직장 동료

워런 버핏이 나이가 지긋해져서 한 말이 있다. "내 나이가 되었는데도 아무도 당신을 좋게 생각하는 사람이 없다면 당신의 인생은 실패작이다. 은행에 아무리 돈이 많아도 소용없다."[10] 쿠제스와 포스너는 "우리의 유산이 단명할지 영속될지를 결정짓는 가장 중요한 요인은 관계의 질"이라 역설했다.[11] 이들은 또 참된 리더는 함께 일하는 사람들을 사랑한다고 했다. 남들에게 좋게 인식되고 싶은 마음이 전혀 없는 사람들은 "아마도 리더십 쪽과는 맞지 않는다"는 것이다.[12]

진정한 리더는 사람을 중시한다. 그들은 자신의 목표를 이루기 위해 사람을 무시하거나 조종하지 않는다. 역사상 많은 위대한 리더들의 공통점은 친밀하고 충직한 친구들이 많았다는 것이다. 사람들의 삶에 투자한 리더는 직장 동료들 사이의 돈독한 우정을 보상으로 얻는다. 쿠제스와 포스너는 "경영자는 직원들과 너무 가까워질 수 없다는 신화가 있다. 회사 사람들과 친구가 될 수 없다는 것이다. 하지만 이 신화를 버려야 한다"고 했다.[13]

사람에게 투자하지 않는 리더는 성공할 수 없다. 리더가 사람에게 집중하면 당연히 우정이 싹튼다. 매주 40시간씩 직장 동료들에게 신경을 써 주고도 어느 정도의 우정이 싹트지 않을 수는 없는 법이다.

리더는 일터를 더 좋은 곳으로 만든다. 동료들의 삶을 풍요롭게 한다. 리더가 직원들의 삶에 투자하면 그가 떠난 후에도 남은 친구들이 고마워한다. 이런 리더는 나중에 이전 직장을 찾아가도 여전히 감사하는 친구들을 볼 수 있다. 리더가 그들의 삶에 유익을 끼쳤기 때문이다. 쿠제스와 포스너의 말마따나 사람들이 당신을 기억하는 것은 당신 자신을 위해 한 일 덕분이 아니라 그들에게 해준 일 덕분이다.[14]

리더가 사람들을 악용하여 자신의 목표를 이루거나 조직을 담보로 개인의 성공을 챙기면, 결국 뒤에 남을 사람들이 그에게 악감정을 품게 된다. 리더가 늘 동료들과 반목을 일으켰거나 순전히 자신의 영달밖에 몰랐다면 그를 그리워할 사람은 아무도 없다.

리더가 권력과 영향력의 지위에서 내려오고 나면 비로소 참 친구가 누구인지 확연히 드러난다. 진정한 우정을 가꾸지 못한 리더에게는 그때가 충격과 낙심의 시간이 되겠지만, 리더십을 살려 진정으로 사람에게 투자한 리더는 이때 엄청난 보상을 거둔다. 현명한 리더는 자신의 영향력 있는 지위가 평생 가지 않을 것을 안다. 단지 리더의 비위를 맞추거나 후광만 입으려 하던 아첨꾼들은 때가 되면 더 이상 그 리더를 찾지 않는다.

리처드 닉슨 대통령은 사람들과 함께 있는 것을 좋아하지 않았다. 참모들의 크리스마스 파티도 일부러 자기가 없을 때로 정했을 정도다.[15] 그는 정치적 편의를 위해 그나마 있던 친구들마저 버렸다. 그 결과 닉슨은 백악관을 불명예스럽게 떠날 때 모두가 꺼리는 외톨이로 고립되어 있었다. 일부 리더들이 현직에 악착같이 매달리는 이유 가운데 하나는 자기가 조직의 경제권을 놓는 순간 더 이상 전화벨이 울리지 않을까 봐 두려워서다.

다윗은 분명히 성격에 다양한 면이 있었지만 한 가지 분명한 것은 친구들에게 사랑받았다는 사실이다. 다윗과 요나단의 우정은 참된 헌신과 의리의 모델이다. 다윗은 평생 주변에 가까운 친구들을 모았다. 그를 수행했던 '용사'의 무리는 전설적이었고(대상 11:10-47 참조), 친구들은 다윗이 죽을 때까지 그를 지키며 그의 유지가 이어지게 도왔다.

사도 바울의 주변에도 동료들이 많았고 그중 다수는 절친한 친구가 되었다. 바울이 혼자 일하는 모습은 거의 볼 수 없다. 바나바, 디모데, 디도, 누가, 실라, 에바브로디도, 브리스길라, 아굴라 등 많은 이들이 바울에게 소중한 존재였다.[16] 훌륭한 동료들을 그렇게 많이 모을 수 있었던 것으로 보아 바울의 성품이 어땠을지 짐작할 수 있다. 하나님의 아들이시며 혼자 힘으로 능히 사실 수 있었던 예수님도 동료들과의 친밀한 관계를 누리셨다(요

15:14 참조). 좋은 친구들보다 더 큰 기쁨을 가져다주는 것은 흔치 않다. 리더로 일하는 동안 많은 친구를 사귈 기회가 있다.

친구들의 지지와 응원이 없다면 리더는 책임에 짓눌릴 수 있다. 우정은 스트레스 해소에 효과가 좋다. 정신적, 정서적 건강을 잃지 않으려면 충직한 동지들에게 편안한 마음으로 감정을 털어놓을 수 있어야 한다. 리더가 외부에 담을 쌓고 굳이 혼자서 짐을 지면 외로움과 탈진에 빠질 수밖에 없다. 여느 누구와 마찬가지로 리더에게도 친구가 필요하다. 짐이 막중한 만큼 친구가 더 요긴할 것이다.

어떤 리더들은 자신의 목표를 이루려고 일부러 관계를 버린다. 친구와 직장 동료와 가족을 멀리한다. 야망 때문에 사람들을 디딤돌로 이용하는 리더들도 있다. 그러다 보니 그들이 지나간 길목에는 원한과 분노에 사무친 동료들이 즐비하다. 은퇴할 때가 되어도 그들은 일 외에 마음을 둘 대상이 거의 없다. 사람은 결코 목표를 이루는 수단이 아니며 사람 자체가 목표다. 리더는 목표 달성에 아무리 매진할지라도 늘 타인을 소중히 대하고 배려해야 한다.

훌륭한 사사이자 선지자인 사무엘은 함께 일하는 사람들을 대하며 온전함을 잃지 않았다. 그 결과 사역이 끝날 무렵 그는 자신이 이끌던 백성 앞에 서서 이렇게 물을 수 있었다.

"내가 여기 있나니 여호와 앞과 그의 기름 부음을 받은 자 앞에서 내게 대하여 증언하라 내가 누구의 소를 빼앗았느냐 누구의 나귀를 빼앗았느냐 누구를 속였느냐 누구를 압제하였느냐 내 눈을 흐리게 하는 뇌물을 누구의 손에서 받았느냐 그리하였으면 내가 그것을 너희에게 갚으리라 하니 그들이 이르되 당신이 우리를 속이지 아니하였고 압제하지 아니하였고 누구의 손에서든지 아무것도 빼앗은 것이 없나이다 하니라 사무엘이 백성에게 이르되 너희가 내 손에서 아무것도 찾아낸 것이 없음을 여호와께서 너희에게 대하여 증언하시며 그의 기름 부음을 받은 자도 오늘 증언하느니라 하니 그들이 이르되 그가 증언하시나이다 하니라"(삼상 12:3-5).

사무엘은 거의 한평생 리더로 일했다. 사람들은 가능한 모든 상황에서 그를 보았다. 그에게는 사람들을 부당하게 대하고 순전함을 타협할 기회가 얼마든지 있었다. 그럼에도 그가 생애 말년에 나라 앞에 서서 단 한 명이라도 부당 대우를 받은 사람이 있느냐고 물었을 때 아무도 불평을 제기하지 않았다.

친구

리더는 어쩔 수 없이 직장 동료들 중에서 친구를 사귄다. 시간의 대부분을 그들과 함께 보내기 때문이다. 하지만 건강한 리더는 일터 밖에서도 우정을 가꾼다. 여기에는 몇 가지 이유가 있다. 첫째로, 사람들은 일에서 벗어나 친구들과 함께 웃음과 여가를 즐길 필요가 있다. 직장과 관련된 친구들은 아무래도 직장 일을 화제로 삼게 된다.

둘째로, 훌륭한 리더는 친구를 다양하게 사귄다. 동지들은 인간의 삶을 풍요롭게 해 줄 수 있으며, 하나하나의 우정이 거기에 독특하게 기여한다. 일부 크리스천 기업인들의 경우 직장 동료 중에 신자가 거의 없을 수 있다. 그래서 그들은 다른 회사나 기업에서 친구를 찾는다. 우리는 큰 회사들의 CEO들을 상대로 일하는데, 이 바쁜 사장들이 시간을 내서 서로 사귀는 모습을 보면 늘 감동이 된다. 그들은 사업 현장에서 기독교 신앙을 실천하도록 서로 격려해 준다.

친구를 사귈 수 있는 장은 아주 다양하다. 우선 교회에 삶을 풍요롭게 해 주는 다양한 친구들이 가득할 수 있다. 큰 회사의 크리스천 여자 CEO는 직업이 교사인 교회 친구들과 함께 스키장에 가거나 성경공부 그룹에서 만난, 남편과 사별한 부인과 함께 공예 수업을 받으며 즐거움을 만끽할 수 있다. 리더는 또 비영리단체에서 자원봉사를 하거나 자녀의 야구팀에서 코치로 봉사하다가 특이한 우정을 가꿀 수도 있다.

리더는 이웃들에게 복을 끼치는 경향이 있다. 다양한 민족 집단의 사람들을 친구로 사귀면 새로운 음식과 전통과 문화에 눈뜰 수 있는 절호의 기회가 된다. 크리스천 리더 중에는 비신자와 친구로 지내면서 큰 보람과 유익을 누리는 사람들도 많이 있다. 그들은 기회를 보아 그리스도를 전할 뿐 아니라 또한 비신자에게 배우며 함께 즐겁게 지낸다.

사람들은 D. L. 무디 앞에서는 "낙심하거나 좌절할 수 없었다"고 한다.[17] 사람들은 그런 사람에게 자연스럽게 끌린다. 영적 리더는 그리스도를 닮은 성품과 타인을 향한 진정한 관심과 배려 때문에 자연스럽게 사람들을 끌어들인다. 리더가 몸담고 있는 조직이나 일이 무엇이든 관계없다. 이런 사람의 주위에는 평생에 걸쳐 아주 다양한 친구들이 모여들게 마련이다.

유산을 남기는 복

21세기 초에 가장 부유하고 영향력 있던 사람 중 하나인 앤드류 멜런은 "모든 사람은 자기 인생을 뭔가 영원한 것에 잇대기 원한다"고 했다.[18] 당대 최고의 부자였을 앤드류 카네기는 "부자로 죽는 것은 부끄러운 죽음이다"라고 믿었다.[19] 그래서 그는 막대한 부를 기부하여 대중의 유익을 위해 전국에 수많은 도서관과 기관을 세웠다.

　이 땅에서 우리의 인생은 잠깐이다. 하나님은 리더들에게 주변 세상을 변화시킬 수 있는 능력과 영향력을 주셨다. 현명한 리더들은 자신의 덧없는 삶보다 더 오래도록 지속될 흔적을 세상에 남기기 원한다. 그래서 그들은 하나님이 두신 자리에서 하나님께 받은 시간으로 그분의 목적을 이루려 노력한다.

가정에서

　당대의 가장 부유한 사업가였던 존 록펠러는 "내 인생 최고의 재산은 내 아들이다"라고 고백했다.[20] 아브라함의 유산이 살아남은 것은 이삭과 야곱과 요셉이 그의 뒤를 이었기 때문이다. 유명한 리더들 중에는 놀랍게도 유산을 제대로 이어받을 자녀를 길러 내지 못한 이들이 많이 있다. 모세가 자기 후계자로 뽑은 사람은 아들 게르솜이 아니라 여호수아였다(출 2:22 참조). 여호수아의 아들들은 나랏일에 두드러진 역할을 하지 못했다.

　역사에는 유산이 자손에게 이어진 사람들과 그렇지 못한 사람들의 예가 즐비하다. 존 애덤스의 아들과 조지 부시의 아들은 아버지를 따라 대통령이 되었다. 주니어스 모건을 승계한 사람은 아들 J. P. 모건이었고 그 뒤를 다시 그의 아들 잭이 이었다. 그리하여 이들의 금융 기관은 세상에서 가장 견실한 곳 가운데 하나가 되었다. 존 록펠러와 코넬리어스 밴더빌트와 존 제이콥 애스터는 거대한 부를 아들에게 물려주어 유산을 이어 갔다.

　재정이나 예술 같은 세상 유산은 설립자와 후손을 명예롭게 할 수 있지만, 영적 유산은 결국 사람들의 시선을 하나님께로 향하게 한다. 빌리 그레이엄의 자녀들과 손자손녀들은 지금도 그의 사역을 이끌어 전 세계에 복음을 전한다. 우리 집안의 영적 유산은 다분히 집필을 통해 이어진다. 나(헨리)의 아버지 제럴드 리처드 블랙커비는 몇 권의 시집을 펴냈다.[21] 아들인 나는《하나님을 경험하는 삶》을 비롯해 수십 권의 책을 썼다.

우리의 아내와 다섯 자녀도 모두 저서가 있고, 이제 내 손자 가운데 가장 나이가 많은 마이크와 대니얼도 *When Worlds Collide*(세상이 충돌할 때) 라는 책을 썼다. 1920년대에 아버지가 처음 어느 출판사에 시를 보낼 때, 90년 후에 자기 아들과 다섯 손자와 증손자들까지 하나님의 영광을 위해 책을 쓰리라고는 상상도 못했을 것이다. 우리가 당대에 시작하는 일이 씨 앗이 되어 자녀 세대와 그 이후에까지 훨씬 풍성한 열매를 맺을 수 있다.

일터에서

임종 시에 시저 어거스터스는 "진흙으로 지어진 로마를 내가 대리석으로 바꾸어 놓았다"고 말했다.[22] 인생의 성공을 측정하는 기준은 남들에게 어떤 유익을 끼쳤느냐다. 오래 살지만 주변 사람들에게 전혀 긍정적 기여를 하지 못하는 사람들도 있다. 반면에 백 살까지 살지는 못해도 주변 세상을 바꾸어 놓는 사람들도 있다. 윈스턴 처칠은 "역사는 사람을 판단할 때 그의 승리나 패배를 보지 않고 그로 인한 결과를 본다"고 했다.[23]

자신의 안락과 사리에만 매달리는 사람은 생이 다할 때 어쩔 수 없이 모든 것을 잃는다. 남기고 갈 정신적 유산이 하나도 없기 때문이다. 반면에 인류에 뭔가 기여하려 애쓰는 사람은 동료들보다 더 부자가 되지는 못할지라도, 자신의 인생을 유익하게 투자했음을 알기에 위안을 누릴 수 있다.

존 애덤스는 미국이 태동하는 결정적 순간들에 많이 동참했다. 독립선언서의 작성에 중추적 역할을 한 후에 그는 부인 애비게일에게 이렇게 썼다. "이미 지나간 큰일들과 속속 다가오는 더 큰일들을 생각하면 형언할 수 없는 감동에 젖게 되오. 샘을 터뜨리고 바퀴를 굴리는 데 나도 한몫 쓰였을 테니 말이오. 그래서 이런 결과가 나왔고 앞으로도 계속될 것이오."[24] 애덤스는 자신의 삶을 위대한 일에 투자했음을 직관적으로 알았다.

윌리엄 윌버포스는 똑똑하고 권력과 가까이 있었음에도 정계의 최고 위직에는 오르지 못했다. 하지만 그는 조국은 물론 세계에 합법화되어 있던 노예 매매를 용케 뿌리 뽑았다. 에릭 메택시스는 윌버포스에 대해 이런 결론을 내렸다.

> 윌버포스는 노예 제도보다 더 악한 것을 퇴치했다. 이는 훨씬 근본적인 문제로, 지금 우리가 서 있는 자리에서는 그 의미를 다 실감하기 힘들다. 그는 노예 제도를 용인하여 천년 동안 생존하고 번성하게 했던 그 의식 구조 자체를 퇴치했다. 역사의 시초부터 지배해 온 하나의 세계관을 몽땅 무너뜨리고 또 다른 세계관으로 대체했다.
> … 지금도 노예 제도가 여기저기 존재하기는 하지만 그것이 선한 것이라는 개념은 죽었다. … 그것을 옹호하던 의식구조가 전부 사라졌기 때문이다.
> 윌버포스는 유럽 문명이 노예 제도를 보던 관점만이 아니라 인간 세계의 거의 모든 것에 대한 관점을 전복시켰다. 그래서 그의 어마어마한 업적을 올바로 평가하기란 불가능에 가깝다. 그야말로 인간 의식의 중대하고 근본적인 변화다.[25]

위대한 리더는 사람들의 삶의 질을 향상시킨다. 제너럴모터스에서 장기간 CEO를 지낸 알프레드 슬로운이 은퇴할 때 직원들은 자발적으로 150만 달러를 모아 그를 기념하여 암 연구에 기부했다. 직원들에게 아낌없이 투자했던 박애주의자 리더에게 꼭 어울리는 선물이었다. 반면 허영과 야욕에 찬 나폴레옹은 "내가 군주로 만들어 준 그 많은 무리 중 감사하거나 의리를 지키거나 날 사랑하는 자는 단 한 명도 없다"고 탄식했다.[26]

떠나가는 리더를 사람들이 존중하느냐 무시하느냐는 대개 그 리더가 평소에 아랫사람들을 어떻게 대했느냐에 달려 있다.

사람에게 투자하는 영적 리더는 사람들이 저마다의 삶에서 하나님의 목적을 이룰 때 깊은 만족을 경험한다. 리더에게 있어 자신의 신실함 덕분에 사람들의 믿음이 자라는 것보다 기쁘고 놀라운 체험은 없다. 바울은 빌립보에 세운 교회를 자기 기쁨과 자랑이라 표현했다(빌 4:1 참조). 후진들이 리더를 본받을 뿐 아니라 다른 사람들의 성장을 도울 때 리더의 기쁨은 배가된다. D. L. 무디도 사람들에게 투자하여 자기 세대에 큰 영향을 미쳤다. 그의 동료와 후배의 명단은 19세기 말 기독교 지도자들의 인명사전 같다.

F. B. 마이어, 아이라 생키, 필립 블리스, C. T. 스터드, 존 모트, 플레밍 리벨, S. D. 고든, R. A. 토레이, 로버트 스피어, 윌버 채프먼, G. 캠벨 모건, C. I. 스코필드, 헨리 드러먼드, J. H. 멀튼 같은 사람들은 무디의 영향을 입은 수백 명 가운데 일부에 지나지 않는다.

한번은 무디의 동료인 D. W. 위틀과 필립 블리스가 전 미국 전도대회를 지속하느라 어려움을 겪자 무디는 그들에게 기금을 보내며 "믿음이 부족하거든 내 믿음에 기대 밀고 나가십시오"라고 권면했다.[27] 1899년 무디가 죽을 때쯤에는 사회 각 분야에 무디를 스승과 멘토로 삼은 헌신된 크리스천 리더들이 그야말로 즐비했다.

리더가 효과적으로 영향을 미치는 또 다른 방법은 조직에 투자하는 것이다. 장 모네(프랑스의 경제학자이자 외교관-옮긴이)는 "사람 없이 이루어지는 일은 없고 조직 없이 지속되는 일은 없다"고 했다.[28] 로버트 그린리프의 말대로 "조직을 세우는 비결은 … 사람들을 키워 팀으로 결속시킬 수 있는 능력에 있다."[29]

일반적으로 조직은 개인보다 많은 일을 할 수 있다. 그 단순한 이유를 하나 꼽자면, 조직은 대개 수명이 길다. 무디는 왕성한 사역 기간 중 1백만이 넘는 사람들에게 설교했지만 물론 가장 큰 영향력은 뒤에 남긴 기관들을 통해 나타났다. 자신은 교육받지 못했지만 그는 마운트허몬남자신학교와 노스필드여자신학교를 세웠다. 또 시카고복음화협회(현 무디성경학교)를 창립했고, 시카고 YMCA와 무디교회를 세웠으며, 학생 자원 운동의 전신이 된 노스필드 수련회를 시작했다. 학생 자원 운동을 계기로 수백 명의 대학 졸업생들이 전 세계에 선교사로 나갔다.

무디는 또 무디출판사와 플레밍리벨출판사 설립에도 기여했다. 이런 기관들은 그가 죽은 지 오랜 세월이 지난 지금도 훌륭히 제 역할을 해내고 있다. 빌리그레이엄전도협회의 사역과 이 협회에서 재방송하는 그의 설교를 통해 구원받은 사람들의 수가 이전에 그의 전도대회 사역을 통해 구원받은 사람들의 수보다 많다. 리더 혼자서 사회에 영향을 미치려 하면 탈진할 수 있다. 그러나 조직에 투자하는 리더는 사후에도 오래도록 영향을 미칠 수 있다.

리더가 사람에게 미치는 영향력은 다 알기 어렵지만 조직에 미치는 영향력은 더 쉽게 측정된다. 쿠제스와 포스너는 리더십의 성공을 "조직을 처음 올 때보다 좋은 곳으로 만들고 가는 것"이라 정의했다.[30] 리더는 자신이 이끄는 조직이 자신의 리더십으로 인해 언젠가 더 강해질 것을 마땅히 기대해야 한다.

마하트마 간디는 조국 인도가 영국의 지배에서 벗어나는 날을 보았다. 넬슨 만델라는 30년의 피나는 희생 끝에 남아프리카공화국에서 흑인 유권자들의 첫 자유선거를 목격했다. 윈스턴 처칠은 사기가 떨어진 나라를 이끌어 난공불락으로 보이던 독일군을 무찔렀다. 자기가 오기 전보다 떠날 때 조직이 더 강하고 활기차고 견고하고 효율성이 좋아졌음을 알 때, 리더는 거기서 큰 만족을 얻는다.

다음 세대를 하나님 세대로 키우라

중요하면서도 흔히 간과되는 리더의 책임으로 후임자가 있다. 세대와 세대를 이어 일하시는 하나님의 방식은 성경에 잘 나타나 있다. 하나님은 차세대 리더를 훈련하고 준비시키는 방법에 관해 구체적 지침을 주셨다(신 6:6-9; 20-25 참조). 하나님이 이혼을 미워하시는 주된 이유도 그분이 '경건한 자손'으로 빚고 계신 어린아이의 삶을 이혼이 망쳐 놓기 때문이다(말 3:15-16 참조). 불과 한 세대 만에 자녀들은 하나님 뜻의 중심에 서게 될 수도, 부모의 잘못으로 하나님 뜻에서 완전히 벗어날 수도 있다.

하나님 뜻이 이어지려면 각 세대가 그분과 새로운 사랑의 관계를 맺고, 그분 말씀에 대한 순종을 받아들이도록 준비를 갖추어야 한다. 참된 영적 리더가 언제나 차세대 리더에게 투자하는 이유도 거기 있다. 위대한 영적 리더 밑에서 역시 위대한 리더가 나오는 것은 우연이 아니다.

여호수아는 모세를 계승했고, 모세가 얻을 수 없었던 땅을 정복함으로써 그보다 더 큰일을 이루었다. 엘리사는 능력 많은 엘리야를 따랐고 엘리야의 영감을 갑절이나 받았다(왕하 2:9-10 참조). 예수님도 제자들에게 믿기 어려운 말씀을 하셨다. "내가 진실로 진실로 너희에게 이르노니 나를 믿는 자는 내가 하는 일을 그도 할 것이요 또한 그보다 큰일도 하리니 이는 내가 아버지께로 감이라"(요 14:12).

부모 대에 시작한 사역을 자녀들이 잇는 것은 특권이다. 하나님은 신실한 세대에게 얼마든지 이런 특권을 주실 것이다. 흔히 리더들은 자기 시대가 끝날 때까지 후임자 문제를 신중하게 생각하지 않는다. 자기 리더십의 종결을 별로 생각하지 않으니 그것을 준비하지 않는 것은 당연하다. 그러나 갑자기 직위를 떠날 시점이 되어 유능한 후임자가 없다면 그동안의 노력이 수포로 돌아갈 수도 있다.

마가렛 대처가 영국 수상 자리를 내줄 때 그런 상황이었다. "내가 할 일이 하나 더 있다. 그것은 존 메이저를 내 후임자로 확실히 세우는 것이다. 난 그가 내 정치적 유산을 지키고 간수하며 정책을 추진해 나갈 사람이라고 믿고 싶다. 아니 믿어야 한다."[31]

기껏 수고해 세운 조직이나 사역이 무능한 후임자 때문에 무너지는 것보다 비통한 일이 있을까. 그러나 그런 기막힌 모습을 지켜봐야 했던 리더들이 꽤 많다. 말할 것도 없이 성공에 대한 리더의 기쁨과 만족은 무능한 후임자를 지켜보는 동안 대폭 줄어들 것이다.

리더가 참 기쁨을 느끼는 순간은 신중히 훈련시켜 온 후임자가 자신의 일을 잘 이어 갈 때이다. 로널드 레이건은 대통령 재임 중 목요일 점심시간마다 조지 부시 부통령을 만났다. 미국 대통령은 부통령을 무시하고 밀쳐내는 것으로 유명한데 레이건은 매주 부통령과 함께 당면 이슈를 검토하곤 했던 것이다. 레이건의 재임이 끝나고 차기 대통령으로 부시가 당선됐다. 대통령 집무실을 떠나며 레이건은 "실패했다고 낙심하지 말라"는 표제가 달린 편지지에 신임 대통령에게 주는 짤막한 메모를 남겼다. 내용은 이렇다.

> 친애하는 조지에게,
> 이 편지지를 사용하고 싶은 때가 있을 것이오. 얼마든지 쓰시오. 우리 추억을 소중히 간직하리다. 당신이 정말 잘되기를 바라오. 당신을 위해 기도하리다. 당신과 바바라에게 하나님의 축복을 비오. 목요일 점심 식사가 그리울 것이오. 론.[32]

레이건은 자신의 수고가 퇴임과 함께 돌연 끝나지 않으리라 믿었고, 거기서 만족을 누릴 수 있었다. 리더가 언제나 후임자를 고를 수 있는 것은 아니지만, 후임자를 위해 조직을 준비시키거나 유능한 차세대 리더 양성에 투자할 수는 있다.

리더는 늘 미래를 내다보아야 한다. 거기에는 차기 리더를 위해 조직을 준비하는 것도 포함된다. 이 책임에 삼중의 보상이 따른다. 우선 리더 자신이 유익을 누리며 후임자와 조직도 유익을 누린다.

하나님 나라에 심으라, 반드시 상 주신다

존 록펠러가 세운 스탠더드오일은 세계 최강 기업이 되었다. 그러나 1911년 5월 15일 미국 대법원은 41년 동안 승승장구하던 이 기업에 해산

명령을 내렸다.[33] J. P. 모건사(Morgan)는 J. P. 모건의 초인적 영향력 아래 미국 최고의 실세 은행이었다. 그러나 1933년에 국회에서 글래스 스티걸 법(은행의 증권 업무를 금한 은행법-옮긴이)이 통과된 뒤로 이 정상급 은행은 두 회사로 분할되었다. 이때 모건스탠리사(Morgan Stanley)가 생겨나면서 J. P. 모건사는 한때 점했던 우위를 상실했다.[34]

미국의 매우 막강하고 부유한 조직들 가운데 일부는 결국 쇠퇴했거나 아예 소멸되었다. 조직에 투자하면 리더의 영향력이 당대를 넘어설 수 있지만, 그 영향력을 영원히 이어 가려면 에너지를 하나님 나라에 쏟아 부어야 한다.

예수께서 "너희는 먼저 그의 나라와 그의 의를 구하라"(마 6:33)는 명령으로 모든 리더에게 우선순위가 무엇인지 분명히 밝혀 주셨다. 영원에 기여하는 이들에게는 값으로 따질 수 없는 보상이 기다린다. 기독교 조직을 이끄는 사람들은 자신의 투자에 영원한 배당금을 지급받을 것을 안다. 하지만 이 명령은 세상 조직을 이끄는 사람들을 향한 것이기도 하다.

영광스럽게도 그동안 우리는 기업, 군대, 교육, 가정에서 일생을 바쳐 하나님 나라를 먼저 구하는 많은 리더들과 동역할 수 있었다(마 6:33 참조). 기업가들은 해외 출장길에 선교 사역을 후원한다. 우리가 아는 많은 리더들은 재소자들이나 군인들에게 기독교 자료를 공급한다. 그중에는 기독교학교나 사역 단체의 이사로 섬기는 이들도 많이 있다.

어떤 리더들은 가난한 노숙자나 고아를 위한 사역 기관을 세우기도 했다. 교회에서 중고등부 아이들을 위해 봉사하거나 매 맞는 여성들을 보호하는 시설에서 짬을 내 자원봉사를 하는 리더들도 있다. 이런 리더들이 발전시킨 조직과 모아 놓은 인력은 언젠가는 결국 흩어져 사라지지만, 그들도 알다시피 하나님 나라에 쏟아 부은 투자는 영원히 남는다. 그래서 그들은 결국 충만한 보상을 받는다(마 25:31-46 참조).

하나님은 철저히 공정하시므로 자기를 찾는 자들에게 반드시 상을 주신다(히 11:6 참조). 영적 리더십에는 특유의 도전과 짐이 수반되지만 영원한 보상도 함께 따라온다. 당신이 리더의 자리에서 낙심에 빠져 있다면 용기를 내라! 하나님은 당신의 희생을 보시고 고통을 아신다. 사람들은 당신이 해 준 일을 몰라줄지라도 하나님은 아신다. 상급이 그분께 있다(사 40:10 참조).

영적 리더십 노트

1 지금까지 리더로서 당신이 받은 가장 큰 보상은 무엇인가?

2 하나님이 영적 리더인 당신에게 이미 베풀어 주신 독특한 보상은 무엇인가? 하나님이 당신의 삶을 기뻐하심을 느낀 적이 있는가? 있다면 그때 기분이 어땠는가?

3 리더인 당신의 삶을 복되게 해 준 관계를 세 가지만 꼽아 보라. 그동안 당신은 그것을 '보상'으로 보았는가?

4 당신이 리더로서 이룬 일 가운데 당신이 죽고 난 후에도 이어질 수 있는 것을 세 가지만 꼽아 보라. 그런 생각을 하면 기분이 어떤가?

마지막 도전의 말

BC 69년에 줄리어스 시저는 스페인 남부에서 법정 소송을 집행하는 검찰관으로 일했다. 어느 날 우연히 그는 헤라클레스 신전 옆에 세워진 알렉산더 대제의 기념비를 보았다. 알렉산더는 같은 나이에 당대의 세계를 제패했는데 자기는 서른한 살이 되도록 무엇 하나 제대로 이룬 일이 없다는 생각에 괴로웠다.[1] 물론 그 뒷일은 누구나 다 아는 바와 같다.

토머스 칼라일은 역사란 위대한 남자들의 전기를 쭉 늘어 놓은 것에 지나지 않는다는 주장으로 '위대한 남자' 이론을 대중화시켰다. 물론 '위대한'과 '남자'를 강조한 탓에 혹독한 비판을 받았다. 하지만 사회와 때로 세상에 변화를 이루기로 선택한 사람들 덕분에 역사가 발전해 온 것만은 사실이다.

이생을 사는 동안 세상에 자신의 흔적을 남길 기회는 누구에게나 주어진다. 모든 세대는 미래에 영향을 미칠 수 있다. 부모로서 자녀를 기르는 방식을 통해서도 그렇고, 리더로서 차세대에 투자하는 수고를 통해서도 그렇다. 역사 속에는 이따금씩 중대한 변화와 전환의 고비가 찾아온다. 그런 시대일수록 사람들이 좋은 쪽으로든 나쁜 쪽으로든 변화를 주도할 수 있는 엄청난 기회가 있다.

프랭클린 루스벨트는 "어느 시대에나 꿈이 있다. 죽어 가는 꿈도 있고 태동하는 꿈도 있다"고 했다.[2] 지금 우리는 엄청난 변화와 전환의 시대에 살고 있다. 한때 많은 이들이 공감하던 여러 가치관과 세계관과 신앙이 이제 유동적인 것으로 변했다. 나라들이 변하고 있고 국제 경제가 요동치고 있다. 많은 기술과 관행과 방법과 기관과 직업이 첨단 기술에 밀려 폐기되고 있다. 세계화 덕분에 사람들은 지구상 어디서나 세상에 영향을 미칠 수 있다.

누가 일어나 우리 시대에 변화를 이룰 것인가? 물론 악한 동기로 세상 도처에 죽음과 파멸을 퍼뜨리는 인간들도 있다. 거짓 종교와 무신론 철학의 주창자들은 대중의 사고를 장악하려고 총공세를 펴고 있다. 악한 독재자들은 수많은 인명을 살상해서라도 기어이 장기 집권을 이루어 낼 힘이 있다. 우리만 무관심하게 남아 있을 여유가 없다.

우리는 하나님의 부르심을 받들어 밖으로 나아가 주변에 영향을 미치든지, 아니면 인간적 계획을 추진하는 사람들의 피해자가 되든지 둘 중 하나다. 헨리 워즈워스 롱펠로는 "이 세상에서 인간은 때리는 망치가 되지 않으면 두들겨 맞는 모루가 될 수밖에 없다"고 했다. 하나님은 우리들을 자신의 도구로 빚기 원하신다. 우리는 그분의 능력으로 오늘의 세상에 영향을 미치는 도구가 되어야 한다.

세상을 변화시키는 일을 자신의 운명이라 믿은 사람들이 역사 속에 많이 있었다. 예컨대 엘리자베스 1세 여왕은 자신이 젊었을 때 목숨을 건진 것은 성인이 되어 민족을 이끌기 위해서라고 결론지었다. 어떤 사람들은 역사의 고비를 고대했다. 가치 있는 일을 이룰 수 있는 기회를 살핀 것이다.

에이브러햄 링컨은 23세 때에 이렇게 고백했다. "모든 인간에게는 자기만의 야망이 있다고 한다. … 내게는 동료 인간들에게 참으로 존경받는 것만큼 큰 야망은 없다. 그러려면 나 자신이 존경받을 만하게 행동해야 한다. 이 야망을 이루는 일에 내가 얼마나 성공할지는 두고 보아야 한다."[3]

그 후로 역사는 링컨에게 사회를 변화시킬 기회를 주었고, 그는 그 기회를 놓치지 않았다. 마찬가지로 윈스턴 처칠도 역사에 공헌하려고 평생 애썼지만 계속 좌절되었다. 영국 역사에 가장 암울한 고비가 닥쳤을 때 그는 이미 노인이 되어 있었다. 하지만 그 고비는 결국 그에게 좋은 기회로 찾아왔다.

오늘날 지구상에는 엄청난 도전들이 있다. 누구나 마음만 먹으면 세상에 긍정적 영향을 미칠 수 있는 유례없는 기회가 주어진 셈이다. 참된 리더들은 전환기나 격동기를 겁내지 않는다. 그때야말로 자기가 가장 필요한 때이기 때문이다. 오늘날 영적 기갈, 가정 붕괴, 기아, 빈곤, 질병, 전쟁, 테러, 범죄, 환멸 등의 문제가 없는 곳이 없다. 또한 타종교, 이단, 물질주의, 호전적 무신론 등의 도전도 널리 퍼져 있다.

하지만 역사에서 누누이 보듯이 리더들은 사회가 최악일 때 오히려 최고의 공헌을 남긴다. 세계화와 첨단 기술 덕분에 크리스천들은 하나님 나라를 확장할 수 있는 유례없는 기회를 맞고 있다. 하나님은 과연 누구를 세워 오늘의 세상에 막강한 영향을 미치게 하실 것인가? 역사는 그것을 보려고 기다린다.

어쩌면 당신은 사회를 변화시키려는 야망을 품은 적이 없는지도 모른다. 과거에 리더가 되어 보려다가 실패했는지도 모른다. 낙심하지 말라! 이 책을 읽는 동안 성령께서 당신에게 당당히 나서서 진정한 영적 리더가 되라는 확신을 주셨을 수도 있다. 하나님이 당신을 통해 하실 일을 제한하지 말라. 우리가 증언할 수 있거니와 하나님은 당신의 삶을 통해 능히 그분의 목적을 이루시고도 남을 분이다.

이 책의 초판을 출간한 뒤로 우리는 많은 감동적인 사연을 들으며 큰 힘을 얻었다. 그동안 하나님은 전 세계적으로 경제 시장, 교회, 비영리 단체, 정부, 학교, 가정에서 평범한 남녀들을 통해 놀라운 일을 이루셨다.

하나님이 당신의 마음을 움직여 주셨기를 기도한다. 당신을 통해 하려고 계획하신 놀라운 일을 위해 당신을 준비시켜 주시기를 기도한다. 그분께 시선을 고정시키라. 당신의 삶을 통해 놀라운 일을 행해 주변 세상을 변화시키실 그분을 신뢰하라(수 1:9 참조).

주

1. 리더의 도전

1. *USA Today*, 2009년 3월 18일, 온라인 여론 조사. http://www.weather.com/common/onlinepoll/results/travel_daily.html?dailytraveler_d183.

2. David McCullough, *John Adams* (New York: Simon & Schuster, 2001; Touchstone ed., 2002), 23.

3. Thomas Paine, *Common Sense, Rights of Man, and Other Essential Writings of Thomas Paine* (New York: Signet Classics, 2003), 71.

4. James Canton, *The Extreme Future: The Top Trends that Will Reshape the World for the Next 5, 10, and 20 Years* (New York: Dutton Publishing, 2006), 4. 《극단적 미래예측》(김영사 역간).

5. Phil Rosenzweig, *The Halo Effect. and the Eight Other Business Delusions That Deceive Managers* (New York: Simon & Schuster, 2007; Free Press ed., 2009), 146-49. 《헤일로 이펙트》(스마트비즈니스 역간).

6. Gordon R. Sullivan & Michael V. Harper, *Hope Is Not a Method: What Business Leaders Can Learn from America's Army* (New York: Broadway Books, 1997), 48.

7. Thom Rainer & Jess Rainer, *The Millennials: Connecting to America's Largest Generation* (Nashville, TN: B&H Publishing Group, 2011), 8.

8. Brad Szollose, *Liquid Leadership: From Woodstock to Wikipedia Multigenerational Ideas that Are Changing the Way We Run Things* (Austin, TX: Greenleaf Book Group Press, 2011), 59. 《리퀴드 리더십》(유아이북스 역간).

9. Craig E. Johnson, *Meeting the Ethical Challenges of Leadership: Casting Light or Shadow*, 3판 (Los Angeles: Sage Publications, 2009), 304.

10. Thomas L. Friedman, *The World Is Flat: A Brief History of the Twenty-First Century* (New York: Farrar, Straus & Giroux, 2005; 개정판 2006). 《세계는 평평하다》(21세기북스 역간).

11. 같은 책, 10.

12. 다음 책에 인용된 말이다. Johnson, *Meeting the Ethical Challenges of Leadership*, 304.

13. 같은 책, 316.

14. 이런 도전에 대한 자세한 논의는 다음 책을 참조하라. Joel Kurtzman, *Common Purpose: How Great Leaders Get Organizations to Achieve the Extraordinary* (San Francisco: Jossey-Bass, 2010). 《공동 목적의 힘》(리드리드출판 역간).

15. Warren Bennis, *Why Leaders Can't Lead* (San Francisco: Jossey-Bass, 1989), 36. 《성공한 리더 실패한 리더십》(의암출판문화사 역간).

16. Warren Bennis, *Why Leaders Can't Lead* (San Francisco: Jossey Bass, 1989), 33.

17. Charles Handy, *The Age of Paradox* (Boston: Harvard Business School Press, 1995), 36.

18. Daniel Goleman, *Working with Emotional Intelligence* (New York: Bantam Books, 1998), 58.

19. Robert K. Greenleaf, *Servant Leadership* (New York: Paulist Press, 1977), 156.

20. http://www.usatoday.com/money/industries/retail/2007-01-03-hd-nardelli_x.htm을 참조하라.

21. http://money.cnn.com/2005/02/09/technology/hp_fiorina를 참조하라.

22. George Barna, *Leaders on Leadership* (Ventura: Venture Books, 1997), 18.

23. Ron Chernow, *Titan: The Life of John D. Rockefeller* (New York; Vintage Books, 1998; 재판, 2004), 607. 《부의 제국 록펠러》(21세기북스 역간).

24. Thomas Carlyle, *On Heroes, Hero-Worship and the Heroic in History* (London: Collins' Clear-Type Press, 1842), 7. 《영웅 숭배론》(동서문화사 역간).

25. 리더십 이론들에 대한 종합적 개관은 다음 책을 참조하라. Joseph C. Rost, *Leadership for the Twenty-First Century* (Westport, CT: Praeger Publishers, 1991; 보급판, 1993).

26. Tim Irwin, *Derailed: Five Lessons Learned from Catastrophic Failures of Leadership* (Nashville: Thomas Nelson, 2009), 138.

27. 하나님이 어떻게 리더를 세워 그분의 목적을 이루게 하시는지 자세히 보려면 다음 책을 참조하라. Henry & Richard Blackaby, *Called to Be God's Leader: Lessons from the Life of Joshua* (Nashville: Thomas Nelson, 2004). 《감동의 리더십》(요단출판사 역간).

28. John Man, *Genghis Khan: Life, Death, and Resurrection* (New York: Thomas Dunne Books, 2004), 260.

29. 다음 책에 인용된 말이다. *Christian Meier, Caesar* (Berlin: Severin and Siedler, 1982; 영어판, London: Fontana Press, 1996), 336.

30. Christopher Hibbert, *Disraeli: A Personal History* (New York: HarperCollins, 2004), 11.

31. Robert V. Remini, *The Life of Andrew Jackson* (New York: Harper and Row, 1988; Perennial Classics ed., 2001), 12.

32. H. W. Brands, *Woodrow Wilson* in The American Presidents (New York: Times Books, 2003), 10.

33. Tom Pocock, *Horatio Nelson* (London: Brockhampton Press, 1987), 158.

34. 같은 책, 161.

35. Malcom R. Davies, "Unlocking the Value of Exceptional Personalities," in *The Perils of*

Accentuating the Positive, Robert B. Kaiser 편집 (Tulsa: Hogan Press, 2009), 143.

36. Eric Metaxas, *Amazing Grace: William Wilberforce and the Heroic Campaign to End Slavery* (San Francisco: HarperCollins, 2007), 85. 《어메이징 그레이스》(국제제자훈련원 역간).

37. D. A. Lande, *I Was with Patton: First Person Accounts of WWII in George S. Patton's Command* (St. Paul, MN: MBI Publishing Company, 2002), 297.

38. 다음 책에 인용된 말이다. Jean H. Baker, *James Buchanan* in The American Presidents (New York: Times Books, 2004), xviii.

39. Doris Kearns Goodwin, *Team of Rivals: The Political Genius of Abraham Lincoln* (New York: Simon & Schuster, 2005), xix. 《권력의 조건: 라이벌까지 끌어안은 링컨의 포용 리더십》(21세기북스 역간).

40. Jean Edward Smith, *Grant* (New York: Simon & Schuster, 2001; Touchstone ed., 2002).

2. 리더의 역할

1. James McGregor Burns, *Leadership* (New York: Harper Torchbooks, 1978), 2.

2. Warren Bennis & Burt Nanus, *Leaders: Strategies for Taking Charge* (New York: HarperCollins, 1997), 4.

3. John Gardner, *On Leadership* (New York: The Free Press, 1990), 1.

4. Burns, *Leadership*, 18.

5. Oswald Sanders, *Spiritual Leadership* (Chicago: Moody Press, 1967, 재판 1994), 31. 《영적 지도력》(요단출판사 역간).

6. George Barna, *Leaders on Leadership* (Ventura, Calif.: Regal Books, 1997), 25.

7. Robert Clinton, *The Making of a Leader* (Colorado Springs: NavPress, 1988), 203. 《영적 지도자 만들기》(베다니출판사 역간).

8. Pat MacMillan, *The Performance Factor: Unlocking the Secrets of Teamwork* (Nashville: B&H Publishing Group, 2001), 94.

9. 존 맥스웰은 '리더십은 영향력'이라는 접근을 대중화시켰다. John Maxwell, *Developing the Leader Within You* (Nashville: Thomas Nelson, 1993), 《당신 안에 잠재된 리더십을 키우라》(두란노 역간).

10. Robert K. Greenleaf, *Servant Leadership* (New York: Paulist Press, 1977), 45.

11. Ronald A. Heifetz, *Leadership without Easy Answers* (Cambridge, MA: Belknap Press, 1994), 18. 《하버드 케네디 스쿨의 리더십 수업》(더난콘텐츠그룹 역간).

12. Peter F. Drucker, *foreword in The Leader of the Future, ed. by Francis Hasselbein, Marshall*

Goldsmith, and Richard Beckhard (San Francisco: Jossey-Bass, 1996), vii.

13. Richard Reeves, *President Nixon: Alone in the White House* (New York: Simon & Schuster, 2001; Touchstone ed., 2002), 326.

14. 같은 책, 35.

15. Henry Blackaby & Richard Blackaby, *Hearing God's voice* (Nashville: B&H Publishing Group, 2002), 《하나님 음성에 응답하는 삶》(두란노 역간).

3. 리더의 준비

1. George Barna, *Today's Pastors* (Ventura, Cali.: Regal Books, 1983), 122, 125.

2. Elizabeth Longford, *Victoria* (London: Wiedenfeld & Nicolson, 1964; Abacus ed., 2000), 30.

3. 같은 책, 72.

4. Metaxas, *Amazing Grace*, 3.

5. David McCullough, *Truman* (New York: Simon & Schuster, 1992; Touchstone ed., 1993), 417.

6. Alexander Barbero, *Charlemagne: Father of a Continent,* Allan Cameron 번역 (Berkeley: University of California Press, 2004), 118.

7. Joseph J. Ellis, *Founding Brothers: The Revolutionary Generation* (New York: Random House, 2000, Vintage Books ed., 2002), 124.

8. William Manchester, *Winston Spencer Churchill: The Last Lion, Visions of Glory 1874-1932* (New York: Dell Publishing, 1983), 17.

9. Alice Schroeder, *The Snowball: Warren Buffet and the Business Life* (New York: Bantam Books, 2008), 126. 《스노볼: 워런 버핏과 인생 경영》(랜덤하우스코리아 역간).

10. Ron Chernow, *Titan: The Life of John D. Rockefeller* (New York; Vintage Books, 1998; 재판, 2004), 34.

11. Howard Gardner, *Leading Minds: An Anatomy of Leadership* (New York: Basic Books, 1995), 186. 《20세기를 움직인 11인의 휴먼파워》(살림 역간).

12. Peter Senge, The *Fifth Discipline: The Art and Practice of the Learning Organization* (New York: Currency Doubleday, 1994), 359. 《제5경영》(세종서적 역간).

13. Peter Drucker, *The Effective Executive in The Executive in Action* (New York: HarperBusiness, 1996), 525.

14. James Wallace & Jim Erickson, *Hard Drive: Bill Gates and the Making of the Microsoft Empire* (New York: HarperCollins, 1992; HarperBusiness ed., 1993), 21. 《빌 게이츠》(다음세대 역간).

15. Byron Farwell, *Stonewall: A Biography of General Thomas J. Jackson* (New York: W. W. Norton, 1992; Norton ed., 1993), 5-6.

16. Manchester, *Winston Spencer Churchill: The Last Lion, Visions of Glory 1874-1932*, 117.

17. Alison Weir, *Elizabeth the Queen* (London: Jonathan Cape, 1998; Pimlico ed., 1999), 13.

18. Robert V. Remini, *John Quincy Adams* in The American Presidents (New York: Times Books, 2002), 9.

19. Winston S. Churchill, *My Early Life* (Glasgow: Fontana Books, 1930, 재판 1963), 13.

20. 같은 책, 27.

21. 같은 책, 70.

22. Leonard Cottrell, *Hannibal: Enemy of Rome* (London: Evans Brothers, 1960; Da Capo Press ed., 1992), 10-11.

23. Winston S. Churchill, *Marlborough: His Life and Times*, 제1권 (London: George G. Harrap, 1933; University of Chicago Press ed., 2002), 33.

24. Homer G. Ritchie, *The Life and Legend of J. Frank Norris: The Fighting Parson* (Fort Worth: Homer G. Ritchie, 1991), 22-23.

25. Gary L. McIntosh & Samuel D. Rima, *Overcoming the Dark Side of Leadership* (Grand Rapids: Baker Books, 1997), 22.

26. 다음 책에 인용된 내용이다. Malcom R. Davies, "Unlocking the Value of Exceptional Personalities," 146.

27. Johnson, *Meeting the Ethical Challenges of Leadership*, 4.

28. William A. Gentry & Craig T. Chappelow, "Managerial Derailment: Weakness That Can Be Fixed," in *The Perils of Accentuating the Positive*, Robert B. Kaiser 편집 (Tulsa: Hogan Press, 2009), 107.

29. Gretchen M. Spreitzer & Robert E. Quinn, *A Company of Leaders: Five Disciplines for Unleashing the Power in Your Workforce* (San Francisco: Jossey-Bass, 2001), 121.

30. Max De Pree, *Leading without Power: Finding Hope in Serving Community* (San Francisco: Jossey-Bass, 1997), 67. 《권력 없는 리더십은 가능한가》(IVP 역간).

31. Willard Sterne Randall, *George Washington: A Life* (New York: Henry Holt & Co., 1997), 143.

32. Doris Kearns Goodwin, *Team of Rivals: The Political Genius of Abraham Lincoln* (New York: Simon & Schuster, 2005), 173.

33. Jean Edward Smith, *Grant* (New York: Simon & Schuster, 2001; Touchstone ed., 2002), 107.

34. Lee Kenneth, *Sherman: A Soldier's Life* (New York: HarperCollins, 2001; Perennial ed., 2002), 38.

35. 같은 책, 140-52.

36. Richard Holmes, *Wellington: The Iron Duke* (New York: HarperCollins, 2003), 32.

37. Stephen Ambrose, *Eisenhower: Soldier and President* (New York: Simon & Schuster, 1990; Touchstone ed., 1991), 94.

38. McCullough, *Truman*, 99.

39. Neal Gabler, *Walt Disney: The Triumph of the American Imagination* (New York: Alfred A. Knopf, 2006), 405. 《월트 디즈니》(여름언덕 역간).

40. Billy Graham, *Just As I Am* (New York: HarperCollins, 1997; Harper Paperbacks ed., 1998), 48. 《빌리 그레이엄 자서전》(두란노 역간).

41. H. W. Brands, *TR: The Last Romantic* (New York: Basic Books, 1997), 162-163.

42. *Calgary Herald*, 2000년 2월 21일, A11면.

43. Gardner, *Leading Minds*, 37.

44. Calvin Kytle, *Ghandi: Soldier of Nonviolence* (Washington, D. C.: Seven Locks Press, 1969), 43.

45. John Pollock, *Moody* (Grand Rapids: Baker Books, 1963), 31.

46. Billy Graham, *Just as I Am* (New York: HarperCollins, 1997), 62.

47. Peter Koestenbaum, *Leadership: The Inner Side of Greatness* (San Francisco: Jossey-Bass, 2002), 2.

48. Churchill, *Marlborough*, 제1권, 430.

49. Smith, *Grant*, 15.

50. Donald T. Phillips, *Lincoln on Leadership: Executive Strategies for Tough Times* (New York: Warner Books, 1992), 109.

51. Senge, *The Fifth Discipline*, 154.

52. Oswald Sanders, *Spiritual Leadership* (Chicago: Moody, 1967), 33.

53. Marcus Buckingham & Donald O. Clifton, *Now Discover Your Strengths* (New York: The Free Press, 2001). 《위대한 나의 발견 강점 혁명》(청림출판 역간).

54. 같은 책, 5.

55. 같은 책.

56. 같은 책, 6.

57. Gabler, *Walt Disney*, 25, 44.

58. Robert B. Kaiser, "The Rise of What You Need to Know about Strengths-Based Development," in *The Perils of Accentuating the Positive*, Robert B. Kaiser 편집 (Tulsa: Hogan Press, 2009), 4.

59. 다음 글에 인용된 말이다. Robert B. Kaiser & Robert E. Kaplan, "When Strengths Run Amok," in *The Perils of Accentuating the Positive* (Tulsa: Hogan Press, 2009), 59.

60. 같은 책, 68.

4. 리더의 비전

1. Max De Pree, *Leadership Jazz* (New York: Dell Publishing, 1992), 47.

2. Peter Drucker, *The Effective Executive* in *The Executive in Action* (New York: HarperBusiness, 1996), 628.《피터 드러커의 자기 경영 노트》(한국경제신문사 역간).

3. Thomas J. Peters & Robert H. *Waterman Jr., In Search of Excellence: Lessons from America's Best Run Companies* (New York: HarperCollins, 1982; HarperBusiness ed., 2004).《초우량 기업의 조건》(더난출판 역간).

4. James C. Collins & Jerry I. *Porras, Built to Last: Successful Habits of Visionary Companies* (New York: HarperCollins, 1994; 보급판, 1997).《성공하는 기업들의 8가지 습관》(김영사 역간).

5. Jim Collins, *Good to Great: Why Some Companies Make the Leap... and Others Don't* (New York: HarperCollins, 2001).《좋은 기업을 넘어 위대한 기업으로》(김영사 역간).

6. Phil Rosenzweig, *The Halo Effect... and the Eight Other Business Delusions That Deceive Managers* (New York: Simon & Schuster, 2007; Free Press ed., 2009), 156, 158.

7. Donald T. Phillips, *Martin Luther King Jr. on Leadership: Inspiration and Widsom for Challenging Times* (New York: Warner Books, 1999), 185.《마틴 루터 킹의 리더십》(시아출판사 역간).

8. Felix Markham, *Napoleon* (New York: New American Library, 1963), 264.

9. Warren Bennis, *On Becoming a Leader* (Reading, Mass.: Addison-Wesley, 1989), 22.

10. Warren Bennis, *Why Leaders Can't Lead* (San Francisco: Jossey Bass, 1989), 178.

11. Bennis, *On Becoming a Leader*, 178.

12. George Barna, *Turning Vision into Action* (Ventura, Calif.: Venture Books, 1996), 75.

13. Burt Nanus, *Visionary Leadership* (San Francisco: Jossey Bass, 1992), 34.

14. James M. Kouzes & Barry Z. Posner, *The Leadership Challenge* (San Francisco: Jossey Bass, 1995), 109.

15. James C. Collins & Jerry I. Porass, *Built to Last: Successful Habits of Visionary Companies* (New York: HarperBusiness, 1994), 91-114.

16. Keith R. McFarland, *The Breakthrough Company: How Everyday Companies Become Extraordinary Performers* (New York: Crown Publishing, 2008), 31.《브레이크스루 컴퍼니: 작지만 위대한 숨은 1등 기업》(김영사 역간).

17. Rick Warren, *The Purpose Driven Church* (Grand Rapids: Zondervan, 1995), 95-152.《목적이 이끄는 교회》(디모데 역간).

18. Mike Huckabee, *Character Is the Issue* (Nashville: Broadman & Holman, 1997), 105-106.

19. 참조: John Beckett, *Loving Monday: Succeeding in Business Without Selling Your Soul* (Downers Grove: InterVarsity Press, 1998).

20. Nanus, *Visionary Leadership*, 3.

21. James Champy, *Reengineering Management: The Mandate for New Leadership* (New York: HarperBusiness, 1995), 55.

22. George Bernard Shaw, *Man and Superman* (Baltimore: Penguin Books, 1903), xxxii.

23. Collins, *Good to Great*, 42.

24. Peter Senge, *The Fifth Discipline: The Art and Practice of the Learning Organization* (New York: Currency Doubleday, 보급판, 1994), 218.

25. Howard Gardner, *Leading Minds: An Anatomy of Leadership* (New York: Basic Books, 1995), ix.

26. De Pree, *Leadership Jazz*, 100.

27. Robert Quinn, *Deep Change: Discovering the Leader Within* (San Francisco: Jossey-Bass, 1996), 125.《DEEP CHANGE OR SLOW DEATH: 기업과 개인의 혁명적 생존전략 23가지》(늘봄 역간).

28. William G. Bliss, *Leadership Lessons from the Book: Applying Biblical Lessons for Today's Leader* (Anderson, SC: NIN Publishing, 2009), 10.

5. 리더의 목표

1. Peter F. Drucker, foreword to *The Leader of the Futher*, ed. Francis Hasselbein, Marshall Goldsmith, and RichardBeckhard (San Francisco: Jossey-Bass, 1996), xii.

2. Johnson, *Meeting the Ethical Challenges of Leadership*, 95.

3. Peter Senge, *The Fifth Discipline: The Art and Practice of the Learning Organization* (New York: Currency Doubleday, 보급판, 1994), 4.

4. Max De Pree, *Leadership Jazz* (New York: Dell Publishing, 1992), 23.

5. 같은 책, 24.

6. 같은 책, 91.

7. Max De Pree, *Leadership Is an Art* (New York: Dell Publishing, 1989), 60.《리더십은 예술이다》 (한세 역간).

8. 같은 책, 62.

9. 같은 책, 11.

10. Felix Markham, *Napoleon* (New York: New American Library, 1963), 233.

11. 같은 책, 143.

12. Peter Drucker, *The Effective Executive* in *The Executive in Action* (New York: HarperBusiness, 1996), 637.

13. David MaCullough, *Truman* (New York: Touchstone, 1992), 564.

14. John Beckett, *Loving Monday: Succeeding in Business Without Selling Your Soul* (Downers Grove: InterVarsity Press, 1998), 22-23.

6. 리더의 성품

1. H. W. Crocker, *Robert E. Lee on Leadership: Executive Lessons in Character, Courage, and Vision* (Rocklin, Calif.: Forum, 1999), 4.

2. Oswald Sanders, *Spiritual Leadership* (Chicago: Moody Press, 1967, 재판 1994), 11.

3. Max De Pree, *Leadership Is an Art* (New York: Dell Publishing, 1989), 28. 《리더십은 예술이다》(한세 역간).

4. Watchman Nee, *Spiritual Authority* (New York: Christian Fellowship Publishers, 1972), 12. 《영적 권위》(생명의말씀사 역간).

5. 같은 책, 97.

6. 같은 책, 71.

7. James C. Collins & Jerry I. Porras, *Built to Last: Successful Habits of Visionary Companies* (New York: HarperBusiness, 1994), 7.

8. Charles G. Finney, *The Autobiography of Charles Finney*, Helen Wessel 편집 (Minneapolis: Bethany House, 1977), 124-125.

9. Billy Graham, *Just As I Am* (New York: HarperCollins, 1997), 692-695.

10. Finney, *Autobiography*, 21-22.

11. John Pollock, *Moody* (Grand Rapids: Baker Books, 1963), 89.

12. Graham, *Just As I Am*, 163-164.

13. Kouzes & Posner, *The Leadership Challenge*, 21.

14. Kouzes & Posner, *Encouraging the Heart: A Leader's Guide to Rewarding and Recognizing Others* (San Francisco: Jossey Bass, 1999), 131. 《격려의 힘》(에코비즈 역간).

15. Kouzes & Posner, *Credibility: How Leaders Gain and Lose It, Why People Demand It* (San Francisco: Jossey Bass, 1993), 185.

16. Max De Pree, *Leadership Jazz* (New York: Dell Publishing, 1992), 10.

17. Crocker, *Robert E. Lee on Leadership*, 34.

18. Warren Bennis & Burt Nanus, *Leaders: Strategies for Taking Charge* (New York: HarperCollins, 1997), 24.

19. Graham, *Just As I Am*, 150.

20. Kouzes & Posner, *Credibility*, 17.

21. Kouzes & Posner, *Encouraging the Heart*, 145.

22. L. R. Scarborough, *With Christ After the Lost* (Nashville: Broadman Press, 1952), 79.

23. Bennis, *Why Leaders Can't Lead*, 40.

24. Crocker, *Robert E. Lee on Leadership*, 147.

25. Graham, *Just As I Am*, 852.

26. Bennis, *Why Leaders Can't Lead*, 48.

27. James Monti, *The King's Good Servant but God's First* (San Francisco: Ignatius Press, 1997), 275-76. 《성 토마스 모어》(가톨릭출판사 역간).

28. Collins, *Good to Great*, 21.

29. Collins, *How the Mighty Fall*, 27-44.

30. Goodwin, *Team of Rivals*, 319.

31. 같은 책, 174.

32. Smith, *Grant*, 294.

33. Irwin, *Derailed*, 144.

34. Farwell, *Stonewall*, 179.

35. Hibbert, *Disraeli*, 343.

36. Pocock, *Horatio Nelson*, 233.

37. Conrad Black, *Franklin Delano Roosevelt: Champion of Freedom* (New York: Public Affairs, 2003), 270.

38. D. A. Lande, *I Was with Patton: First Person Accounts of WWII in George S. Patton's Command* (St. Paul, MN: MBI Publishing Company, 2002), 185.

39. Randall, *Goerge Washington*, 329.

40. 같은 책, 96.

41. Seth Godin, *Tribes: We Need You to Lead Us* (New York: Portfolio, 2008), 44

7. 리더의 영향

1. Pocock, *Horatio Nelson*, 317-18.

2. James MacGregor Burns, *Leadership* (New York: Harper Torchbooks, 1978), 427.

3. Oswald Sanders, *Spiritual Leadership* (Chicago: Moody Press, 1967, 재판 1994), 31.

4. Ronald Reagan, *Ronald Reagan: An American Life* (New York: Pocket Books, 1990), 693-694.

5. Basil Miller, *George Muller: The Man of Faith*, 3판 (Grand Rapids: Zondervan, 1941), 145-146.

6. J. R. Hamilton, *Alexander the Great* (Pittsburgh: University of Pittsburgh Press, 1973), 120.

7. Norman H. Schwarzkopf & Peter Petre, *It Doesn't Take a Hero* (New York: Bantam Books, 1992), 169-172.

8. Sanders, *Spiritual Leadership*, 180.

9. Howard Gardner, *Leading Minds: An Anatomy of Leadership* (New York: Basic Books, 1995), 34.

10. David McCullough, *Truman* (New York: Touchstone, 1992), 162.

11. Steven F. Hayward, *Churchill on Leadership: Executive Success in the Face of Adversity* (Rocklin, Calif.: Forum, 1997), 98.

12. William Manchester, *Winston Spencer Churchill: The Last Lion, Visions of Glory 1874-1932* (New York: Dell Publishing, 1983), 32.

13. Robert K. Greenleaf, *Servant Leadership* (New York: Paulist Press, 1977), 17.

14. 같은 책, 300.

15. Gardner, *Leading Minds*, 41-65.

16. Henry T. Blackaby & Claude V. King, *Experiencing God: How to Live the Full Adventure of Knowing and Doing the Will of God* (Nashville: Broadman & Holman, 1994), 15. 《하나님을 경험하는 삶》(요단출판사 역간).

17. Warren Bennis & Burt Nanus, *Leaders: Strategies for Taking Charge* (New York: HarperCollins, 1997), 52.

18. James M. Kouzes & Barry Z. Posner, *Encouraging the Heart: A Leader's Guide to Rewarding and Recognizing Others* (San Francisco: Jossey Bass, 1999), 9.

19. Marcus Buckingham & Curt Cuffman, *First, Break All the Rules: What the World's Greatest Managers Do Differently* (New York: Simon & Schuster, 1999), 202.

20. Lee Iacocca, *Iacocca: An Autobiography* (Toronto: Bantam Books, 1984), 230.

21. McCullough, *Truman*, 427-428.

22. 같은 책, 927.

23. 같은 책, 559.

24. 같은 책, 560.

25. Max De Pree, *Leadership Is an Art* (New York: Dell Publishing, 1989), 146.

26. Manchester, *Winston Spencer Churchill*, 591.

27. Ronald Reagan, *Ronald Reagan: An American Life* (New York: Pocket Books, 1990), 329.

28. 같은 책, 260.

29. Schwarzkopf & Petre, *It Doesn't Take a Hero*, 152.

30. Cottrell, *Hannibal*, 138.

31. Ambrose, *Eisenhower*, 129.

32. Goodwin, *Team of Rivals*, 663.

33. Douglas Southall Freeman, *Lee* (New York: Charles Scribner's Sons, 1934; Touchstone ed., 1997), 364.

34. Pocock, *Horatio Nelson*, 64.

35. Sam Walton, *Sam Walton: Made in America* (New York: Doubleday, 1992; Bantam Books ed., 1993), 267. 《샘 월튼》(우리시대사 역간).

36. Kenneth, *Sherman*, 100.

37. Steven Watts, *The People's Tycoon: Henry Ford and the American Century* (New York: Random House, 2005; Vintage Books ed., 2006), 117.

38. 다음 책에 인용된 말이다. Ed Cray, *General of the Army: George C. Marshall, Soldier and Statesman* (New York: Cooper Square Press, 1990; 재판, 2000), 459.

39. Churchill, *Marlborough*, 제1권, 862.

40. Holmes, *The Iron Duke*, 251.

41. Remini, *Andrew Jackson*, 63.

42. 같은 책, 67.

43. Peter Krass, *Carnegie* (Hoboken, NJ: John Wiley & Sons, 2002), 114.

44. Schroeder, *The Snowball*, 148.

45. Gabler, *Walt Disney*, 208.

46. Chernow, *Titan*, 174.

47. Ron Chernow, *The House of Morgan* (New York: Grove Press, 1990), 55. 《금융제국 J. P. 모건》 (플래닛 역간).

48. Chernow, *Titan*, 180-81.

49. McCullough, *1776*, 40.

50. Randall, *George Washington*, 194.

51. Malcolm Gladwell, *The Tipping Point: How Little Things Can Make a Big Difference* (London: Little, Brown, 2000; Abacus ed., 2006), 7,12. 《티핑 포인트》(21세기북스 역간).

52. De Pree, *Leading without Power*, 22.

53. J. Edwin Orr, *The Event of the Century: The 1857-1858 Awakening* (Wheaton, IL: International Awakening Press, 1989).

54. 같은 책, 28.

55. 다음 책에서 "부흥을 막는 공동체적 장애물," "사이비 부흥," 부흥이 종식되는 이유 등에 대한 논의를 참조하라. Henry & Richard Blackaby & Claude King, *Fresh Encounter: God's Pattern for Spiritual Awakening* (Nashville: B&H Publishing Group, 2009). 《하나님과의 신선한 만남》(요단출판사 역간).

8. 리더의 결정

1. Ambrose, *Eisenhower*, 139.

2. Peter Drucker, *The Effective Executive* in *The Executive in Action* (New York: HarperBusiness, 1996), 679.

3. Warren Bennis, *Why Leaders Can't Lead* (San Francisco: Jossey Bass, 1989), 92.

4. John Gardner, *On Leadership* (New York: Free Press, 1990), 135.

5. James M. Kouzes & Barry Z. Posner, *The Leadership Challenge* (San Francisco: Jossey Bass, 1995), 85.

6. Henry T. Blackaby & Claude V. King, *Experiencing God: How to Live the Full Adventure of Knowing and Doing the Will of God* (Nashville: Broadman & Holman, 1994), 196-201.

7. Rosenzweig, *The Halo Effect*, 144.

8. 같은 책, 145.

9. Meier, *Caesar*, 3.

10. 같은 책, 5.

9. 리더의 시간

1. James Lardner, "세계적 수준의 일 중독자들" in *U.S. News & World Report*, 1999년 12월 20일자.

2. James M. Kouzes & Barry Z. Posner, *The Leadership Challenge* (San Francisco: Jossey Bass, 1995), 250.

3. Peter Drucker, *The Effective Executive* in *The Executive in Action* (New York: HarperBusiness, 1996), 549.

4. Monti, *The King's Good Servant*, 64.

5. Drucker, *The Effective Executive*, 565.

6. 같은 책, 627.

7. Stuart Wells, *Choosing the Future: The Power of Strategic Thinking* (Woburn, Mass: Butterworth-Heinemann, 1998), 4.

8. Drucker, *The Effective Executive*, 624.

9. Warren Bennis, *Why Leaders Can't Lead* (San Francisco: Jossey Bass, 1989), 18.

10. Lee Iacocca, *Iacocca: An Autobiography* (Toronto: Bantam Books, 1984), 288-289.

11. David McCullough, *Truman* (New York: Touchstone, 1992), 564.

12. Richard A. Swenson, *Margin: Restoring Emotional, Physical, Financial, and Time Reserves to Overloaded Lives* (Colorado Springs: NavPress, 1992), 92. 《여유》(부글북스 역간).

13. Kouzes & Posner, *The Leadership Challenge*, 300, 309.

14. James M. Kouzes & Barry Z. Posner, *Encouraging the Heart: A Leader's Guide to Rewarding and Recognizing Others* (San Francisco: Jossey Bass, 1999).

15. Chernow, *Titan*, 173.

16. Schroeder, *The Snowball*, 730.

10. 리더와 변화

1. John Kotter, *What Leaders Really Do* (Boston: Harvard Business Review Press, 1999), 59. 《변화의 리더십》(21세기북스 역간).

2. Alison Weir, *Henry VIII: King and Court* (London: Jonathan Cape, 2001; Pimlico ed., 2002), 355.

3. Alison Weir, *Elizabeth the Queen* (London: Jonathan Cape, 1998; Pimlico ed., 1999), 224.

4. Robert E. Quinn, *Deep Change: Discovering the Leader Within* (San Francisco: Jossey-Bass, 1996), 156.

5. Michael & Deborah Bradshaw Jinkins, *The Character of Leadership: Political Realism and Public Virtue in Nonprofit Organizations* (San Francisco: Jossey-Bass, 1998), 2.

6. Larry Bossidy & Ram Charan, *Execution: The Discipline of Getting Things Done* (New York: Crown Business, 2002), 22. 《실행에 집중하라》(21세기북스 역간).

7. Gordon R. Sullivan & Michael V. Harper, *Hope Is Not a Method: What Business Leaders Can Learn from America's Army* (New York: Broadway Books, 1997), 5. 《장군의 경영학》(창작시대 역간).

8. Geffrey B. Kelly & F. Burton Nelson, *The Cost of Moral Leadership: The Spirituality of Dietrich Bonhoeffer* (Grand Rapids: William B. Eerdmans, 2003), 5-6.

9. Jinkins & Jinkins, *The Character of Leadership*, 62.

10. 같은 책, 15.

11. John Kotter, *Leading Change* (Boston: Harvard Business School Press, 1996), 148. 《기업이 원하는 변화의 리더》(김영사 역간).

12. Keith R. McFarland, *The Breakthrough Company: How Everyday Companies Become Extraordinary Performers* (New York: Crown Publishing, 2008), 97.

13. Quinn, *Deep Change*, 99.

14. 다음 책을 참조하라. Michael E. Gerber, *The E Myth Revisited: Why Most Small Businesses Don't Work and What to Do About It*, 3판 (New York: HarperCollins, 1995). 《내 회사 차리는 법》(리더스북 역간).

15. Kotter, *Leading Change*, 68.

16. Kotter, *What Leaders Really Do*, 82.

17. Daniel Goleman, *Primal Leadership: Realizing the Power of Emotional Intelligence* (Boston: Harvard Business School Press, 2002), 245.

18. Leonard Cottrell, *Hannibal: Enemy of Rome* (London: Evans Brothers, 1960; Da Capo Press ed., 1992), 133.

19. David McCullough, *John Adams* (New York: Simon & Schuster, 2008), 21.

20. John P. Kotter, *A Sense of Urgency* (Boston: Harvard Business Press, 2008), viii. 《위기감을 높여라》(김영사 역간).

21. Kotter, *What Leaders Really Do*, 78.

22. Stephen B. Sample, *The Contrarian's Guide to Leadership* (San Francisco: Jossey-Bass, 2002), 112. 《창조적인 괴짜들의 리더십》(김영사 역간).

23. Jinkins & Jinkins, *The Character of Leadership*, 33.

24. Kotter, *Leading Change*, 51-66.

25. Ted Widmer, *Martin Van Buren* in American Presidents, Arthur Schlesinger 편집 (New York: Times Books, 2005), 72.

26. Doris Kearns Goodwin, *Team of Rivals: The Political Genius of Abraham Lincoln* (New York: Simon & Schuster, 2005), 206.

27. 같은 책.

28. Conrad Black, *Franklin Delano Roosevelt: Champion of Freedom* (New York: Public Affairs, 2003), 427.

29. 같은 책.

30. Cottrell, *Hannibal*, 26.

31. Weir, *Elizabeth the Queen*, 18,436.

32. Terry Pearce, *Leading Out Loud: Inspiring Change through Authentic Communications* (San Francisco: Jossey-Bass, 2003), 35. 《커뮤니케이션 리더십》(예문 역간).

33. Stephen Denning, *The Secret Language of Leadership: How Leaders Inspire Action Through Narratives* (San Francisco: John Wiley & Sons, 2007), 114,162.

34. 같은 책, 213.

35. 같은 책, 86.

36. Kotter, *A Sense of Urgency*, 145-68.

37. Kotter, *Leading Change*, 123.

38. Niccolo Machiavelli, *The Prince* (New York: Penguin Books, 1961; 재판 1999), 19. 《군주론》(까치 역간).

39. Kotter, *What Leaders Really Do*, 88.

40. Bossidy & Charan, *Execution*, 4.

11. 리더와 팀

1. Doris Kearns Goodwin, *Team of Rivals: The Political Genius of Abraham Lincoln* (New York: Simon & Schuster, 2005), xvi.

2. Richard Holmes, *Wellington: The Iron Duke* (New York: HarperCollins, 2003), 250.

3. 같은 책, 254.

4. Douglas Southall Freeman, *Lee* (New York: Charles Scribner's Sons, 1934; Touchstone ed., 1997), 292.

5. Bryon Farwell, *Stonewall: A Biography of General Thomas J. Jackson* (New York: W. W. Norton, 1992; Norton ed., 1993), 521.

6. Freeman, *Lee*, 347.

7. Kevin Leman & William Pentak, *The Way of the Shepherd: 7 American Secrets to Managing Productive People* (Grand Rapids: Zondervan, 2004), 26. 《양치기 리더십》(김영사 역간).

8. Jim Collins, *Good to Great: Why Some Companies Make the Leap... and Others Don't* (New York;

HarperCollins, 2001), 13.

9. Edward E. Lawler III, "The Era of Human Capital Has Finally Arrived" in *The Future of Leadership*, Warren Bennis, Gretchen M. Spreitzer & Thomas G. Cummings 편집 (San Francisco: Jossey-Bass, 2001), 19.《퓨처 리더십》(생각의나무 역간).

10. Keith R. McFarland, *The Breakthrough Company: How Everyday Companies Become Extraordinary Performers* (New York: Crown Publishing, 2008), 105.《브레이크스루 컴퍼니: 작지만 위대한 숨은 1등 기업》(김영사 역간).

11. 같은 책, 104.

12. 같은 책, 105

13. Seth Godin, *Tribes: We Need You to Lead Us* (New York: Portfolio, 2008), 98.

14. Collins, *Good to Great*, 31.

15. 같은 책, 13.

16. Marie Peters, *The Elder Pitt* (London: Longman, 1998), 236.

17. Godin, *Tribes*, 41.

18. James M. Kouzes & Barry Z. Posner, *A Leader's Legacy* (San Francisco: Jossey-Bass, 2006), 90.《최고의 리더》(비즈니스북스 역간).

19. Ron Chernow, *Titan: The Life of John D. Rockefeller, Sr.* (New York: Vintage, 2004), 223.

20. 같은 책, 213.

21. Kouzes & Posner, *A Leader's Legacy*, 68.

22. Winston S. Churchill, *Marlborough: His Life and Times*, 제2권(London: George G. Harrap, 1933; University of Chicago Press, ed., 2002), 265.

23. Ronald A. Heifetz, *Leadership without Easy Answers* (Cambridge, MA: Belknap Press, 1994), 33.

24. David L. Dotlich & Peter C. Cairo, *Unnatural Leadership: Going against Intuition and Experience to Develop Ten New Leadership Instincts* (San Francisco: Jossey-Bass, 2002), 17.

25. Larry Bossidy & Ram Charan, *Execution: The Discipline of Getting Things Done* (New York: Crown Business, 2002), 25.

26. Pat MacMillan, *The Performance Factor: Unlocking the Secrets of Teamwork* (Nashville: B&H Publishing Group, 2001), 59.

27. Peters, *The Elder Pitt*, 172.

28. 같은 책, 242.

29. 같은 책.

30. 같은 책.

31. Antonia Fraser, *Cromwell* (New York: Grove Press, 1973), 423.

32. Stephen Ambrose, *Eisenhower: Soldier and President* (New York: Simon & Schuster, 1990; Touchstone ed., 1991), 132.

33. Anthony Everitt, *Augustus: The Life of Rome's First Emperor* (New York: Random House, 2006), 64.《아우구스투스》(다른세상 역간).

34. Godin, *Tribes*, 11.

35. Max De Pree, *Leading without Power: Finding Hope in Serving Community* (San Francisco: Jossey-Bass, 1997), 109.

36. Bossidy & Charan, *Execution*, 118.

37. Collins, *Good to Great*, 62.

38. Tom Pocock, *Horatio Nelson* (London: Brockhampton Press, 1987), 165.

39. Roland Huntford, *Shackleton* (New York: Carroll & Graf Publishers, 1985; 재판 2000), 494.《섀클턴 평전》(뜨인돌 역간).

40. MacMillan, *The Performance Factor*, 35.

41. Godin, *Tribes*, 32.

42. Edgar McInnis, *Canada: A Political and Social History*, 3판(Toronto: Holt, Rinehart & Winston of Canada, 1969), 632.

43. Peter C. Newman, *Renegade in Power: The Diefenbaker Years* (Toronto: McClelland & Stewart, 1963; Power Reporting ed., 1989), 13.

44. Kouzes & Posner, *A Leader's Legacy*, 28.

45. Thomas A. Stewart, "Trust Me on This: Organizational Support for Trust in a World Without Hierarchies" in *The Future of Leadership: Today's Top Leadership Thinkers Speak on Tomorrow's Leaders*, Warren Bennis, Gretchen M. Spreitzer & Thomas G. Cummings 편집 (San Francisco: Jossey-Bass, 2001), 68.

46. Collins, *Good to Great*, 59.

47. 같은 책.

12. 리더의 함정

1. James M. Kouzes & Barry Z. Posner, *Encouraging the Heart: A Leader's Guide to Rewarding and Recognizing Others* (San Francisco: Jossey Bass, 1999), 13.

2. David McCullough, *Truman* (New York: Touchstone, 1992), 564.

3. 같은 책, 755.

4. H. W. Brands, *TR: The Last Romantic* (New York: Basic Books, 1997), 146.

5. John Pollock, *Moody* (Grand Rapids: Baker Books, 1963).

6. Max De Pree, *Leadership Jazz* (New York: Dell Publishing, 1992), 48.

7. Lee Iacocca, *Iacocca: An Autobiography* (Toronto: Bantam Books, 1984), 146.

8. 같은 책, 285.

9. John P. Kotter, *Leading Change* (Boston: Harvard Business School, 1996), 181.

10. De Pree, *Leadership Jazz*, 84.

11. Pollock, *Moody*, 169.

12. 같은 책, 187.

13. Ian H. Murray, *Jonathan Edwards: A New Biography* (Edinburgh: Banner of Truth Trust, 1987, 재판 1992), 313-370.

14. Oswald Sanders, *Spiritual Leadership* (Chicago: Moody Press, 1967, 재판 1994), 180.

15. Henry & Richard Blackaby, *Experiencing God Day-by-Day* (Nashville: Broadman & Holman, 1997).《매일 아침 하나님을 경험하는 삶 365》(두란노 역간).

16. H. W. Brands, *TR: The Last Romantic* (New York: Basic Books, 1997), 521.

17. Billy Graham, *Just As I Am* (New York: HarperCollins, 1997), 183.

18. 같은 책, 852.

19. Howard Gardner, *Leading Minds: An Anatomy of Leadership* (New York: Basic Books, 1995), 262.

20. 같은 책, 289.

21. Sanders, *Spiritual Leadership*, 232.

13. 리더의 보상

1. William Manchester, *Winston Spencer Churchill: The Last Lion, Visions of Glory 1874-1932* (New York: Dell Publishing, 1983), 177.

2. 같은 책, 228.

3. John Pollock, *Moody* (Grand Rapids: Baker Books, 1963), 271.

4. 같은 책, 272.

5. Robin Seager, *Tiberius*, 2판 (London: Eyre Metheun Ltd., 1972; 2판, Oxford: Blackwell Publishing, 2005), 115.

6. 같은 책, 207.

7. Ambrose, *Eisenhower*, 12.

8. 같은 책, 315.

9. John Pollock, *Moody*, 272.

10. Schroeder, *The Snowball*, 761.

11. James M. Kouzes & Barry Z. Posner, *A Leader's Legacy* (San Francisco: Jossey-Bass, 2006), 55.

12. 같은 책, 58, 60.

13. Kouzes & Posner, *Encouraging the Heart: A Leader's Guide to Rewarding and Recognizing Others* (San Francisco: Jossey-Bass, 1999), 84.

14. Kouzes & Posner, *A Leader's Legacy*, 10.

15. Reeves, *President Nixon*, 385.

16. 바울은 늘 일부러 다른 사람들과 함께 일했다. 자세한 내용은 다음 책을 참조하라. Henry Blackaby & Thomas Blackaby, *Anointed to Be God's Servants: Lessons from the Life of Paul and His Companions* (Nashville: Thomas Nelson, 2005).《동반자 리더십》(요단출판사 역간).

17. John Pollock, *Moody* (Grand Rapids: Baker Books, 1963), 248.

18. David Cannadine, *Mellon: An American Life* (New York: Random House, 2006; Vintage Books ed., 2008), 562.

19. Peter Krass, *Carnegie* (Hoboken, NJ: John Wiley & Sons, 2002), 243.

20. Chernow, *Titan*, 511.

21. 그의 시 "Pussy-Willows," "The Call," "An Echo of the First Christmas" 등이 다음 책에 수록 되었다. *From Overseas: An Anthology of Contemporary Dominions and United States Poetry* (London: Fowler Wright, 1927).

22. Anthony Everitt, *Augustus: The Life of Rome's First Emperor* (New York: Random House, 2006), xxxvii.

23. Manchester, *Winston Spencer Churchill: The Last Lion, Visions of Glory 1874-1932*, 44.

24. McCullough, *John Adams*, 110.

25. Metaxas, *Amazing Grace*, xv.

26. Felix Markham, *Napoleon* (New York: New American Library, 1963), 137.《나폴레옹 전기》(길 산 역간).

27. Pollock, *Moody*, 118.

28. 다음 책에 인용된 말이다. Howard Gardner, *Leading Minds: An Anatomy of Leadership* (New York: Basic Books, 1995), 280.《통찰과 포용》(북스넛 역간).

29. Robert K. Greenleaf, *Servant Leadership* (New York: Paulist Press, 1977), 21.《예수처럼 섬겨 라》(평단문화사 역간).

30. James M. Kouzes & Barry Posner, *Credibility: How Leaders Gain and Lose It, Why People Demand It* (San Francisco: Jossey-Bass, 1993), 261.

31. Margaret Thatcher, *Margaret Thatcher: The Downing Street Years* (New York: HarperCollins, 1993), 860.

32. Ronald Reagan, *Ronald Reagan: An American Life* (New York: Pocket Books, 1990), 722.

33. Chernow, *Titan*, 554.

34. Chernow, *The House of Morgan*, 374, 385.

마지막 도전의 말

1. Christian Meier, *Caesar* (Berlin: Severin & Siedler, 1982; 영문판, London: Fontana Press, 1996), 141.

2. Conrad Black, *Franklin Delano Roosevelt:Champion of Freedom* (New York: Public Affairs, 2003), 402.

3. Doris Kearns Goodwin, *Team of Rivals: The Political Genius of Abraham Lincoln* (New York: Simon & Schuster, 2005), 87.